KB065878

# 정동적 평등
## 누가 돌봄을 수행하는가

이 도서의 국립중앙도서관 출판예정도서목록(CIP)은 서지정보유통지원시스템 홈페이지(http://seoji.nl.go.kr)와 국가자료공동목록시스템(http://www.nl.go.kr/kolisnet)에서 이용하실 수 있습니다.
CIP제어번호: CIP2016021833(양장), CIP2016021834(반양장)

# 정동적 평등

## 누가 돌봄을 수행하는가

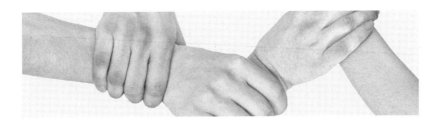

# Affective Equality:
## Love, Care and Injustice

캐슬린 린치 Kathleen Lynch 외 지음

강순원 옮김

한울
아카데미

# 지은이와 옮긴이의 대화

강순원(이하, 강): 제가 교수님을 이 연구실에 만난 게 1995년이니 벌써 20년이 지났네요. 이번에는 교수님 책을 두고 저자와 번역자의 관계로 만나니 그 감회가 특별합니다. 교수님 책의 원 제목은 'Affective Equality: Love, Care and Injustice'인데 한국어로 직역하면 언뜻 다가오지 않아 부제를 바꿔보려고 합니다. '정동적 평등: 누가 돌봄을 수행하는가?'로 하려는데 어떻습니까?

캐슬린 린치(이하, 린치): 저희가 당초 이 책을 집필할 때 염두에 두었던 부제가 'Who cares?'입니다. 이 책의 대부분이 돌봄의 효익과 부담에 관한 것이어서, 이를 잘 나타낼 수 있다고 생각했지요. 원래 생각했던 부제를 되살려 쓴다니 매우 기쁩니다.

강: 아일랜드에서는 돌봄을 둘러싼 환경이 그간 어떻게 변해왔는지요?

린치: 지난 20여 년간 전일제든 시간제든 집밖에서 고용되어 일하는 여성이 비약적으로 늘어났습니다. 오늘날 전체 여성의 60% 이상이 취업해 있습니다. 자녀를 둔 어머니들의 취업도 늘어나고 있고요. 이러한 환경 변화로 아동, 노인, 지적장애 성인 등 취약한 사람을 위한 돌봄 여건이 급격히 나빠졌습니다. 가정에서의 돌봄은 당연히 여성이 맡는 것으로 되어왔기 때문에 심각한 돌봄 위기가 초래되었어요.

강: 먼저 젠더 이슈를 짚어보지 않을 수 없군요. 한국에서도 자연적 분업이 성별로 정형화되는 경향이 있습니다. 가정에서의 아동양육 책임을 어머니가 져야 한다는 일반적인 인식 때문에 아이를 돌보지 않고 바깥일을 하는 여성들

은 이 책임을 소홀히 하는 어머니 또는 가정을 돌보지 않는 사람으로 지탄받기도 합니다. 특히 자녀들이 학교에서 돌아오면 어머니가 따뜻하게 맞아주어야 한다는 기대가 있죠. 어머니의 여성성을 강조하는 분위기가 아일랜드에는 없나요?

린치: 똑같아요. 아일랜드는 가톨릭의 영향으로 더하다고 볼 수도 있습니다. 오늘날 대다수 여성이 고용되어 있는 상황인데, 많은 여성이 자녀양육의 일차적 책임 때문에 시간제 일자리를 택하는 경향이 있습니다. 특히 자녀양육에 대한 국가의 지원이 부족한 상황이라 이 문제가 아주 심각합니다. 현재 3~4세 아이들에 한해 보육환경을 제공하긴 하지만 이것도 종일반이 아니고 하루에 단 몇 시간뿐입니다. 3세 미만의 영아에 대해서는 국가의 지원이 아예 없습니다. 이 아이들은 대부분 다른 가족성원, 특히 할머니의 돌봄을 받을 수밖에 없습니다. 민간이 운영하는 유료 보육기관은 너무 비싸서 비용 부담이 큽니다. 이 문제가 중요한 사회적 이슈로 대두되어 있습니다. 사실 한국이나 아일랜드 같이 가부장적 문화가 강한 사회에서는 돌봄에 투영된 젠더 불평등이 다른 요인보다 더 심각하다고 볼 수 있겠습니다.

강: 교수님께서 돌봄 영역에서의 불평등에 대해 중요한 문제를 제기하셨습니다. 사랑노동, 일반적인 돌봄노동, 연대노동은 모두 '더 나은 사회'를 만드는 것과 연관된다고 보이는데, 어떻게 하면 이 연관이 잘 이루어지게 할 수 있을까요?

린치: 삶에서 가치 있는 것이 무엇인지를 달리 생각할 필요가 있습니다. 신자유주의가 발흥하며 공공지출을 억제하고 공적서비스를 감축함으로써 결국 아동이나 취약 성인 등에 대한 공적인 돌봄 시스템이 약화되어버렸어요. 소비주의가 만연하면서 필요한(또는 필요하지 않은) 것을 사기 위해 많은 시간과 돈을 들여야 하기 때문에, 사랑노동은 이를 위해 할 일을 하고 나서 자투리 시간에나 하는 부수적인 일로 취급받죠. 그리고 허드레 가사노동과 마찬가지로, 이주민이나 유모, 할머니 같은 저임금 돌봄노동자들에게 떠넘겨집니다. 더 나은 세계를 원한다면, 우리는 도덕적으로, 정치적으로, 인간적으로 사랑, 돌봄,

연대가 세계 질서의 규범적 지표가 되도록 해야 합니다. 우리는 고용과 관련된 여러 기관이 사랑노동을 통한 돌봄의 중요성을 인정하고 사람들에게 사랑노동을 위해 시간, 공간, 에너지를 투입할 수 있도록 허용하는 사회를 만들어야 합니다. 이런 환경에서 자란 아이들이 어른이 되어서도 시간, 공간, 자원배분 면에서 사랑에 우선순위를 두는 경제와 정치시스템을 옹호하게 됩니다.

강: 교수님이 지향하는 그러한 세계를 만드는 일이 불가능하지는 않다고 봅니다. 유엔 아동인권협약은 모든 아동에게 가정친화적 환경에서 충분한 사랑과 돌봄을 받으며 성장할 권리가 있고 그런 사회를 만들어가야 한다고 명시하고 있습니다. 살라만카 선언(1994년 유네스코 장애아동보고서)이나 유엔 장애인인권협약에서도 취약 환경에 놓인 어떤 사람도 인간답게 대우받을 권리를 가진다고 천명했습니다. 하지만 오늘날에도 도처에서 아동, 여성, 노인, 장애인 등에 대한 학대와 폭력이 일어나고 사회적 소수자를 향한 혐오가 팽배해지고 있는 실정입니다. 사랑, 돌봄, 연대의 가치를 회복하는 일이 시급한 만큼 더 힘들어지는 것 같습니다.

린치: 그렇습니다. 지적하신 대로 돌봄 윤리의 파탄이 오늘날 인류사회가 직면한 심각한 문제입니다. 그래서 하루빨리 아동, 노인, 장애인 등 사회적으로 취약한 사람들을 돌보는 데 시간과 자원을 충분히 배려해주는 사회를 만들어가야 인류의 미래가 있다고 봅니다. 분명히 오늘날 세계는 사랑, 돌봄, 연대라는 가치에 역행하는 방향으로 움직이고 있습니다. 경쟁적인 개인주의가 판치고 사랑, 돌봄, 연대가 들어설 여지가 없는 것 같지만, 다른 한편으로는 이에 대한 대안적 가치를 향해 나아가자고 호소하는 세력이 여전히 존재합니다. 사실 인간은 혼자서 살 수는 없습니다. 남을 도와주던 사람이 도움을 받습니다. 돌봄이란 그런 면에서 상호의존적인 개념입니다. 국가들이 상호의존적인 것처럼 개인이나 집단도 마찬가지죠. 돌봄은 결국 나의 문제로 귀착됩니다. 그 누구도 이를 피할 수 없습니다. 경쟁의 가치도 그런 점에서 재구성해야 합니다. 해체하고 새로운 용어로 거듭나야 합니다. 이와 같은 맥락에서 글로벌 시민교육에서도 시민의 개념을 단순한 경제적 행위자가 아니라, 사랑, 돌봄,

연대를 추구하는 사람으로 재구성해야 합니다. 상호의존적 존재로서의 시민 개념을 발전시킨다면 사랑, 돌봄, 연대가 우선이고 경제적 행위는 그다음이 될 것입니다.

강: 그러면 정동적 평등이라는 개념을 어떻게 이해해야 하나요? 일반적으로 불평등은 경제적·사회적·교육적 불평등과 같이 구조적 변인이 매개된 측정 가능한 개념으로 비교적 쉽게 이해되는데, 정신분석학 용어이기도 한 '정동'이라는 차원은 쉽게 이해되지 않습니다. 돌봄과 관련해 구체적으로 설명을 해주면 좋겠습니다.

린치: 정동적 평등은 한 사회에서 모든 사람이 동등한 수준의 사랑, 돌봄, 연대를 경험하고 아무도 사랑과 돌봄을 박탈당하지 않는 상태라고 할 수 있어요. 또한 사랑과 돌봄에 수반되는 노동을 여성과 남성이 평등하게 분담하는 것과도 관련 있습니다. 정동적 불평등은, 첫째로는 사람들이 사랑, 돌봄, 연대를 박탈당하고 가정, 국가, 세계 수준에서 작동하는 학대, 방임, 폭력에 노출되어 사람답게 생존하거나 성장하지 못하는 상황에서 발생하며, 둘째로는 돌봄과 사랑노동의 부담과 기쁨이 여성과 남성 간에, 사회계급 간에, 인종집단 간에 불평등하게 배분되는 상황에서 발생합니다. 또한 간접적으로는, 첫째 사람들이 사랑, 돌봄, 연대의 이론과 실천에 대해 교육받지 못할 때, 둘째 사랑, 돌봄, 연대가 공적 담론이나 정책 과제에서 누락되어 하찮게 여겨질 때, 셋째 사랑, 돌봄, 연대의 일을 하는 사람들이 경제적·정치적·사회적으로 인정받지 못할 때도 정동적 불평등이 생겨납니다. 정동적 평등이 이루어지지 않으면 사람들은 무시당하고 침해받는 느낌을 받고, 결과적으로 인간성 상실을 느끼게 됩니다. 하지만 현실에서는 정동적 영역에서의 불평등이 모호하게 받아들여지는데, 이는 정치적·경제적·사회적·문화적 불평등과 연관된 지점을 덮어버리고 궁극적으로 문제를 개인화하기 때문이라고 생각합니다. 바로 이 점이 우리가 제기하는 문제의 핵심입니다.

강: 그런 점에서 한국어판 출간이 더욱 의미 있다고 생각합니다. 저는 정동적 평등이라는 가치가 아일랜드뿐 아니라 한국 사회에도 적용되는 보편성을

갖고 있다고 생각해서 이 책을 번역하게 되었는데, 끝으로 한국 독자에게 어떤 말씀을 하고 싶으신가요?

린치: 한국 독자 여러분과 함께 할 수 있어 영광입니다. 학자로서 사회정의와 평등을 구현하는 데 전념해온 저에게는, 이 책에서 개진한 정동적 평등에 관한 생각들을 여러분과도 나눌 수 있다는 것이 큰 기쁨입니다. 우리가 살고 있는 세계는 이윤추구 위주로 돌아가고, 그 결과 극소수 슈퍼리치의 힘이 더욱 더 커지고 있습니다. 그들은 가난하고 궁핍한 사람들과 동떨어진 삶을 살고 있어서, 불평등이 빚어내는 비참함을 실제로 보고 느끼지 않습니다. 경제적 불평등은 그 영향이 엄청나고 사람을 불안의 수렁에 빠트리는데, 단지 우리의 경제적 안녕에만 영향을 주는 것이 아닙니다. 빈곤은 정서와 돌봄을 포함한 삶의 모든 측면에 영향을 미칩니다. 경제적·사회적 안전을 확보하기 위해 두 개 이상의 일자리를 필요로 하거나 장시간 일해야 사람들은 대개 돌봄에 쓸 시간을 내지 못합니다. 그들은 자신의 일에, 그리고 자신과 직장동료를 챙기는 수준에 갇혀 지내고, 자신이 속한 공동체는 희생시키기 일쑤입니다. 우리가 지위, 권력, 돈에만 몰두한다면 사랑과 돌봄은 부차적이고 사소한 것, 즉 나중에나 생각해볼 일이 되고 맙니다. 정동적 불평등은 그 자체로도 현실적이고 심각한 영향을 미칩니다. 사람들이 사랑, 돌봄, 연대를 보여줄 수 있는 시간, 역량 및 자원을 결여한 상황에 정동적 불평등이 존재합니다. 그리고 전쟁, 기근, 정변 등으로 이주를 강요받는 사람들이 아주 심각한 정동적 불평등을 겪게 되는데, 그들은 삶을 의미 있게 해주는 사랑하는 사람, 이웃, 친구, 사회적 유대를 일거에 상실하기 때문입니다. 평화와 인간안보Human Security가 구현되는 세계 질서를 만들어내기 위해, 우리는 사랑, 돌봄, 연대의 윤리가 살아 있는 경제와 정치 시스템을 창출하려는 노력을 기울여야 합니다.

이러한 노력을 한국 독자 여러분과 함께 해나가길 기대합니다.

# 머리말

　우리는 정동적情動的 평등이 의도하는 바를 설명하고 공유하기 위해 이 책을 집필했다. 우리가 『평등: 이론에서 행동으로Equality: From Theory to Action』 (Baker et al., 2004)에서 정동적 평등이라는 개념을 도입하긴 했지만, 당시 우리는 이 중요한 주제를 겉핥기식으로만 다루고 있다는 사실을 자각하고 있었다. 우리는 이 개념을 발전시켜서, 정동적 평등이라는 개념을 더 익숙한 평등의 다른 맥락들과 구별하기를 원했으며, 돌봄노동을 하는 데서 생기는 불평등들이 서로 간에, 그리고 돌봄 수혜에서의 불평등과 어떻게 구별될 수 있을지 연구하기를 원했다.

　우리는 국내외 학술대회와 여러 회의에서 이 주제에 관해 발표했을 때 매우 긍정적인 반응을 얻은 것에 고무되어 이 주제를 계속 탐구했다. 우리와 지속적으로 대화한 지역사회, 법정단체, 시민단체가 그랬듯이, 석사·박사 과정 학생들도 우리에게 연구를 진전시키라고 용기를 북돋워주었다. 하지만 우리는 정동적 평등의 개념을 발전시키려면 경험적 연구를 바탕으로 이론 연구를 더 해야 한다는 점을 알고 있었다. 또한 이 연구는 학제적이어야 하고, 돌봄 영역의 관계들을 검토하는 새로운 방식에 개방적이어야 한다는 점도 알고 있었다.

　페미니즘에서 돌봄에 대한 학문적 진전이 이루어진 것도 우리가 이 책을 쓰도록 자극했다. 역으로 주류 평등주의적 사유에서는 이 주제에 관심을 보이지 않는 것도 동기가 되었다. 그렇지만 다소 직관적으로나마 사랑, 돌봄, 연대를 구별하는 맥락에서 우리는, 삶의 정동영역에서 불평등이 작동하는 복잡한 방식이 아직 충분히 연구되지 않았다고 느꼈다. 우리는 사회의 어떤 공적 제도도 돌봄 인프라 없이는 효과적으로 기능하지 못한다는 것을 알기에, 돌봄 분야의 불평등과 경제적·정치적·문화적 불평등 간의 연관성도 검토하기를 원했다. 그리고 다른 연구에서 사랑노동love labour이 더 일반화된 형태의 돌봄노동과 자주 혼동되었기 때문에, 일차적 돌봄과 사랑노동에 대한 우리의 관심 자체가 도전적으로 보였다. 우리는 돌봄 분야에서 상품화할 수 있는 일과 없는 일의 차이를 분석하는 것이 학문적으로나 정책적으로 중요하다고 간주했는데, 돌봄을 포함한 공공서비스가 상업화되고 있는 아일랜드와 같은 신자유주의 사회에서 이러한 분석이 더욱 중요해지고 있다. 또한 성별화된 돌봄 질서를 강화하기 위해 남성성의 정의가 여성성의 정의와 어떻게 결부되는지, 돌봄에 대한 남성의 관점은 무엇인지 등, 돌봄 분야에서 비교적 소홀히 다루어진 이슈를 연구한다는 것도 동기부여가 되었다. 우리는 돌봄 수혜자의 관점(장애인 연구자들이 진작 강조해왔던 점)과 함께 아이들, 국가의 보호를 받은 사람들, 노인들의 견해도 더 자세히 검토하기를 원했다. 그리고 여러 학자가 수행한 교육에 관한 선행연구를 고려하면서, 교육에서 돌봄, 학습, 평등이 결부되는 측면을 알아보고자 했다. 우리는 돌봄과 사랑 역시 실제로 작동하는 곳에서는 고도로 개별적이라는 점과 돌봄이 일어나는 맥락이 돌봄에 대한 각자의 경험에 심대한 영향을 미친다는 점을 알고 있었다. 그래서 한부모, 동성부부 및 이성부부, 조부모, 지적장애나 신체장애를 가진 성인 자녀 보호자의 견해(그리고 돌봄에 대한 장애 성인 자녀의 견해)를 알아보았다. 하지만 다학제 연구팀을 꾸려 돌봄을 횡단적으로 연구하는 방법을 이해하는 것이 그리 간단치 않다는 사실도 알고 있었다. 우리는 가능한 한 많은 돌봄 이슈를 아우르기 위해 돌봄대화Care Conversation를 주된 연구로 구상했으며, 돌봄수행자협회Carers Association 및 아일랜드 돌봄지원기구Caring for Carers Ireland와 공동으로 작업했다(들어가는 글과 부록 참조).

우리가 『평등: 이론에서 행동으로』를 마무리한 2004년에, 우리는 『정동적 평등』 연구에 착수했다. 평등연구팀은 퀸스대학교의 엔야 맥러플린Eithne McLaughlin 교수와 공동으로 'EU 평화와 화해, 평화 II 프로그램(2004~2006)'하에서 일련의 돌봄대화를 연구하겠다고 신청해 기금을 확보했다. 우리는 북아일랜드와 아일랜드공화국에서 진행된 연구를 통합하기를 바랐지만, 엔야가 투병 생활을 하다가 작고하면서 결국 그 바람은 실현되지 못했다. 그 때문에 돌봄에 관한 그녀의 수많은 통찰로부터 도움 받지 못했다. 삼가 고인의 명복을 빈다.

돌봄대화 사례연구를 구상할 때 우리는 돌봄 분야에서의 경험을 폭넓게 취할 것인지, 특정 영역을 깊이 있게 연구할 것인지 선택해야 한다는 사실을 깨달았다. 여기서 우리는 광범위한 불평등을 보이는 사례에 관심을 두고 전자를 택했다. 이에 따라 돌봄의 특정한 측면에 대한 상세한 지식을 얻기 어려워진다는 단점을 감수했다. 우리는 남성들과 돌봄에 대한 계몽적인 대화를 나눴지만, 돌봄과 관련해 남성 정체성이 어떻게 구성되는지 자세히 살펴볼 시간이 없었다. 똑같은 이유로, 사회에는 국가의 보호 아래에 살고 있는 사람들이 있지만 돌봄대화는 가족의 사적인 돌봄에 초점을 두었다. 또한 돌봄 수행자에 대한 연구에는 어머니들이 포함되었지만, 그들의 경험을 깊이 있게 분석하지 않았다. 매기 필리Maggie Feeley, 니얼 핸런Niall Hanlon, 매브 오브라이언Maeve O'Brien이 돌봄대화 연구가 시작될 무렵에 우리와 함께 박사학위 연구를 시작했다. 그들 중 어느 누구도 특별히 돌봄에 초점을 맞추기 위해 평등연구센터(더블린대학교 부설 – 옮긴이)에 들어오지는 않았다. 하지만 돌봄대화 연구에 대해 알아가고 연구에 관한 대화에 끼어들면서 정동적 평등에 대한 관심이 부쩍 늘었고, 각자 이 주제에 대한 전문화된 연구에 착수했다. 매기는 국가 보호에서 돌봄 부재가 행복한 삶과 학습에 미치는 영향에 대해, 니얼은 돌봄 수행자로서의 남성 정체성에 관해, 매브는 취학 아동을 둔 어머니의 돌봄노동에 대해 연구했다.

이 책의 저자들은 모두 다른 시기에 각기 다른 역할을 맡아 이 프로젝트에 참여했다. 캐슬린 린치Kathleen Lynch, 존 베이커John Baker, 모린 라이언스 Maureen Lyons, 세라 캔틸런Sara Cantillon, 주디 월시Judy Walsh가 한 팀이 되어 연구 프로그램을 구상하고 개념화하며 기획하는 일을 함께 했으며, 우리의 연구

개발 동료인 폴린 포그넌Pauline Faughnan의 조언을 받았다. 캐슬린이 연구제안서 초안 작성에 크게 공헌했는데, 개념적 틀을 세우는 데는 존의 조언을 받았고, 주디와 세라의 관련 연구로부터도 여러 조언을 받았다. 모린은 경험적 연구의 세부계획을 세우는 일을 주도했으며, 매기의 지원을 받아 대부분의 돌봄 대화를 책임졌다. 모린은 또한 매기, 니얼, 매브의 지도교수였던 캐슬린과 함께 일했다. 학생 및 연구원과 대화하며 연구 아이디어를 발전시키는 것이 평등연구센터의 관행이어서, 격주로 열리는 박사급 토론회에서의 대화를 비롯해 다른 프로젝트를 담당하던 연구원들과 그 밖의 대학원생들이 기여한 것도 큰 도움이 되었다.

존이 개념적 틀을 개발하는 데 핵심적인 역할을 했으며 모린이 연구결과 분석을 감독하고 자료를 분석하는 책임을 맡았지만, 원고의 최종 집필은 캐슬린이 2006에서 2007년까지 이 연구를 위해 연구휴가를 받아서 주도했다. 매기, 니얼, 매브는 캐슬린, 모린, 존으로부터 조언과 피드백을 받아 각자 한 장章씩 집필했으며, 세라와 주디는 여러 장에서 적절하게 기여했다. 포그넌이 연구물의 출판에 관해 조언하며 늘 곁에서 도움을 주었지만, 테레사 오키프Theresa O'Keefe도 출판하기 위한 최종 원고를 마련하는 데 큰 도움이 되는 지원을 해주었다. 또한 엘리자베스 하셀Elizabeth Hassell의 관리 능력은 우리가 연구 활동을 장기간 이어가는 데 크나큰 도움이 되었다. 그리고 2006~2007년에 캐슬린에게 아일랜드 정부의 특별 연구비를 수여한 아일랜드 인문학·사회과학 연구위원회Irish Research Council for the Humanities and Social Sciences의 독려가 없었다면 이 책은 완성되지 못했을 것이다. 우리 모두는 이 프로젝트 내내 아낌없는 지원과 격려를 보내준 우리 자신의 일차적 돌봄관계자 ─ 배우자, 파트너, 아이들, 부모, 형제자매 등 ─ 에게도 진심으로 감사드린다.

그러므로 이 책은 주요 필자들은 물론이고 공동 집필자들, 각 장의 필자들, 여러 단계에서 원고에 대한 조언과 비평으로 도움을 준 사람들, 우리가 관계를 맺고 있는 더 넓은 공동체들이 함께 이루어낸 진정한 협력 프로젝트다. 우리는 4년에 걸쳐 협동 방식으로 연구하고 집필했다. 무엇이 이런 협동을 가능하게 했을까? 비록 전공한 분야는 다르지만, 2004년『평등: 이론에서 행동으로』를 발간하는 등 팀의 핵심 구성원들이 여러 해 동안 다양한 프로젝트에서 함께 연구했다는 사실이 의심할 여지없는 한 가지 요인이다. 그들 간에 신뢰가 두텁게 쌓여 있었고 주제에 대한 공통된 목적과 관심이 있었던 것이다.

더블린대학교의 평등연구센터 자체가, 연구 및 교수에서 참여적이고 자주적인 방법을 권장함으로써 변화지향적인 연구 및 교수에 의해 움직이는 일종의 프로젝트이기 때문에, 강한 내적 연대감과 헌신을 고양하고 유사한 원칙에 입각한 대외 관계를 발전시켰다. 이는 신관리주의 시대new managerial times에서도 신뢰와 동료 간 협력을 북돋웠다!

이 책은 이종異種결합의 성과다. 핵심 필자뿐 아니라 보조 필자도 있으며, 우리는 다양한 경우에 서로의 글을 검토하고 비평해주었다. 또한 이 책은 공유된 지적 시도인 동시에 선의와 상호존중의 산물이기도 하다.

# 차례

# 들어가는 글

캐슬린 린치, 존 베이커, 모린 라이언스

인간은 누구나 친밀함, 애착 관계 및 돌봄관계를 필요로 하고 또 그런 관계를 맺을 능력이 있다. 타인과 교제하고 배려하는 느낌을 인지하는 능력은 인간의 전형적인 특성이다. 모든 사람이 적어도 가끔씩은 돌봄을 필요로 한다. 사람들은 일반적으로 그와 같은 관계에서 비롯되는 다양한 사회적 참여를 가치 있게 생각하며, 또 그런 관점에서 자신을 규정한다. 친구나 친족과 맺는 공동체적 유대는 삶을 의미 있고 훈훈하게 만들며 기쁨을 준다.

돌봄을 받는 것은 인간발달의 기본적인 전제조건이기도 하다. 우리 모두는 인생의 여러 단계에서 미성숙, 질병, 장애 또는 기타 취약성 때문에 돌봄을 절실하게 필요로 한다. 이에 더해, 사랑, 돌봄, 연대solidarity라는 관계는 중요성, 가치 및 소속에 대한 기본적인 의식을 확고히 하는 데, 또 인정받고 관심 받는 필요한 존재라는 의식을 갖게 하는 데 도움이 된다. 그 관계들은 사람이 삶을 성공적으로 영위할 수 있게 하는 필수적인 요소이자 근본적인 상호의존성의 표현이다. 그러므로 사랑, 돌봄, 연대는 같은 계통의 관계들로서 서로 구별되지만 또한 서로 유사하며, 관계 자체를 위해 그리고 그 밖에 광범위한 목표를 달성하기 위해 중요하다. 따라서 사랑, 돌봄, 연대라는 협조적인 정동적 관계를 만들어갈 능력을 박탈당하거나, 그런 능력을 가졌더라도 정동적 관계에 참여하는 경험을 하지 못하면 인간성을 상실할 수 있다. 바로 이것이 정동적 불평등의 핵심적인 차원이다.

트론토(Tronto, 1993), 부베크(Bubeck, 1995), 키테이(Kittay, 1999) 등은 돌봄은 행동이면서 동시에 태도라고 지적했다. 타인을 돌보면서, 우리는 배려하는 태도 나아가 사랑하는 태도를 가지고 그들의 요구를 충족하는 행동을 한다. 이러한 이원성이 사랑, 돌봄, 연대라는 더 넓은 관계 영역의 특징이다. 사랑은 느끼는 것뿐 아니라 우리가 사랑하고 돌보는 사람을 위해 행동하는 것을 필요로 한다. 연대는 타인에 대한 소극적 공감만이 아니라 적극적 지원을 필요로 한다. 사랑, 돌봄, 연대는 노동을 수반하기 때문에, 이 노동에 따르는 부담과 혜택이 불평등하게 분배될 때, 그리고 이러한 불평등한 분배가 사랑, 돌봄, 연대의 노동을 하는 사람에게서 충분한 생계수단과 돌봄 자체를 포함한 중요한 인간적 가치human goods를 박탈할 때 정동적 불평등이 발생한다.

우리가 『평등: 이론에서 행동으로』에서 언급했듯이, 정동적 관계에서 조건의 평등equality of condition을 창출하는 일은 사랑하고 돌보며 연대하는 관계가 충분히 가능하다는 확신을 주는 사회개발을 필요로 한다. 이 목표를 달성하려면 사람들이 그러한 관계를 개발할 수 있는 기회를 체계적으로 봉쇄하는 구조와 제도를 변화시켜야 한다. 유급노동의 구조, 성별 정형화 과정과 성별화된 분업, 장애에 대한 태도와 제도적 장치, 빈곤과 경제적 불평등의 질곡 같은 것들 말이다. 사회는 누군가가 누군가를 사랑하게 만들 수 없으며, 마찬가지로 사랑하고 돌보며 연대하는 관계를 가질 권리도 직접적으로 강제할 수 없다(부모에게 자식을 돌보라고 법적으로 요구할 수는 있지만, 자식을 걱정하라고 강요할 수는 없다). 그러나 사회는 이러한 관계들이 번성할 만한 조건을 확립할 수 있다. 이 과업에서 핵심 요소는 사랑, 돌봄, 연대를 제공하는 데 수반되는 노동을 적절하게 인정하고 지원하며, 그에 따르는 부담과 혜택은, 특히 여성과 남성 간에 평등하게 나누어 가진다는 점을 확실히 하는 것이다. 사람들 사이의 사랑, 돌봄, 연대 관계의 질은 평등의 다른 차원, 즉 동등한 존중, 자원에 대한 균등한 접근 기회, 대등한 권력에서도 영향을 받는다. 이 여러 차원의 평등은 사랑과 돌봄관계에 참여한 사람들을 지배와 착취로부터 보호하기 위해 중요하다.

사람들은 사랑, 돌봄, 연대가 중요하다고 생각하지만, 그리고 이러한 정동적 관계들을 가능하게 하거나 저해하는 제도의 중요성을 인정하지만, 사랑과 돌봄은 자유주의 전통과 급진적 평등주의 전통 모두에서 대개는 사적인 문제이자 개인의 일로 치부되어왔다. 연대라는 주제가 제한적이나마 연구자의 주목을 받은 데 비해, 사랑과 돌봄은 이론이나 경험적 연구의 주류에 편입되기에 충분한 정치적 중요성을 지닌 주제로 간주되지 않았다. 사회학, 경제학, 법학, 정치학에서 유래한 사유는 공적 영역, 삶의 외재적 공간에 초점을 두어왔다. 이들 영역은 사회의 돌봄 제도 없이는 기능할 수 없다는 사실에 개의치 않고 말이다(학술연구에서 정동적 관계의 주변화에 대한 더 깊은 논의는 2장 참조).

현대 페미니즘의 중심적인 관심사 가운데 하나는, 모든 인간사회가 여성이 아이와 피보호자에게 제공하는 사랑과 돌봄에 얼마나 의존하고 있는지 강조하는 것이다. 자유주의자와 매우 급진적인 평등주의자들이 가족이라는 사생활 세계에 맡겨져왔던 돌봄, 사랑, 연대의 이슈를 끄집어내는 데는, 페미니즘에 고무된 연구가 핵심적인 역할을 했다(Benhabib, 1992; Gilligan, 1982, 1995; Held, 1995a; Kittay, 1999). 페미니스트들은 공적으로 중요한 가치로서 사랑과 돌봄이 가지는 독보적인 위치에 주목하게 만들었으며, 기본적인 인간적 욕구를 충족하는 인간의 능력으로서 돌봄이 갖는 중요성을 확인했다(Nussbaum, 1995, 2000). 그들은 또한 돌봄 개념이 배제된 시민성 개념화의 한계를 드러냈으며 노동, 특히 보상해야 할 그리고 여성과 남성이 평등하게 분담해야 할 노동으로서 돌봄이 지닌 중요성을 부각했다(Finch and Groves, 1983; Glucksmann, 1995; Hobson, 2000; Hochschild, 1989; O'Brien, 2005; Sevenhuijsen, 1998).

권력관계와 착취가 모든 종류의 돌봄관계 속에 뿌리내리는 방식은 매우 복잡한데, 이는 페미니즘적인 연구에서 큰 부분을 차지하는 주제다(Bubeck, 1995; Folbre, 1994; Fraser and Gordon, 1997; Kittay, 1999; Nussbaum, 1995, 2000; Sevenhuijsen, 1998; Tronto, 2002). 페미니즘 계열의 학자들은 돌봄관계 속에서 피보호자에게 학대가 일어날 가능성을 이해하게 하는 데도 기여했다(Qureshi and Nicholas, 2001). 전반적으로 페미니스트 학자들이 어렵사리 해낸 일은, 불평등과 착취의 발생을 사회계급, 지위, 권력이라는 세 범주에 국한해 연구하는 베버와 마르크스 전통의 구조주의적인 지적 고착 상태에서 사유방식의 전환을 이룬 것이다. 그들은 삶의 정동영역이 경제·정치·문화라는 제반 영역과 밀접하게 엮여 있지만 한편으로는 별개의 사회적 행위라는 면에 주목하게 만들었다. 그들의 연구는 대다수 주류 평등주의 이론가들의 관심이 보통사람들의 관심사와 동떨어져 있음을 강조했다.

우리는 『평등: 이론에서 행동으로』(57~72)에서 정동적 평등의 결여를 다루려고 했다. 우리는 사회에서 평등과 불평등을 발생시키는 매개이자 영역으로서 네 가지의 주요 체계, 즉 경제체계, 정치체계, 사회-문화체계, 정동체계 affective system를 확인했다. 그리고 이들 사회적 관계의 체계가 서로에게 깊이 의존하며, 어떤 사회를 조직하는 데도 중심이 된다고 주장했다. 결과적으로 그 체계들은 각 영역 내에서 불평등 수준을 결정하는 데 매우 핵심적인 역할을 한다. 이들 네 체계 중에서 사랑, 돌봄, 연대의 관계를 형성하고 지속시키는 데 관련되는 정동체계는 거의 분석되지 않은바, 이 주제는 이 책의 핵심적인 초점이다. 이 책은 정동체계의 한 측면에 국한해 주로 평등을 경험적으로 분석하는 데 관심을 두고 있으며, 친밀한 타인에 대한 돌봄을 지향하는 사회적 삶의 영역인(2장, 3장 참조) 타인중심(일차적 돌봄) 관계에 초점을 맞춘다. 사랑 및 돌봄노동을 배분하는 과정에서의 불평등을 검토하고, 정도는 약하지만 사랑과 돌봄을 받는 과정에서의 불평등도 검토한다. 정동체계의 불평등과 경제·정치·문화 체계들과의 상호 관계를 검토하고, 이 관계가 정동체계 자체에서 불평등을 어떻게 발생시키고 강화하는지도 검토한다.


## 연구개요

이 책은 돌봄을 받는 사람과 돌보는 사람의 관점에서, 친밀한 돌봄intimate care이라는 주관적 경험에 초점을 맞춘 일련의 일차적 돌봄관계 연구에 기초하고 있다. 중심적인 연구는 광범위하고 다양한 돌봄 수행자 및 돌봄 수혜자와 사적인 가정private households에서 시도한 일련의 돌봄대화이며, 3~7장의 기초가 되었다. 이 연구는 캐슬린 린치의 지도하에 수행되었으며, 대부분의 대화에 모린 라이언스가 참여했다. 10장을 쓴 매기 필리는 네 개의 대화를 주관하고 초점집단 연구를 보조했다. 자료 분석과 집필은 존 베이커, 세라 캔틸런, 주디 월시의 지원을 받아 이루어졌다.

## 돌봄대화 연구

돌봄대화 연구의 목적은, 돌봄을 받는 사람과 돌보는 사람의 관점에서 친밀한 돌봄의 주관적 경험에 초점을 맞추어 사적 영역인 가정에서의 돌봄과 평등을 심층적으로 탐구하고 분석하는 것이다. 연구는 특히 '일차적 돌봄관계'에서 일어나는 사랑노동에 초점을 맞추었다. 일차적 돌봄관계는 '강한 애착, 상호의존, 깊은 관여와 몰입을 특징으로 하는 일차적이고 친밀한 관계의 세계'이며, 부모-자식 관계가 그 원형이라고 할 수 있다(Lynch, 2007: 555).

이 연구에서 사적인 가정에서 수행되는 돌봄에 대해 총 21건의 사례연구를 실시했다(아동 돌봄 10건, 취약 성인 돌봄 11건). 전체적으로 돌봄 수행자 및 돌봄 수혜자(대상자들 가운데 일부는 두 역할을 겸했지만)와 진행한 심층 돌봄대화는 30개에 달한다. 21개 가정은 다양한 사회계급의 참여자들을 대표하도록 선정했으며, 장애인, 한부모, 부부(이성 및 동성), 독신자, 조부모, 부모를 돌보는 자녀, 다양한 민족배경, 여성과 남성을 고루 포함했다. 일차적·이차적 돌봄 수행자들도 적절한 장소에서 인터뷰했다. 이러한 접근 방법은 가정의 다양한 사적인 돌봄 환경을 이해하기 위해 선택되었다. 사례연구는 광범위한 심층 돌봄대화를 진행하는 데 초점을 맞추었다. 21개 가정 사례연구에 더해, 10대 청소년 14명을 참여시켜 두 개의 초점집단(중간계급 1개, 노동계급 1개) 연구를 수행했다. 우리는 이 초점집단 연구에서 자식으로서 그리고 10대로서 경험한 돌봄에 대한 견해를 조사했다. 가정 사례연구가 돌봄 수혜자보다는 돌봄 수행자의 견해를 더 많이 반영한다면, 두 개의 초점집단에서 14명의 참여자가 제공한 쌍방향 대화 자료는 주로 돌봄을 받은 경험에 관한 것이어서 돌봄관계의 수혜

측면에 대해 더 큰 통찰을 얻을 수 있도록 돕는다(돌봄 수행자와 돌봄 수혜자에 대한 접근 이슈에 관한 논의를 포함해, 돌봄대화 연구의 방법론에 대한 자세한 설명은 부록 참조).

### 세 개의 보충 연구: 오브라이언, 핸런, 필리

8~10장은 중심적인 연구를 보완하는 세 개의 보충 연구에 기초한다. 각 연구의 개요와 연구에서 사용한 방법론은 다음과 같다.

오브라이언의 연구(8장)는 교육에서 어머니들의 감정노동에 대한 분석에 기초한다. 그녀는 사회계급, 한부모 육아, 이주민과 민족지위(유랑민 포함)에서 연유한 불평등이 친밀한 돌봄노동에 영향을 미치는 방식을 검토했다. 그 연구는 초등학교에서 중등학교로 진학하는 자녀를 위해 어머니가 수행한 감정노동의 범위와 본질 그리고 그와 관련된 불평등을 탐구하고, 어머니들이 이러한 돌봄 노력에 부여하는 의미를 그들의 성별 정체성과 계급, 사회적 지위와 관련지어 탐구하는 더 큰 연구과제의 일부였다.

이 연구는 녹취하고 전사transcription, 轉寫한 25건의 심층 인터뷰를 포함하는데, 출산 직전·직후의 어머니와 아이를 초등학교에서 중등학교로 진학시킨 어머니를 이론적으로 선별해 인터뷰했다. 어머니들의 돌봄노동이 서로 다른 환경과 정체성에 따라 어떻게 이루어지는지 그 본질을 이해하기 위해, 다양한 집단의 어머니를 사회계급, 혼인관계, 취업 상태, 성적 지향, 민족 등에 따라, 그리고 자녀들의 교육 관련 요구 정도에 따라 선별했다.

어머니들과의 인터뷰는 반구조화된semi-structured 형식으로 실시되었으며, 어머니의 일상적인 돌봄 활동과 상급학교 진학을 지원하는 특정한 돌봄노동에 초점을 맞추었다. 중요한 점은, 어머니들에게 돌봄이 어떤 의미인지 논의할 수 있는 여지를 주었다는 것이다(이 연구방법론에 대한 자세한 설명은 O'Brien, 2007: 163~165와 2008: 140~141 참조).

**표 1.1**

돌봄대화 참여 가정의 특성별 현황(총 21개 가정)

| 돌봄 수혜자 특성 | | | | 돌봄 수행자의 특성 | | |
|---|---|---|---|---|---|---|
| 돌봄 수혜자 유형 | 취약 상태/연령대 | 혼인 관계 | 가족 상황 (돌봄 수혜자와의 관계) | 가정의 경제적 활동 상황 | 젠더 | 연령대 |
| A. 미성년 자녀<br>B. 성인 자녀<br>C. 노인<br>D. 기타 가족 | A. 미취학 자녀<br>B. 초등학생<br>C. 미취학 자녀와 초등학생<br>D. 중등학생<br>E. 중등학생과 성인 자녀<br>F. 21~30세<br>G. 31~40세<br>H. 71세 이상 | A. 기혼<br>B. 이혼/별거<br>C. 사별<br>D. 동거<br>E. 독신 | A. 기혼/동거 부모<br>B. 한부모<br>C. 독신 자녀<br>D. 기혼/동거 자녀 | 2인 돌봄 수행자 가정(9개)<br>A. 부부 모두 전일제 취업<br>B. 한 명은 전일제, 한 명은 시간제로 취업<br>C. 한 명은 자영업, 한 명은 종일 돌봄<br>D. 한 명은 자영업, 한 명은 전일제 취업<br>E. 한 명은 전일제 취업, 한 명은 연금 수급<br>F. 한 명은 시간제 취업, 한 명은 연금 수급<br>G. 한 명은 전일제 노동, 한 명은 미취업(환자)<br><br>1인 돌봄 수행자 가정(12개)<br>H. 전일제 취업<br>I. 종일 돌봄, 복지혜택 수령<br>J. 전업 학생<br>K. 종일 돌봄, 농부 | 2인 돌봄 수행자 가정<br>A. 여성/남성<br>B. 여성/여성<br>1인 돌봄 수행자 가정<br>C. 여성<br>D. 남성 | 2인 돌봄 수행자 가정<br>A. 31~40<br>B. 41~50<br>C. 51~60<br>D. 61~70<br>E. 71~80<br>1인 돌봄 수행자 가정<br>F. 31~40<br>G. 41~50<br>H. 51~60<br>I. 61~70<br>J. 71~80 |

표 1.2
배경 특성을 통해서 본 가정 사례에서 돌봄 수행자와 돌봄 수혜자와의 대화(사례 연구 가정의 수: 21개)

| 계급(집단)별 구성현황 | 돌봄 수혜자의 특성 | | | | 돌봄 수행자의 특성 | | |
|---|---|---|---|---|---|---|---|
| | 돌봄 수혜자의 유형 | 취학 상태/연령대 | 혼인 관계 | 가족 상황 (돌봄 수혜자와의 관계) | 가정의 정치적 활동 상황 | 젠더 | 연령대 |
| | (A, B, C, D) | (A, B, C, D, E, F, G, H) | (A, B, C, D, E) | (A, B, C, D) | (A, B, C, D, E, F, G) (H, I, J, K) | (A, B) (C, D) | (A, B, C, D, E) (F, G, H, I, J) |
| 중간 계급 (7개) | (5*, 1, 0, 1) | (1, 4, 0, 0, 0, 0, 1, 1) | (5, 0, 0, 2, 0) | (6, 0, 0, 1) | (2, 1, 1, 1, 1, 1, 0) (0, 0, 0, 0) | (5, 2) (0, 0) | (2, 3, 2, 0, 0) (0, 0, 0, 0) |
| 저소득중간 계급(6개) | (2, 2, 1, 1) | (0, 1, 0, 1, 1, 1, 1, 1) | (1, 2, 1, 0, 2) | (1, 4, 1, 0) | (1, 0, 0, 0, 0, 0, 0) (2, 3, 0, 0) | (1, 0) (5, 0) | (0, 1, 0, 0, 0) (1, 2, 2, 0, 0) |
| 노동 계급 (7개) | (1, 2, 0, 4) | (0, 0, 1, 0, 0, 1, 1, 4) | (1, 1, 0, 0, 5) | (1, 2, 4, 0) | (0, 0, 0, 0, 0, 0, 1) (3, 1, 0, 2) | (1, 0) (3, 3) | (0, 1, 0, 0, 0) (1, 2, 2, 0, 1) |
| 이주민(1개) | (1, 0, 0, 0) | (0, 0, 0, 1, 0, 0, 0, 0) | (0, 1, 0, 0, 0) | (0, 1, 0, 0) | (0, 0, 0, 0, 0, 0, 0) (0, 0, 1, 0) | (0, 0) (1, 0) | (0, 0, 0, 0, 0) (1, 0, 0, 0, 0) |
| 합계(21개) | (9, 5, 1, 6) | (1, 5, 1, 2, 1, 2, 3, 6) | (7, 4, 1, 2, 7) | (8, 7, 5, 1) | (3, 1, 1, 1, 1, 1, 1) 9개 (5, 4, 1, 2, ) 12개 | (7, 2) 9개 (9, 3) 12개 | (2, 5, 2, 0, 0) 9개 (3, 4, 4, 0, 1) 12개 |

*: 표는 다음과 같이 읽을 수 있다. 7개의 중간계급 돌봄 수혜자 중 5명이 미성년 자녀이고, 1명은 성인 자녀이며 1명은 기타 가족이다.

표 1.3
사회집단, 혼인관계, 취업 상태 및 특정한 교육 필요성에 따른 인터뷰 대상자(8장)

| 사회집단/<br>계급 정체성 | 혼인관계<br>A. 기혼<br>B. 별거<br>C. 동거<br>D. 독신 | 취업자 수 | A. 전일제<br>B. 시간제<br>C. 지역사회 취업 | 학습장애 자녀를<br>둔 경우 |
|---|---|---|---|---|
| | A, B, C, D | | A, B, C | |
| 중간 계급(14명) | (9, 2, 2, 1) | 10 | (8, 2, 0) | 4 |
| 노동 계급(7명) | (3, 2, 1, 1) | 6 | (0, 3, 3) | 1 |
| 유랑민(2명) | (1, 1, 0, 0) | 1 | (0, 0, 1) | 1 |
| 이주민(2명) | (2, 0, 0, 0) | 0 | (0, 0, 0) | 0 |
| 합계(25명) | (1, 5, 5, 3, 2) | 17 | (8, 5, 4) | 6 |

표 1.4
인터뷰 대상자 남성집단(9장)

| 집단 관심사 | 인터뷰 대상자 | 소속 집단 |
|---|---|---|
| 1. 아버지 역할 | 폴 | 부권(父權) 옹호 그룹(별거·이혼한 아버지) |
| 2. 사회적 배제 | 데이브, 톰 | 지역사회개발 그룹 |
| 3. 인종주의 | 피터 | 유랑민 옹호 그룹 |
| 4. 성 정체성 | 제프, 알렉스 | 게이 지원 그룹 |
| 5. 신앙 | 프랜 | 가톨릭 종교 단체 |
| 6. 노인 | 패디 | 남성 노인 그룹 |
| 7. 고용 | 디클랜 | 건설노동조합 |
| 8. 사회적 교류 | 데니스 | 남성 친목 단체 |

자료: Hanlon, N(2009), 남성, 남성성, 돌봄 연구(진행 중)

니얼 핸런의 연구(9장)는 여덟 개의 다양한 남성집단에 속하는 핵심 구성원 10명과 심층적으로 인터뷰한 자료를 통해 남성성과 돌봄에 대한 남성의 인식을 분석했다. 이 연구는 남성의 다양한 관심사를 반영하기 위해 여러 남성집단에서 합목적적으로 선정한 표본에 기초했는데, 이 관심사들은 사회계급, 종교, 연령, 거주 지역, 민족, 성적 지향, 혼인 및 가족 상황 등에 따른 남성들 간의 현저한 불평등과 분할에 의해 규정된다. 핸런의 탐색적 연구는 남성성과 일차적 돌봄 간의 관계를 검토하는 더 큰 연구계획의 첫 단계다. 그는 아일랜드 남성이 사랑과 일차적 돌봄에 관해 그들의 남성성을 어떻게 정의하고 구성

표 1.5

연구 참여자의 성별, 연령대, 보호시작 연령, 전체 보호기간 및 최종학력에 따른 문해력 상태(10장)

| 사회 진입 시 문해력 상태 | 성별<br>A. 여성<br>B. 남성 | 연령대<br>A. 40~49<br>B. 50~59<br>C. 60~69<br>D. 70세 이상 | 보호시작 연령<br>A. 1세 이하<br>B. 2~5세<br>C. 6~10세<br>D. 밝히지 않음 | 전체 보호기간<br>A. 5년 이하<br>B. 6~10년<br>C. 11~15년<br>D. 16~20년<br>E. 밝히지 않음 | 최종학력<br>A.무학<br>B. 초등학교<br>C. 중등학교 주니어과정<br>D. 중등학교 시니어과정<br>E. 국가 직업훈련과정<br>F. 대학교<br>G. 대학원<br>H. 기타 |
|---|---|---|---|---|---|
| 충족<br>(12명) | (A, B)<br>(8, 4) | (A, B, C, D)<br>(3, 7, 2, 0) | (A, B, C, D)<br>(3, 5, 3, 1) | (A, B, C, D, E)<br>(1, 5, 1, 4, 1) | (A, B, C, D, E, F, G, H)<br>(1, 1, 1, 2, 1, 2, 2, 2) |
| 부분적 충족<br>(3명) | (2, 1) | (2, 1, 0, 0) | (1, 1, 1, 0) | (0, 1, 1, 1, 0) | (2, 0, 0, 0, 0, 1, 0, 0) |
| 미충족<br>(13명) | (5, 8) | (5, 6, 1, 1) | (1, 5, 7, 0) | (3, 2, 6, 2, 0) | (3, 1, 6, 1, 1, 0, 0, 1) |
| 합계<br>(28명) | (15, 13) | (10, 14, 3, 1) | (5, 11, 11, 1) | (4, 8, 8, 7, 1) | (6, 2, 7, 3, 2, 3, 2, 3) |

자료: Feeley, 2007

하는지 검토하고, 남성성에 대한 지배적인 정의가 돌봄 실천에 상반되는 남성성을 구성함으로써 남성의 삶에서 돌봄을 제거한다는 가설을 검증했다.

　매기 필리의 연구(10장)는, 아동기에 시설보호를 받은 사람들과 이들을 위한 지원센터에 꾸준히 나가고 있는 사람들을 대상으로 돌봄과 문해학습literacy learning 간의 관계를 검토했다. 이 연구는 국가의 보호하에서 생애의 대부분을 보낸 40~65세 연령집단에 속한 28명의 남성과 여성이 광범위한 문화기술지적 연구ethnographic study에 참여한 결과로 이루어졌다. 시설보호를 받던 중에 학습한 사람과 문맹을 벗어나지 못한 사람의 돌봄 일대기care biography를 비교하기 위해, 학령기에 문해욕구를 충족한 사람과 그렇지 못한 사람을 균등하게 연구 참여자로 선정했다. 응답자들이 보호시설에서 지낸 기간이 각기 다르므로, 보호시작 연령과 전체 보호기간을 알 수 있도록 기록해두었다. 표본은 성별과 문해 상태에 기초해 목적에 맞게 선정했다. 이에 더해, '시설보호 후 지원'을 받고 있던 사람들 중에서 다양한 소그룹을 무작위로 선정했다. 응답자 가운데 두 명은 혼혈인이며, 남자 한 명은 아일랜드계 유랑민이다. 여자 두 명은 경미한 학습장애가 있고 남자 한 명은 난독증 환자다. 응답자들은 무신론을 포함해 다양한 신앙을 갖고 있고, 동성애자도 두 명이 포함되어 있는 등 성적 지향 면에서도 대표성이 있다. 한 명을 제외한 응답자 모두 노동계급 출신이다(방법론에 대한 자세한 설명은 Feeley, 2007 참조).

비록 이 책에 담긴 자료가 별개로 이루어진 네 건의 경험적 연구에 기초하고 있지만, 연구들 간에는 분명히 밀접한 관계가 있다. 각 장을 그 자체로서 이해할 수 있게 하려다 보니 어느 정도 연구 결과를 반복해서 언급할 수밖에 없었다. 하지만 책 전체는 정동적 불평등의 중요성을 포괄적으로 입증하기 위해 문제의 윤곽, 원인, 결과 및 해결책을 한층 더 이해하는 데 도움이 되도록 구조화되었다. 평등주의 이론에서 정동적 (불)평등을 다뤄온 방식을 재검토하고(1장) 몇몇 핵심적인 규범적 결론의 바탕이 되는 사랑, 돌봄, 연대의 이론적 분류법을 재검토하는(2장) 내용으로 책을 시작한 것은 이런 까닭에서다. 마지막 장에서 이 책의 본체를 이루는 경험적 연구의 주된 결론과 이론적 함의들을 종합해보았다.

연구결과들은, 특히 일차적 돌봄이 가정 내에서 그리고 가정들 사이에서 어떻게 배분되는지 살펴보았을 때, 성별화된 돌봄 질서가 만연되어 있음을 확인해준다(5장, 7장, 8장). 『평등: 이론에서 행동으로』에서 언급했듯이, 주요한 사회적 체계들은 모두 다른 체계로부터 자유롭지 않다. 그래서 경제·정치·문화 체계 내의 불평등이 정동체계에 영향을 미치는 것이다. 우리는 경제적 자원의 불평등이 미치는 영향은 물론이고 문화적·사회적 자원의 영향(5장, 8장)과 시간의 영향(7장)도, 모든 유형의 돌봄 수행자와 돌봄 수혜자들(10장)에게 상당히 크다는 것을 발견했다. 우리가 『평등: 이론에서 행동으로』에서 확인했던 불평등의 상호교차성도 이 연구에서 도출한 주요한 주제인데, 사회계급, 혼인 및 가족 상황, 연령이 일차적 돌봄을 주고받는 방식에 아주 강하게 영향을 미치고 있었고, 특히 시간과 에너지를 포함해 사랑하고 돌보기 위해 사용한 자원들에도 아주 강하게 영향을 미친 것으로 나타났다(5장, 8장, 10장). 우리가 장애와 돌봄 간의 관계에 천착하지는 않았지만(연구의 원안에는 그러한 계획이 있었으나, 머리말에서 대략 밝힌 이유에서 그 주제를 검토할 수 없었다), 그리고 시민권 지위, 민족 정체성, 성적 지향과 돌봄 간의 관계를 깊이 검토할 수는 없었지만, 돌봄 대화 연구, 오브라이언의 연구(8장), 핸런(9장)의 연구는 장애, 민족 지위(유랑 민 지위 포함), 성적 지향, 시민권 지위가 어떻게 나름의 방식으로 돌봄에 영향 을 미치는지 보여준다. 사랑노동 관계의 외부에서 작동하는 권력 불평등 역시 돌봄에, 특히 사랑과 돌봄에 대한 사회적 인정과 이를 지원하는 데 할당된 물 적 자원에 영향을 미쳤다. 권력 불평등은 돌봄관계 안에서 내적으로 작용하기 도 하는데, 사랑과 돌봄노동이라는 무거운 짐을 누가 맡아야 할지 그리고 돌봄 수혜자는 어떻게 자신에 대한 돌봄 조건을 결정하는지 규정한다(3장, 6장, 7장, 10장). 사랑과 돌봄은 지위가 낮은 활동이며, 공적 영역에서, 특히 남성으로부 터 존중과 인정을 받지 못한다는 점에는 의심할 여지가 없다. 그럼에도 사적 영역에서는 사랑과 돌봄이 당당하게 앞세워지는데, 이와 같은 사적인 가치인 정에는 상당한 경제적 비용과 지위 비용이 들어간다(3장, 4장, 9장).

주요한 연구결과는 돌봄 수행자와 수혜자 모두 그 관계의 본질을 바꾸지 않 고서는 사랑노동에 포함된 돌봄노동을 남에게 맡길 수 없다는 점을 인정한다 는 것이다. 돌봄 관점에서 무엇은 넘겨줄 수 있고 무엇은 그럴 수 없는지, 타 인에게 보수를 지불하고 시킬 수 있는 일과 그럴 수 없는 일은 무엇인지 분석 적으로 구별하는 작업의 중요성을 과소평가할 수는 없다. 이는 돌봄 수행자가 비교적 무한하게 제공하는 개인적인 헌신을 당연하게 여기는 일차적 돌봄이 존재함을 뜻한다. 이런 유형의 돌봄은 매우 독특한 유형의 돌봄 합리성을 만 들어낸다. 이것은 일차적 돌봄 요구의 즉시성과 절박성에 근거하며, 경제적 합리성과는 다른 방식으로, 즉 도덕적 관점에서 타인중심으로 몰아가는(특히 이 시대의 여성에게 그러하다) 합리성이다. 그 결과 돌봄대화를 비롯한 연구들 은, 유급 돌봄 수행자가 사랑노동을 보조하는 데 필수적이지만 이를 대체하는 것은 아님을 보여준다. 영속적 관계의 필수불가결한 요소인 감정과 헌신은 고용될 수 있는 것이 아니다(유급 돌봄 수행자가 종종 그런 관계를 발전시키지만, 고용계약으로써 그렇게 하라고 요구할 수는 없다). 유료 돌봄 서비스는 사랑노동을 지탱하는 데 불가결하지만(그런데 돈과 자원은 몹시 부족하다), 사랑노동의 대체재라기보다는 보완재로 인식되었다. 부모들은 다른 사람에게 보수를 지불하면서 자녀를 돌보게 할 수 있었고, 또 그렇게 했다(성인 자녀는 부모에게도 이렇게 했다). 하지만 부모들은, 설사 유급 돌봄 수행자가 자기 아이들과 그들만의 관계를 구축하더라도 부모와의 관계를 대체할 수는 없다고 인식했다(Himmel weit, 2005). 사랑노동의 양도불가능성을 전제하면, 돌봄 수행자뿐 아니라 10장에서 보는 바와 같이 사랑을 받아보지 못한 사람에게도 일차적 돌봄관계가 감정적으로 깊이 관여되는 상황을 피할 수 없다.

이 책은 정동적 불평등의 성별화된 특성은 물론이고, 그 깊이와 복잡성, 다차원성도 부각시켰다. 그리고 사랑노동이 개인의 정체성에 중심적인 역할을 하면서도 물질적 지원 부족, 시간 부족, 공적 영역에서 존중받지 못하는 상황 등에 취약하다는 사실을 실례를 들어가며 보여준다.

# *1*

# 어떤 평등이 중요한가?
# 평등주의적 사유에서 정동적 평등의 위치

캐슬린 린치 · 존 베이커 · 세라 캔틸런 · 주디 월시

서구사회에는 돌봄과 사랑에 대한 뿌리 깊은 양가감정이 있다(hooks, 2000). 이 양가감정은 학계에서도 찾아볼 수 있다. 자유주의 전통과 급진적 평등주의 전통 모두에서, 사랑과 돌봄은 이론과 경험적 연구의 주류에 편입될 만큼 정치적 중요성을 갖는 주제로 다뤄지지 않았고, 대개 사적인 일이나 개인의 문제로 치부되어왔다. 연대라는 주제가 연구자의 제한적인 관심을 끌었을 뿐이다. 사회학, 경제학, 법학, 정치이론의 사유는, 사회의 돌봄 제도 없이는 연구 대상 중 그 무엇도 기능할 수 없다는 사실을 외면한 채 공적 영역과 삶의 외재적 공간에 집중했다(Fineman, 2004; Sevenhuijsen, 1998; Tronto). 특히 고전파 경제학과 사회학은 자립할 수 있는 합리적 경제인이 인간의 전형이라는 핵심 가정을 고수해왔다(Folbre, 1994; Folbre and Bittman, 2004). 어렸을 때와 병들고 노쇠해졌을 때 모든 인간이 내보이는 의존성은 진지하게 고려되지 않았다(Badgett and Folbre, 1999). 이 사실은 매우 중요한 두 가지 불평등을 발생시킨다. 사람들의 사랑과 돌봄에 대한 요구가 충족되는 정도에서 나타나는 불평등과 이 요구들을 충족하는 데 소요되는 노동에서 나타나는 불평등이 그것이다.

이것들이 우리가 '정동적 불평등'[1]이라고 부르는 개념의 핵심이다.

우리는 『평등: 이론에서 행동으로』(57~72)에서 정동적 평등의 결여를 다루려고 했다. 우리는 사회에서 평등과 불평등을 발생시키는 매개이자 영역으로서 네 개의 주요 체계, 즉 경제체계, 정치체계, 사회-문화체계, 정동체계를 확인했다. 그리고 이 체계들에 고유한 네 종류의 사회관계들이 어떤 사회를 조직할 때도 중심이 되며, 그럼으로써 한 사회의 불평등 수준을 결정하는 데 극단적으로 강한 역할을 한다고 주장했다. 이들 네 체계 중에서 사랑, 돌봄, 연대의 관계를 형성하고 지속시키는 데 관련되는 정동체계는 거의 분석되지 않았다. 이 책의 목적은 그 체계를 분석하는 데 기여하는 것이다. 이 장의 주안점은, 정동체계와 그 체계 내의 불평등이 '사회'과학, 특히 사회학, 교육학에 의해 그리고 경제학, 법학, 정치이론에 의해 어떻게 다루어졌는지 감感을 잡을 수 있도록 돕는 것이다. 이 분야들은 너무 광대하기 때문에 하나의 장에서 충분히 검토하기는 어렵다. 그렇지만 우리가 여기서 하고 싶은 일은, 최근 학계의 공헌 가운데 일부를 보여주는 동시에 각 분과학문의 주류 연구를 특징짓는 상대적 무시와 일반적 편견을 밝혀내는 것이다.


## 사회학, 교육학 및 관련 학문에서의 정동적 불평등

사회과학자들이 불평등을 야기하는 유력한 요인으로 경제적·정치적·문화적 관계를 지목하는 것은 사회과학의 관점에서 충분히 예견되는 일이다. 카를

---

1    통상적으로 '정동적(affective)'이라는 용어는 일반적인 감정 및 감정관계와 관련해서 사용되고 특별히 사랑, 돌봄, 연대와 관련해서는 잘 사용되지 않지만, 이 분야에 더 적합한 수식어가 없기 때문에 여기서는 '정동적'을 사랑, 돌봄, 연대와 관련해 사용한다. 주정성(主情性)이 사랑, 돌봄, 연대의 관계가 지닌 중심적 특징 중 하나인데, '정동적'이라는 용어는 이를 놓치지 않게 해준다. 맥락이 분명한 경우에는 '정동적'을 광의로 사용하기도 하고 때로는 감정관계의 일반적 특징에 의거해 사랑, 돌봄, 연대에 관한 논의를 전개했다.

마르크스Karl Marx와 막스 베버Max Weber는 기본적으로 부와 소득에서 유래한 물질적 불평등이 경제 내에서 발생한다는 데 의견을 같이한다(그들은 경제 내에서 계급관계의 작용과 여타 불평등을 결정할 때 경제가 어떤 역할을 하는지에 대해서는 입장이 분명히 다르긴 하다). 게다가 베버와 베버주의 전통의 학자들은, 문화와 정치체계가 어떻게 많은 점에서 경제로부터 상대적으로 독립되어 작용하는지, 때로는 어떻게 서로 다른 형태의 불평등을 발생시키는지 보여주었다.[2]

에밀 뒤르켐Emile Durkheim의 전통과 구조기능주의 관점에서 연구해온 탤컷 파슨스Talcott Parsons 역시, 경제·정치·문화에 비중을 가장 크게 두었다. 마르크스주의자·기능주의자·베버주의자를 막론하고, 사회과학자들은 사회적 관계의 정동체계가 경제·정치·신분질서와 무관하게 주요한 역할을 한다는 점을 전혀 확인해보지 않았다. 정동영역은 다른 사회적 체계들에 의존하는 것으로 규정되었고 사회적 행위의 자율적 장이 아니라 경제적·정치적·문화적 행동의 부산물로 간주되었다. 더욱이 정동영역을 사적이며 고도로 여성화되고 감정이 추동하는 영역으로 규정했기 때문에 사회과학적 탐구가 필요한 연구과제로 보지 않았다.

정동영역의 하위성은 사회과학 내의 위계적인 분업구조에서도 찾아볼 수 있다. 사회복지사업, 사회정책 및 사회적 돌봄에 관한 연구들이 돌봄 이슈를 다루긴 했지만, 이런 연구는 경제·정치·문화에 초점을 둔 연구와 대등한 지위를 인정받지 못했다.[3] 정책 분야에서 돌봄에 대한 연구는 공적 영역과 사적 영역의 접점에 초점을 맞춘 경우, 특히 돌봄과 국가의 관계에 초점을 맞추는 경우에 가장 신빙성을 얻었다. 그래서 무급 비공식 돌봄과 복지국가 간의 관계

---

2 베버가 말했듯이 "진정한 '계급'의 자리는 경제 질서 내에 있지만, '지위집단'의 자리는 사회 질서, 즉 '명예' 분배의 영역 내에 있다. 이들 영역 내부에서 계급과 지위집단은 서로에게 영향을 미친다. …… 그러나 '정당'은 '권력'이라는 집에 거처한다. 그들의 행동은 사회적 '권력'을 획득하는 것, 즉 그 내용이 무엇이든 간에 공동의 행동에 대한 영향력을 행사하는 것을 지향한다"(Weber, 1946/1958: 194).

3 이러한 연구에 주어지는 낮은 지위는 연구주제, 개인적임, 사적임, 가정사임과 함수관계에 있으며, 이 분야의 저술 및 교수를 여성이 주도한다는 성별화된 특성과도 함수관계에 있다.

가 1970년대 내내 돌봄에 관한 사회정책 연구의 주된 주제였다(Williams, 2001: 475~478). 1980년대에 기존 분과학문 내에서 페미니즘 학자들의 영향력이 커지면서, 사회과학 연구가 비로소 돌봄 내의 젠더관계 특히 돌봄 수행자로서 여성의 역할에 관심을 보이기 시작했다(Finch and Groves, 1983; Waerness, 1987). 그레이엄(Graham, 1983)과 길리건(Gilligan, 1982)의 연구는 사회적·도덕적 정체성 의식에서 여성과 남성이 보이는 차이를 의도적으로 강조하고 이것이 어떻게 돌봄과 결부되는지를 부각시켰다. 그리고 한편 핀치(Finch, 1989)는 돌봄노동에 영향을 미치는 규범적 구조에 주목했다. 1990년대에 장애인운동이 일어나면서 돌봄을 논하는 데 '의존성 담론'이 나타났다. 장애를 연구하는 여러 학자, 올리버(Oliver, 1990), 핀켈슈타인(Fincelstein, 1991), 모리스(Morris, 1993), 올리버와 반스(Oliver and Barnes, 1991) 등이 돌봄 제공자와 수혜자 간의 불평등한 권력관계를 연구주제로 삼았다.

국가는 돌봄 제공의 역학관계를 결정하는 역할을 하면서 결코 정책 프레임을 그대로 두지는 않았다. 1990년대 초 신자유주의 정책이 출현한 이래 공공서비스와 복지 지원에 대한 국가의 투자가 도전받는 동안에, 돌봄과 젠더 간의 관계를 결정하는 역할을 비롯한 국가의 역할에 대해 재조명이 이루어졌다(Daly, 2000, 2002, 2005; Glendinning and Millar, 1992; Leira, 1992; O'connor et al., 1999; Ungerson, 1993, 1995, 2000). 그 결과 사회정책에서 돌봄의 성별화된 특성에 대한 인식이 점점 더 커졌다. 대체로 국가의 시선을 통해서 일어난 일이긴 하지만 말이다.

### 사회학

예나 지금이나 주류 사회학은 사회정책과 사회적 돌봄에 대한 연구보다 훨씬 더 남성이 주도하고 있다. 사회학은 언제나 공적 영역의 문제들에 주된 관심을 두어왔다. 비록 페미니스트들로부터 페미니즘의 발전에 기여한 바를 인정받았지만(Jackson, 1999), 사회학은 매우 성별화된 학문이다(Smith, 1987). 사회학적 사유의 초기 단계를 이끈 이른바 '창시자들founding fathers'(마르크스, 뒤르켐, 베버)의 지배가 일군의 남성 지도자의 등장으로 20세기 말까지 되풀이되었다. 마르크스를 재해석한 피에르 부르디외Pierre Bourdieu, 뒤르켐의 뒤를 이은 파슨스, 베버주의 전통에 가까운 랜들 콜린스Randall Collins, 존 골드소프John Goldthorpe, 앤서니 기든스Anthony Giddens가 그들이다.

사회학적 사유의 '아버지들'은 각자의 세대에서 여성, 장애인, 소수민족 및 기타 주변화된 집단의 대안적 목소리를 남성의 문화적 전횡cultural arbitrary[4]으로 (대개 부지불식간에) 억눌렀다. 결국 어떠한 질문도 받지 않았고 질문을 받더라도 진지하게 받아들이지 않았다(Oakley, 1989). 남성의 목소리를 존중하는 것은 곧 남성이 하지 않는 방식으로 여성이 통제하고 살아가는 세상을, 특히 돌봄 영역을 가부장적 시선으로 해석함을 의미했다. 가족사회학은 초기 연구에서 가정 내의 권력 불평등과 돌봄을 비롯한 가사노동의 불평등한 분업을 크게 문제시하지 않았는데, 이는 가부장적 시선이 적용된 전형적인 사례다(Parsons and Bales, 1956과 Hannan and Katsiaouni, 1977이 두 개의 각기 다른 예를 보여준다). 이런 관행에는 여성성에 대한 상징적 폭력이 뿌리 깊게 자리하고 있는데, 페미니즘 성향의 학자들이 주류 사회학에서 일반적으로 인정되는 지식에 도전하기 전까지는 대체로 눈에 띄지 않았다(Connell, 1987; Delphy and Leonard, 1992; Oakley, 1976).[5]

---

4  '문화적 전횡'이라는 용어는, 부르디외와 파스롱(Bourdieu and Passeron, 1977)이 학교교육에서 강력한 중간계급 집단의 가치관, 언어, 표현양식을 노동계급 학생들에게 강요하는 방식을 설명하기 위해 처음 사용했다. 이런 강요는 완전히 전제적이며 노동계급 학생들이 이질적이고 적대적인 학교교육 속에서 실패하는 결과를 초래했음에도, 자연스럽고 불가피하며 바람직하다고 인식되었다.

5  사회학 연구에 대한 가부장적 통제를 인정한다고 해서 일부 중진 학자가 가부장제의 역할을 인정했음을 부정하는 것은 아니다. 교육사상에서의 예를 들면, 일부 남성 학자는 페미니즘이 정치적으로 전혀 유행하지 않았을 때 여성 학자가 저술하고 출간할 수 있는 여지를 만들어주었다(Walker and Barton, 1983). 더 최근에는 페미니즘 성향의 남성 학자들, 코널(Connell, 1995, 2002), 린가드와 더글러스(Lingard and Douglas, 1999), 맥 앤 가일(Mac an Ghaill, 1994) 등이 교육 관련 젠더 문제를 재구성하는 데서 특별히 중요한 역할을 했다. 코널은 특히 남성성을 구성하는 담론과 실천을 검토해서 '헤게모니적 남성성'이라는 개념에 문제를 제기했다. 그렇게 페미니스트 교육자들이 남성-여성의 이항대립에서 여성이 갖는 타자성과 문제적 지위를 검토

포스트모더니즘의 등장, 특히 미셸 푸코Michel Foucault의 연구는 문화적 공간의 권력과 그 권력의 작동 및 이동이라는 논점에 관심을 집중하며 사회학 체계의 정합성을 해체했다. 푸코가 특별히 정동적 관계를 이슈로 제기하지는 않았지만, 정동적 관계와 그 속에서 수행되는 감정노동을 사소하게 만들어온 거대서사를 비롯해서 사회과학적 사유의 거대서사에 도전할 수 있는 여지를 만들었다.

푸코의 저작이 영문판으로 출간된 데 힘입어[『임상의학의 탄생The Birth of Clinic』(1973), 『감시와 처벌Discipline and Punish』(1977), 『성의 역사The History of Sexuality』(1978)], 20세기 말에는 감시와 통제의 대상으로서 사람의 몸과 마음에 관심을 보이는 사회학적 연구가 늘어났다. 국가와 기타 강력한 사회제도가 인간의 의식을 관찰하고 형성하고 통제하기 위해 감시 기술을 이용한다는 점이 감정사회학에 대한 관심을 불러일으켰다. 감정사회학은, 많은 감정이 사랑, 돌봄, 연대의 관계 또는 그 반대되는 관계에 착근되어 있다는 점에서 정동 체계와 밀접하게 연관된다. 정동영역에 대한 연구는 20세기 후반에 사회학계에서 널리 인정받았다(Barbalet, 2002; Hochschild, 1983, 1989; James and Gabe, 1996; Kemper, 1990; TenHouten, 2006). 레이(Reay, 2000), 세넷과 코브(Sennett and Cobb, 1977), 스케그(Skeggs, 2004) 같은 학자들은 사회계급 불평등이 경제적으로뿐 아니라 감정적으로, 즉 취향, 생활양식 및 가치관에 대한 사회적 판단으로서 경험되는 면을 입증했다. 세이어(Sayer, 2005)는 불공평이 감정에 미치는 영향에 대해, 특히 사회계급에서 연유된 불공평이 부정적인 도덕적 판단으로서 경험되는 면에 대해 사회과학이 연구하지 못하는 것은 규범적 이슈에 대한 관심 부족과 연관된다고 보았다.

감정과 감정노동에 대해 사회과학적 연구가 시작된 것은 사회과학에서 중

---

하는 데서 더 나아갈 여지를 만들어냈다. 부르디외도 대부분의 저작에서 젠더를 소홀히 다루었지만, 가부장제가 여성을 종속시키는 데 핵심적인 역할을 한다는 점을 인정하기에 이르렀다(예를 들어 Bourdieu, 2001).

요한 발전이지만, 정동적 관계가 오랫동안 무시되어온 상황에서 벗어나 연구의 적합한 주제로 자리매김되기는 쉽지 않다. 코널(Connell, 1995, 2002), 킴멜(Kimmel, 2005), 세이들러(Seidler, 2007)는 정동영역을 무시하는 풍토가 어떻게 남성 정체성, 특히 남성성이라는 헤게모니적 개념에 대한 연구를 부족하게 만들었는지 입증했다. 정동적 관계를 무시하는 풍토가 학문뿐 아니라 공공정책에도 영향을 미친 사회과학 연구 분야 가운데 하나가 교육이다.

### 정동적 관계와 교육학: 대표적 사례

사랑, 돌봄, 연대의 세계, 더 일반적으로는 감정과 정서의 세계를 사소하게 만든 것은 교육학의 사유에도 심대한 영향을 미쳤다. 사회과학에서 '오류를 범하기 쉬운' 감정을 진지하게 받아들이지 않은 만큼 교육학에서도 감정을 진지하게 받아들이지 않았다. 교육학은 예나 지금이나 이성의 발달에 관한 학문으로 정의되고 있다(Callan, 1997, 2004; Dewey, 1916; Rousseau, 1911). 피아제의 영향 아래, 학교교육은 더욱 추상적인 사고능력, 특히 수학적 추론의 발달에 초점을 두고 있다. 추상적 사고능력을 최고로 여기는 경향은, 블룸(Bloom, 1956)이 교육목표 분류법(인지적 영역)을 창안한 이후 그대로 이어져왔다. 블룸은 위계적인 등급표 위에 인지 방식을 배열했는데, 이 분류가 2차 세계대전 후 널리 유포되어 평가 및 시험에서 주요한 의제를 설정했다. 그가 똑같이 중요하게 여긴 정동적 영역의 교육목표 분류법은 교육자들이나 각국 정부가 조금도 발전시키지 않았다(Krathwohl et al., 1964).

현대 교육학의 사유는 여전히 피아제의 사유방식에 크게 의존하며, 논리·수학 지능과 추상적 사고능력의 발달을 강조하고 있다(Gardner, 1983). 발달심리학에서 감성지능과 인성지능을 인정하는 학자가 늘어나고 있지만(Gardner, 1983, 1993, 1999; Goleman, 1995, 1998; Sternberg et al., 1986; Sternberg, 2002), 교육에서 취업하는 데 필요한 논리·수학 및 언어 능력의 발달에 초점을 두는 경향은 흔들리지 않는다. 감성지능과 측정 가능한 업적 간의 관련성을 힘주어 강조하기도 하는데, 일반적으로 감성지능은 학업성취를 포함한 시장성 있는 다른 능력들을 향상시키고 보충하는 능력으로 정의된다(Cherniss et al., 2006; Goleman, 1995; Grewal and Salovey, 2005; Lopes et al., 2006; Vandervoort, 2006).

감성지능의 정의와 측정에 대한 학문적 관심이 커지는 상황에는 묘한 아이러니가 있다. 감성지능이 사랑하고 돌보며 타인과 연대를 맺는 인간다운 능력 발달에 그리고 도덕교육에 결정적으로 중요하다(Cohen, 2006)는 점에는 논란의 여지가 없다. 그럼에도 신자유주의적 사유가 약진하면서 감성지능은 측정하고 시험할 수 있는 공적 영역의 또 다른 능력으로 정의되기에 이르렀으며, 주로 공적이고 시장지향적인 '페르소나persona'의 발달에 효율적으로 이용되었다. 이러한 전환의 핵심에는 이상적인 인간은 자립적이고 이성적인 시민일 뿐아니라 철저하게 경제적 시민이라는 전제가 있다(Lynch et al., 2007). 리스본협정이 유럽연합EU의 시민들을 '지식경제'에 적응하도록 훈련시키는 데 중점을 둔 것은 이러한 추세의 전형적인 예다. 지식이 경제를 위해 봉사하는 지위로 환원된 것이다. 개인 수준에서 교육의 목적은 의인화된 인적자본의 획득이라는 관점에서 경제가 요구하는 능력을 갖추는 것으로 정의된다. 다시 말해 "개인은 자기 자신을 위해 생산적이고 기업가적인 관계를 개발해야 할 터이다"(Masschelein and Simons, 2002: 594).

## 왜 교육자들은 정동영역을 무시하는가?

교육학에서 감정노동, 특히 사랑, 돌봄, 연대의 노동이 무시되어온 데는 몇가지 이유가 있다. 첫째, 고전적인 자유주의 교육의 중심에 자리한 모범 시민이라는 (협의의) '이성적인' 시민이면서 공적인 '페르소나' 때문이다. 그래서 학생은 돌봄과 타인을 생각하는 상호의존적인 존재로서 관계적 삶을 준비하지 않고, 공적 영역에서의 경제적·정치적·문화적 삶을 준비한다. "나는 생각한다. 그러므로 나는 존재한다"로 압축되는 데카르트의 이성주의는, '교육대상인 개인'을 자율적이고 이성적이며 더욱더 경제를 중시하는 존재로서, 즉 관계적이며 돌봄을 주는 자아를 대체로 무시하는 존재로서 이해하게 만드는 데 성공했다(Noddings, 1984).[6] 합리적 경제행위자Rational Economic Actor의 모형에서

의존적인 시민은 교육의 틀 밖에 방치된다(Lynch et al., 2007).

학교교육과 취업의 관계가 갈수록 밀접해지는 것도 정동영역을 무시하게 만드는 한 요인이다. 교육전문가들은 주류 사회학 및 심리학의 사유방식에서 교육대상 개인의 정의를 차용하는 경향이 있었기에, 무엇이 노동인지에 관해서도 이들 분과학문의 핵심 가정을 채택하곤 했다. 사회과학에서, 진정한 노동이란 오로지 돈을 벌기 위한 노동이나 시장경제 내의 노동으로 정의되어왔다(Harrington Meyer, 2000; Pettinger et al., 2005). 노동을 자연과의 상호작용을 통한 경제적 자기보존 및 자기실현과 동일시하는 것은(Gürtler, 2005), 교육을 주로 경제적 생산성을 위한 훈련으로 간주함을 의미한다.[7] 이 패러다임에서 '사적인' 돌봄노동은 쉽게 무시될 수 있다. 한편 유급 돌봄노동을 위한 훈련에서는 감정적 몰입보다 직업상 거리두기detachment를 강조하는데, 그러한 돌봄노동은 일종의 취업과 다름없기 때문이다.

학계와 교육에서 돌봄이 무시되어온 또 다른 이유로 학술 저작이 생산되는 방식을 들 수 있다. 학술 저작은 분과학문을 막론하고 지배적인 연구자들이 영역을 전유專有하면서 나타난 부산물이다(Gouldner, 1970).[8] 연구물의 생산 및 교환의 사회적 관계는, 돌봄으로부터 자유로운care-free 자기만의 시간을 충분히

---

6   하지만 '교육(education)'의 어원을 분석한 연구에 따르면, 그 말은 라틴어 'educere'(끌어낸다)가 아니라 'educare'(양육한다. 돌봄을 통해 성장시킨다)에서 유래되었다.

7   우리는 '호모 파베르(homo faber, 물건 제작자)'로서 하는 일, '일하는 동물(animal laborans)'로서 하는 일(삶 자체를 유지하기 위해 숙명적으로 해야 하는 일), '이성적 동물(animal rationale, 지적 노동자)'로서 하는 일이 서로 명확하게 구분된다는 것을 알고 있다(Arendt, 1958 참조). 아렌트가 『인간의 조건(The Human Condition)』에서 제시한 이러한 구별은 돌봄노동 자체에만 초점을 두지 않는다. 물론 그녀는 여성이 사적 영역에서 하는 일이 그 일의 유형 때문에 시야에서 사라졌다는 점을 인정한다. "여성과 노예가 동일한 범주로 분류되고 시야에서 사라진 것은, 그들이 누군가의 재산이기 때문만이 아니라 그들의 삶이 신체기능 위주여서 '고되기' 때문이기도 하다"(같은 책: 72).

8   굴드너의 정의에 따르면 영역 전유(domain assumption)는, 사람들이 숙고할 수도 있고 아닐수도 있는 개인의 경험과 지위에서 생겨나는 것이며, 연구의 사유방식을 받쳐주는 개인의 가치관 및 가정들이다. 이것들은 여성 아니면 남성, 다수민족 아니면 소수민족, 동성애자 아니면 이성애자 같은 우리의 개인적인 정체성에서 생겨난다.

가지고, 생각하고 쓰고 또 고쳐 쓸 수 있다는 전제에서 작동한다. 즉, 학자가 되려면 필연으로부터의 자유freedom from necessity를 확보해야 한다(Bourdieu, 1993). 모든 돌봄(특히 사랑노동. Lynch, 1989와 2장 참조)이 변형되지 않은 채 위임될 수 없다는 점을 고려하면, 양도될 수 없는 의존관계에 시간과 에너지를 투입하는 사람은 저술을 할 수 없든지 많이 할 수 없든지 둘 중 하나에 해당될 것이다. 그들은 권력을 가지고 꼭 필요한 돌봄과 사랑노동을 타인에게 위임할 수 있는 돌봄 명령자일 가능성이 적다. 이와 대조적으로, 자신의 관점을 글로벌화할 수 있는 위치에 있는 사람은 대체로 국제 학계에서 요구하는 홍보 활동을 할 수 있는, 즉 저술과 연구 외에도 돌봄에서 자유로운 여행, 교류, 학회참석 등 통상적으로 자기를 홍보할 만한 시간을 가진 사람이다. 학문적으로 세상에 알려진 유명한 사람 중에는 상대적으로 돌봄으로부터 자유로운 상황에서 패러다임과 영역을 전유한 사람(대부분 남성)이 지나치게 많다. 연구물 생산, 유통, 교환 영역의 전유는 돌봄으로부터의 자유를 확보한 가운데 이루어졌고, 이들이 사회과학과 교육학에서 우선순위를 결정해왔다.

사회학자들이 불평등 이슈를 심층적으로 검토해왔지만, 그런 이슈들 대부분이 경제에 기인한 불평등, 특히 계급 불평등에 초점을 두었다(Grabb, 2004; Romero and Margolis, 2005). 정동적 불평등은 가정 안팎의 불평등한 돌봄 분업에 의해, 그리고 사랑, 돌봄, 연대에 다가가는 불평등한 접근 기회에 의해 구성되었고, 페미니즘 성향의 학자들이 영향력을 확장하면서 연구주제가 되었을 따름이다. 페미니스트 학자들은 사회학과 관련된 분과학문이 불평등과 착취를 정의하기 위해 베버주의와 마르크스주의의 3종 세트인 사회계급, 지위, 권력에 집착하는 경향에서 벗어나게 만들었다. 비록 경제·정치·문화 영역과 밀접하게 엮여 있을지라도, 그들은 삶의 정동영역이 사회적 행위의 독립된 영역이라는 면에 주목하게 했다.

## 경제학과 정동영역

사회학, 교육학과 마찬가지로 경제학도 전통적으로는 사랑, 돌봄, 연대의 이슈와 정동영역에 관심을 두지 않았다. 경제학 내의 지배적인 접근인 신고전파 경제학이 강조하는 방법론적 개인주의, 합리적 선택이론, 공적/사적 영역 구별은 왜 정동영역을 무시하는지는 물론이고 왜 여성의 경제적 기여를 하찮게 여기는지를 잘 설명해준다. 이런 상황에서도 경제학의 꽤 많은 이론적·경험적 연구들이 암묵적으로 정동영역을 다루고 있는데, 노동시장이론, 노동의 재해석과 유급노동/무급노동 간 분업, 비시장활동의 국민계정체계 편입 노력, 이타주의 개념의 사용과 비판, 특히 가족과 관련해서 새로운 가족경제학의 출현과 이어진 게임이론 적용이 그러한 사례다. 하지만, 돌봄노동의 이슈를 드러내놓고 종합적으로 다루게 된 것은 1980년대 이래 페미니즘 경제학이 발흥하면서부터다.

페미니즘 경제학의 의제 가운데 하나는 신고전파 패러다임에 담긴 명백하게 '몰가치적이고, 정치적으로 중립적이며, 몰성적인gender blind' 전제와 가치체계를, 특히 정동영역을 인정하지 않는 분야에서, 그리고 여성의 삶과 경험에 직접적으로 관련되는 분야에서 파헤치는 것이다. 예컨대 남녀 간 임금격차를 검토할 때, 신고전파 경제학이 남성의 고소득을 정당화하는 설명으로 여성의 합리적 선택에 초점을 맞추는 데 반해, 젠더 분석은 여성의 역할과 돌봄 의무에 대한 성 편향적인 사회적 기대가 여성의 노동시장 경험에 어떻게 영향을 미치는지를 검토한다(Barker, 1998). 이와 유사하게 슈트라스만(Strassman, 1993)은 사람에게는 자신의 요구를 돌봐야 할 책임이 있고 그들은 자신의 요구와 소망만을 고려한다는 암묵적 가정을 검토했다. 그에 따르면 그 가정은 선택받은 소수에게는 들어맞을 수 있지만 아동, 노인, 장애인, 경제적 자원을 독립적으로 충분히 이용할 수 없는 많은 사람의 경제적 현실을 인식하는 데는 완전히 실패했다.

## 유급노동과 무급노동

통상적인 경제 분석은 '노동'을 유급고용으로 정의한다. 이러한 견해는 한 측면만 보게 해서 왜곡되고 비효율적인 정책결과를 초래한다는 문제제기가 이어지고 있다. 경제생활은 유급노동과 함께 '사적인' 가사부문의 무급 활동에도 의존한다. 근년에 무급노동의 경제적 기여를 명확하게 인식하고 국민계정에 포함시킬 목적으로, 몇몇 국가에서는 국민계정체계 밖에서 일어나는, 보상받지 못하는 노동에 관한 자료를 수집했다. 하지만 한 남자가 그의 가정부와 결혼하면 국내총생산이 감소한다는 피구(Pigou, 1932)의 견해에서 전형적으로 나타나는 것처럼, 시장활동을 강조하는 풍토는 여전하다. 그리고 유급 경제활동과 무급 경제활동 간에 존재하는 결정적인 상호의존성이 소홀하게 취급받고 있다.

무급 가사부문은 직접적으로는 가족구성원에게, 넓게는 지역공동체에 돌봄 서비스를 제공한다. 이 활동은 개인의 사회화와 인간 능력의 생산 및 유지에 기여하며, 그리하여 "신뢰, 선의, 사회질서를 유지하는 사회구조, 공동체의식, 시민책임, 규범을 개발한다"(Himmelweit, 2002). 또한 피고용인들이 유급경제의 공공부문과 민간부문에서 돌봄 서비스를 제공하기도 한다. 분명히 이러한 유급노동의 일부는 가정에서 이루어진다. 그리고 비영리부문에도 유급노동과 무급노동이 모두 존재하는데, 이들도 돌봄 서비스의 중요한 제공자이며 사회적·경제적 하부구조의 실질적 기여자다. 하지만 핵심 이슈는, 모든 무대에서 남성과 여성이 일을 하는데, 성별 분업이 뚜렷해서 무급경제의 노동과 유급경제의 노동 사이에서 시간에 쪼들리는 사람은 대부분 여성이라는 점이다. 소득을 올리면서 동시에 전통적인 살림살이와 돌봄 역할을 계속 수행하는 여성이 증가하는 현상을 묘사하기 위해 '하루 두 번 근무double day'와 '두 번째 출근second shift'이라는 용어가 쓰이고 있다.

유급경제와 무급경제는 상호의존적이지만 둘 사이에는 몇 가지 근본적인 차이가 있다. 핵심적 차이는 타인 돌봄에 관한 동기부여다. 성별화된 사회규범은 금전적 보상을 보충하거나 능가하는 책임 의식을 형성하는 데서 중요한 역할을 한다. 유급노동 시장에서조차 과장되고 있는 자기이익이라는 동기를 노동이 직접적으로 보상받지 못하는 상황에 적용한다면 이치에 맞지 않는다 (Folbre and Weisskopf, 1998). 또한 일의 많은 부분이 타인에게 위임될 수 없다는 측면에서 무급노동은 독특하다. 나중에 논의하겠지만, 돌봄노동의 많은 측면은 상품화될 수 없다. 돌봄노동은 관계적이다. 즉, 실제적인 과제의 수행뿐 아니라 관계의 발전도 수반한다. 부모는 누군가에게 보수를 주고 아이들을 돌보게 할 수 있으며, 고용되어 돌봄을 위탁받은 사람은 그 일을 잘해낼 수도 있다. 그러나 그들이 아이들과 만들어가는 관계는 그들만의 관계이며, 그들이 부모와의 관계를 대신할 수는 없다(Himmelweit, 2005). 그래서 돌봄의 목적이 특정한 관계를 발전시키는 것이라면, 돌봄을 타인에게 외주할 수는 없다. 끝으로, 돌봄노동에서 생산성 증가는 달성되기 어렵다. 개인적인 관계가 돌봄의 바탕을 이루기 때문에 생산성을 늘려가는 데는 한계가 있다. 그러므로 제공되는 돌봄의 질을 훼손하지 않고서 경제 전체에 걸쳐 돌봄노동에 투여되는 시간의 총량을 감축할 수는 없다. 이런 질적 측면에 관한 예를, 때때로 경제적 효율성을 위해 교사 1인당 학생 수를 늘리려는 욕망이 앞세워지는 교육부문에서 찾아볼 수 있다.

개인 및 가정 수준에서 유급노동과 무급노동 간에는 차이가 있지만, 돌봄에 관한 결정과 취업에 관한 결정은 서로 얽혀 있기 때문에 돌봄은 노동시장 이론과 정책이 인정하지 않을 수 없는 이슈다. 돌봄은 갈수록 중요한 경제 이슈로 인정받고 있다(Himmelweit, 2005). 이는 단지 경제에 기여하는 면에서만이 아니라, 무급 돌봄노동은 고용 확대에, 특히 여성의 노동시장 참여에 장애가 되고 그 결과로서 경제성장에 실제적 한계를 부과한다는 전통적인 관점에서도 그렇다. 아이들과 노부모에 대한 돌봄 책임은 여전히 여성의 노동시장 참여와 취업 시간에 영향을 미치는 가장 중요한 변수다(Gardiner, 1997).

## 가족경제학

경제학과 정동영역의 유의미한 접점은 일반적으로 가족경제학으로 분류할 수 있는, 즉 가족 내의 의사결정 및 자원배분 방식에 관심을 두는 분야에서 찾을 수 있다. 이 분야의 연구는 무급노동, 여성의 노동시장 참여, 인구, 사회정책, 게임이론 및 교섭 모형과 같은 여러 분야의 경제학적 질문을 한데 모은다. 또한 그 연구는 일관성을 유지하기 위해 시장에서의 이기주의와 가족에서의 이타주의라는 잘못된 이분법에 의지해야 했던, 방법론적 개인주의가 지닌 치명적인 약점을 폭로했다(Folbre and Hartmann, 1988).

가족 행동에 대한 경제이론은 보통 둘로 나뉜다. 하나는 단위 모형unitary model이고 다른 하나는 집합 모형collective model(협조적 교섭 모형과 비협조적 교섭 모형으로 구체화됨)이다. 단위 모형은, 가족이 마치 전체 효용을 극대화하는 한 사람의 의사결정자인 것처럼 행동한다고 가정한다. 이에 반해 집합모형은, 개별 가족성원의 선호가 충돌할 가능성을 인식하고 개별 가족성원의 서로 다른 입장과 선택을 고려하는 의사결정 형태를 상정한다. 두 모형은 공히 한 가족이 소비자면서 동시에 생산자라고 개념화하는데, 성과를 산출하고 부동산에 투자하며 가족의 복지를 위해 자녀, 돌봄, 행복과 같은 상품화할 수 없는 가치를 만들어내는 한에서 가족이 하나의 회사처럼 행동한다고 본다.

가장 널리 알려지고 자주 인용되는 단위 모형은 베커(Becker, 1981)의 신가족경제론이다. 베커의 모형은 문제시되고 있는데, 그럴 만한 증거가 많다(예를 들어, Bergmann, 1995; Lundberg et al., 1997; Nelson, 1994 참조). 여성의 경제적 의존성에 관한 가정, 가장이 소득에 대한 충분한 통제권을 가지고 다른 가족성원의 이동을 제어할 필요가 있다는 가정, 다른 가족성원이 철저히 이기적이라도 가장은 그들을 돌본다는 가정, 가족의 의사결정은 총소득에 달려 있으며 그 소득을 누가 벌어오든지 관계없다는 가정, 희소자원으로서의 시간 분석, 그리고 가족 내의 돌봄과 사랑노동을 무형화하고 평가절하하는, 즉 노동을 특수화하고 비시장 노동을 여가활동으로 분류하는 이론 등이 그것이다. 그뿐 아니라 단위 모형은 경험적 증거에 의해 뒷받침되지도 않는다(Browning et al., 1994; Cantillon et al., 2004; Cantillon and Nolan, 1998; Woolley and Marshall, 1994).

단위 모형의 결점 때문에 여러 대안적 접근이 제기되었다. 이들은 가족성원의 개별성에 초점을 두고 개인들의 선호가 과연 집단적 선택으로 이어지는지, 그렇다면 어떻게 해서 그렇게 되는지 같은 문제를 명확하게 다룬다. 이들은 게임이론에 기초해서 가족 내의 협력과 갈등 과정에, 특히 그 갈등을 두고 교섭하고 협상하는 방식에 주목한다. 그리고 이전 모형들에 만연한 '자애로운 남성 독재자' 또는 가사노동에서 여성의 비교우위 추정과 같은 성 편견을 바로잡으려고 한다. 이들은 가족의 지출 패턴에 관해 그리고 노동시장에서의 불평등이 가정에서의 불평등을 어떻게 강화하는지에 관해 더 그럴듯한 설명을 제시한다. 그리고 이혼법률과 사회정책 같은 자원배분에 영향을 미치는 요인을 규명한다. 하지만 단위 모형을 개선했어도 이런 모형들은 여전히 결점을 많이 가지고 있다. 특히 근저에 깔려 있는 개인주의 이데올로기에 대한 의문이 늘어나고 있다. 센(Sen, 1990)은 여성과 피억압자들은 자기 이익에 관해 정확하게 감感을 잡지 못할 것이라고 주장한다. 한편 넬슨(Nelson, 1996)은 부모의 돌봄은 자기 이익에 의해 추동된 행동이라기보다는 '헌신'으로 더 잘 이해된다고 주장한다. 여전히 잘 다듬어진 비개인주의적인 가족 모형과는 거리가 멀긴 하지만, 게임이론적인 접근은 경제학자들이 지닌 가족에 관한 견해를 변화시키기 시작했다. 그래서 가족성원 간 권력과 부의 불평등을 쉽사리 무시할 수 없게 되었고, 가족을 미분화된 최적의 단위로 취급할 수도 없게 되었다(Folbre, 1994).

### 비화폐 노동과 국민계정체계

무급 가사노동은 대체로 국민계정에 포함되어 있지 않으며, 그 결과 여성 노동의 기여가 저평가되고 있다. 이러한 상황의 예외는 북유럽 국가들이다. 이 나라들은 사회의 모든 경제활동을 포괄하는 모습을 보여주고 여성의 경제적 기여를 명확하게 기록하기를 바라면서 1930년대부터 국민계정 평가에 무급 가사노동을 포함해왔다. 영미 전통에 따라 오직 화폐로 교환되는 재화와 용역만이 1953년 UN이 반포한 첫 국민계정 국제표준에 포함되었다. 1970년대 들어 국내총생산과 기타 국민계정체계가, 특히 환경에 대한 관심과 관련해 후생 지표로는 한계가 있음이 분명해지면서, 비시장활동과 가정 내 여성 무급노동의 문제가 의제로 대두되었다. 워링(Waring, 1988), 아이스너(Eisner, 1989), 아이언몽거(Ironmonger, 1996) 등이 국민계정의 틀에 맞춰진 위성계정에 무급노동의 가치를 계산해 넣는 선구적인 작업을 했다. 경제활동에 대한 국민계정의 제한적 정의에 더해 가치 개념 자체도 문제의 일부다. 경제학에서 가치는 시장가치라는 관점에서 정의되기 때문에, 시장에서 거래되지 않는 재화와 용역에는 가치를 부여하기 어렵다. 생산자가 소비하는 자급용 작물이나 텃밭 채소와 같이 시장에 내다 팔 수 있는 재화와 용역의 문제는 해결할 수 있는데, 그것에 시장가치를 귀속시킬 수 있기 때문이다. 경제학은 가사노동과 일부 돌봄노동을 포함하는 여러 비시장활동에도 똑같이 접근한다. 하지만 이러한 노동의 일부는 시장가치로는 포착할 수 없는, 인간 요구를 충족하는 데 필수적인 기여를 한다는 점에서 시장가치를 초월한다. '삶의 질'에 관한 지표를 개발하려는 연구 가운데 일부는 그와 같은 가치를 측정하려는 시도에 해당한다(Nussbaum and Sen, 1993). 친구관계와 기타 관계들의 육성과 같은, 사회 재생산과 사회의 기본구조에 대한 이런 기여들의 다른 측면은 무형적이어서 시장가치를 부여하는 것이 불가능하다. 말하자면, 경제와 명확히 관련된다는 의미에서 가치 있는 모든 노동이 시장가치를 지니는 것은 아니다.

이 간략한 개관만으로도, 경제학에도 사랑과 돌봄에 관한 흥미로운 연구가 진행되었을 뿐 아니라, 이 분야 전체가 막 개발되기 시작한 상태임을 알 수 있다. 특히 페미니즘은 돌봄노동과 그 가치를 경제학의 의제로 올려놓았다. 하지만 경제학은 무급노동과 가족 내 경제적 관계를 모형화하고, 무급 돌봄노동이 경제에 기여하는 가치를 평가하는 적합한 방식을 구성해야 한다는 난제를 여전히 품고 있다.

# 정동적 불평등과 법

법은 정동적 불평등을 형성하는 사회제도를 구성하고 영구화하는 데 깊이 관련되어 있다. 하지만 아주 최근까지도 법학자들은 이 사실을 외면했다. 다른 분야에서처럼, 페미니즘은 정동적 불평등을 지속시키는 법의 역할에 주목하게 만드는 데 핵심적인 역할을 했다. 그러나 페미니스트들 사이에서 법이 이 불평등을 다룰 능력이 있는지에 관해, 특히 법적 권리에 관해 의견이 갈렸다. 정동체계가 가족을 넘어서 여러 사회제도 속으로 확장되었지만, 가족은 이 체계에서 핵심적인 역할을 하며 우리 논의의 주된 초점이다.

## 법 이론에 나타난 정동적 불평등

프리만(Freeman, 1994)이 말했듯이, 법 이론가들은 페미니즘이 등장할 때까지 대체로 정동적 맥락을 무시했다. 파인먼(Fineman, 1995: 23~24)도 "법 이론이나 법학에서 가족은 미미하게 눈에 띌 뿐이며, 이는 페미니즘 법 이론에서도 마찬가지다"라고 언급하고, "개념적으로 사적 영역에 들어 있는 가족관계에 대해서는 공적 영역과 관련되는 예외적인 경우에만 상투적으로 잠깐 비판적 관심을 보이는" 학문적 경향에 대해 논평했다.

페미니즘 법 이론에서 나온 최근 연구는 가족 무시, 전반적으로는 정동체계 무시를 바로잡는 데 어느 정도 도움을 주었다. 페미니즘 이론가들은 정동체계에 영향을 주는 수많은 법률을 비판했을 뿐 아니라, 정동적 불평등을 초래하고 지속시키는 법체계의 역할을 면밀히 조사했다. 이들은 무급 돌봄노동이 바로 성별 불평등의 현장임에도 지난 수십 년간 주요 법률 개혁 노력에서 정면으로 다루어지지 않았다는 우려에 자극받아, 그 같은 돌봄이 돌봄 제공자(여성)에게 가져온 결과에 초점을 맞추었다(Fineman, 2004). 더 일반적으로 말해, 아동과 성소수자에 관한 저술 등 일련의 법학 저술이 사랑, 돌봄, 연대의 관계에 접근할 수 있는 조건들과 씨름하기 시작한 것이다.

이러한 새로운 접근의 한 예로, 돌봄을 공공선公共善으로 재구성해야 한다는 파인먼(Fineman, 2004)의 견해를 들 수 있다. 돌봄노동이 빈곤과 사회적 배제로 귀착되지 않도록 보장해야 할 책임을 사적 영역에서 끄집어내 집합적 책임으로 재구성해야 한다. 이렇게 재협상된 '사회계약'하에서 돌봄노동에 종사하는 개인은 가족성원보다 국가에 의해 충족되는 다양한 사회경제적 권리를 가질 것이다. 파인먼(Fineman, 1995)은 또한 결혼이라는 법적 범주를 폐지하고, 그 대신 모자Mother/Child관계를 소중히 여기고 보호해야 한다고 주장한다. '모자'는 친밀한 돌봄을 수반하는 모든 관계(아들/노부모 등)를 은유하는 표현이다.

오도노반(O'Donavan, 1989: 146)은, 법에 의지하는 사람은 모두 그들에게 부과된 언어를 발견할 것인데 각 언어에는 특정한 가치가 담겨 있다고 지적한다. 자유주의 법체계에서는, 그 언어에 담겨진 가치를 자유liberty와 자율autonomy로 보고 있다. 이 가치들은 명료하게 규정된 헌신이지 제한 없는 의무가 아니고, 자유로운 선택이지 가족 의무가 아니며, 계약이지 신뢰하는 관계가 아니다. 그녀는 여성이 보여주는 타인에 대한 배려와 지속성 및 연결성에 대한 관심이 정의justice의 대안적인 본보기라고 주장한다. 여성이 '다른 목소리'를 가지고 있다는 생각(Gilligan, 1982)은 평등을 증진시키는 법적 권리의 중요성을 둘러싼 논쟁에서 중요하면서도 논란을 일으키는 역할을 했다.

## 정동영역에서 법의 존재

사회에서 규제하는 역할 때문에, 법은 많은 사회적 실천과 관련된다. 법은 사회적 관계를 반영하는 것은 물론이고 구성도 한다(Ewick and Silbey, 1998; Gordon, 1984; Hunt, 1993; McCann. 1994). 법은 어떤 이상을 권장하기 위해 (예를 들어 무엇이 인정할 만한 가족 유형인지 우리에게 말함으로써) 다른 이상들을 희생시킨다. 그리고 정체성을 형성하고 규제하는 막강한 역할을 한다. 법 담론이 성별 정체성을 구성한다고 말하는데, 예컨대 양육권 분쟁에서는 '좋은 어머니'나 '좋은 아버지'라는 개념(Biggs, 1997)을 적용하고, 가족재산 분쟁에서는 '재산을 받을 자격이 있는 주부' 또는 '전업주부'라는 개념(Smart, 1989)을 적용한다. 브로피와 스마트(Brophy and Smart, 1985: 1)는 다음과 같이 말한다.

법은 결혼, 성관계, 자녀양육 방식 등에서 '정상'으로 여겨지는 제한 범위를 정한다. 인습에 얽매이지 않는 생활양식을 취하거나 이성애異性愛를 회피한다고 해서 이런 법적 제한 범위에서 빠져나올 수는 없다. 여전히 법은 가정생활과 친밀한 관계에 관해 무언가를 말하며, 우리는 그것을 무시하는 방식으로 그것이 타당하지 않다고 우길 수 없다.

이런 과정의 예가 '공public'과 '사private'의 구별이다. 유발-데이비스(Yuval-Davis, 1997: 80)가 말했듯이, 공과 사의 경계를 긋는 것은 그 자체로 정치적인 행동이다. 법에서는 다양한 맥락에서 다양한 방식으로 공과 사를 구별한다. 클라레(Klare, 1992: 1361)는 다음과 같이 말한다.

'공과 사의 구별'은 없다. 존재하는 것은 지금도 끊임없이 수정되고 재구성되며 개량되고 있는 공과 사에 관한 일련의 사고방식이다. 법은 논리정연하기도 하고 의도적 조작이 용이하기도 한 일련의 이미지와 은유를 포함하는데, 그 이미지와 은유는 되풀이되고 가치함축적인 패턴에 따라 사법적 사고방식을 조직화하기 위해 고안된다.

페미니즘 학자들은 정동적 맥락과 법 사이에 있는 모순적이고 복잡한 관계를 드러냈다. 정동영역은 사실상 고도로 규제되고 있다. 법은 어떤 형태의 성적 접촉은 금지하고, 대개 이성 결혼에 특혜를 줌으로써 이상적인 가족 형태를 정하며, 낙태와 그 밖의 출산 조정 기술을 규제한다. 불간섭은 기존 관습을 보호하기 때문에 그 자체가 일종의 규제다(Freeman, 1994; O'Donovan, 1989).

**가족법은 어떻게 불평등을 강화하는가?**

법이 가족을 구성하는 방식은 정동적 불평등의 주요 형태, 즉 돌봄노동의 불평등한 배분과 특정 집단들만 경험하는 돌봄 박탈에 모두 관련된다. 일단 법은 '사적인' 어떤 측면은 국가가 작용하고 규제하는 영역의 바깥에 놓여야 한다는 이데올로기적 메시지를 전달하는 데 연루되어왔다. 예를 들어, 남성지배의 방패 구실을 했던 판례법과 제정법은 공적 영역에서 여성을 노골적으로 배제하고, 개인의 인권을 여성이 갇혀 있는 가내 영역으로 확대하지 않았다(Olsen, 1983; Taub and Schneider, 1998; Vogel, 1988). 이렇게 해서, 법은 기존의 권력관계와 사회제도를 엄호하고 현재의 상태status quo를 강화하는 기능을 했다. 사회계약과 이에 수반되는 자유권 같은 자유주의 법원칙은 특정한 형태의 개인 간 억압을 비호했으며, 한편으로는 가난하고 비정상적인 가족들의 삶에 정부가 개입하는 것을 공인했다. 아일랜드의 예를 들면, 혼외출산한 여성들과 이론상 국가의 보호를 받는다지만 다양한 가정과 시설에 효과적으로 감금되어 있는 (대부분의) 노동계급 아이들이 혹독한 정동적 불평등을 겪었다(Feeley, 2007; O'Sullivan, 1998; Raftery and O'Sullivan, 1999).

페미니즘 저술가들은 가정에서 수행되는 노동을 생산적 노동이라기보다 비생산적인 사랑과 애정이라고 해석하는 데 반대하며 법조계 내의 돌봄 폄하를 폭로했다(Fineman, 2004; Roberts, 1997; Siegel, 1994; Silbaugh, 1996; Williams, 2001). 어떤 유형의 활동 또는 노동이 가정에서 제 몫을 '보상받아야' 하는지는 몇몇 나라의 법정에서 매우 논쟁적인 이슈가 되었다(Khadiagala, 2002; Siegel, 1994; Wong, 1999; Yeates, 1999). (결혼한) 가족성원 간의 재산 재분배를 위한 법규정이 마련된 곳에서는 돌봄노동의 가치가 생산적 노동과 동등한 수준으로 상당히 인정받고 있다. 하지만 이런 조치는 사회 재생산 비용을 확실하게 사적 영역에 전가하는 것으로(Boyd, 1999), 신자유주의하에서 응축되고 (재)형성된 하나의 패턴이다(Cossman and Fudge, 2002). 예를 들어 만지(Manji, 2003, 2005)에 따르면, 세계은행의 토지개혁 의제는 여성무급노동 착취가 계속되는 것을 전제로 한다. 다시 말해 가족을 분화되지 않는 단일한 실재로 취급하며, 가족이 종종 젠더에 기초한 이데올로기적·물질적 억압의 현장으로 기능한다는 사실을 간과한다.

많은 법적 관행이 이성 배우자를 중심으로 하는 가족의 필연성 또는 적어도 우월성을 당연시하고 있다. 스타이친(Stychin, 1995: 7)은 "법적 담론은 성생활을 규제하는, 특히 이성애와 동성애 분할을 구성하고 강화하고 규제하는 중요한 현장"이라고 주장한다. 유럽인권재판소가 더 진보적인 입장을 취해왔지만, 성별 차이의 이원적 모형을 고수한다는 조건하에서 그러했다(Grigolo, 2003). 게이와 레즈비언은 자신들을 '특이하고' 관용되어야 할 존재로 부각시키는 고착된 특성을 지닌 사람들로 단정된다. 이들 '타자'와 비교 대상이 되는 규범 — 이성가족 — 에 대해서는 문제 삼지 않는다(Gotell, 2002; Stychin, 1995).

법이 정동적 불평등을 강화해온 또 다른 방식은 입양과 관련된 규칙에 있다. 전통적으로 입양은, 아이에 대해 유효한 친권이 생부모로부터 양부모에게 배타적으로 이전된다는 배타적 모형에 근거를 두었다. 이러한 관행의 결과로 생모와 아이는 완전히 절연되고 아이는 새로운 핵가족에게 맡겨진다. 이 과정에서 종종 관련 당사자들 모두 가혹한 정서적 희생을 치르게 된다. 지금은 생부모와 아이가 계속 접촉할 수 있도록 하는 개방입양open adoption이 많은 사법권역에서 일상적인 관행이 되었다.

물론 가족법이 단지 정동영역에서만 불평등을 강화시키는 것은 아니다. 가족법의 역사에서 가족법이 추구해온 대부분의 목적과 효과는 아이들이 자기 부모의 사회-경제적 지위를 물려받을 수 있도록 하는 것이었다. 가족법은 또한 인종주의를 영속시키는 데도 중요한 역할을 했다. 인종 간 결혼 및 성관계(특히 백인 여성과 흑인 남성 간) 금지와 인종주의 색채가 짙은 신분상속법이 그 예다(Pateman and Mills, 2007: 141~147).

### 권리에 관한 논쟁

권리는 법체계가 작동하는 과정에서 중심적인 역할을 한다. 하지만 법적인 권리가 불평등을 다룰 수 있는 잠재력이 있는지에 관해서는 페미니스트들 간에도 견해가 엇갈린다. 예컨대, 매키넌(Mackinnon, 1987)은, 법이 추상적인 권리를 내세워 성별중립성과 객관성을 표방하는 것이 남성 권력을 제도화하는 핵심 메커니즘이라고 믿는다. 내핀(Naffine, 1990)은 표면상 자율적 계약주체인 개인이 어떻게 성별화되는지 설명하는데, 남성의 의존성과 요구는 공인되지 않은 사적 영역에서 충족되며 이렇게 해서 여성의 가사노동이 '법의 남자 역설'을 지속시킨다는 것이다(Naffine, 1990: 149). 자유를 국가의 불개입과 동일시함으로써, 가족의 의사결정 자율성을 포함한 사생활 권리가 이 중요한 삶의 영역을 공적으로 조사하려는 시도를 차단한다. 분리를 연결보다 우위에 두면서, 사회경제적 권리에 관한 법체계가 중시하는 개인 간 관계와 국가-개인 관계 모두에 관련되는 판결들이 돌봄노동을 평가절하 하기에 이른다.

캐럴 길리건Carol Gilligan과 캐서린 매키넌Catherine Mackinnon은 권리에 대한 강조가 남성 가치와 남성 권력을 반영한다고 주장해왔다. 길리건(Gilligan, 1982)의 견해에 따르면, 권리의 윤리에는 남성의 목소리가 들어 있는 반면 돌봄의 윤리에는 여성의 목소리가 들어 있다. 그녀의 연구는 소리 죽인 여성의 목소리에 길을 내주기 위해 남성의 목소리를 억제해야 한다는 결론이 아니라, 성인의 올바른 도덕 개념이 두 윤리를 통합한다는 결론에 이르렀다. 그녀의 연구는 페미니즘 법 이론에 많은 논쟁과 비판을 불러일으켰다. 한 예로 스케일(Scale, 1986: 1381)은 길리건의 연구가 "여성의 다양한 목소리를 어떻게든 권리 및 규칙에 기반을 둔 체계에 접목시킬 수 있다고 말하게 한다"라며 비판했다. 스케일은 여성의 목소리를 권리 기반 체계에 편입시키려는 시도가 단순한 편입 이상일 수 있다고 보는 것은 안이한 발상이라며 길리건의 견해에 반대한다. 필연적인 결과로서 두 목소리 간 모순의 억압이 한층 더해진다는 것이다. "편입주의incorporationism는 다양한 갈래의 기존 법적 시험대에다 또 다른 갈래를 덧붙여서 사회적 불평등 문제를 단숨에 해결할 수 있다고 가정한다"(Scales, 1986: 1382).

권리 담론에 반대하며 자주 제기되는 주장은, 권리가 좋은 사회적 관계에 기여하는 협동 같은 것 대신에 대립적인 자세를 고취한다는 것이다. 한 예로, 글렌던(Glendon, 1991)은 권리의 확산이 정치적 논쟁의 빈곤화를 동반한다고 주장한다. 모든 개인이 모두에게 영향을 미치는 사안에 대해 합의하거나 절충하려고 노력하는 대신, 서로에게 대항하거나 국가에 대항해서 자신의 사적 권리entitlement를 내세운다는 것이다. 이와 관련해서 "자유로운 법적 주체의 무조건적 개인주의"를 우려하는 이의도 제기되었다(Lacey, 2004: 21). 웨스트(West, 2003, 2004)와 내핀(Naffine, 1990) 같은 페미니스트는 자유주의적 법치주의의 핵심인 추상적인 개별 권리보유자를 문제 삼으며, 권리 담론이 우리가 얼마나 상호의존적인지를 모호하게 하며 연결 대신 분리를 확고하게 한다고 주장한다.

더욱이, 셰인골드(Scheingold, 1974: 76)가 설득력 있게 논의한 바와 같이, 제반 권리를 명문화하는 데 따르는 문제점은 "두 가지 상반된 효과가 있다는 것이다. 즉, 어떤 시기 어떤 상황에서는 특권을 강화하는 데 도움이 되고, 다른 시기에는 변화의 활력소를 불어넣는 데 기여한다." 공적/사적 이분법을 얼마간 초월하려고 계획한 방안들이 상당한 정도의 성공을 거두었다. 가정폭력을 위법행위로서, 심판해야 할 해악으로서 인식하게 된 것이 한 예다. 하지만 사적 영역에 자유주의적 권리를 도입하더라도 권력, 자원 및 기타 차원에서는 평등이 이루어지지는 않는다(Minow, 1990). 생식권reproductive rights 분야에서 거둔 초기의 여러 성과는 평등주의적 논의에 기초한 것이 아니며, 도리어 가부장적 전제에 깊이 물들어 있는 부부 사생활 권리로부터 나온 것이다(Flynn, 1995). 헌법상의 차별금지 보장이 결혼한 남성과 여성 사이에 남아 있던 공식적인 신분 위계의 잔재를 제거하는 데 효율적으로 이용되었지만(Doyle, 2004: ch. 7), 돌봄노동의 가치에 대한 판례에서 명백해진 것처럼 배우자의 실질적인 위치는 바꾸지 못했다.

웨스트(West, 2003: 90)는 "자유주의 내에서, 권리가 돌봄 수행자를 지원하는 근거로 간주된 적은 단 한 번도 없다"라고 단호하게 주장한다. 역사적으로는 젠더 역할이 여성의 본성이라며 정당화했으나, 현대의 자유주의는 젠더 역할이 여성의 선택에 기초한다고 정당화한다. 돌봄 수행자에게 주어지는 최소한의 보호는 돌봄노동을 권리의 문제로 인정하는 데서가 아니라 시혜 개념에서 나온 것이다. 하지만 웨스트는 돌봄의 권리를 기꺼이 받아들일 수 있도록 자유주의를 확장할 수 있다고 말한다.

이러한 비판들이 제기되었지만, 권리가 양성평등을 촉진하는 데 중요한 잠재력을 가지고 있다는 많은 페미니즘 법학자의 믿음은 바뀌지 않고 있다. 미노우(Minow, 1990: 301)는, 시민성과 평등, 인권에 한계가 있다는 이유로 그것들이 없어도 된다고 할 수는 없다고 주장하면서 "상호의존적인 공동체 성원들 간 관계에 포함된 권리를 옹호하는 개념으로서 권리를 새롭게 상상해야 한다"라고 주장한다. 권리는 또한, 가족 내의 주체인 여성을 지워버릴 수도 있는 공동체적 규범에 집착해서 자기self를 지워버리지 않도록 보장하는 수단으로 보았을 때도 매력적이다(Minow and Shanley, 1996).

권리 담론이 개인 간에 갈등을 유발하고 그리하여 협력적 사회관계를 위협한다는 비난에 대응하는 응답 가운데는, 권리는 관계가 파탄에 이르는 경우를 대비하는 것이지 그 자체가 대립적인 입장을 부채질하지 않는다는 의견도 있다(Waldron, 1993). 왈드론(Waldron, 1993: 374)은 결혼 문제를 다루면서, 공식적인 권리와 의무는 관계를 구성하는 것이 아니라 일종의 안전망으로 작동한다고 쓴 바 있다. 미노우(Minow, 1987: 1874)는 더 나아가, 권리 담론을 들먹이는 사람들은 그렇게 하면서 "더 넓은 공동체에, 심지어 공동체 변화를 추구하는 행동에까지 투신하기" 때문에 실제로는 공동체의 편에 서 있다고 주장한다.

자유주의 법체계가 권리right와 필요need 사이에 그어놓은 구별을 숙고해보면 권리 옹호론이 강해진다(Vogel, 1988: 315). 왈드론(Waldron, 2000)에 따르면, 권리의 언어가 확정된 청구권을 도덕과 동등한 것으로 표현하는 방법을 자존심 있는 개인들에게 제공하기 때문에 필요의 언어보다 선호된다. 화이트와 트론토(White and Tronto, 2004)는 어느 정도 왈드론에게 동의하지만, 더 나아가 '필요'의 틀을 바꾸어야 한다고 주장한다. 그들은 '필요'를 오로지 하위집단과 결부시키는 경향이 있다고 설명하면서 다음과 같이 지적한다.

곤궁한 사람들을 시민으로 생각하지 않을 수 있어야, 필요를 말하는 것이 자존심과 상충된다. 최근 페미니즘 학계는 자율성 개념과 이를 경제적 자립과 동일시하는 경향에 도전하고, 자율성과 자유주의 시민성을 연결하는 데 이의를 제기했다. 궁극적으로는 모든 사람이 곤궁하다. 그러나 자유주의 시민성 개념이 자립 및 자율성 개념과 단단히 엮여 있기 때문에, 이 사실은 종종 모호해진다(White and Tronto, 2004: 433)

권리는 관계성과 양립하지 않는다는 반론에 대항해, 많은 페미니즘 이론가는 권리도 관계적이라고 주장했다. 영(Young, 1990: 25)과 네델스키(Nedelsky, 1993)는 법적 권리란 개인이 소유하는 단일한 대상이 아니라 사회적 관계이며, 법으로 이를 포착하기 위해 성문 조항으로 환원된 것이라고 주장한다. 미노우(1987: 1884)가 주장하듯이, 법적 권리는 "상호의존적이고 서로를 규정하는 사람들 간의 관계 속에서 생기기" 때문에 "인간적이고 제도적인 관계의 특정한 패턴을 이루는 법적 결과들의 명료한 표현으로 단순하게" 형상화하는 것이 최선이다. 네델스키(Nedelsky, 1993: 13)는 모든 권리가 관계적이라고 단언하면서 규범적 주장과 경험적 주장을 모두 제기했다. "요컨대, 권리가 사실상 하고 있고 항상 해온 일은 관계 – 즉, 권력관계, 책임관계, 신뢰관계, 의무관계 – 의 구성이다." 법원이 수행하는 표면상의 조사는, 공동선共同善에 '우선하는' 권리의 문제(Dworkin, 1977)로서, 즉 다수의 폭정으로부터 개인을 보호하는 장치로서 권리를 이해한다는 것을 나타낸다. 하지만 실제 의사결정 구조는 권리가 다양한 집합적 목표를 달성하는 매개체임을 드러낸다. 필데스(Pildes, 1998: 731)가 말하기를, 사법심사는 "정부가 권리 제한을 합리화하려고 내놓는 이유들과 관련해 권리의 범위를 법원이 결정하도록 요구한다. 그것은 권리가 특정한 집합적 이익을 실현하는 수단으로서 더 잘 이해되기 때문이다. 권리의 내용은 필연적으로 이익과 관련해 규정된다." 그래서 법적 논증은 이미 관계적이지만, 평등주의 원칙에 맞추어 틀지어진 관계보다는 소유권-목적물 관계를 우선시하는 경향이 있다고 주장할 수 있다.

그러므로 목표는 두 갈래여야 한다. 하나는 관계적 원칙이 법에 스며들 수 있도록 분석이 불충분한 근거들과 보이지 않는 메커니즘을 드러내는 것이고, 다른 하나는 실질적인 평등을 저해하기보다 진전시키는 인간의 연결성을 그 원칙들이 반드시 갖추게 하는 것이다. 만일 법원이 권리에 관해 이러한 관계적 관점을 채택한다면, 예컨대 소유권은 인간관계의 윤곽을 형성하는 체계로서 간주될 수 있을 것이다. 그러는 가운데 법원은 우리가 법적 규칙으로써 키우거나 막기를 바라는 관계들에 더욱 주의를 기울일 것이다.

정동영역에서 권리를 진지하게 받아들이기로 한다면, 돌봄에 대한 '메타 권리'를 주장할지 또는 주장하지 않을지가 핵심적인 문제일 것이다(West, 2003). 돌봄에 대한 이와 같은 메타 권리의 기초로서 요구되는 적극적 권리positive rights에 관한 연구는, 사회-경제적 권리에 관한 비판적 법학과 긴밀히 연관된다(Pieterse, 2004). 비판적 법학자들은 대부분의 서구 헌법에 명시된 시민적·정치적 권리(자유권 ─ 옮긴이)가 그 권리들을 행사하는 데 필요로 하는 사회권에 의해 밑받침되어야 한다고 지적했다(Jackman and Porter, 1999). 이 점을 확대해서 사랑과 돌봄에 관한 권리에도 적용할 수 있다.

그래서 법이 사랑과 돌봄을 다루는 방식은 다소 역설적이다. 법체계는 무엇이 정상인지 규정하고 불평등을 강화하면서 정동적 관계에 엄청난 영향을 미친다. 그러나 법학자들은 최근에야 이런 이슈를 평등주의적 관점에서 다루었다. 이들은 법의 역할에 대해서 새로운 사고방식을 제기하고, 법이 평등을 증진시키는 데 어떻게 이용될 수 있는지 연구하는 중요한 논쟁을 개시했다. 권리에 관한 논쟁은 여전히 해결되지 않은 여러 이슈 가운데 하나다.

## 정동적 평등과 정치이론

다음 장에서 언급하겠지만, 정동적 평등은 사랑, 돌봄, 연대를 포함한 일군의 개념을 포괄한다. 하지만 정치이론가들은 사랑 개념을 돌봄에 관한 논의(가끔 사랑을 언급했다. 아래를 참조)보다는 덜 자세히 다루어왔다. 연대 이슈는 최근 정치이론의 공동체 개념에 관한 광범위한 논쟁과 관련된다. 그러나 이 논쟁들은 사랑, 돌봄, 연대 간의 유사점보다 공유가치와 정체성 이슈에 집중하는 경향이 있다. 그래서 우리는 이 절에서, 정치이론에서의 정동적 평등에 관한 논의를 주로 돌봄 주제에 관한 페미니즘적인 연구에 한정했다. 그리고 연구문헌 전체를 조사하려고 시도하기보다 돌봄과 평등에 관한 논쟁에 나타난 몇몇 핵심적인 동향에 초점을 맞추었다.

### 간략한 개관

사회과학에서처럼 정치이론도 전통적으로 '공적' 영역에 관심을 두어왔다. 이 영역은 주로 국가라는 강제성이 있는 정치적 관계와 시장경제라는 경제적 관계에 기초해 규정되며, 이에 따라 소득과 부, 지위와 권력에 관심을 둔다. 1971년 출간 이래 영어권 정치이론에 막대한 영향을 끼친 존 롤스John Rawls의 『정의론A Theory of Justice』(1999)이 그렇게 규정된 공적 영역에 최고의 비중을 두는 분명한 예다. 사적 영역에 관해 롤스는 '가족'이 중요한 역할을 한다고 반복해서 언급했는데, 오직 시민 형성에 기여하는 경우(Rawls, 1999: 405 ff.)와 기회의 불평등에 원인이 되는 경우(Rawls, 1999: 64, 265, 448)에 한해서였다.

수전 몰러 오킨Susan Moller Okin은 『정의, 젠더, 그리고 가족Justice, Gender, and the Family』(1989)에서 가족에 관한 롤스의 논의를 가장 강력하게 비판했는데, 롤스를 비롯한 정치이론가들이 가족 내의 불평등한 지위 및 권력 분배와 이것이 공적 영역의 불평등으로 귀결되는 면을 무시한다고 공격했다. 오킨은 이런 불평등을 발생시키는 중심 요인으로 성별 분업을 지목한다. 그녀는 아동 돌봄이 성별 분업에서 필수적임을 확인했지만, 가족 성원의 사랑과 돌봄에 대한 요구를 충족하는 데서 여러 가족이 드러낸 불평등한 결과에는 초점을 두지 않았다. 또한 가정 내 학대와 폭력을 정동적으로 부당한 것이라고 보지 않고 불공평한 권력관계의 표지(Okin, 1989: 128~129, 152)라고 보았다. 롤스는 오킨이 제기한 비판에 답변하면서(Rawls, 2001: 163~168), 여성이 "자식을 기르고 가르치고 돌보는 과제를 지나치게 많이 감당하는 것"은 "역사에 실재하는 오래된 불평등"(Rawls, 2001: 166)임을 인정했지만, 그의 관심은 이와 같은 불평등이 도덕 발달과 기회의 평등에 어떤 영향을 미치는가에 고착되어 있다.

1980년대 이후 여성운동이 학계에 미친 영향 때문에 돌봄이 도덕철학과 정치철학의 의제로 설정되었다. 하지만 이 의제를 구성하는 방식은 일반적으로 돌봄과 정의 간의 긴장 관계에, 암묵적으로는 돌봄과 평등 간의 긴장 관계에 기초를 두었다. 이 계통에서 가장 널리 인용되는 연구는 캐럴 길리건Carol Gilligan의 『다른 목소리로In a Different Voice』(1982)인데, 여성들이 칸트와 공리주의 전통이 지배하는 서구 철학의 전형으로 간주되는 이른바 추상적이고 연역적인 규칙 기반의 도덕률과 대조되는 맥락화된 돌봄 기반의 도덕률을 채택한다고 주장했다.[9]

1990년대에, 정의와 돌봄 사이에서 단순하게 하나를 선택한다는 개념에 문제를 제기한 다수의 중요한 연구가 출현했다. 한편으로는 사회정의를 이해하는 지배적인 전통은 돌봄과 의존성 이슈를 무시하는 바로 그 이유에서 타당하지 않다고 페미니즘 정치이론가들이 강력하게 비판했다. 특히 에바 페더 키테이Eva Feder Kittay의 『사랑의 노동Love's Labour』(1999)은 인간의 의존관계를 진지하게 받아들이는 관점에서, 전통적인 평등이론, 그중에서도 롤스의 이론을 체계적으로 비판한다. 키테이의 주장인즉, 쟁점은 평등과 돌봄 사이에서 하나를 선택하는 것이 아니고 '연결성 기반'의 평등 개념을 발전시키는 것인데, 이 개념은 의존관계가 인간 삶의 전형적인 조건이며 남에게 의존해서 생활하는 사람은 돌봄을 필요로 하고 그에게 돌봄을 제공하는 의존노동자dependency worker는 그 일을 하는 데 지원을 필요로 한다는 점을 인정하는 것이다. 그녀는 "누군가가 자신을 돌볼 수 없을 경우에 대응해주는 의존관계에서 돌봄을 받는 것과 누군가를 부당하게 희생시키지 않으면서 다른 사람의 의존 필요성을 충족하는 것이 모두 롤스가 의미하는 사회적 기본 가치primary social goods"에 해당한다고 주장한다(Kittay, 1999: 103. 다소 다른 관점이지만, 마사 누스바움Martha Nussbaum은 능력capability(의 평등 ― 옮긴이) 접근법(Nussbaum and Sen, 1993;

---

9  이 논쟁에 대한 비판적인 통찰로는 Benhabib(1992: 6장), Held(1995b), Kymlicka(2002: 9장)가 있다.

Nussbaum, 1995, 2000)을 전개해, 폭행과 학대로부터 보호받는 것은 물론이고 사랑과 양자 입양 같은 돌봄 관련 요소들이, 타당한 정의 이론이라면 고취해야 하는 가장 중요한 인간의 능력이라고 확인했다.

동시에, '돌봄의 윤리' 접근법을 정의 문제에서 떼어낼 수 없다는 자각이 늘어났다. 한 예로 디에무트 부베크Diemut Bubeck는 돌봄 관점의 윤리가 필연적으로, 돌봄 수행자인 여성에 대한 착취를 어떻게 피할 것이며, 돌봄에 대한 사람들의 요구를 충족하는 데서 불평등을 어떻게 다룰 것인지, 그리고 돌봄노동의 부담을 어떻게 평등하게 분담하도록 촉진할 것인지와 같은 중요한 정의 이슈를 제기함을 보여준다(Bubeck, 1995). 더 일반적으로, 그녀는 돌봄을 필요로 하는 사람, 돌봄을 제공하는 사람 그리고 타인의 돌봄노동으로부터 혜택을 누리는 제3자 간의 이해관계가 충돌하면서 정의의 문제가 대두된다고 지적한다. 여기서 두 번째 범주와 세 번째 범주의 사람들은 각각 압도적으로 여성과 남성으로 이루어지며, 이에 따라 젠더 불평등의 재생산에서 중심적인 역할을 한다.

### 주요한 주제

이러한 이론적 발전에는, 반드시 통합되지는 않는 세 가지 중요한 주제가 포함되어 있다. 일단 인간에게 필요한 다양한 종류의 돌봄에 대한 요구를 강조한다. 연구문헌들은 사람이 유난히 취약한, 그래서 다른 사람에게 의존해야 하는 유아기, 아동기, 질병에 걸린 시기, 쇠약한 노년기, 장애가 발생한 이후와 같이 삶의 특정한 국면 내지 조건에 초점을 두는 경향이 있다. 이런 예들은 불가피한 돌봄 필요성을 극명하게 보여주지만, 약간의 문제도 야기한다. 장애와 관련해서 보면, 능력장애disability와 기능장애impairment를 구별하고 기능장애를 곧바로 무능력으로 보는 것을 거부하는, 장애의 사회적 모형에 대해 충분히 알지 못한 채 논의가 진행되곤 한다. 그 결과, 때로는 모든 장애인이 같은 종류의 돌봄을 필요로 한다고 가정하거나, 많은 경우 비장애인은 돌봄을 필요로 하지 않는다고 가정한다. 많은 장애인운동가는 이런 가정에 강하게 반발한다.[10] 그러나 중증 정신장애에 관한 키테이의 영향력 있는 논의와 같은 일부 사례는, 반대 가정도 역시 잘못 해석되고 있으며 특정 형태의 기능장애는 특정 형태의 돌봄을 필요로 함을 보여준다. 취약한 조건에 집중하면서 생기는 더 큰 문제는 건강한 성인은 남에게 의존하지 않으며 돌봄을 요구하지 않는다고 암시하는 것이다. 우리 견해로는 상호의존성은 인간의 표준적인 조건이며 사랑, 돌봄, 연대의 필요성은 어디에나 존재한다. 매우 예외적인 상황에서만 개인이 완전하게 독립적이라고 말할 수 있다.

사랑, 돌봄, 연대가 인간의 일반적인 요구라는 개념은 주류인 자유주의적 평등주의 이론에 쉽게 편입되지 못했다. 그 까닭은 인간의 행복한 삶human well-being과 같이 실질적인 개념에 속하는 그 어떤 것도 정의이론에 포함시키기를 꺼리기 때문인데, 이는 롤스에게서 비롯된 경향이다. 롤스는 '기본적 가치primary goods'를 "원하는 것이 무엇이든 이성적 인간이면(원문대로) 누구나 원하는 것"이라고 엄밀하게 규정한다(Rawls, 1999: 79). 사랑과 돌봄은 인간의 기본적 요구라는 주장에 대해, 자유주의 성향의 정치철학자들은 사랑과 돌봄은 인간의 행복한 삶이라는 특정한 개념에 속하는 것이며, 이것들이 포함되면 정의에 관한 이론은 선the good의 여러 개념 사이에서 중립적이어야 한다는 필요조건에 어긋나게 된다고 전형적으로 반응한다.[11] 키테이의 대답인즉, 누군가 돌봄을 필요로 할 때 돌봄을 받고 누군가 그래야 할 때 돌봐줄 수 있는 가치는, 모든 사람이 자기 목적을 추구하기 위한 조건으로써 필요로 하는 가치이기 때문에 롤스가 말하는 기본적 가치의 기준을 충족한다는 것이다. 한편 누스바움은 롤스의 후기 저작인 『정치적 자유주의Political Liberalism』(1993)에 의거해, 그 같은 가치의 효용성에 대한 '공통된 합의'가 전반적으로 모든 문화권에 걸쳐 존재한다고 주장한다. 어떤 설명에 의해서든, 그 같은 가치는 행복한 삶에 관한 특정한 개념에 특권을 주지 않으면서 정의이론에 포함될 수 있다. 비슷한

---

10  Shakespeare(2006)가 이 주제에 대한 다양한 장애 관점을 광범위하게 검토했다.

11  이런 반응은 우리의 평등 프레임을 정치이론가 집단에 제시할 때마다 변함없이 튀어나왔다.

결론에 이르지만 조금 약한 세 번째 주장은, 자신의 삶에서 정말 어떤 사랑과 돌봄도 필요로 하지 않거나 적어도 원하지 않는 소수의 사람이 있다손 치더라도, 일정한 기본적 자유 또는 최소한의 소득 이상을 원하지 않는 사람 역시 있는 것이므로, 사랑과 돌봄이 롤스가 말하는 다른 어떤 기본적 가치들과도 다르지 않다는 주장이다. 이렇게 보면 거의 모든 사람이 필요로 하는 가치에 초점을 맞추는 것만으로도 평등주의적인 정의이론으로서는 충분하다고 할 수 있다. 행복한 삶에 관한 모든 개념 사이에서 엄격한 중립을 지켜야 한다는 것은 그야말로 지나친 요구조건이다.

연구문헌들의 두 번째 주제는 돌봄노동에 관심을 갖는 것이다. 여기서는 적어도 두 개의 이슈가 제기되었다. 하나는, 역사적으로 가장 오래된 사실인데, 성별 분업과 함께 무급 돌봄노동을 주로 여성이 담당한다는 사실이다. 오킨 (Okin, 1989)은 이러한 분업이 소득, 권력, 지위에서의 성별 불평등에 미치는 영향에 초점을 두었지만, 더 최근의 정치이론 논의에서는 이와 같은 분업이 여성에게 부과하는 불평등한 노동부담도 강조했다(예컨대 Bubeck, 1995; Fraser, 1997: 2장). 이러한 불평등은 주류 이론들이 노동부담의 불평등을 전적으로 무시하는 경향을 보이기 때문에 주류 평등이론에서 다뤄지기 어렵다.

다른 하나는 돌봄노동에 관한 질문인데, 다른 사람을 돌보는 사람을 어떻게 지원할 것인가라는 문제다. 오킨은 성별 분업을 폐기하는 것이 이상적인 해결책이라고 주장한다. 한편으로는 전통적 역할을 맡은 아내가 남편보다 물질적으로 궁색하지 않도록 가계소득을 의무적으로 분할하는 방안도 있다고 제안한다(Okin, 1989: 8장). 이 제안은 돌봄노동자의 물질적 요구를 강조하지만, 이들도 자신에 대한 돌봄 요구를 당연히 가지고 있다. 산모를 돌보는 전통에 의거해 키테이는 이 점을 다음과 같이 명확히 했다.

보답의 원칙: 우리가 생존하고 번성하기 위해 돌봄을 필요로 해온 것처럼, 우리는 다른 사람에게 — 돌봄노동을 하는 사람을 포함해 — 그들이 생존하고 번성하는 데 필요한 돌봄을 받을 수 있는 조건을 제공해야 한다(Kittay, 1999: 107).

그러므로 돌봄 수행자를 지원한다는 평등주의적 이상은 그들의 모든 요구를 보살펴주는 것이어야 한다.

세 번째 주제는 돌봄 수행자와 돌봄 수혜자 간의 관계가 어느 정도 평등주의적일 수 있다는 것이다. 앞의 논의를 되짚어보면, 관계를 비대칭적으로 만드는 상황에, 즉 한 사람은 돌봄을 제공하고 다른 사람은 돌봄을 제공받는 상황에 초점을 맞추는 경향이 있다. 이 비대칭적 관계는 성격상 평등주의적이지 않을 것이라고 보이기 쉽다. 그러나 정말 흥미롭게도, 이렇게 예단된 불평등의 성격은 아주 다른 쪽에서 파악되었다. 한편으로는 돌봄 수혜자가 특권적 위치에 있는 것처럼 보이는데, 그들은 돌봄 수행자의 노동 덕에 혜택을 받으면서 아무런 보답을 하지 않아도 되기 때문이다. 부베크(Bubeck, 1995)가 언급하듯이, '돌봄 윤리'는 돌봄 수행자에게 무한정 요구될 수 있다. 이와 대조적으로, 돌봄 수행자가 취약한 돌봄 수혜자에게 유세를 부릴 수도 있기 때문에 그들이 돌봄관계에서 특권적 당사자일 수도 있다. 키테이는 돌봄 수혜자 역시 그들의 요구가 반드시 충족되어야 한다는 도덕적 권리주장에 기초해 돌봄 수행자에게 일종의 권력을 행사한다는 점을 인정하면서도, 돌봄 수혜자는 아주 미미한 행위능력capacity for agency을 가지고 있다는 이유로 그들의 관계가 불평등한 권력관계라고 생각한다(Kittay, 1999: 33~35). 만약 돌봄 수혜자가 돌봄 수행자의 사랑에 보답하거나 그 사랑을 존중하고 인정할 능력이 없다면, 만약 돌봄 수혜자가 돌봄 수행자에게 이런 자세를 취할 수 없다면, 돌봄의 비대칭 관계는 사랑과 애정의 피할 수 없는 불평등으로 규정될 것이다.

이 모든 논의는 돌봄 수행자와 돌봄 수혜자 간의 관계가 평등할 수 있는 정도에 한계가 있음을 나타낸다. 하지만 이는 절대 평등을 추구하려는 열망이 오도된 것임을 보여주지는 않는다. 논의되는 비대칭적 사례에서도 관계의 여러 측면은 그 성격상 평등할 수 있다. 한 예로, 키테이는 지적장애를 가진 자신의 딸 세샤Sesha의 사랑 능력에 대해 감동적으로 서술한 바 있다. "그것이 바로 세샤가 받기를 원하는 것이고, 세샤가 엄청나게 보답하는 길이다"(Kittay, 1999: 152). 이론상 권력, 사랑 또는 존중이 불평등한 관계일 수밖에 없는 이유가 별로 없다면, 평등한 관계가 항상 가능하지는 않다는 사실이 관계를 가급적 평등하게 만드는 데 근본적인 난점은 되지 않는다.

비대칭적 관계에 대한 강조 때문에, 이론적 연구문헌에서 상호 돌봄관계에 관한 논의를 찾아보기는 어렵다. 상호 돌봄관계는 비대칭적 관계처럼 평등에 대한 난점을 제기하지 않는다. 즉, 돌봄을 서로 주고받는 사람들이, 동등하게 존중하고 대등한 권력을 가지고 돌봄을 주고받는 완전히 평등한 사람으로서 서로를 대우하는 것은 가능하며, 주장컨대 바람직하다.

페미니즘 철학자들은 주류 정치이론이 정동영역을 무시한다고 강력히 비판했지만, 그것은 매우 힘겨운 싸움이었다. 어느 정도는 '돌봄 대 정의'로 보는 입장 때문에, 돌봄관계에서의 불평등 이슈가 종종 소홀히 다루어졌다. 최근의 페미니즘 연구는 평등주의자들이 제기한 몇몇 핵심 주제를 ― 돌봄 필요성, 돌봄노동, 돌봄 수행자와 돌봄 수혜자 간 관계의 질 ― 드러냈다. 이 책의 나머지 부분에서 우리는 이 주제들을 심층적으로 탐구했다.

## 결론

이 장에서는 관련 분과학문에서 정동적 평등에 대해 취하고 있는 접근방식을 어느 정도 검토했다. 이들 모두에 공통되는 이야기는, 대체로 1980년대부터 페미니즘 학자들이 주의를 집중시키기 전까지는 정동체계와 그 구성요소인 불평등을 거의 주목하지 않았다는 것이다. 학문적 관심을 기울인 지 20여 년이 지난 지금도 사랑, 돌봄, 연대와 관계있는 이슈들과 이를 지지하며 상세히 논하는 연구는, 중심 이슈로 인정되기보다 각 분과학문에서 '페미니즘적' 또는 '급진적'이라고 꼬리표가 붙은 분야에 국한되어 있다. 그렇지만 정동적 평등이라는 주제는 여전히 주류 사회학, 교육학, 경제학, 법학 및 정치이론에 진정으로 통합되어야 한다.

이어지는 장에서 우리는 그런 목표에 기여하기를 희망한다. 2장에서는 사랑, 돌봄, 연대의 총괄적인 분류법을 제시하고 약간의 규범적 함의를 끌어낸다. 3장부터 10장까지 제시한 경험적 연구들은 정동적 불평등의 중요성과 복잡성을 드러낸다. 11장에서는 각 장의 결론을 종합하고 그 이론적 함의를 밝히려 한다.

# *2*

# 사랑, 돌봄, 연대:
# 상품화할 수 있는 것과 없는 것

캐슬린 린치 · 주디 월시

이 장에서는 타인중심other-centered 노동을 분석하기 위해, 일차적 돌봄관계의 유지에 필요한 노동(사랑노동)과 이차적 돌봄관계(일반적 돌봄노동), 삼차적 돌봄관계(연대노동)를 구별하는 삼중三重 분류법을 제시할 것이다. 중심 주제는 일차적 돌봄관계란 사랑노동 없이는 지속될 수 없으며, 사랑의 실현은 사랑의 선언과는 전혀 다르게 노동을 필요로 한다는 것이다.[1]

이 장은 저자들이 수행한 돌봄 연구도 포함된 광범위한 이론적·경험적 자료에 의거해, 사랑노동의 핵심에는 상호성, 헌신, 신뢰 및 책임이 자리하고 있으며, 이 점에서 일반적 돌봄노동, 연대노동과 구별된다고 논의한다. 사랑노동자를 유급제로 공급하더라도 그들의 감정, 마음가짐, 헌신은 상품화할 수 없는 이유를 설명한다. 그리고 이차적 돌봄노동에 대한 보수 지급의 한계와

---

[1] 이 장은 린치의 논문(Lynch, 2007), 「돌봄노동의 상품화할 수 없는 별개 형태로서의 사랑노동(Love Labour as a distinct and non-commodifiable form of Care Labour)」을 수정해서 편집한 것이다.

제약조건을 분석하고, 사회정의 관점에서 긍정적으로든 부정적으로든 연대를 이용할 수 있는 방식을 분석한다.

이 장은 돌봄노동의 지위에 대한 간략한 언급으로 시작한다. 그다음에 이 분야의 연구문헌들을 검토하고, 사랑, 돌봄, 연대가 인간의 자기보존과 자기실현에, 집합적으로든 개별적으로든, 왜 필수적인지 설명한다. 사랑, 돌봄, 연대 관계를 지속하는 데는 노동이 수반되는데, 그 노동의 종류를 구별하는 돌봄의 삼중 분류법을 개략적으로 보여주는 것이 이 장의 주된 목적이다.[2] 그리고 젠더, 사회계급, 이주가 돌봄 명령care commanding과 결부되는 면을 검토하고, 돌봄노동을 위한 경제적 자원의 중요성을 개략적으로 살펴보면서 사랑노동에 대한 신자유주의 정치의 함의를 간략히 분석한다. 끝으로 특히 사랑노동이 왜 상품화될 수 없는지에 관한 논의로 이 장을 마무리한다.


## 돌봄노동의 지위

전통적으로 학계에서는 노동을 자연과의 상호작용을 통해 자기보존 및 자기실현을 추구하는 것과 동일시해왔다(Gürtler, 2005; Pettinger et al., 2005). 이는 정동적·관계적 존재로서 인간이 가진 상호의존성과 의존관계에 기인하는 타인중심 노동의 중요성을 외면한 것이다. 특히 인류의 보존과 자기실현에서 돌봄이 갖는 중심적 위치를 무시했다. 그럼에도 돌봄노동은 사회적 성과를 내며, 적어도 세 가지의 구별되는 형태 — 즉 사랑노동, 일반적 돌봄노동, 연대노동 — 로 구현되고 있다. 특히 일차적 돌봄관계는 사랑노동이 없으면 지속될 수 없으며, 사랑의 실현은 사랑의 선언과는 전혀 다르게 노동을 필요로 한다. 사랑

---

2   이 장에서는 '돌봄'을 사랑, 돌봄, 연대를 제공하는 데 따르는 결합된 활동들을 지칭하는 집합명사로 사용한다. 전적으로 만족스럽지는 않지만, 언어의 한계를 고려하면 인간의 다양한 타인중심 활동을 내포하는 더 알맞은 일반명사를 찾아낼 수는 없을 것이다.

노동은 정동적으로 추동되며, 경우에 따라 각기 다른 정도로 감정노동, 정신노동, 인지노동, 육체노동을 수반한다(사랑노동, 일반적 돌봄노동, 연대노동의 구별은 이어질 내용에서 상세하게 검토한다). 이러한 노동이 없으면, 타인에 대한 사랑과 돌봄의 감정은 그저 수사修辭로서, 즉 실천이나 행동에서 알맹이 없는 선언적인 말과 글로서 드러날 뿐이다. 애정, 돌봄, 연대에 관한 언설(그 자체로서 가치는 있지만)은 타인을 돕기 위한 일로써 보완되지 않으면 공허한 수사에 그친다. 이러한 수사의 문제는 일차적 돌봄관계에 고유한 것이 아니며, 비록 이 장의 주된 초점은 아니지만 이차적 돌봄관계나 연대 관계에서도 나타난다(정치권에서 수사적 계책으로 '사회적 포용'을 이용하는 사례에 관한 논의는 Moran, 2006 참조).

돌봄은 일반적으로 낮은 지위의 사람들이 떠맡는 낮은 지위의 노동이며, 특히 전일제 돌봄의 경우에 그렇다. 거의 모든 나라에서, 가정 내 돌봄 수행자로 종일 일하는 사람(대부분 여성)은 노동을 하는 인력으로 규정되지 않는다. 인적서비스 노동자, 특히 돌봄 수행자는 박봉의 낮은 지위에 속해 있다. 미국에서 (2006년에), 아동 돌봄노동자의 평균 연봉은 1만 7120달러로 청소부의 1만 9750달러, 식당종업원의 1만 9690달러보다 낮았다(미국 노동부, 2007). 아일랜드에서도 다른 여러 나라와 마찬가지로, 돌봄부문에 고용된 돌봄노동자는 두 번째로 낮은 직업군에 속하는 술집점원, 운반인부, 우편물 분류 담당 인력과 같은 반半숙련 노동자의 지위에 있다. 돌봄노동자가 가정에 가사도우미로 고용되는 경우에는 미숙련 노동자로 분류되고 가장 낮은 직업군에 속하게 된다(아일랜드 중앙통계청, 2003).

전일제 돌봄 수행자의 낮은 지위와 저임금은 돌봄을 경시하는 사회의 뿌리 깊은 관념을 반영한다. 1장에서 논증한 바와 같이, 이러한 존중의 결여는 학계에서도 나타난다. 사회학, 경제학, 법학, 정치이론의 사유는, 돌봄 제도가 없으면 그 어떤 연구대상도 기능할 수 없다는 사실을 외면한 채, 삶의 외재적 공간인 공적 영역에 집중해왔다(Fineman, 2004). 특히 고전파 경제학은 자립할 수 있는 합리적 경제인이 인간의 원형이라는 핵심적인 가정에 기초한다(Folbre,

1994). 모든 인간이 어렸을 때나 병들었을 때, 노쇠해졌을 때 의존적일 수밖에 없다는 현실을 전혀 심각하게 고려하지 않는다(Badgett and Folbre, 1999).

**돌봄에 관한 논쟁**

1장에서 언급했듯이 오늘날 돌봄 연구는 모든 사회과학과 관련된 분야에 걸쳐 있으며, 사회학, 사회정책, 철학, 경제학, 정치학, 교육학, 법학을 포함한 광범위한 분과학문에서 페미니즘을 연구하는 학자들 덕분에 발전하고 있다.[3] 이 장은 돌봄 유형들 간의 차이, 특히 유급제로 제공될 수 있다는 의미에서 상품화할 수 있는 것과 없는 것의 차이를 분석해 페미니즘 계열의 연구를 확장하는 것을 목표로 한다. 그 핵심 가정은 돌봄을 중심으로 하는 삶의 정동영역이, 감정적으로 그리고 관계적으로 맞물려 있는 사회적 존재로서 사람들을 길러내고 그렇게 살아가게 하는 데 초점을 둔, 사회관계의 네 번째 구조적 체계가 된다는 것이다. 돌봄의 바탕을 이루는 정동적 관계는 경제적·정치적·문화적 영역과 마찬가지로 불평등과 착취가 발생할 수 있는 사회적 행위의 장이다 (Baker et al., 2004).

## 왜 사랑, 돌봄, 연대가 중요한가

문화적 고려에 따라 근본적으로 중요한 면에서 조절되긴 하지만, 모든 살아 있는 유기체가 태어남과 죽음을 피할 수 없는 것처럼 인간은 의존상태를 피할 수 없다. 인간의 기나긴 성숙 과정은, 단연코 인간적인 도덕 감정 및 애착 능력과 결합해,

---

3 Folbre(1994, 2006)과 Folbre and Bittman(2004)(경제학); Noddings(1984)(교육학); Fineman(2004)(법학); Harrington Meyer(2000)과 Hochschild(1989, 2001)(사회학); Held(1995), Kittay(1999), Nussbaum(1995, 2000)과 Tronto(1993)(철학); Leira(1995), Ungerson(1995, 1997)과 Williams(2004)(사회정책); Fraser and Gordon(1997), Sevenhuijsen(1998)과 Hobson(2000)(정치학) 등이 그 예다.

의존하는 사람을 돌보는 일을 인간성의 증표로 만든다(Kittay, 1999: 29).

사랑받고 돌봄 받는 것은 최소한의 존엄한 삶을 영위하는 데서 가장 중요하다. 다양하게 발현되는 돌봄은 근본적인 인간적 요구에 부응하는 핵심적인 인간 능력이다(Nussbaum, 1995, 2000). 사랑받고 돌봄 받는 것은 영아기와 유아기, 병들거나 취약해졌을 때는 물론이고 전 생애에 걸쳐 생존을 위해 필수적인 조건이다. 우리는 강한 의존상태에 있지 않을 때도 관계적 존재이며, 지적인 존재일 뿐 아니라 감정적인 존재이고, 개인적인 존재일 뿐 아니라 사회적인 존재다(Gilligan, 1995). 모든 사람은 친밀함, 애착 및 돌봄관계를 맺을 능력을 가지고 있다. 친구관계나 친족관계에서 생겨나는 유대감은 삶에 의미, 훈훈함, 기쁨을 자주 느끼게 해준다. 이러한 협조적인 정동적 관계를 형성할 능력을 박탈당하거나 능력은 있더라도 그런 관계에 참여하는 경험을 갖지 못한다면, 인간성을 심각하게 박탈당하는 정의롭지 않은 상태에 있는 것이다.

사람들이 타인중심적인 규범에 찬성하든 하지 않든, 그들의 실존은 그 같은 규범의 성공적인 정립에 의존한다(Fineman, 2004; Sevenhuijsen, 1998). 제 아무리 돈과 권력이 있어도 인간은 태어날 때부터 돌봄과 보살핌 없이는 생존할 수 없다. 많은 사람이 인생의 여러 길목에서, 중병에 들거나 사고를 당했을 때 돌봄을 받지 못해 죽기도 한다. 상호의존의 불가피성은 개인적 관계는 물론이고, 직장, 공공단체, 자발적 집단 등 사회적 환경에도 적용된다. 한편 사람은 협조, 격려, 긍정이 없이는 개인으로서 잘 지낼 수 없음이 명백하며, 유급노동을 할 때도 돌보고 먹이고 부양해서 일할 의지와 능력이 생긴 다른 사람들과 함께 일해야만 충분히 잘 지낼 수 있다.

돌봄을 받는 것은 생존의 전제조건일 뿐 아니라 인간의 발달과 행복한 삶을 이루는 전제조건이 된다(Engster, 2005). 연대, 돌봄, 사랑의 관계는 중요성, 가치 및 소속에 대한 기본적인 의식과 인정받고 필요로 하며 배려 받는다는 느낌을 갖는 데 도움이 된다. 이것들은 사람들이 성공적인 삶을 영위할 수 있게 하는 데 필수불가결한 역할을 하며, 근본적인 상호의존성의 표현이다(Held,

1995a; Nussbaum, 1995). 누군가에게서 돌봄과 사랑의 경험을 박탈하거나 부인하는 것은, 또는 연대의 행동에 무관심하거나 억제하는 것은 인간 실존의 위대한 가치 가운데 하나를 박탈하는 것이다.

　돌봄, 사랑, 연대가 중요한 것은 무엇보다 사랑, 돌봄, 연대의 관계를 형성하는 데 노력, 시간, 에너지가 들어가기 때문이다. 사랑과 돌봄관계를 유지하기 위해서도 종종 즐겁지만 부담스러운 일을 해야 한다. 호크실드(Hochschild, 2001)의 연구에 따르면, 의존도가 높은 어린 자녀에 대한 돌봄 요구를 단순히 일로만 보기 때문에, 사람들은 직장에서 필요 이상으로 많은 시간을 보내면서까지 그러한 요구에서 벗어나려 한다. 6장과 7장에서 보겠지만, 어린 자녀나 특수한 요구를 가진 노부모와 관련된 사랑노동은 종종 '고된 일'로 간주된다. 그러한 노동은 즐거울 수 있으며 동시에 부담스러울 수도 있다. 사랑, 돌봄, 연대노동이 부담스러운 한에서는, 사회의 성원들 간에, 특히 여성과 남성 간에 그 노동을 균등하게 배분할 필요가 있다. 이 노동의 즐거운 측면 역시 균등하게 배분해야 한다.

　사랑, 돌봄, 연대는, 돌봄노동이 반드시 쉽게 측정되지는 않지만 보고 느낄수 있는 성과를 내기 때문에 중요하기도 하다. 그 성과는, 감정으로 충전된 가족, 친구, 동료, 이웃, 배우자의 존재에서 분명히 알 수 있다. 우리는 친숙한 사람들의 삶에서는 물론이고, 특히 관계를 맺어야 하는 낯선 사람들 사이에서도 사랑과 돌봄의 존재 또는 부재를 인식한다. 연대의 성과는 집합적 형태로 또는 정치적 에너지와 공약으로 가시화되며, 많은 시민단체와 개인이 타인중심으로 함께 일할 때 산출된다(Borg and Mayo, 2007). 아이러니하게도 사랑, 돌봄, 연대의 탁월함은 그것들이 없을 때 비로소 가장 잘 보인다. 그것은 이동의 자유, 결사의 자유 등 기본적인 시민적 자유뿐 아니라 사랑과 돌봄관계에 참여할 자유도 박탈하는, 감옥 같은 사회적 시설 안에서 가시화된다. 또한 강대국이 세계의 다른 지역에 사는 가난한 사람에게 대단히 불리한 무역 조건과 법률을 제정할 때, 부유한 국가가 취약한 사람의 입국을 배제하는 이민법을 제정할 때 가시화된다(Seglow, 2005).

돌봄노동의 가장 중요한 성과 가운데 하나는 사람들이 개인적으로, 사회적으로, 정치적으로 이용할 수 있는 돌봄자본nurturing capital,[4] 즉 타인을 돌보는 능력을 창출한 것이다. 가용한 돌봄자본의 총량에는 (a) 친밀한 입장에서 개인적으로 그리고 사회적·정치적 존재로서 집합적으로, 긴 세월 사람들에게 투자해온 사랑, 돌봄, 연대로부터 물려받은 것과 (b) 각 세대에서 새로이 창출한 것이 포함된다. 가용한 돌봄자본의 수준은, 사람들이 삶의 친밀한 영역에서 받은 개인적인 사랑과 돌봄의 총량에서, 또한 직장, 공공서비스와 물리적·사회적·문화적 환경을 포함한 공적 영역에 존재하는 연대의 정도에서 알아볼 수 있다. 사람들은 평생 동안 돌봄자본을 지속적으로 물려받고 재창출하게 된다. 이러한 돌봄자본은 친밀한 입장에서 타인과 관계를 맺는 능력은 물론이고, 삶의 다른 영역에서 잘해나가고 공헌하는 능력에도 영향을 미친다.

사랑, 돌봄, 연대는 인류의 생존과 발전에 또 경제적·정치적·문화적 체계들의 효과적인 작동에 중요하기 때문에 그 중요성을 부정할 수 없다. 누군가는 일상적으로 이 돌봄노동을 해야 하는데, 그 노동은 대부분은 무급으로 수행된다. 돌봄으로 일자리를 만들 수 있는 분야와 없는 분야의 차이점을 아는 것은, 돌봄 수행에서의 양성평등을 촉진하는 데는 물론이고 다양한 형태의 돌봄노동을 지원하기 위해 어떤 공공정책을 수립해야 하는지를 아는 데 중요하다.

---

4    감정자본과 관련되지만 그것과 별개의 현상인 '돌봄자본'을 구별하는 것이 중요하다. 감정자본(사랑노동과 돌봄에 수반되는 감정노동이 만들어냄)은 돌봄자본에 불가결한 요소지만, 모든 돌봄 활동이 감정노동을 수반하지는 않는다(호크실드가 『관리되는 마음(The Managed Heart)』에서 제시한 것처럼, 모든 감정노동이 돌봄을 수반하는 것도 아니다. 돌봄은 일정한 시점에 감정적 관여가 제한된 실제적인 과제로 정립될 수 있다. 돌봄과 관련된 과제를 수행할 때는 일반적으로 타인을 배려하려는 감정에서부터 동기가 부여되지만, 일정 시점에는 과제 수행 자체가 일상화되고 또 낮은 수준의 감정적 관여를 필요로 하게 되는 것이 당연하다.

## 돌봄의 관계적 현실

인간은 경제적·정치적·문화적인 존재일 뿐 아니라 윤리적이고 헌신적이며 감정적인 존재다. 일상생활에서 사람들의 행동을 지배하는 가치체계와 이에 수반되는 감정은 사람들이 살아가고 자신을 규정하는 방식에 핵심이 된다(Sayer, 2005: 5~12). 사람들은 좋은 것과 좋지 않은 것을 선택하기 위해 씨름한다. 그들의 삶은 대부분 사회적 행위에서 세속의 규범이 되는 규칙에 지배된다(Sayer, 2005: 35~50). 인간은 정동적 관계라는 현실 속에 살기 때문에 도덕적 행위자로서 행동하고, '자기위주self wise'보다 '타인위주other wise'로 행동하도록 유도하는 감정적 의무감과 유대감도 가지고 있다(Tronto, 1991, 1993). 물론 규범은 다른 방식으로 작동할 수도 있다. 세속의 규범적 세계에서 나타나는 투쟁 가운데에는, 타인을 위한 배려 및 헌신과 개인적이고 직업적인 자기이익 사이에서 어떻게 균형을 잡을 것인가에 대한 투쟁도 있다(Ball et al., 2004). 그것도 상응하는 감정을 이용하고 관리하면서 말이다. 사랑, 돌봄, 연대라는 폭넓은 장場에는, 이러한 규범과 감정이 작동하는 방식에 현저한 차이가 있다.

### 돌봄관계의 동심원

인간은 광범위한 돌봄관계망 안에서 살아간다. 그 관계망이 작동하는 세 개의 주요 맥락을 그림 2.1에 돌봄의 동심원circle으로 제시했다. 이는 복잡하고 종종 눈에 보이는 않는 방식으로 서로와(그리고 인류가 다른 종種과 공유하는 물질계와) 연결되는 일련의 관계적 현실이다(Gilligan, 1995).

주요 생활세계 또는 '타인중심'의 관계적 돌봄노동의 세계에는 세 가지가 있다. 첫째는 일차적이고 친밀한 관계의 세계이며, 여기에는 강한 애착, 상호의존, 깊숙한 관여와 몰입이 포함된다. 이 세계의 원형은 부모-자식 관계다. 친밀한 세계의 당사자들이 이 영역에 사랑노동을 조금만 투자하더라도, 그 관계는 높은 수준의 돌봄 의미를 가진다. 둘째, 이차적 돌봄관계는 친척, 친구, 이웃, 직장동료 등 외부세계와 관련된다. 여기서는 시간, 책임, 헌신 및 감정적

그림 2.1
돌봄관계의 동심원

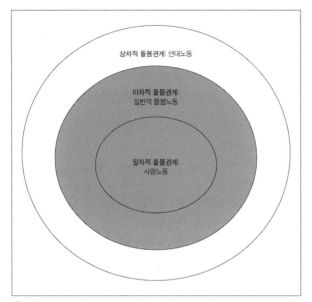

삼차적 돌봄관계: 연대노동

이차적 돌봄관계:
일반적 돌봄노동

일차적 돌봄관계:
사랑노동

자료: Lynch et al., 2007

관여 면에서 낮은 수준의 참여가 이루어진다. 셋째, 삼차적 돌봄관계에는 국가 또는 국제 수준의 법정 의무 때문에 우리가 돌봄 책임을 지고 있는, 또는 자원봉사나 직접적인 행동을 통해 정치적으로나 경제적으로 돌봄을 주는 낯선 타인들이 주로 포함된다. 각 돌봄 영역에서, 사람들은 갖가지 의존 및 상호 의존 상태에서 살아간다. 또한 각 돌봄 현실은 상호 교차적으로 연결되어 있으며, 돌봄 충만 상태와 돌봄 결핍 상태 사이에서 유동流動한다.

돌봄의 세계는 고립된 자율적 영역이 아니다. 그 세계는 경제적·정치적·문화적 관계들과 밀접하게 엮여 있으며, 이들 관계에서의 불평등이 사랑, 돌봄, 연대를 하는 능력과 자원을 훼손할 수 있다(Baker et al., 2004). 예컨대, 유독 극빈 가정에서 수감자가 많이 나올 뿐 아니라 심각한 돌봄 박탈로 고통 받는 경우가 많고, 교육 등 사회적 재화에 대한 접근 기회가 평등하지 않을 개연성 또한 높은 것은 역사의 우연이 아니다(O'Mahony, 1997). 구조적인 불공평이 정동적 박탈감을 악화시킨다.

일차적 돌봄관계에서 학대와 방임이 사랑노동을 대체할 수도 있는바, 사랑노동의 혜택을 주지 않는 것은 물론이고 학대와 방임을 일삼아 사람을 망가뜨리는 경우도 많다. 이차적 돌봄관계에서도 똑같이, 타인중심 돌봄노동이 행해질 수도 있고 아닐 수도 있다. 극심한 경쟁이 일어나는 노동환경에서는 동료 간에 돌봄과 배려의 문화가 생기지 않는다(Ball, 2003). 빈곤과 폭력으로 얼룩진 이웃관계는 이웃 간의 돌봄이나, 이른바 '사회자본'의 기초가 되는 신뢰를 만들어낼 것 같지 않다(Leonard, 2004). 글로벌한 또는 국가적인 사회적 행동의 장에서 각국 정부와 국제기구들이 자기 이익을 위해 음모를 꾸미는 경우에, 공정무역, 부채탕감, 성매매금지 등의 형태로 연대를 표현할 수 있는 기회가 크게 잠식된다. 그래서 사랑, 돌봄, 연대의 세계에 필연적인 것은 없다. 관계적 영역은 사랑, 돌봄, 연대가 육성되거나 파괴되는 맥락을 제공할 뿐인데, 특히 경제적·정치적·문화적 불공평이 정동적 관계에 의해 설명되고 또 그 관계의 특성을 규정하기 때문에 그렇다.

사랑, 돌봄, 연대 관계의 특성을 파악하기 위해서는, 그 관계들이 정치적으로, 또는 성별에 따라 구성된 시간과 공간의 관계에 착상되어 있음을 인식하는 것이 중요하다(Adam, 1995; McKie et al., 2002). 시간은 단순히 연대기적으로 경험되는 것이 아니라, 생애주기와 여타 사건들에 의해 알려지고 규정되는 사회적으로 정의된 것이다(Adam, 2000). 그리고 의존관계가 있는 경우에는 돌봄이 시간에 대한 사회적 정의의 중심 서사가 된다. 시간은 인간이 실존하는 데 필요한 유한한 자원이기 때문에, 돌봄관계에 참여할 수 있는 사람에게도 그 관계의 범위가 제한된다. 더욱이 인간 개개인은 그/그녀의 위격person이라는 점에서 나누어지지 않는다. 그/그녀는 동시에 두 곳에 있을 수 없으며, 대부분 사람은 한 번에 하나 이상의 과제를 완수하는 능력을 가지지 못한다. 그러므로 돌봄이 조직화되는 방식은 시간 및 공간과 밀접한 관계가 있으며 유한성의 원칙에, 그리고 에너지와 자원의 제약에 지배된다.

## 타인중심성의 범주론

표 2.1은 사랑노동이 이차적 및 삼차적 돌봄노동과 구별되는 특징들을 잘 보여준다. 확인된 특징 중에는 돌봄 분야를 연구한 다양한 분야의 학자들이 밝힌 것은 물론이고(Bubeck, 1995; Finch and Groves, 1983; Harrington Meyer, 2000; Hochschild, 1989, 2001; Kittay, 1999; McKie et al., 2002; O'Brien, 2005; Reay, 2005; Tronto, 1991; Williams, 2004), 3장에서 7장까지 논의한 돌봄대화의 연구결과에서 나온 것도 있다.

돌봄 연구자들은, 돌봄노동에는 일반적으로 감정노동과 도덕적 헌신뿐 아니라 정신노동(상당한 양의 기획), 육체노동(부축하기, 쓰다듬기, 주무르기 같은 신체적인 일이 포함된 실제적인 과제 수행), 인지노동(돌보는 방법을 이해하는 능력 사용)도 포함되어 있음을 분명히 밝혔다. 돌봄은 다면적인 노력의 결합체다. 특히 사랑노동의 형태를 취할 때 그러한데, 사랑노동에는 모든 감각이 포함될 뿐 아니라 몸과 마음도 실천과 사고의 복잡한 연동 과정에 따라 채워진다. 표 2.1에 사랑노동과 이차적 돌봄노동, 연대노동의 차이가 요약되어 있다. 왼쪽 세로줄에, 정도가 다르고 질적인 차이도 있겠지만, 돌봄노동에 일반적으로 나타나는 특징적인 요소를 열거했다. 나머지 세로줄에는 양질의 효과적인 돌봄노동이 보이는 전형적인 특징을 제시해 각각의 돌봄노동이 성공적으로 수행되었을 때 기대되는 모습을 보여준다. 실제 상황에서는 각 종류의 노동이 수행되는 모습이 상당히 달라질 것이며, 때로는 표에 열거된 특징 중 일부가 없더라도 성공적으로 수행될 것이다. 이어서 이 특징들을 자세히 살펴보겠다.

## 사랑노동

사랑관계는, 물려받거나 선택한 의존관계 내지 상호의존관계에서 생기는 높은 상호의존성 관계이며, 우리의 기본적인 돌봄관계다. 사랑노동은 이러한 관계를 지속하기 위해 필요한 일이다(Lynch, 1989). 그 일은 애정, 헌신, 배려에 의해 시간, 에너지, 자원을 실질적으로 투자해서 수행된다. 그리고 관계적 존재로서 우리의 실존에 불가결한 깊은 의존관계에서 생겼거나 이어받은, 가장

표 2.1
타인중심성의 범주론: 사랑, 돌봄, 연대

| 돌봄노동의 특징요소 | 사랑노동 | 이차적 돌봄노동* | 연대노동** |
|---|---|---|---|
| 요구사항 파악 (인지노동) | 대상자를 깊이 알게 되고, 심층적 요구를 충족하는 방법 터득함 | 대상자의 돌봄 요구를 확인하고, 충족 방법을 이해함 | 관계없는 타인에 대해 배우고, (자선이 아닌) 연대 방식의 지원방법을 찾아냄 |
| 감정적 관여 (감정노동) | 강렬하고 오래 지속됨 (긍정적 또는 부정적) | 보통이고, 가변적임 | 개인 차원보다는 정치적으로 감정적임 |
| 헌신과 책임 | 장기적이고 지속적임 | 일시적이고 임시적임 | 가변적임, 장기적이거나 일시적일 수 있음 |
| 기간 | 오래 지속됨 | 가변적임 | 가변적임 |
| 도덕적 명령 | 강하며 특히 여성은 거부할 수 없음 | 제한되고 한정됨 | 법, 문화, 개인 가치관 에 따라 결정됨 |
| 신뢰감 | 높음 | 보통이고 가변적임 | 가변적이나 적당히 높을 수 있음 |
| 일체감 | 높음 | 보통이고 가변적임 | 가변적이나 적당히 높을 수 있음 |
| 배려, 사전기획 포함(정신노동) | 개인의 전 존재에 밀착 | 구체적이고 관련 있는 요소에 주목 | 전략적으로 중요한 요소에 주목 |
| 고려 범위 | 광범위함 | 한정됨 | 한정되기도 하고 광범위하기도 함 |
| 몰입도 | 높음 | 낮고 한정됨 | 가변적임 |
| 상호성 | 자발적이든 아니든, 상호의존성이 높음 | 상대적으로 제한됨 | 반드시 존재하지는 않음 |
| 실제적인 과제 (육체노동) | 많음 | 보통이고 가변적임 | 가변적이나 적당히 많을 수 있음. |

* 이차적 돌봄노동은 맥락상 직업적 돌봄관계인지 자발적 관계인지에 따라 상당히 달라진다.
** 연대노동도 국가의 행위, 관습 또는 문화에 의해 결정되었는지, 자발적인지에 따라 그 성격이 달라진다.

순수한 형태의 의무관계로 가시화된다(부모-자식 관계가 가장 명백한 유형이다).

사랑노동은 감정적으로 관여하는 일이며, 타인의 생존과 발달, 나아가 행복한 삶을 주된 목표로 한다.[5] 일차적 돌봄관계가 긍정적일 때는 강렬한 일체감과 신뢰감이 있다. 그러나 방임하고 착취하거나 학대하는 관계일 때는 다른 돌봄관계에서는 나타날 수 없는 강한 불신과 고립감이 생긴다. 자원 배분이 관련될 때 또는 실제적인 과제를 수행해야 하는 경우에 물질적 차원이 있긴 하지만, 사랑노동은 근본적으로 감정에 의해 추동되며 감정적 존재로서 인간다움을 고양한다. 그렇다고 사랑노동 행위가 전적으로 이타적이라고 할 수는 없다. 인간관계의 돌봄 차원에서 발달하는 유대관계는, 돌봄 수행자에게 돌아갈 혜택이 때로는 너무 작고 불확정적이거나 후일로 미루어질지라도, 상호 간에 이로울 잠재력을 가지고 있기 때문에 유지된다. 하지만 사랑노동은 자신의 가치보다 먼저 타인의 가치에 의해 지도된다는 점에서, 본질적으로 타인중심적이라고 할 수 있다. 돌봄 수행자는 장기적이든 단기적이든 사랑노동으로 거의 이득을 보지 못하며, 사실상 재정적·사회적·감정적으로 순손실을 보기도 한다. 사랑노동에서 얻어질 잠재적 이득을 인정한다고 해서 그러한 관계에서 발생하는 권력 격차를 부인하는 것은 아니다. 그리고 사랑노동이 구조적인 착취 관계에서 수행되는 경우에 돌봄 수행자에게 전가되는 잠재적인 비용을 부인하는 것도 아니다(Bubeck, 1995; Delphy and Leonard, 1992). 사랑노동의 역할을 인정하는 것이 사랑노동 관계의 중심이 되는 신뢰가 깨지거나 악용될 때 발생하는 학대와 방임을 부정하는 것도 물론 아니다.

사랑노동은 일반적으로 강한 상호성mutuality의 관계로 특징지어진다. 관계가 아무리 좋지 않아도 서로 의존한다는 의식은 있다. 관계의 한쪽 당사자가 다른 쪽보다 훨씬 많이 사랑노동을 할 수는 있지만, 구조적으로 규정된 돌봄

---

5   사랑노동은 특히 사람들이 지치고 스트레스 받거나 몸이 편찮을 때 형식화되고 감정적으로 이탈될 수도 있음을 부정하지 않는다. 하지만 타인을 돌보는 일에 대한 헌신은 감정으로 강하게 추동되며, 이 선행된 감정적 관여가 돌봄관계의 맥락과 틀을 정한다. 사랑노동이 감정 표현 없이 수행되더라도, 감정은 여전히 관계의 암묵적 요소다.

수혜자가 반드시 침묵하거나 힘없는 입장은 아니며 누군가의 사랑노동을 수동적으로 받아내는 그릇도 아니다. 질병과 노쇠함 때문에 매우 취약해진 사람들이 이런 입장에 놓일 수는 있지만, 돌봄 수혜자는 취약한 상황에서도 권력과 통제력을 행사할 수 있고 또 행사한다. 그들은 돌봄에 대해 감사를 표할 수도 있고 그러지 못할 수도 있다. 또 돌봄 기대를 관철하기 위해 문화적으로 허용된 돌봄에 대한 도덕적 명령을 이행하라고 촉구할 수 있다(Bubeck, 1995). 사랑노동 관계의 중심에 있는 상호성은 돌봄을 매개로 행사되는 (가변적인) 권력과 통제의 관계이기도 하다.

사랑노동이 이차적 돌봄노동과 구별되는 결정적 특징 가운데 하나는, 그것이 일련의 과제일 뿐 아니라 과제들에 통합되어 있는 일련의 관점과 지향이기도 하다는 점이다. 사랑노동은 느낌이고, 다른 사람을 지켜봄과 동시에 그들과 관계 맺는 방식이다. 그것은 모든 돌봄이 그렇듯이 타인에 대한 존중을 수반하는 한편, 다른 종류의 돌봄에 적용되는 것보다 더 부담이 큰 형태로 배려와 반응성responsiveness을 수반한다(Engster, 2005). 사람에 대해 생각하거나 마음 쓰는 행위가 사랑노동의 일부이긴 하지만, 이것이 전부는 아니다. 사랑노동은 타인에게 '주의를 기울이고' 타인을 '돌보는' 진정으로 실제적인 활동과 관련되며, 여기에는 사랑노동 관계에서 빠지지 않는 긴장과 갈등을 관리하는 일도 포함된다. 특히 취약한 타인에게 돌봄을 제공해야 할 주된 책임이 있는 사람은 타인에 대한 돌봄 계획을 작성하는 일도 해야 한다. 이 계획은 항상 염두에 두어야 하며, 돌봄 과정 내내 범위와 질質의 관점에서 그 실행을 감독하는 일도 해야 한다. 종일 의존하는 아동이나 성인의 경우에는 말 그대로 24시간 돌봄 계획[McKie et al.(2002)은 '돌봄스케이프caringscape'라고 부름]을 만들어야 한다. 의존관계가 있지만 돌봄 수혜자에게 더 많은 자율성이 있는 경우에는 돌봄 계획을 상세하게 세우지 않아도 되며, 돌봄 과정에 대한 점검이나 돌봄에 실패할 경우의 계획 재조정도 똑같은 수준에서 요구되지 않는다.

사랑노동에는 감정노동은 물론이고 온갖 육체노동과 정신노동도 포함된다. 아이 또는 배우자를 위해 좋아하는 음식을 요리하는 일(단지 먹이는 것만이 아니어서 그들은 배고프지 않다), 필요할 때 걱정과 근심에 귀 기울이는 일, 마사지하는 일, 필요한 경우 재정적·물질적으로 도와주는 일 등 실제적인 육체노동을 수반한다. 정신 수준에서는 개개인과 그들의 이해관계를 염두에 두고, 정신작용인 기획에 '항상 반영'하고, 그들의 요구와 이해를 예측해서 우선순위를 정하는 일이 수반된다. 감정 수준에서는, 상대방과 동질감을 갖고 그/그녀가 감정적으로 괴로워할 때 격려해주는 것은 물론이고, 들어주고, 긍정해주고, 지지하고, 도전 의식을 북돋는 일이 수반된다. 사랑노동에는 돌봄의 맥락에 따라 그리고 문화적·법적 규범에 따라 그 몰입도와 헌신의 정도가 달라지겠지만, 지속성에 대한 일종의 헌신이 반드시 포함된다. 물론 그 헌신의 기간은 달라질 수 있는데, 부양 아동 돌봄에 대한 도덕적·법적 명령은 장기적으로 부모 돌봄에 대한 명령보다 훨씬 더 강한 것이 분명하다. 친구에 대한 돌봄은, 특히 서구사회에서 형제자매에 대한 돌봄이 실제로 그런 것처럼, 기대되는 헌신이 한층 막연하게 규정된다.

때로는 사랑노동은 중노동으로 경험되는데, 특히 복합적 의존상태에 있는 사람, 또는 돌봄 관점에서 무슨 대단한 호혜성도 있을 것 같지 않거나 아예 없는 사람을 장기간 돌보는 경우에 그러하다. 다른 경우 사랑노동은 소박한 기쁨이다. 일반적으로 여성이 남성보다 사랑노동을 떠맡아야 한다는 도덕적 압박을 더 많이 받지만, 특히 직장을 떠나야 하는 경우에는 여성들 간에도 차이가 있다. 간혹 가족성원 간 또는 돌봄 수행자와 돌봄 수혜자 간에 맺어진 고도로 개별화된 약정하에 가족 돌봄이 조직되기도 한다(다음 3~7장 참조).

일차적 돌봄관계가 지속되기 위해서는 이차적 돌봄관계가 필요하지만, 몇 가지 측면에서 두 관계는 사회학적으로 구별될 수 있다. 돌봄에 대한 도덕적 명령이나 사랑노동 관계에서 불가결한 요소인 신뢰, 상호성, 배려는 다른 돌봄관계에서는 똑같은 정도로 기대되지 않는다. 사랑노동 관계에는 밀도 높은 시간이 투자되며, 그 관계에 투자된 자아도 다른 돌봄 상황에 적용되는 것보다 더 크다. 그리고 다른 영역에서 반드시 해당되지는 않는 일정 수준의 헌신과 책임이 포함된다. 사랑노동에서 타인에게 돌아가는 돌봄은 개인 단위로 규정되고 양도될 수 없는데, 나름의 역사가 있고 지속성과 애착이 담보된 미래가 있는 기존 관계의 맥락에서 돌봄이 주어지기 때문이다(Barnes, 2006: 8~9).

사랑노동 관계와 이차적 돌봄노동을 구별하는 것이 발견적 학습에 중요하지만 종종 두 종류의 돌봄노동 간의 경계가 모호하다. 친구관계 또는 친밀한 관계가 오래되어 변이를 일으킬 때 사랑노동 관계가 이차적 돌봄관계로 바뀔 수 있고 또 실제로 바뀐다. 부모가 늙거나 병들어 의존적이 될 때와 같이 주요 사랑노동 수행자가 돌봄 수혜자가 되기도 한다. 마찬가지로, 직업으로서의 이차적 돌봄관계도 사랑노동 관계로 발전해갈 수 있다. 타인과 친밀한 일차적 관계를 맺고 있는 사람들 대부분이 그 관계에서 사랑노동의 혜택을 동시에 주거나 받거나 하지만, 어떤 사람이 다른 개인의 삶에 사랑노동을 주는 수행자일 수 있고 그는 또 다른 개인에게서 사랑노동을 받는 수혜자일 수도 있다. 배우자들이 서로에게 투자하는 사랑노동과 그들이 각자 또는 함께, 아동이나 성인인 의존적인 타인을 위해 수행하는 사랑노동을 병행하는 경우가 그 전형적인 예다.

### 이차적 돌봄관계와 일반적 돌봄노동

일차적 돌봄관계의 바깥에, 신뢰와 기대 면에서 한 치 이상 거리를 두고 작동하는 이차적 돌봄관계가 있다. 이러한 이차적 돌봄관계는 낮은 등급의 상호의존관계다. 이 관계는 타인중심성의 2차 단계에 따라 작동하며 돌봄 책임과 애착을 포함하지만 의존요구, 특히 장기적인 의존요구를 충족하는 면에서 똑같은 깊이의 감정 또는 도덕적 의무를 동반하지는 않는다. 상황에 따라 달라지지만, 시간이 지나면서 일차적 관계로 바뀔 수도 있다. 이차적 돌봄관계에는 일차적 관계에 적용되지 않는 선택choice과 조건의존성contingency이 어느 정도 포함된다.

이웃이나 직장의 친분 관계가 이 범주의 돌봄관계에 속할 수 있다. 그 관계들은 상황에 달린 것이어서 상황이 바뀌면 끝날 수 있고 실제로 끝난다(아무리 가까웠던 사람도 그들이 직계가족에 대한 의무나 직장 때문에 이사를 가야 한다면, 계속 이웃으로 지내며 친구가 되어줄 것으로 기대하지 않는다). 직계가족이 아닌 친척과의 관계도 똑같은 의존요구가 수반되지 않으므로, 일반적으로 일차적인 특성이 아니라 이차적인 특성을 가진다.

친밀한 일차적 관계에서 수행되는 돌봄노동의 본질을 이차적 관계의 돌봄노동과 구별하는 것이 분석적으로는 유용하겠지만, 경계선상에 위치한 사례들이 있다. 예컨대, 직장동료를 위해 또는 이웃이나 가까운 동호인을 위해 하는 일은 시간, 범위 및 책임 면에서는 제한적이지만, 감정적 몰입과 배려라는 사랑노동의 특성을 보일 수도 있다. 현실에서 일차적/이차적 구별은 분명하게 나눠지지 않으며 하나의 연속선상에 있다.

이차적 돌봄관계는 집안일이나 개인사에 국한되지 않는다. 이차적 돌봄노동은 친밀한 관계에서는 물론이고 지역사회, 결사체, 직장 내에서도 연대의 관계를 공고히 한다(Glenn, 2000; Kittay, 1999; Tronto, 1991). 노동자에 대한 돌봄 윤리가 결여되고, 돌봄을 지원하기 위해 사람들이 서로에게 귀 기울이거나 개인의 요구를 고려해서 노동관행을 변경할 시간조차 없는 고용상황에서는 노동관계의 질이 필연적으로 악화되며, 그 역도 성립한다. 자발적 결사체와 지역사회에 참여할 시간이 부족해지면, 스포츠클럽, 세입자단체, 주민단체 등 지역사회 조직들에서의, 자발적 결사체에서의, 그리고 동네에서의 삶의 질도 피폐해진다. 연대와 돌봄의 끈을 유지하는 데 들어가는 감정노동은 사회적·정치적 삶의 뼈대를 이루는 필수요소다.

돌봄과 관련해서 떠오르는 자명한 문제는 유료 돌봄관계의 지위다. 유급 돌봄노동은 감정적 관여 정도가 저마다 다르긴 하지만 틀림없는 감정노동이다. 직업적으로 규정된 돌봄관계가 사랑노동과 구별되는 점은 그 관계가 포함하는 조건의존적인 속성이다. 즉, 그러한 관계는 고용계약이 종료되면 끝난다. 계약이 종료되면, 돌봄에 대한 계약상 의무나 확실한 도덕적 의무가 없어진다. 그렇다고 유급 돌봄노동을 하는 사람이 종종 대가를 바라지 않으면서 깊은 감정적 관계를 설정하는 것을 부인할 수는 없다(Meagher, 2002). 유급 돌봄노동을 하는 사람이라고 해서 반드시 돌봄에 관한 도덕관념과 자신의 감정을 자기 직업 바깥에 버려두지는 않는다(Nelson and England, 2000). 따라서 가족 내에서는 양질의 감정노동이나 양질의 돌봄이 이루어지고, 유료 돌봄에서는 저질의 감정노동이 이루어진다고 말하는 것은 적절하지 않다. 유료 돌봄관계가 협조와 헌신을 수반할 수도 있는 반면, 때로는 돌보는 방식에서 가족들이 착취적일 수 있고 실제로 그런 경우가 있다.

### 삼차적 돌봄관계와 연대노동

형태와 맥락에서 더 집합적이고 면대면 관계 밖에서 작동하는 삼차적 돌봄 영역도 있다. 삼차적 돌봄관계는 본질적으로 타인과 맺는 개인적인 관계나 친밀함이 없이도 이루어질 수 있는 연대의 관계다. 이는 공적 돌봄관계인데, 이 관계는 사람들을 공적인 개인public person으로 살아가게 만드는 연대노동을 수반한다. 연대로서의 돌봄은 주로 두 가지 형태로 나타나는 데, 하나는 법정 의무이고 다른 하나는 시민사회의 자발적 공동체 노동이다. 조세와 기타 정책수단을 통해 사회의 성원들에게, 똑같이 작은 혜택만 받더라도 공공재와 공공서비스에 자금을 대라고 요구하는 국가의 법적 규제도 연대를 표현한다. 특히 시민단체에서 무보수로 수행하는 자발적 공동체 노동에서는 연대가 명백하게 드러난다.

연대노동은 아주 다양한 타인중심의 공적 돌봄노동과 관련되어 있으며, 그 범위는 국가적이면서도 국제적이다. 여기에는 자신에게는 직접적 가치가 적거나 없을 수 있는 공공재와 공공서비스 유지에 관련된 일, 노숙자와 수감자의 인권 또는 복지서비스를 개선하기 위한 캠페인 전개, 글로벌 연대 캠페인 참여 등이 포함된다. 또한 타인에게 연대를 표명하는 캠페인과 활동에 재정을 지원하는 일이나, 자기 사회 내에 연대를 창출하기 위해 정치적·조직적으로 일하는 것도 연대노동에 포함될 수 있다. 개인과 단체가 타인의 행복한 삶을 위해 집합적으로 일하는 경우처럼 때로는 연대 관계가 선택되는 경우도 있다. 그러나 자기가 속한 국가 또는 지방 당국이 법으로 연대 관계를 구성하는 경우에는 연대 관계가 의무가 될 수도 있다. 비법정 연대노동은 보통 사회규범[6]

에 지배를 받는다. 이는 문화적 맥락에 따른 강력한 도덕적 명령이기도 하다.

여기서 우리가 제시하는 연대는 그 자체로서 이상적이고 도덕적인 원칙에 관한 것이다. "관련된 다른 사람의 입장에서 생각함으로써…… 의사소통 공동체의 모든 성원의 이해관계에 적절하게 대응하는 것이 원칙적으로 가능하다"(Cook, 2001: 96). 그렇지만 이렇듯 연대에 관해 이상화된 견해는 사회적으로 필연적이지 않다. 그 관계는 구성되어야 한다. 사회통합의 끈은 타인중심이기보다 내부지향적이고 자기중심적일 수도 있다. 강한 내적 유대감은 포용하기보다는 배제하는 힘으로 작용할 수 있다(Cook, 2001). 국가가 선별적으로 정한 공동체(대개 자국 시민)에게만 권리와 특전을 수여하고, 배제된 사람의 사회적 요구는 아랑곳하지 않는 법과 정책을 시행할 때 이런 상황이 빈번하게 발생한다(Seglow, 2005; Shachar, 2003). 이 경우 벌어지는 일은 연대는커녕 사회적 봉쇄라고 하는 편이 더 적절하다. 다른 사람을 희생함으로써, 때로는 그들을 적대시함으로써 내부 통합을 강화하면서 자신들에게 권리와 특전을 몰아주는 것이다(Parkin, 1971).


## 시사점

### 신자유주의와 돌봄

신자유주의 정치 프레임에는, 모든 서비스는 시장을 통했을 때 가장 잘 제공된다는 핵심적인 가정이 있다(Harvey, 2005). 이런 생각에 따라 많은 나라에서 주간보호day care와 아동보육이 점점 민영화되고 있다. 노인요양 또한 꾸준히 시장화되고 있으며, 투자자에게 돈벌이가 되는 상업적 기회로써 자주 광고되고 있다. 자본주의 사회에서 고질적인 소득 및 부의 불평등을 고려할 때, 신

---

6    아일랜드 농촌에서 특히 수확기에 전통적으로 상호 협동하는 공동사회시스템이 그 예다
(Arensberg and Kimball, 2001: 255~257 참조).

자유주의 프레임은 불평등한 경제적 자원이 돌봄 서비스에 대한 접근 기회를 필연적으로 불평등하게 만들 것이라는 사실을 편리하게 외면한다. 이 점은 보건 분야(Wilkinson, 2005)와 교육 분야(Gamoran, 2001; Lynch, 2006)에서 이미 확고해졌다.

어쨌든 돌봄의 본질을 이해하고 돌봄의 여러 형태를 분석적으로 구별하는 데 실패하면서, 신자유주의자가 돌봄을 시장에서 제공하자고 주장하기 쉽게 되었다. 돌봄은 난방, 교통 등의 서비스와 실질적으로 다를 바 없는 일반적이고 획일화된 일련의 업무라고 쉽게 주장될 수 있다(물론 교통, 보건, 교육과 같은 필수 서비스를 영리추구 기업체에게 맡기지 말아야 할 이유는 많지만, 여기서 그 이유를 일일이 다룰 수는 없다).

돌봄노동의 기저에 있는 사회적 관계가 돌봄의 본질을 주조한다. 앞으로 논의하겠지만, 일차적 돌봄을 상품화하려는 생각 자체에 심각한 문제가 있는데, 이는 다른 누군가에게 보수를 지불하고 자기가 돌봐야 할 사람과 자신과의 관계가 유지되도록 하는 것이 불가능하기 때문만이 아니라, 신뢰, 지속성, 애착 같은 사랑노동의 특성은 현대 노동시장에서 계약으로 확보할 수 없기 때문이기도 하다. 유급 돌봄은 일차적 돌봄의 버팀목으로 필요하긴 하지만, 대체물이 될 수는 없다. 이차적 돌봄관계조차, 특히 이윤 내지 이득에 초점을 둔 사회적 관계의 체계 안에서 설정된 경우에는, 이 관계의 돌보는 특성들(요구에 대한 세심한 주의, 감정적 관여, 신뢰, 배려 등)은 제외되고 경시되거나 아니면 기대수익률에 따라 크게 좌우될 것이 자명하다. 이 점은 영리에 입각해서 의료를 제공하려는 움직임 때문에 돌봄과 손수 보살피는 데 써야 할 시간이 잠식되어 온, 간호와 같은 인적서비스 관계에서 명백히 드러난다(Toynbee, 2007).

돌봄, 사랑, 연대 관계의 공통점은 모두가 의존과 상호의존관계, 주고받는 관계를 포함하며, 정도의 차이는 있지만 타인중심적이라는 것이다. 이런 특성 때문에, 그 관계들에 체현된 돌봄이나 연대를 훼손하지 않고서는 전적으로 시장화할 수 없다. 그래서 특히 사랑노동 관계(또한 일반적 돌봄과 연대 관계의 타인중심 차원)를 구별하는 특징 가운데 하나가 그 관계를 상품화할 수 없다는 점이다. 다음 절에서 이에 대해 자세히 살펴보겠다.

## 돌봄 명령자: 젠더, 계급, 민족 및 이주

돌봄은 진공상태에서 일어나지 않는다. 돌봄은 전 지구적으로 겹쳐 있는 계급관계, 젠더관계, 인종관계 안에서 일어난다. 온갖 종류의 돌봄노동을 수행하도록 요구하는 도덕적 명령은 남성보다 여성에게 더 강하게 작용한다(Bubeck, 1995; O'Brien, 2005). 돌봄노동의 분업은 국내적으로나 전 지구적으로 젠더, 계급, 인종에 의거해서 이뤄진다(Tronto, 2000). 여성은 가사노동이라는 비공식 영역에서든 돌봄 경제라는 공식 영역에서든, 돌봄노동에 대한 지나치게 많은 책임을 떠맡고 있다(Daly, 2001; Folbre, 1994; Reay, 2005). 대부분의 돌봄노동이 무급이고, 특히 사랑노동은 친밀성과 양도될 수 없는 특성을 가지고 있어서, 이를 수행하는 사람은 소득을 포기하다가 최종적으로 물질적 부담을 떠안는다. 이와 동시에 돌봄노동은 타인(대부분 남성)이 물질적으로 더 유익한 활동을 추구할 수 있게 해준다. 여성이 돌봄 수행자로서 당하는 착취가 여성에게 특별히 가해지는 착취의 주된 형태라는 주장을 뒷받침하는 생생한 사례가 있다(Bubeck, 1995: 182~183).

모든 계급에서 여성이 남성보다 돌봄노동을 더 많이 감당하지만, 빈곤층, 노동계급, 소수민족 및 이주민 여성들은 지나치게 강도 높은 돌봄노동을 떠맡고 있다(Ehrenreich and Hochschild, 2003). 부자와 권력자는 일반적으로 돌봄 책임, 특히 부담스러운 형태의 돌봄을 면제해달라고 요구할 수 있다. 그들은 돌봄 명령자가 되는 경향이 있는데, 돌봄 명령자는 거의 모든 형태의 돌봄에 따르는 책임을 면제받는다. 그들은 인생의 중요한 통과의례 ─ 출생 축하, 결혼식, 장례식 ─ 에는 참석할 것으로 기대되지만, 방문, 간병, 부축, 식사 보조, 외출 동행 등 일상적인 돌봄 의무는 지지 않는다. 특히 그 일을 할 만한 여성이 있는 경우에 그렇다. 그들의 지위, 권력 및 부는 누군가(대부분 여성)의 돌봄노동에 '무임승차'할 수 있게 해준다(Fineman, 2004). 그들은 계급, 인종, 성별 규범에 의탁해 돌봄에서의 면책권을 받아낸다. 미화되고 높은 지위에 있는 남성성에 관한 전 지구적인 행동수칙에서 주목되는 점은, 그들은 확실히 타인중심적이지 않다는 것이다(Connell, 2002). 헤게모니적 남성성은 공격적이고 유아독존적이며, 타인(특히 다른 남성)과의 경쟁에서 이기기 위해 필요하다(Connell, 1995). 남성과 여성 모두에게 높은 지위는 사랑, 돌봄, 연대의 일을 하는 것과 역逆관계에 있는데, 이는 '부담 없는zero-load' 노동자가 이상적인 노동자이기 때문이다. 이들은 돌봄 부담이 없는 사람들이며, 돌봄관계를 외면하거나, 타인에게 보수를 지불하고 돌봄노동을 대신하게 하거나, 무급으로 타인에게 돌봄노동을 명령함으로써 돌봄관계에서 이탈한다.

## 돌봄자본과 돌봄을 위한 자원

이 장은 돌봄 종류 간의 차이점에 초점을 맞추고 있지만, 삶의 정동영역과 그 밖의 사회적·경제적 관계의 접점을 짚어보는 것도 중요하다. 한 개인이 줄 수 있는 사랑, 돌봄, 연대의 질은 재원財源의 영향을 받는다. 특히 돈은 보수를 지불하고서 돌봄 부담이 큰 부분을 타인에게 맡길 수 있는 여지를 만들어주고, 즐겁고 서로 돕는 일에 쓸 수 있는 시간을 더 많이 남겨주기 때문이다. 사랑이나 돌봄의 질은 이를 지속하는 데 쓸 수 있는 감정자원의 보유 정도에 따라 달라지기도 한다. 개인 수준에서든 지역사회 수준에서든 국가 수준에서든, 살아오면서 돌봄을 많이 받은 사람은 '돌봄부자care-rich'다. 그들은 다른 사람의 시간과 자원을 자신에게 투자하도록 해왔다. 정서적 부양, 경청, 남이 하는 돌봄에 참여하는 일 등 그들에게 투여된 친밀한 사랑노동이 바로 그런 사례일 것이다. 또는 지역에서 그들을 위해 공원, 스포츠 활동 같은 서비스를 확보하려는 다른 사람의 자발적이고 공동체적인 노력의 수혜자로서, 또는 노동자, 노인, 아동 등의 인권을 보호하기 위해 연대활동을 하는 다른 사람의 정치적 노력에 의해서도 그럴 것이다. 그들에게 투자된 돌봄은 다른 조건이 같다면 타인을 돌보는 그들의 능력을 신장해준다. 이 능력을 뭐라고 할지, 또 상당한 돌봄 능력을 갖춘 사람을 뭐라 부를지 마땅한 용어가 없긴 하지만, 그들은 사회학적으로 상당한 돌봄자본을 갖고 있다고 말할 수 있다. 돌봄부자는 의존부채dependency debt를 지고 있을 뿐 아니라, 파인먼(Fineman, 2004)이 말하듯이, '재분배'하기 위해 일할 수 있는 풍부한 돌봄자본도 갖고 있는 것이다(Gheaus, 2009).

## 사랑노동의 비상품성

어떤 돌봄 과제는 상품화될 수 있고, 상품화의 조건을 실질적으로 개선해 착취의 여지를 없앤 사례도 있긴 하지만(Meagher, 2002), 사랑노동을 똑같은 방식으로 상품화할 수는 없다. 다른 사람을 사랑하는 데 수반되는 감정노동은 고용한 사람과 약정한다고 해서 손쉽게 이전되지 않으며, 또한 교환될 수도 없다. 누군가에게 사랑노동 과제(배우자와 함께 식사하기, 입원한 친구 방문하기, 아이에게 이야기책 읽어주기, 노령의 부모가 좋아하는 음식 만들기 등)를 수행해달라고 보수를 지불하려 한다면, 친밀함과 친교의 핵심에 있는 돌봄과 상호성이라는 전제를 훼손하게 될 것이다(Strazdins and Broom, 2004).

그렇다고 유료 돌봄이 바람직하지 않거나 필요하지 않다고 말하려는 것은 아니다. 공적 돌봄은 종종 비공식 돌봄을 대체하기보다는 그것을 보완한다(Waerness, 1990: 122~123). 친밀한 돌봄이 빈약하거나 폭력적인 경우에는 유료 돌봄이 필요하며, 때로는 적어도 약화된 돌봄을 보완하기 위해 선호된다. 물론 근본은 다르다. 공공시설이든 지불 능력이 있는 사람을 위한 사적 요양이든, 상품화된 돌봄 체계의 존재가 친밀함과 연대관계의 종말을 의미하지는 않는다. 도리어 기본적 돌봄 요구의 일부를 유료로 충족해서(그 결과 사랑노동 중 더 즐거운 형태의 사랑노동을 위한 시간을 갖게 된다), 또는 더 만족감을 주는 개인적 관계를 맺을 수 있게 요양함으로써 정서생활을 풍성하게 만들어 개인의 삶에 더 큰 만족에 대한 수요가 있음을 나타낸다.

돌봄노동의 상품화가 문제되는 것은 상품화할 수 없는 차원을 상품화하려고 시도하기 때문이다. 상호성, 헌신 및 타인에 대한 강렬한 감정(그리고 이를 표현해가려는 인간적 노력)은 오랜 시간에 걸친 고용과 친밀함의 관계에서 생겨나기 때문에, 임시적인 고용에서는 제공될 수 없다. 일반적으로 부양감, 연대감, 행복감이 생겨나게 만드는 돌봄노동은, 보수를 주고 관계의 질을 확보하는 시도가 불가능해서 상품화될 수 없는 타인에 대한 마음가짐과 감정에 기초한다. 더욱이 사랑노동은 본질적으로 구획되지 않고 포장될 수 없기 때문에, 한 사람이 다른 인적서비스를 제공할 때 적용하는 합리적 기준과 동일한 기준으로 사랑노동을 제공할 수는 없다. 돌봄의 합리성은 과학적·관료적 합리성과 다르며, 어느 정도 모순되기도 한다(Waerness, 1984). 사랑노동 관계에는 위계질서나 경력구조가 없다. 사랑노동은 주문받은 대로 공급되지 않는다. 일정한 범위 내에서 목표를 실현하는 길을 밝혀주는, 명확하게 식별할 수 있는 활동은 없다. 실제로 관계 자체가 목적이므로 식별할 수 있는 시작, 중간, 끝은 없다. 목적이나 목표는 종종 산만하고 애매하다. 3장에서 7장까지 보면서 밝히겠지만, 사랑노동을 떠받치는 합리성과 유급고용을 지배하는 합리성 간의 차이가 우리의 '돌봄대화'에서 끊임없이 추구된 주제였다. 사회적 삶이라는 현실에서, 누군가에게 보수를 주고 다른 누군가를 사랑하라고 시킬 수 없으며, 자기 대신에 배우자와 성관계를 하게 하거나 입원한 친구를 병문안하게 하고 자기가 한 것과 다름없다고 주장할 수는 없다.

사랑노동의 시간은 무한히 응축될 수 없다. 점점 더 시간이 부족해지면 사랑노동을 할 수가 없다(Folbre and Bittman, 2004). '소중한 시간quality time'에 대한 착각은, 타인과 (긍정적으로) 함께 하는 예비적인 시간을 가지고 신뢰와 이해를 증진시켜야만 소중한 시간이 생긴다는 사실을 외면하며, 응축되거나 축소된 시간 안에서 소중한 시간을 보낼 수 있다고 여긴다(Tronto, 2003: 123). 표준화된 포장의 패스트푸드와 같은 '패스트 돌봄'을 만들어내는 것은 불가능하다. 우리가 돌봄 분야에서 맥도널드McDonald 같은 방식을 따른다면, 얻을 수 있는 것은 돌봄이 아니라 타인의 행복한 삶에 대한 개인적 관심이나 친밀함 없이 돌봄을 수행하는 '미리 포장된 단위의 감독'일 것이다(Badgett and Folbre, 1999: 318).

자신감을 북돋고, 기운과 용기를 불러일으키고, 사람들에게 일체감을 주며,

남들이 원하고 필요로 한다는 의식과 자유롭다는 의식을 갖게 하는 측면들은, 보수를 바라고서 하는 행동이 아니라 관계를 위해 돌보고 헌신한다는 어떤 선택과 결단이 있는 맥락에서만 존재할 수 있는 것이어서 상품화될 수 없다. 그렇다고 해서 수많은 여성의 삶을 특징지어온 '강요된 이타심'의 실체를 부정하거나, 돌보는 사람은 어떤 종류의 돌봄노동을 하고서도 보수를 받지 말아야 한다고 말하는 것은 아니다. 도리어, 돌봄의 특정 측면에 보수를 지불하는 것은 돌봄관계에 부정적인 영향이 아니라 긍정적인 영향을 주는데, 돌봄 수행자와 돌봄 수혜자 간의 관계를 더 호혜적이고 평등하게 만들기 때문이다(Qureshi, 1990). 그것은 또한 사랑노동의 즐거운 측면을 누리기 위한 시간을 창출한다. 따라서 여기서 제안하는 바는 사랑, 돌봄, 연대에 수반된 노동은 공공선이므로 물질적으로 지원을 해야 한다는 것이지, 시장에서 사고팔아야 한다는 것은 아니다. 사랑과 돌봄을 상품으로 바꿔놓으려는 시도는 사랑과 돌봄 자체를 파괴할 뿐이다.

## 결론

이 장의 목적은 사랑, 노동, 연대의 총괄적 분류법을 제시하고 그 시사점을 도출하는 것이다. 우리는 돌봄이 낮은 사회적 지위와 적은 물질적 보상을 부여받고 있지만 매우 중요한 유형의 노동임을 나타내보였다. 그리고 왜 사랑, 돌봄, 연대가 중요한지 그 논거를 제시했다. 그것들은 인간의 생존과 행복한 삶을 위해 중요하고, 노동을 필요로 하며, 사회적으로 중요한 결과를 가져온다. 돌봄은 본질적으로 관계적이다. 우리가 일차적·이차적·삼차적 돌봄(**그림 2.1**)이라고 부른 세 개의 범주로 구분해 돌봄과 관련된 관계를 분석할 수 있다. 이 범주들을 이용해, 우리는 각기 다른 종류의 돌봄이 그 전형적인 특징에서 상당히 다르다고 말했다(**표 2.1**). 특히 일차적 돌봄 또는 사랑노동이 일반적으로 이차적·삼차적 돌봄노동보다 훨씬 더 친밀하고 오래 지속되며 몰입도가 높고 까다로운 일이라고 주장했다. 사랑노동의 특수성은 중요한 사회적·정치적 함의를 지닌다. 모든 돌봄을 시장으로 넘기려는 신자유주의 기획은 돌봄의 감정적 관여와 수익성 논리 사이에 자리한 긴장을 도외시한다. 돌봄의 낮은 지위와 높은 수요는 돌봄 명령자와 돌봄 제공자 간의 사회적 차별을 만들어내는데, 이는 여성 억압과 계급관계, 민족관계 및 국제 이주에도 깊이 연루되어 있다. 양질의 돌봄은 몇 가지 충분한 자원을 필요로 한다. 이 점과 관련해서 정동영역의 불평등이 다른 사회적 체계들의 불평등과 어떻게 연관되는지를 해명했다. 그리고 사랑노동의 비상품성에 관한 논의로 이 장을 마무리했다.

  이 장의 논의들은 광범위한 문헌에 기초했다. 이 책의 나머지 부분에서 다룰 연구에서 나온 자료도 어쩔 수 없이 사용했지만, 그 자료를 사용한 목적은 연구결과를 세세하게 살펴보는 것이 아니라 전반적 방향성을 제시하는 것이었다. 3~10장에서는 돌봄노동의 제반 이슈에 대해 알아보고, 특히 일차적 돌봄에 관해 훨씬 더 깊이 살펴볼 것이다. 11장에서는 큰 그림으로 돌아가 이 연구들의 폭넓은 시사점을 논의할 것이다.

# *3*

# 사랑노동: 돌봄 합리성과 관계적 정체성

캐슬린 린치 · 모린 라이언스

이 장은 노동에 대한 학계의 전통적인 해석과 돌봄노동이 주변화되는 이유를 간략히 검토하면서 시작한다. 그리고는 왜 돌봄이 노동의 일종인지 그 이유를 서술한다. 이어서 돌봄 수행자와 수혜자를 심층 인터뷰한 30건의 돌봄대화(서문 및 부록 참조)에 의거해, 돌봄 수행자가 일차적 돌봄관계를 어떻게 이해하고 있는지를 그 관계의 유지와 발전을 위해 수행하는 사랑노동의 관점에서 묘사한다. 이 장의 후반부에서는 상품화 이슈에 초점을 두고 일차적 돌봄 수행자가 왜, 어떻게 자신이 수행하는 돌봄노동의 대안으로서 유료 돌봄을 거부하는지를 보여준다. 돌봄 합리성이 경제적 합리성보다 우선하는 점들을 약술하고, 돌봄 수행자로서의 관계적 정체성이 어떻게 삶의 우선순위를 정하는 데 중심적인 역할을 하는지 보여준다.

## 노동이란 무엇인가?

학문적 용어로 노동을 정의하려는 시도는 철학과 사회학 전통에서 다양하게 나타난다(Pettinger et al., 2005). 유물론 전통에서는 노동을 경제적으로 생산적인 일과 동일시한다. 즉, 인류 역사의 '진보'에 기여하는 일로 정의한다(마르크스의 저작이 대표적이다). 현상학 전통에서는 노동을 개인의 수양 및 자아완성과 동일시하며, 경제적으로 생산적인 것보다 개인적으로 생산적인 것에 무게를 둔다(헤르베르트 마르쿠제Herbert Marcuse와 쇠렌 키에르케고르Søren Kierkegaard의 사유가 대표적이다)(Gürtler, 2005). 이들 전통 가운데 어디에서도, 돌봄노동 또는 돌봄에 의한 인간 종의 재생산을 사회적으로 가치 있는 일로 정의하지 않는다.

주류 사회학과 경제학의 분석은 노동의 목적(경제적 수익이든 자아실현이든)보다 임금의 높고 낮음에 더 관심을 갖는다. 산업사회학과 고전파 경제학에서 노동은, 전통적으로 유급인가 무급인가라는 점에서 개념화되고 각각 공적 영역과 사적 영역에 대응하는 것으로 간주되었다(Pahl, 1988). 이런 관점은 노동이라는 유급고용을 위한 '진정한' 노동이거나 무급의 가사노동이라고 보는 결과를 가져왔다. 이러한 이분법은 돌봄노동은 물론이고 자원봉사, 공동체, 활동가 노동 등도 무시한다(Glucksmann, 1995; Taylor, 2004).

1980년대와 1990년대 내내 페미니즘 학자들이 전 분과학문에 걸쳐 노동에 대한 고전적인 관점에 도전했으며, 학계에서 돌봄을 노동의 일종으로 인식하는 흐름이 커졌다(Folbre, 1995; Glucksmann, 1995). 페미니스트들은 주류 직업 내에서 감정노동이 하는 역할을 부각시켜 감정이라는 '사적' 세계를 공적 영역으로 옮겨놓았을 뿐 아니라(Hochschild, 1983), 가사노동과 돌봄노동은 비록 무급이라도 진정한 노동임을 논증했다(Beechey, 1987; Feldberg et al., 1979; Finch and Groves, 1983; Delphy and Leonard, 1992). 그들은 돌봄이 인간의 요구를 만족시키며, 식별할 수 있고, 결과를 의도하고, 복잡한 능력을 사용하고, 시간과 노력을 필요로 하고, 종종 도전과 스트레스를 수반한다는 점에서 다른 종류의 노동과 다르지 않음을 보여주었다.

이러한 성취가 이루어졌지만, 유급노동과 돌봄노동 간의 충돌, 돌봄에서의 불평등한 성별분업, 돌봄노동 지원에서의 국가역할 등에 관한 정책논쟁에는 그리고 대중적 담론("아내는 일하십니까?" 등)에는 여전히 이를 부정하는 지난날의 잔재가 남아 있다(Gürtler, 2005; Harrington Meyer, 2000; Kittay, 1999; Pillinger, 2000; Williams, 2001). 돌봄의 여러 측면 가운데서 계약에 의해 제공할 수 있는 것과 없는 것에 대한 이해 또한 거의 없다(Lewis and Giullari, 2005). 상품화할 수 있는 이차적 돌봄노동과 상품화할 수 없는 사랑노동 간의 차이점도 아주 조금만 이해할 뿐이다. 마찬가지로 돌봄을 지배하는 돌봄 합리성과 삶의 다른 영역에서 쓰이는 경제적 합리성 간의 차이를 다루는 경험적 연구도 거의 이루어지지 않았다. 이 장과 이어지는 장들의 목적은 이러한 부족함을 채우는 것이다.

## 왜 돌봄노동은 주변화되는가?

돌봄노동의 주변화는 부분적으로, 사회에 존재하는 돌봄과 사랑에 대한 양가감정에서 발생한다. 사랑은 감상적이고, 성애적이며, 단어 자체가 인간관계에서 나타나는 사소함과 진부함을 뜻할 정도로 상업화되었다(hooks, 2000). 특히 사랑이 성애화되면서 쾌락과 욕망, 찰나적이고 우연적이며 덧없는 무언가를 연상시키는 용어가 되고 말았다. 돌봄은 사랑처럼 하찮게 되지는 않았지만, 사적이고 개인적인 관심사로 여겨지며 고도로 여성화된 낮은 지위의 활동임은 분명하다(2장 참조).

몰아성selflessness과 자기희생의 규칙이 지배하는 (특히 여성의) 도덕적 의무로 돌봄을 정의하는 전통적인 여성다운(페미니즘에 반하는) 돌봄 윤리에 대한 공중의 맹종 때문에 돌봄을 노동으로 명명하는 것을 주저하게 된다(Gilligan, 1995). 철저히 가부장적인 법체계에서 돌봄은 일자리가 아닌 '의무'로 정의된다(가정에서 여성 역할을 '의무'로 규정하는 아일랜드 헌법 제41조 2.1, 2.2가 그 예다). 전통적인 성역할 이해가 우리의 욕구 형성에 미치는 영향을 감안하면(Butler, 1993, 1999), 그것이 사회적으로 유익한 노동은 무엇이지에 대한 공중의 이해를 형성하는 것도 놀라운 일은 아니다.

돌봄은 사적인 문제고 개인적인 일이지 노동의 일종이 아니라는 가정은, 시민성에 대한 지배적인 개념과도 연관된다. 서구 민주주의에서 이상화된 시민은 돌보는 사람이 아니다. 공적인 시민은 주로 시장경제에서 소비하고 선택하는 합리적 경제행위자로 가정된다(Duncan and Edwards, 1997; Lewis, 2003; Lister, 2001; Sevenhuijsen, 2000, Tronto, 2001). 이러한 시민 모형에 대한 맹종은 전혀 새로운 것이 아니다. 이는 서구 정치사상에 깊이 뿌리박고 있다(Fraser, 1997; Held, 1999; Lynch et al., 2007).

오늘날 돌봄이 노동의 일종으로 인정되지 않는 상황은, 경제적 생산성이 인간다움의 척도로 통용되는 현실에 비춰보면 설명이 되긴 하지만, 신자유주의 시대에 끝없는 소비가 여가의 주된 목적으로 찬미되는 세태에서도 연유한다(Harvey, 2005). 소비의 가능성이 무한하다고 끊임없이 광고되는 세계에 산다는 것은, 집단정신collective psyche 속에 '충분히 가졌다'는 사회적 의식이 거의 없음을 뜻한다. 언제나 더 가져야 할 것, 더 사야할 제품, 더 가야할 휴가, 더 큰 자동차와 집 등이 있다. 사랑, 돌봄, 연대의 노동에 특유한 '타인중심성'은 개인의 소유물, 권력, 지위가 우선시되는 문화적 상황에서 심각하게 억눌려 있다.

돌봄이 노동으로 인정되지 않는 또 다른 이유로 여성이 무급(그리고 유급) 돌봄노동의 거의 대부분을 담당하는 점을 들 수 있는데, 이는 동서고금을 막론하고 의심할 여지가 없다(Bettio and Platenga, 2004; Daly, 2001; Ehrenreich and Hochschild, 2003; Finch and Groves, 1983; Folbre, 1994; Hochschild, 1989, 1997; McKie et al., 2002; Strazdins and Broom, 2004). 여성성은 남성성보다 열등한 범주이기 때문에, 여성성을 연상시키는 것(여기서는 돌봄노동)도 열등한 것으로 규정된다(Millett, 1969).

계약에 의해 제공되는 경우에도 돌봄노동은 저임금에, 제도적으로 보호되지 않고, 불안정하며, 착취적이다(Ehrenreich and Hochschild, 2003; Standing, 2001; Tronto, 2002). 대부분의 돌봄노동은 인간의 배설물까지 처리해야 하는 궂은일이기도 하며, 이는 돌봄노동이 더욱더 낮은 지위에 놓이는 원인이 된다

(Hughes et al., 2005).

돌봄노동의 낮은 지위는 착취의 악순환을 만들어낸다. 갈수록 더 많은 가사노동자가 빈곤층과 이주민 여성 중에서 나오고 있다(Bettio et al., 2006; Daly, 2001; Harrington Meyer, 2000). 가족 성원들이 장기간에 걸쳐 의존도가 높은 가족을 위해 돌봄노동을 하는 경우에는, 종종 적절한 지원이나 '휴식보호서비스 respite service'를 받지 못하면서 개인적으로 많은 희생을 치르곤 한다. 이러한 상황은 돌봄노동의 주변적이고 보잘것없는 지위를 더욱 고착시킨다(Brody and Saperstein, 2004; MacDonald et al., 2005).


## 노동으로서의 돌봄

돌봄은 한 명 이상의 신체적·사회적·심리적·정서적 요구와 발달상의 요구를 보살피는 노동으로 대략 정의할 수 있다.[1] 돌봄은 다른 노동과 마찬가지로 언어와 사고를 포함하지만, 다른 노동과 달리 타인의 개별적 요구를 충족하기 위해 그들을 공감적으로 이해해야 한다(Bubeck, 1995: 29).

인류는 돌봄이라는 노동 없이는 하나의 종種으로 존속하지 못한다. 영아기에 인간은 오랜 기간 다른 사람에게 의존한다. 기대수명이 늘어나면서 사람들은 노령 때문에라도 의존상태에 이르며, 그들 중 일부는 다른 사람의 돌봄에 크게 의존하게 된다. 중증 지적장애인 역시 삶의 대부분을 다른 사람의 돌봄에 크게 의존할 것이다(그리고 돌봄 수행자가 자기에게 의존하는 사람보다 먼저 죽을 확률이 크다면, 실질적인 경제적 대비책을 포함해 장래의 돌봄 계획을 마련해야 한

---

1   돌봄이란 '남에게 의지하지 않을 수 없는 타인을 위한 노동'이라고 정의되기도 하지만 (Tronto, 2002), 이는 스스로 할 수 있는 일과 스스로 할 수 없는 일의 경계를 쉽게 획정할 수 없기 때문에 문제가 있는 개념화다. 때때로 타인에게 애정이나 호의를 보여주는 것은 그들이 (신체적 또는 정신적 의미에서) 당연히 할 수 있는 일을 하는 것이다. 그들의 일을 덜어주는 것은, 본질적으로 일종의 돌봄인 감사, 염려, 호의의 표현일 수 있다.

다). 더욱이 병들거나 건강이 나빠졌을 때, 모든 인간은 의존하게 된다. 인간의 행복한 삶은 의존도가 높아진 때의 돌봄은 물론이고, 서로에게 이로움을 주는 상호의존적인 돌봄에도 의지한다. 상호의존적 돌봄은 친교, 친밀한 관계, 이웃활동, 직장 내 협력관계, 지역적·국제적 차원의 인류연대 활동에서 나타난다.

돌봄은 확정되고 의도된 성과를 낸다는 의미에서도 노동이다. 사랑과 돌봄은 전반적인 건강과 행복한 삶에 크게 기여한다. 사랑과 돌봄은 남들이 원하고 인정한다는 느낌과 일체감을 주며, 또한 자기가 쓸모 있고 필요한 사람이라는 느낌을 갖게 한다(교육에서 돌봄의 영향에 관한 연구는 Cohen, 2006 참조). 사랑, 돌봄, 연대의 이로움을 부정하는 사람은 눈에 띄게 감정이 메마르고 정신이 피폐한 경우가 많다(10장 참조).

돌봄은, 그것을 잘하기 위해서 적성과 능력, 학습을 필요로 한다는 점에서도 노동이다. 시간과 노력을 들여야 하며, 대부분의 비돌봄노동에는 요구되지 않는 감정 차원의 배려와 반응성도 요구된다. 그리고 돌봄노동에는 돌봄 수혜자를 실망시킬 수도 있다는 우려에서 기인하는 스트레스까지 수반된다(Standing, 2001: 18; Tronto, 1993: 127~134).

돌봄관계에서 가장 눈에 보이지 않는 것이 돌봄관계에서 가장 보편적인 것이다. 즉, 사실상 인류는 대부분 생활에서 어떤 형태로든 돌봄에 관여되어 있다. 높은 의존성과 관련된 돌봄노동은 그 수요와 성과에서 눈에 띄지만(어린아이, 아픈 사람), 다른 종류의 돌봄노동은 눈에 잘 띄지 않는다. 하지만 그 영향은 실재한다. 친구나 배우자가 서로에게 주는 상호 돌봄은 흔히 인생에 의미와 목적을 부여한다(O'Connor, 1998; Roseneil, 2004). 직장동료의 돌봄, 이웃의 돌봄, 그리고 납세, 기부, 자원봉사를 통해 개인적으로는 모르는 사람에게 기꺼이 재정적·물질적으로 공헌하는 연대의 활동이 국가질서와 세계질서에 광범위한 연대의 동심원(아니면 연대의 결핍)을 창출한다. 따라서 돌봄의 동심원에서 어느 지점에 관여하는가, 얼마나 많은 곳에 관여하는가, 어떻게 다른 사람의 돌봄 동심원의 일부가 되는가라는 면에서 사람들을 구조상에 위치할 수 있다(2장 참조).

돌봄노동은 돌봄 차원이 강하지만 돌봄이 유일한 목적은 아닌, 교육과 간호 같은 다른 종류의 인적서비스 노동과 구별된다. 돌봄은 교육에서도 중심이 되지만 주로 학습할 수 있게 해주는 과정으로서 그러하며, 마찬가지로 간호에서도 일반적으로 건강 회복을 위한 수단이다(단, 말기 환자 간병은 예외적으로 순수한 돌봄 과제다). 돌봄노동은 여객기, 상점, 식당에서의 시중들기 같이 성격상 순전히 상업적인 인적서비스 노동과도 구별된다. 이 경우에도 어느 정도 개인별 배려가 요구되지만, 주된 목적은 돌보는 것이 아니라 제품을 팔거나 상업적 수익을 얻기 위해 서비스를 제공하는 것이다(Hochschild, 1983).

우리의 돌봄관계를 돌봄 수준 관점에서 동물 등 환경세계에 이입해볼 수 있다. 우리는 일부 동물, 특히 애완동물이나 반려동물과 밀접한 관계를 맺고 있다. 그리고 다른 동물, 즉 우리에게 유익하기 때문에 그들이 살아 있는 동안에 애정을 쏟고 돌보는 동물(소, 돼지, 양 같은 가축)과는 일종의 이차적 관계를 맺는다. 또 다른 동물(멸종 위기 종)은 돌보지만 관계를 맺지 않으며, 어떤 동물(야생 쥐, 목양牧羊지역의 여우 등)은 위협적이거나 해로운 동물로 여겨지기 때문에 아예 돌봄 궤도 안에 두지 않는다.


## 노동으로서의 돌봄과 사랑에 관한 대화

광범위한 돌봄 수행자와 돌봄대화(세부사항 부록 참조)를 나누면서 일차적 돌봄관계에 대해 많은 이야기를 들을 수 있었는데, 거기에는 돌봄에 관한 갖가지 메시지들이 엮여 있었다. 돌봄은 즐거움, 재미, 그리고 가끔은 기쁨으로 여겨졌지만, 다른 경우에는 혹독하고 고되며 때로는 감당하기 힘든 노동으로 간주되었다. 돌봄은 노동이라는 것을 부정하는 사람이, 대화를 나누던 중에 어느 순간 돌봄은 노동이라고 말하기도 했다. 돌봄이 노동이라고 말했던 사람은 종종 즐거운 일이라고 말했다. 어떤 사람은 그들의 돌봄 세계에 관해 유창

하게 말했지만, 어머니가 되겠다고 의식적으로 결단한 두 명의 레즈비언 커플을 포함한 대부분의 여성들과 다른 이들은 자신의 감정을 표현하는 단어를 찾는 데 어려움을 겪었다. 일부 남성들(특히 세 아이의 아버지인 숀, 어머니와 삼촌을 돌보는 토니, 두 아이의 아버지인 알렉스)은 그런 이슈에 대해 전혀 생각해보지 않았다고 말했다. 그들은 성찰이나 분석 없이 그저 해야 할 일을 했을 뿐이었다.

돌봄 수행자들과의 대화는, 수행자들에게 이차적 돌봄 책임에 대해서도 물어보긴 했지만, 주로 그들의 일차적 돌봄관계에 초점을 맞추었다. 그리고 상시 돌봄 수행자가 아닌 성인도 인터뷰했다. 의존적인 성인이나 아동에 대한 일차적 돌봄을 수행하는 사람들은, 그들의 일차적 돌봄 책임을 삶의 중심 과제로 여기는 것이 분명했다. 그들의 돌봄 정체성은 그들이 누구인지 규정했으며, 그 정체성에는 각양각색의 타인중심 노동이 포함되었다. 그들의 이야기는 또한 돌봄에 대한 담론이라는 특징을 갖고 있는데, 아이를 돌보는 경우에는 현재의 행복과 미래 보장에 초점을 두었으며, 성인과 노인을 돌보는 경우에는 안락함/존재감에 대한 소망과 욕구를 존중하는 데 초점을 두었다. 감정노동(경청과 관심 보이기)과 도덕적 헌신(믿을 수 있고 듬직한)은 물론이고, 정신노동(상당히 많은 계획을 포함함), 육체노동(부축하기, 쓰다듬기, 주무르기 같이 몸을 쓰는 일과 요리, 세탁 같은 일도 포함하는 실제적인 과제 수행), 인지노동(돌봄을 어떻게 하는지 아는 능력 사용)에 대해 이야기했다(2장의 표 2.1 참조). 사랑노동으로서의 일차적 돌봄은 다면적인 노력의 결합체였으며, 감각의 전부를 투입했을 뿐만 아니라, 도덕적으로 속박된 실천과 사고의 복잡한 연동 과정에 전심전력을 다하기도 했다.

## 성인에 대한 사랑노동

### 죄책감 그리고 돌봄에 대한 도덕적 명령

노령의 혈육이나 특수한 돌봄 요구를 가진 성인 자녀를 오랜 기간 돌보아온 사람들이 돌봄을 노동으로 간주할 가능성이 가장 많았다. 하지만 친밀한 타인을 위한 돌봄노동은 몇 가지 점에서 다른 종류의 노동과 뚜렷하게 달랐다. 그것은 무엇이 적절하고 질 좋은 돌봄이냐에 관한 도덕적 명령에 따르는, 감정이 깊이 실린 노동이었다. 확실한 것은 없었다. 자신이 도덕적 인간이라는 의식은 돌봄 수행자로서의 정체성과 굳게 연계되어 있었다.

발레리는 병으로 정상적인 생활을 못하게 된 양친을 돌보기 위해 상당히 유망한 직장을 포기한 여성이다. 그녀는 인터뷰 당시 7년 동안이나 부모를 위해 희생하고 부모를 돌봐왔는데, 돌봄은 고된 노동이고 많은 계획, 전문 지식, 육체노동을 필요로 한다는 생각이 확고했다.

> 그건 누가 뭐래도 노동이지. 가끔은 정말 힘겨워요! 제 말은 아픈 사람 두 명을 건사하는 건 군사작전 하는 거 같다는 거예요. 환기시키라 하시고, 기저귀 달라 하시고, 깨끗한 속옷을 달라고 하시고…… 주스나 음료, 처방약 등도 마찬가지고요. 제 말은, 계획을 세워둬야 한다는 거예요. 그 계획 가운데 하나라도 놓치면 전체 시스템이 그냥 붕괴되는 겁니다. 아시겠어요? _발레리, 독신, 양친을 종일 돌봄.

사람들이 자신의 기본적인 요구를 스스로 돌볼 수 없을 때 돌봄노동은 혹독하기까지 했다.

> 글쎄 기본적으로 하루 24시간, 일주일에 7일. 제 말은, 줄곧 대기해야…… 그들을 떠날 수가 없어요. 여기에 마냥 있어야 하는 거죠. 그건 정말 괴로워요. 그래서 나는 한숨 돌릴 수 있는 일주일을 고대하고 있어요. 그 주에 가능한 한 많은 일을 몰아서 할 거예요. 그러니까 집에서 나와서 여기저기 돌아다닐 겁니다. _발레리, 독신, 양친을 종일 돌봄.

발레리는 그녀의 부모 같이 연로한 사람을 돌보다 보면, 답도 없는 커다란 도덕적 딜레마에 빠지게 된다고 느꼈다. 그녀는 부모를 돌보는 일에 자신의 인생을 빼앗긴다는 점을 당혹스러워했다. 그러나 그녀의 형제자매들(아무도 아일랜드에 살지 않음)이 부모를 돌봄시설에 모시자고 제안했음에도, 부모가 마음 상하고 고통 받을 거라고 느꼈기 때문에 (그녀의 가족은 시설에 모실 정도로 여유가 있지만) 그렇게 할 수는 없었다. 그녀가 부모를 위해 하는 노동은 기술적으로는 다른 사람이 대신 할 수 있겠지만, 부모들이 이제 막 그녀의 돌봄에 익숙해져서 관계 면에서는 그렇지 않았다.

> 모든 사람의 인생 하나하나가 각자에게 중요하다고 생각해요. 정말로 누구도 고통 받아서는 안 된다고 봅니다. 답이 없어요. …… 처음부터 돌봄시설에 들어가셨다면 다소 쉬웠을 거라고 생각하지만, 그걸 지금 하라고요?(그건 선택지가 아니라는 태도를 보였다) _발레리, 독신, 양친을 종일 돌봄.

그녀는 육체적인 부담 때문에라도 언제까지나 부모를 돌볼 수는 없다는 사실을 알고 있었다.

> 시간이 흐르면…… 내가 그 일을 할 수 없을 때가 올 것이고, 저는 그걸 받아들이게 되겠죠. _발레리, 독신, 양친을 종일 돌봄.

돌봄은 육체적으로 부담이 될 뿐 아니라, 도덕적으로도 거부하기 어렵게 사람들의 감정을 사로잡았다. 발레리는 부모를 떠나 그녀의 일자리로 돌아가면 느끼게 될 죄책감과 걱정 때문에 몹시 괴로워했다.

> 책임은 자기한테 있다는 거 아시죠? 떠나고 나면, 아마 돌봄시설에 들어가시겠죠. 둘 중 한 분이 돌아가시면, 그땐 양심에 걸릴 겁니다. 떠나지 않았더라면 그런 일이 생기지 않았을 거라는 느낌이 들지 않겠어요? 진퇴양난 같은 거예요. …… 남아 있어도 저주스럽고 떠나도 지옥에 떨어질 거라는 생각이 들어요. 지금껏 낙관적으로만 생각해왔나 봐요. 숲을 보면 나무를 볼 수 없어요. 정말 모르겠어요! _발

레리, 독신, 양친을 종일 돌봄.

노라는 이혼녀이고, 신체장애가 있는 성인 아들을 돌보고 있었다. 그녀 역시 돌봄을 노동이라고 보았다.

제게 돌봄이란 전일제 직업이에요. 그런데 실제로는 다른 전일제 직업보다 더 오래 일해요. 아침 9시에 나가서 저녁 6시까지 일하는 그런 전일제는, 집으로 돌아갈 수 있고 그걸로 하루 근무는 끝나는 거예요. 돌보는 사람은, 저녁 6시에 근무가 끝나지 않아요. 모든 게 제대로 안 되면 12시까지도 일을 계속해야 해요. _노라, 이혼, 성인 아들을 종일 돌봄.

토니는 어머니를 모시고 살며, 인근에 사는 거동이 불편한 삼촌도 돌보고 있었다. 말수가 적은 사내인 토니는 돌봄을 노동이라고 생각했으며, 발레리처럼 그로서는 선택의 여지가 없는 노동이라고 간주했다.

그건 노동이에요. 해야 한다면 해야 합니다. _토니, 독신, 어머니와 삼촌을 종일 돌봄.

톰은 걸을 수 없는 아버지를 돌보고 있었는데, 그 역시 한정 없는 형태이긴 하지만 돌봄을 노동이라고 보았다. 한정 없기 때문에 다른 누군가가 할 것이라고 생각하지 않았다.

어떻게 가치를 매길 수 있겠어요? 가치를 매길 수 없고 계량화할 수도 없어요. 만일 누군가를 불러온다면, 그리고 세 명이 한 조가 되어 8시간 일하게 한다면, 그들은 8시간 일하고 집으로 돌아가겠죠. 물론 대가를 받고 말이죠. 돌보는 사람이 하루에 8시간만 일할 수 있나요? 쉴 짬도 안 나요. _톰, 독신, 아버지를 종일 돌봄.

톰과 토니는 사람을 써서 각자의 부모를 전일제로 돌보게 할 만큼 충분한 소득을 올리진 못했지만, 그들의 혈육을 공립 돌봄시설에 맡기는 대안이 있음을 알고 있었다. 다음에 논의하겠지만, 그들은 이 대안을 그들의 부모가 좋아할 만한 선택지로 생각하지 않았고 그래서 고려하지 않았다. 특히 톰은 아버지가 그에게서 받은 양질의 돌봄을 다른 곳에서도 받을 수 있다는 사실을 믿지 않았다. 발레리처럼 그도 돌봄에 관해 죄책감을 많이 느꼈다.

> 돌봄을 하다 보면 많은 죄책감이 든다는 것을 아마 알아챌 거예요. 돌봄과 죄책감은 동행해요. "더 잘해드릴 수 있었는데", "달아날 수 없어", "내가 가버리면 누가 보살피지?" 등등. 집에 아기가 있는 거 같아요. 아기를 다른 누군가에게 맡기진 않을 겁니다. 그렇게 하면 곧 죄책감을 느끼게 되죠. 돌보는 일이 바로 그래요. _톰, 독신, 아버지를 종일 돌봄.

## 돌봄의 기쁨

성인을 돌보는 사람 모두가 돌봄을 노동으로 보지는 않는다. 돌봄을 노동으로 보는 사람도 때로는 돌봄에 기쁜 순간이 있음을 인정한다. 지적장애가 있는 성인 자녀를 돌보는 두 어머니는 돌봄이 노동이라는 데 동의하지 않았다. 세라는 주말에만 다 큰 딸을 돌보는데, 그녀의 딸은 월요일에서 금요일까지 돌봄시설에서 지냈다. 그녀의 남편은 뇌졸중으로 쓰러진 후 실직해서 딸을 돌보는 데는 더 이상 도움이 되지 않았고, 오히려 세라의 돌봄을 필요로 하는 처지였다.

> 딸을 보살피는 건 잡일이 아니에요. 길에 쓰러진 여자를 보살피는 거라면 다르겠지만, 딸을 보살필 수 있는 건 특혜입니다. _세라, 존과 결혼, 딸과 남편을 시간제로 돌봄.

메리는 남편과 사별했으며, 신체장애와 지적장애가 있는 다 큰 아들을 종일 돌보고 있었다. 그녀는 돌봄이 힘겨운 일이지만 유급노동과 같지는 않다고 보았다.

> 그건(돌봄) 솔직히 말해서 노동이 아닙니다. 흔히 말하는 그런 돌봄 역할은 아니에요. 훨씬 즐겁게 할 수 있는 일이죠. …… 그래요. 아들이 있다는 건 아주 좋은 일이에요. 저는 전혀 잡일이라고 보지 않습니다. _메리, 남편과 사별, 성인 아들을 종일 돌봄.

톰은 일차적 돌봄에 포함된 모순된 감정과 그에 수반되는 서로 사랑한다는 느낌을 명확하게 표현했다.

> 가끔은 제 머리를 쥐어뜯죠. 그럴 때는 그가 보물을 내놓곤 합니다. 그와 씨름하며 고된 하루를 마치고 나면 더 참을 수 없게 되거든요. "톰." "아빠 왜요?" "사랑한다." 그걸로 모든 게 가라앉죠. 그는 영어에서 가장 사랑스러운 세 단어를 직접 말합니다. "나는 너를 사랑한다." 그리고 그렇게 하시죠. _톰, 독신, 아버지를 종일 돌봄.

톰과의 대화에서도 그의 정체성이 좋은 돌봄 수행자라는 것과 단단히 엮여 있음을 볼 수 있다.

> 나는 살아 있나요? 저는 이렇게 대답하죠. "아빠를 돌보며 살고 있어요. 그를 보살피는 게 제 인생의 목적입니다." 진부한 말이지만, 그를 보살피는 건 특혜고 기쁨이에요. _톰, 독신, 아버지를 종일 돌봄.

## 어린 아이에 대한 사랑노동

어린 아이에 대한 돌봄 책임을 지고 있는 사람들은 돌봄을 노동으로 보는 경향이 덜한데, 그들은 돌봄에는 기쁜 순간이 많다고 언급했다. 그럼에도 가끔씩 돌봄에 대해 거의 모순되는 진술이 나타났다. 마음에서 우러난 경우에는 돌봄을 노동으로 보지 않았지만, 아프거나 지쳤을 때는 더 힘겨워했다.

…… 그건 노동이에요. 확실히 노동입니다. 실제로 가끔은 매우 고단한 일이라고 말하고 싶습니다. 때로는 기쁨이지만 때로는 압박을 받는 그런 노동이죠. …… 그러니까 작년 어느 때는 그들이(그녀의 두 아이) 한 주간 동시에 아팠는데, 그건 노동이었어요. 일주일 동안 온종일 힘겹게 돌보다가 마침내 탈진해버렸어요. 결국 노동이라고 느꼈죠. 하지만 그건 어쩌다 있는 일입니다. 어쨌든 상호적이고, 공유된 것이며, 실제로 노동이라고 생각하지는 않아요. _제인, 질의 파트너, 두 아이를 일차적으로 돌봄.

엘리자베스는 어린 두 아이를 양육하고 있었다. 그녀 역시 돌봄이 가끔은 노동이지만 늘 그렇지는 않다고 생각했다.

저는 노동일 수 있다고 봐요. 돌봄에 수반되는 많은 일처럼, 아이들을 학교에 데려다 주고 옷을 입혀줘야 한다면 노동이 있는 겁니다. 그래요…… 생각하건대 노동이어야 할 때가 있죠. 귀가했을 때나 주말에 그저 TV만 보고 싶은, 정말 아무것도 하고 싶지 않을 때도 있는 거고요. …… 그래요. 때로는 노동이에요. 아이들이 필요로 하는 걸 결정해야 하고 또 그대로 해야 하는 거죠. 그런데 대부분의 시간은 그렇지 않아요. 대부분의 시간은 아이들과 함께하면서 기쁨을 느끼죠. 그리고 모든 일이 경이로워요. 하지만 때로는 아프거나 지긋지긋할 수도 있어요. 하지만 또 내 아이들이니까 그 일을 해야만 해요. _엘리자베스, 누알라의 파트너, 초등학생 두 명을 이차적으로 돌봄.

도널은 배우자인 제럴딘과 함께 취학 전 아동을  양육하는데, 돌봄이 노동인지 아닌지에 관해서는 양면적인 태도를 보였다.

음, 그럴 수도 있고 아닐 수도 있고. 아침 6시 반에는 노동이지만(웃음), 저녁 6시에는 노동이 아니에요. 그러니까, 그래. 정말로 둘 다 맞아요! …… 행복한 마음으로 딸을 돌볼 때 그래요. 하지만 가끔은 그 애가 잠들기만 해도 행복해져요(웃음)! _도널, 제럴딘과 결혼, 미취학 아동 한 명을 공동으로 돌봄.

특수교육을 필요로 하는 아이를 둔 부모의 일과 그렇지 않은 아이를 양육하는 일을 비교해볼 수 있었는데, 소요되는 시간과 배려 면에서 그들의 부담이 크다고 보았다.  지적장애인 아이 한 명을 포함한 두 아이의 아버지인 알렉스는 다음과 같이 설명한다.

저는 틀림없이 노동이라고 생각해요. 고된 일이죠, 확실히 노엘의 경우에는 캐시에게 들어가는 것에 추가로 요구되는 돌봄이 있어요. 노엘하고 일할 때, 음, 일하는 게 아니고, 같이 놀아주고, 이야기해주고, 어디를 데려가고 할 때도 아주 많은 의식적인 결정과 집중이 요구됩니다. 그가 요구하는 것을 의식하고, 캐시에게처럼 단지 말하는 게 아니라 메시지가 전달되게 하는 것…… 그건 거의…… 지적장애가 있는 아이를 둔 거 같아요. …… 첫째 아이를 다시 가진 거 같아요. 아무것도 모르며 반복해서 배우게 되겠죠. …… 둘째 아이가 첫째와 같다면, 똑같은 일을 그냥 해내기만 하면 되는데 말이죠. 그렇잖아요. 그런데 우리 둘째 아이는 그렇지 않아요. 노엘은 별난 요구를 하고 우리는 끊임없이 배우고 있어요. 그게 노동이에요. 아주 고된 일이죠. _알렉스, 데브라와 결혼, 초등학생 한 명과 미취학 아동 한 명을 이차적으로 돌봄.

그렇지만 알렉스는 자신이 돌봄을 노동이라고 부르는 것은 옳지 않다고 생각했다.

그래요. 아마 아주 고된 노동이라고는 말하는 건 부적절할 거예요. 틀림없이 만족시키기(노엘을 돌보는 일이) 때문이죠. 그러나 캐시가 네 살이었을 때 우리가 그녀에게 쏟아부었던 것과 다르긴 해요. _알렉스, 데브라와 결혼, 초등학생 한 명과 미취학 아동 한명을 이차적으로 돌봄.

폴러는 더 일반적으로 가족 울타리 밖에서의 육아가 고된 노동이라고 믿고 있었다. 그녀는 자신이 다니는 직장의 어린이집에서 일할 사람을 채용할 때 겪었던 어려움에 대해 말했다.

…… 그러나 사람들은 더 이상 육아일을 원하지 않아요. 고된 노동으로 보기 때문이죠. 여자들은 어린이집에 가서 일하기보다는 차라리 청소일을 하려고 해요. 솔직한 거죠. 저 역시 육아일은 하고 싶지 않아요. 식구들 뒷바라지와 뭐 그런 걸 하는 데서 제가 하는 많은 일이 아이들 중심으로 돌아가긴 하지만 말이에요. 그건 고된 노동인지만 힘 있는 사람들은 고된 노동으로 인정하지 않아요. 그 일이 되어가는 걸 그냥 당연한 일로 여기기 때문이죠. _폴러, 이혼, 청소년 자녀 한 명과 성인 자녀 세 명을 일차적으로 돌봄.

전반적으로, 어린 아이를 둔 부모들과 나눈 대화에서는 성인을 돌보는 사람들이 자주 표현하지 않았던 희망과 열정이 엿보였다. 아이들은 성장하고 발달하기 때문에 돌봄노동은 미래에 긍정적인 무언가를 창조하는 일로 간주되었다. 부모들은 아이들이 자라는 것을 보면서 즐거워했다.

아이가 자라는 걸 볼 수만 있어도, 하루하루 새로운 게 있어요. 더 정확히 말해, 매우 단순한 것일 수 있지만, 예를 들어 무언가를 한다는 거죠. 다른 날엔 하지 못했던 걸 어느 날 하는 거예요. 정말로 진가를 느끼고 음미하는 거 같은 아주 작은 일들을 말이죠! _도닐, 제럴딘과 결혼, 미취학 아동 한명을 공동으로 돌봄.

부모들은 아이들의 성취를 지켜보면서 이렇게 말하기도 한다.

자녀를 낳고 기르고 그들이 성장해가는 다양한 단계를 모두 보는 건 오히려 하나의 성취예요. 도전과 작은 이정표, 그밖에 모든 것들. 그러니까 걷고 말하고 학교 다니기 시작하는 그런 것들을 하도록 만드는 일. 어디나 극복할 수 없는 도전은 많아요. 확실히 직장이 그래요. 제가 전에 다녔던 직장 어디서나, 음 제 경력 전부가 그랬는지는 잘 모르겠어요. 아무튼 어디서나 그런 종류의 도전을 이겨내기는 정말 어려워요. _알렉스, 데브라와 결혼, 초등학생 한 명과 취학 전 아동 한 명을 이차적으로 돌봄.

그리고 부모들은 아이들과 함께하면서 다음과 같이 느낀다.

자신을 흔히 말하는 그런 돌봄 수행자로 여기지는 않겠죠. …… 아이들을 사랑하고 그들에게서 넘치는 사랑과 기쁨을 느끼는 건 대단한 일이에요. _클로다, 숀과 결혼, 초등학생 자녀 세 명을 공동으로 돌봄.

## 헌신으로서의 사랑노동

숀은 서부 아일랜드 출신의 아버지다. 그는 자녀들 돌보는 데 적극적으로 관여했으며, 그 자신과 아내는 자녀를 돌보는 일에서는 평등한 배우자라고 여겼다. 그는 아이들 돌보는 일이 노동인지에 관해 생각해본 적이 없다고 주장했다.

숀: 아이들 돌보는 게 노동인가요? 아니에요. 아닙니다. 그건 확실하게 '아니에요'.
모린: 그럼, 어떻다고 말씀하시려고요?
숀: 아이들 돌보는 거 말이죠? 글쎄, 그에 관해 많이 생각해보지 않았어요. 당신이 해봐요. 저는 말하지 않겠어요. 저는 전혀 문제를 느끼지 않았어요. 어때야 하는지 당신이 말해 봐요. 당신에게 정말 솔직히 말하는데, 그에 관해 생각조차

하지 않았어요. _숀, 클로다와 결혼, 초등학생 자녀 세 명을 공동으로 돌봄.

하지만 그는 세 어린 자녀를 돌보는 데 많은 과제가 수반된다고 시인했다.

저녁에 귀가해 식사를 준비할 때처럼 다른 일에 온전히 시간을 낼 수 없어요. 숙제를 다 하고 잠자리에 들도록 준비시키려면 9시나 10시쯤 되어야 해요. 그때쯤에는 절대 스스로 잠자리에 들려고 하지 않아요. 그리고 아침 일찍 집을 나서요. 피로가 풀리지도 않은 채 말이죠. 그래도 해야 하는 일을 계속할 뿐이에요. _숀, 클로다와 결혼, 초등학생 자녀 세 명을 공동으로 돌봄.

그의 아내 클로다는 돌봄을 그녀가 유급으로 일하는 것과 비슷하다는 의미에서 노동이라고 보지 않았다. 그녀는 돌봄이란 좀 더 복잡한 의미에서의 헌신이자 사랑하는 마음에서 하는 일이며, 보수를 바라고 하는 노동과 동일시할 수 없다고 보았다.

그건 고되죠. 그러나 노동은 아니에요. 그건 당신이 매일 출근해서 하는 것과 같은 그런 노동이 아니죠. 그건 중요한 거, 당신이 할 요량이 없더라도…… 제 말은, 그건 당신 인생의 일부라는 거죠! 무슨 말인가 하면, 누군가가 아침에 내 일자리가 없어졌다고 나에게 말하더라도, 나는 가서 다른 일자리를 구할 거예요. 그렇게 되면 좋은 거죠! 그러나 누군가 아침에 내 아이를 돌봐서는 안 된다고 말하거나 아이를 갖지 못했거나 아이들에게 무슨 일이 생긴다면, 나는 비명을 지를 거고 몸과 마음이 허물어질 겁니다. 정말 그건 노동이 아니에요! 그건 가족이고…… 헌신입니다! 자연스러운, 그 자리에 있는, 쉬운 일이라고는 말할 수 없는, 그런 헌신이에요. 아이들에게 고함지르거나 야단치지 않는 것은 아니에요. 그들 중 한 녀석이 자기들에게 야단쳤기 때문에 나를 미워한다고 말할 수야 있겠죠. 그래도 나는 그들과 함께 있을 겁니다. 그건 (노동이) 아니에요. …… 고된 일이긴 하죠. …… 그러나 그건 사랑하는 마음에서 하는 일이고, 당신이 제 말을 이해한다면, 그래서 노동이 아닌 거예요. _클로다, 손과 결혼, 초등학생 자녀 세 명을 공동으로 돌봄.

우리와 자녀에 관해 돌봄대화를 나눈 사람들 대부분이 돌봄을 노동이라 명명하는 데서 양면적이었다. 비자발적이고(마음이 내키지 않는데 해야 할 때), 피곤하고(더 자고 싶은 아침 6시에 아이를 보살피거나, 직장에서 힘들고 긴 하루를 보낸 후에 누군가를 배려해야 해서), 쉴 틈 없고(휴식 없이, 하루 24시간, 1년 365일 돌봐야 해서), 부담이 큰(자기가 가지고 있지 않은 자원이나 시간과 정력을 필요로 할 때, 아이가 아플 때 등) 경우에 돌봄이 노동으로 여겨졌다. 마음에서 우러나고, 환영받고, 돌봄과 사랑이 호혜적이고, 다른 사람이 존중하는 경우에는 노동으로 여겨지지 않았다.

돌봄을 노동으로 여기기도 하고 동시에 아니라고 보기도 하지만, 돌봄은 몇몇 중요한 점에서 다른 종류의 노동과 다르다. 돌봄은 개인에 대한 감정적·도덕적 관여와 헌신을 수반하는데, 여기에는 시간이 명시되거나 과제가 한정되지 않는다. 사랑노동에 따르는 즐거움과 기쁨, 두려움과 근심은 돌봄 수행자와 돌봄 수혜자 간의 관계에서 빠지지 않는다. 실제로 관계의 성격이 돌봄 수행자(또한 돌봄 수혜자)가 경험한 기쁨의 수준 또는 두려움/근심/죄책감의 수준을 크게 좌우했다. 어머니와의 관계가 늘 어려웠던 매브와 자기 부모와 좋은 관계를 유지했던 톰, 토니, 피어스는 극명한 대조를 보였다.


## 상품화할 수 있는 것과 없는 것: 돌봄의 양도불가능성

많은 연구문헌은 돌봄을 단일한 실체로 정의하며 그것을 구성요소로 분해하지 않는다. 돌봄 수행자와 돌봄 수혜자 모두의 요구에 공평하게 부응하는 유급 전문가를 기반으로 해서 돌봄을 제공하는 이상적인 돌봄 체제를 고안할 수 있다고 가정한다. 돌봄 문제의 해법은 주로 서비스 제공, 규제, 알맞은 보수의 문제로 이루어져 있다. 돌봄 수행자에 대한 넉넉한 생활 임금이 돌봄노동자와 돌봄 수혜자(많은 사람이 두 범주에 동시에 속한다는 사실을 유념해야 한다)의 존엄을 증진하는 선결조건임은 자명하지만, 우리의 인터뷰 자료에 따르면, 돌봄을 구성요소로 분해하고 아울러 유료로 제공될 수 있는 것과 없는 것을 규명해 각각을 구분할 필요가 있어 보인다.

타인에 대한 감정이 일차적 돌봄관계에서 불가결한 역할을 하는 점을 고려하면, 친밀한 타인을 돌보는 데 수반되는 일의 전부를 고용을 기반으로 제공할 수가 없다. 타인에 대한 감정과 관계의 성격을 외주外注할 수 없기 때문에 더욱 그렇다. 사람들은 우리와 대화하면서, 유료든 지원이든 어린이집에서 또는 휴식보호서비스 기간에 남이 할 수 있는 일(이차적 돌봄노동)과 그럴 수 없는 일(사랑노동)을 구별하고 있었다. 돌봄노동에 관해서도 양도 가능한 것과 양도 불가능한 것을 구별했다. 돌봄의 기술적 측면은 상품화할 수 있겠지만, 헌신하고 오래 잘 알아왔으며 타인중심성이 강한 관계를 조건으로 하는 돌봄의 질은 상품화될 수 없는 것이다. 유료 돌봄을 이용하는 경우에도 제공되는 돌봄의 질을 점검하면서 이차적 돌봄관계를 관리했다. 일차적 돌봄 수행자들은 돌봄에 대한 통제, 기획, 책임 그리고 관계에 고유한 과제는 유급 돌봄노동자에게 맡길 수 없다고 믿었다.

일을 해야 한다는 것뿐 아니라 일에 대한 책임을 저버릴 수 없다는 믿음에서 사랑노동은 이차적 돌봄노동과 다르다. 또 하나의 결정적 차이는 육성 nurturing이 관계에서 차지하는 위치다. 일차적 돌봄을 수행하는 사람들은 돌봄을 받는 아이들에게는 육성하는 역할, 즉 다방면에서 아이들의 발달을 돕는 역할을 하며, 돌봄을 받는 성인에게는 조력하고 공감하는 역할을 한다고 보았다. 그들은 또한 훗날에는 그 역할을 육체적·정신적으로 감당할 수 없다는 점을 인지하면서도 자신이 무한정 돌봄을 수행할 것처럼 여겼다.

사람들은 아동보육과 휴식보호서비스를 포함하는 돌봄지원서비스를 원하긴 하지만, 이를 일차적 돌봄관계를 보완하는 것으로만 간주한다. 성인을 돌봄시설에 보내길 꺼려하는 태도는 무엇보다도 돌봄에 대한 감정의 힘을 잘 보여주는 예다.

## 마지막 돌봄 수단인 시설보호

의존도가 높은 타인 또는 자기에 대한 돌봄이 적절하거나 납득할 만한지에 관한 사람들의 생각에는 분명히 커다란 문화적 편차가 있다. 하지만 자기가 의존하는 경우에는 당연히 모든 사람이 자신이 받는 돌봄의 질에 관심을 가진다(Barry, 1995). 사람들은 자신과 타인을 위해 가능한 한 최선의 돌봄을 원한다. 돌봄이 필요한 사람과 돌봄에 대한 선택지를 알고 있는 사람은, 돌봄의 질은 물론이고 타인에게 '부담이 되지 않는' 점에도 유의한다. 부담스럽다고 정의되는 것은 좋은 돌봄의 개념 자체가 그렇듯이 문화마다 다르다(Barry, 1995).

시설보호의 질이라는 이슈는 결코 아일랜드에 국한된 것이 아니지만(Toynbee, 2007), 아일랜드에서 시설보호는 훌륭한 역사를 가지고 있지 않다(Fahy, 1999; McDonnell, 2007). 역사적으로 아이들은 돌봐줄 의지나 능력이 있는 어른과 함께 하지 못할 때는 '보호시설'에 보내졌다. 한편 늙고 병들거나 심한 장애가 있는 사람들을 위한 시설은, 19세기 내내 돌봄 장소라기보다는 수용 장소로서 만들어졌다. 이런 문화적 배경 때문에, 돌봄노동이 아무리 힘들어도 시설보호는 특별히 장기간의 돌봄 요구를 지닌 사람들을 위한 최후의 수단으로 여겨졌다. 고도로 의존적인 사람들의 취약성과, 특히 시설에서는 그들이 자신의 삶을 통제하지 못한다는 점이 성인이나 취약한 아이를 돌보는 사람에게는 두렵게 느껴졌다.

시설보호에 대한 이런 두려움은 개인적 경험에 근거를 두고 있는데, 이런 점을 몇몇 사례에서 확인할 수 있다. 노라는 신체장애를 가진 성인 아들 한 명과 신체장애는 물론이고 정신질환으로 고통 받는 다른 성인 두 명을 70 평생 돌보았다. 그녀는 다양한 돌봄시설에서 일해왔으며, 그녀의 가족들을 어떤 시설에도 보내지 않겠다는 생각이 확고했다.

······ 자기 삶에 대해 아무 힘도 없고, 그저 하나의 사물이에요. 도구일 뿐이죠. 부축되어 한구석에 앉혀지고, 그런 거죠. ······ 그들의 삶은 다른 누군가의 책임이 아니에요. 자기 거예요. 그리고 왜 그들을 낯선 사람에게 보냅니까? 저는 그게 온

당치 않다고 생각해요. _노라, 별거 중, 성인 아들을 종일 돌봄.

노라는 자신의 노년이 임박했음을 잘 알고 있었다. 그녀는 요양원에서 일한 경험 때문에 아는 바가 있어서, 자신을 시설보호에 의탁하지 않겠다는 생각 또한 확고했다.

…… 저는 버텼어요. 가족들에게 말했죠. 기어 다닐지언정 아무에게도 짐이 되고 싶지 않다고 말입니다. 그냥 저를…… 어느 구석에 놔두기만 해도, 저는 할 수 있는 한, 살아있는 한, 좋아하는 일을 할 겁니다. 저는 시설에서 지내고 싶지 않아요. …… 그걸 원치 않아요. …… 너무 많은 걸 보았기 때문이죠! 우리는 인적이 끊긴 곳에 위치한 외딴 농가로 나간 적이 있어요. 늙은 할멈(원문대로)이 구석에 화톳불을 피우고 대단히 행복하게 앉아 있었어요. 낡은 파이프로 담배를 피우면서 말이죠. 그녀는 정말로 행복해 했어요. 우리는 억지로 그녀를 데리고 나와서는 구급차에 태우고 읍내 요양원에 데려왔습니다. 우리는 그녀를 바닥 한가운데 양철 욕조에 집어넣고 목욕을 시켰어요. 옷을 홀딱 벗기고, 머리를 깎고, 박박 문질러 때를 벗기고, 그리곤 하얀 잠옷으로 갈아입혀 하얀 시트의 침대에 뉘었어요. 나는 그녀가 죽었기를 바랐어요. 그녀가 살던 곳에 그대로 놔둘 수도 있던 거예요. 누군가 방문해서 따뜻한 음식을 먹게 해주고 청소도 좀 해주고 그리곤 그녀를 거기에 남겨두는 거죠. _노라, 별거, 성인 아들을 종일 돌봄.

데브라와 알렉스는 어린 자녀 둘을 두었는데, 한 아이가 지적장애를 가지고 있다. 그 아들은 네 살 밖에 되지 않았지만, 그들은 아이가 장차 보호시설에 보내질 상황을 가장 두려워했다.

제가 노엘을 위해 원하든 원하지 않든 가장 큰, 저의 가장 큰 걱정은 그를 시설에 보내길 원하지 않는다는 거죠. …… 거주시설, 그러니까 제 말은, 예컨대 그의 나이가 50이 되어서도 매일 저녁 8시에 파자마를 입고 있어야 한다는…… 그러니까 만일 그가 아프면 직원들은 여전히 그를 주간보호센터로 보내겠죠. 소소한 개인적인 일이 많아요. …… 게다가 시설은 시설일 뿐이라고 생각해요. 다시 말해 시설이라는 말은, 맞아요, 무슨 말인가 하면 그건 예전에도 그랬지만 앞으로도 거창한 말에 지나지 않는다는 거죠. 시설은 아무리 멋지더라도 달라질 게 없고 어느 정도 무익하기도 해요. _데브라, 알렉스와 결혼, 미취학 아동 한 명과 초등학생 한 명을 일차적으로 돌봄.

데브라와 알렉스는 노엘이 나이 들어서 비교적 독립적으로 살 수 있을 때 그와 공유할 집을 구하려고 계획하고 있었다.

음, 네 그리고 재정적으로, 그러니까 머릿속에서 순간 떠오른 제 생각은 우리가 더 나이 들었을 때 2층 집을 살 여유가 있으면 좋겠다는 거예요. 그러니까, 노엘이 혼자 힘으로 살아갈 만큼 독립적이지 않다면, 하지만 아내나 여자친구가 있고, 그들이 살아갈 방도가 있다면, 노엘을 위해 합칠 수 있다는 거죠. 그리고 우리가 죽을 때, 노엘이 몇몇 사람들과 함께 살도록 허용하는 조건의 신탁 방식에 의거해, 지역사회 시설로서 (NGO 명의로 또는) 누군가에게 집을 남겨줄 수도 있잖아요. 그런 종류의 일을 아시죠? _데브라, 알렉스와 결혼, 미취학 아동 한 명과 초등학생 한 명을 일차적으로 돌봄.

아니타는 지적장애를 가진 딸 베스를 집에서 돌보았다. 베스는 주 5일을 주간보호센터에 다녔고 나머지 시간에는 집에서 지냈다. 아니타는 딸을 입주보호시설에 맡기려고 두 차례 시도했지만 딸이 어디에서도 정착하지 못해 2년간 노력하다가 그만두었다. 아니타는 베스가 갔던 첫 번째 시설을 긍정적으로 보기는 했지만, 어째서 딸이 1년 만에 그곳에서 뛰쳐나왔는지 전혀 이해하지 못했다. 아니타는 시설보호에 아주 회의적이었는데, 홍보할 때 보여준 모습이 실제가 아니었기 때문이다. 그녀는 영국에서 살았을 때 베스가 갔던 두 번째 시설을 다음과 같이 말했다.

결코 약속했던 것처럼 좋지 않았어요. 그렇게 돌아가지 않았죠. …… 사실상 그건 재앙이었어요. 아름다운 집이었지만 일처리가 아주 엉망이었고 베스가 갔을 때는 입소자가 여섯 명뿐이었어요. …… 우리는 그저 문제만 떠안았어요. 우울증 치료 제를 보내줬고…… 그 애는 우리가 오기를 기다리며 창밖을 바라보면서 시간을 보내곤 했어요. 좋을 수가 없죠. 그 애가 지내기에는 완전히 잘못된 장소였어요. _ 아니타, 별거, 성인 딸을 종일 돌봄.

발레리는 그녀의 부모를 돌보는 일이 매우 힘겨운 과제라는 것을 알게 되었 지만, 집에서 부모를 모시고 시설보호에 맡기지 않았다는 사실 자체를 일종의 성취로 여겼다.

…… 마지막 7년을 시설에서 보내시지 않았다는 사실이에요. 언제 돌아봐도 최선 을 다했노라고 말할 수 있어요. 저는 확실히 그랬어요! 희망을 가지고! 그들이 시 설에 간다면, 잘되든 잘못되든, 그걸 감수해야 할 겁니다. 그렇게 할 수 있다는 건 제 스타일이 아니라고 생각해요. 정말로 그게 전부에요. _발레리, 독신, 양친을 종 일 돌봄.

누군가를, 특히 신체장애나 지적장애가 있는 아이 또는 취약한 부모나 배우 자를 가까이 둔 상황에서, 시설보호는 마지막 수단이라고 여겨졌다. 돌봄 수 행자들은 돌봄 수혜자가 시설에 들어가길 원하지 않는다는 사실을 잘 알고 있 었고, 이 점이 의사결정에 영향을 미쳤다.

저는 그걸(돌봄) 해야 해요. 다른 어떤 방법도 알지 못해요. 그게 그거죠. 그렇게 하거나 아니면 어떤, 그러니까 그들이 가기를 원하지 않는 어떤 장소에 억지로 집 어넣는 수밖에 없어요. 또는 그들이 가는 걸 제가 원하지 않을 수도 있어요, 솔직 히 말해 아니에요. 그건 대단한 해결책이 아닙니다. _멜라니, 피터와 결혼, 남편과 성인 자녀 세 명을 종일 돌봄.

멜라니 등은 취약한 사람을 제대로 돌보기 위해서는, 그들을 잘 알고 그들의 모든 요구를 돌보고 싶은 마음이 있어야 한다고 믿었다.

제가 보기에는 그래요. 오직 저 같은, 그들의 엄마 같은, 피터에 관해 말하면 그의 아내 같은 누군가가 있어야 해요. 오직 그들의 요구를 돌보고 싶을 만큼 충분히 의지가 있는 누군가 말이죠. 그럼요. 누가 제가 하는 것처럼 그들을 이해한 적이 있습니까? _멜라니, 피터와 결혼, 남편과 성인 자녀 세 명을 종일 돌봄.

장기간의 시설보호에 대한 노라의 두려움은, 특이한 신체장애를 가진 자신의 아이가 보호시설에 들어가서는 안 된다는 단호한 생각으로 이어졌다.

자, 저는 지금껏 아이를 시설보호에 맡기는 걸 바라지 않았어요. 그래서 로리에게 자기 스스로 모든 걸 하라고 가르쳤어요. 지역에 그를 위한 시설이 있다는 걸 들었기 때문이죠. 결국 시설에 가지 않게 하려고, 내 눈에 흙이 들어가기 전에는 안 된다고 말했어요. _노라, 별거, 성인 아들을 종일 돌봄.

대부분의 돌봄 수행자는 그들에게 필요한 것은 지금보다 넉넉한 재정적 지원이라고 주장했다.

아동수당은 조롱이에요. 창피할 뿐이죠. 껌 값이고요. 정말 유감입니다. 적어도 한부모들에겐, 아이가 하나만 있더라도 아동수당을 올려줘야 해요. 아동수당을 더 많이 줘야 합니다. 부모에게 재정지원을 할 수 없다면, 홀로 된 부모와 함께 있더라도 아이에게 지원을 하면 된다고 생각해요. 지금 시행하고 있는 건 공정하지 않아요. _ 리자이나, 이혼, 청소년 자녀를 일차적으로 돌봄.

돌봄 서비스, 특히 휴식보호서비스에 대한 더 나은 접근 기회도 그들의 주된 우선사항이었다. 아니타는 남편과 별거한 상태에서 지적장애가 있는 성인 자녀를 돌보고 있는데, 딸에 대한 휴식보호서비스가 어떻게 수차례나 취소되었는지 설명했다. 휴식보호 돌봄은 조직하기도 매우 어려웠고 언제나 이용할 수 있는 것도 아니었다.

휴식보호센터에 전화를 건 그날은 무엇보다도 모든 자동응답기가 고장이었어요. 몇 주 동안 그랬어요. 그래서 메시지를 남길 수 없었죠. 저는 계속 전화를 했지만 아무도 받지 않았어요. 결국에는 사회복지사와 연락이 닿았는데, 그녀는 빈번하게 외근을 해서 그렇게 연결된 것도 행운이었습니다. 저는 그녀에게 상황을 말했고…… 그녀는 "아니타, 나는 별로 기대하지 않아요", 저는 "실러, 나는 아이를 돌볼 수 없어요"라고 말했어요. 제가 구하고 있었던 건(휴식보호서비스) 제 딸을 데려가서 밥 해주고 목욕시키고 잠잘 때 집에 데려다주는 거예요. 그래서 저는 실제로 보건소의 장애인 책임자(미스터 X)에게 연락했어요. 그렇게 한 건 그의 휴대전화 번호를 갖고 있었기 때문이기도 했고…… 저 역시 지역의 (특수 장애 상담) 그룹의 일원이고 X를 회의에서 몇 번 봤기 때문이었어요. 그래서 그의 휴대전화 번호를 알게 된 거고, 절망에 빠져 그에게 전화를 걸어 상황을 말했던 거예요. 그는 어쩔 줄 몰라, "아니타, 다시 전화 하겠습니다"라고 했어요. 그리곤 저에게 전화를 걸어 "당신을 위해 일할 여자가 둘 있는데, 둘 중 한 사람이 돕도록 하면 어때요?" 라고 해서, "그들은 이미 이번 주 시간을 다 채웠어요"라고 대답했죠. …… 그날 밤 휴식보호센터는 열지도 않았던 거고 우리는 나중에야 그걸 알았어요. _아니타, 별거, 성인 딸을 일차적으로 돌봄.

사람들은 그들이 받을 권리가 있는 서비스를 받기 위해서는 싸워야 한다고 느끼고 있었다. 이는 굴욕적이고 진 빠지는 일이며 돌봄의 스트레스를 가중시켰다.

…… 싸워야 할 겁니다. 그럼요. 그렇지 않으면 얻을 수 없기 때문에 항상 끊임없이 구해야만 해요. …… 자신에게 달렸어요. 얻기 위해서는 싸워야 해요. 언제나

처음부터 난처한 입장과 맞서 싸워야 합니다. _메리, 남편과 사별, 성인 아들을 종일 돌봄.

## 무엇이 양도 불가능한가?

인터뷰한 사람들은 다른 사람도 신체장애나 지적장애가 있는 자녀나 매우 의존적인 혈육을 육체적으로 돌볼 수 있다는 사실을 의심하지 않지만, 그러한 돌봄은 대상자에게 헌신하는 사람이 줄 수 있는 것과 전혀 다른 종류의 돌봄이라고 믿고 있었다. 그들이 양도 불가능하다고 본 것은 관계의 질이었다.

아시다시피, 하루 여덟 시간씩 일주일에 5일 정도만 같이 있는 사람과 똑같은 관계를 갖게 되지는 않아요. 그래서 저는 삶의 질이 똑같다고 생각하지 않습니다. _데브라, 알렉스와 결혼, 초등학생 한 명과 취학 전 아동 한 명을 일차적으로 돌봄.

어느 누구도 어머니와 다른 가족들이 하는 생각이나 돌봄을 똑같이 하지는 않을 거예요. 하여간 일반적으로 그렇게들 한다고 생각해요. 가족이 아닌 사람 중에서 특이한 돌봄 수행자를 만날 수도 있겠지만, 그건 정말 흔치 않은 예외일 겁니다. _멜라니, 피터와 결혼, 남편과 성인 자녀 세 명을 일차적으로 돌봄.

발레리는 언제까지나 부모를 집에서 모실 수는 없다는 것을 알았지만, 보호시설에서는 그들의 자유와 독립성이 위축될 것이라는 점도 알고 있었다.

최근에야 그럴 수 없지만, 그들도 한때는 나다니고 마실 다니고 그랬죠. 그들이 전일제 돌봄에 적응하는 건 매우 어려울 겁니다. _발레리, 독신, 양친을 종일 돌봄.

## 방임에 대한 두려움과 신뢰

어린 자녀를 둔 부모를 포함해 돌봄 수행자들이 가장 걱정하는 이슈 가운데 하나가 신뢰였다. 피어스는 연로한 혈육을 돌보는 사람을 여럿 알고 있었는데, 가정 바깥에서 이루어지는 노인 돌봄의 질에 대해 매우 회의적이었다. 그가 보기에는 돌봄의 질뿐만 아니라 취약한 사람이 갖는 방임에 대한 두려움도 문젯거리였다.

저는 그런 곳을 모두 조사했어요. (병원과 요양원을) 조사했기 때문에 제가 지금 말하는 것은 진실이에요. …… 세인트존스에 있을 당시에 저는 병원에서 어떤 사람을 알았어요. 그는 병석에 누워 있고 침대에다 오줌을 싸고 그랬는데 적절한 보살핌을 받지 못했죠. …… 그리고 사람들(친척)이 그를 다시 집으로 데려갈 겁니다. _피어스, 독신, 어머니를 일차적으로 돌봄.

신뢰할 수 있는 사람이나 장소, 아이를 안심하고 맡길 수 있는 사람은 다른 무엇보다 중요한 부모들의 관심사였다(Vincent and Ball, 2001). 여성은 남성보다 이런 근심을 더 분명히 표명했는데, 자녀양육 방식을 협상하는 사람은 일반적으로 여성이기 때문이었다.

누군가 이용했던 아동돌보미childminder 같은, 누군가의 이름을 알아내는 문제일 뿐이에요. …… 아동돌보미로서 어떤지, 그러니까 추천의 말 한마디 듣는 그런 문제죠. 저에게 추천의 말을 해준 여자 분은 그녀의 아이를 그 사람에게 맡겼던 적이 있어요. 저는 고작 6개월이나 1년 정도를 말하는 게 아니에요. 어쩌면 아이들이 나이 먹을 때까지 봐주었을 누군가에 관해 말하는 겁니다. 그건 운에 맡기거나 위험을 무릅쓸 문제가 아니었어요. 제가 알기로 얼리샤는 안심이 될 겁니다. _클로다, 손과 결혼, 초등학생 자녀 세 명을 공동으로 돌봄.

클로다는 재정적인 이유로 마지못해 재취업했는데, 아동돌보미에게 맡겨서 되도록이면 '집home' 같은 환경을 만들어주고픈 소망을 말했다. 그녀가 아이들에게 바란 것은 다음과 같았다.

······ 가족 같은 환경에, 그러니까, 어린이집이 아닌 상태에 놓여 있는 것. 그들(아이)이 해야 한다고 생각하기 때문에, 제 말은(멈춤), 그녀를 위해 작은 일들을 해야 하고 또 그 일들을 하지 말아야 한다고 해도 그녀는 아이들이 작은 일을 하거나 심지어(멈춤), 잡동사니를 치워주길 기대할 거라고 생각해요. 그러니까 어느 정도는 가정을 복제하는 것과 같은 거죠. _클로다, 숀과 결혼, 초등학생 자녀 세 명을 공동으로 돌봄.

모린: 아이들이 아동돌보미 곁에서 정말로 잠을 푹 자거나 앓아누울 수 있나요? 그럴 수 있어요?

클로다: 예, 그럴 수 있어요. 그리고 아이들은 익숙해 하고 편하게 여겨요. _클로다, 숀과 결혼, 초등학생 자녀 세 명을 공동으로 돌봄.

우리가 인터뷰한 어린 자녀를 둔 부모들은 그 누구도 유아기부터 단 하나의 자녀양육 방식을 고수하지는 않았다. 모두가 일련의 방식을 가지고 있었다. 캐시의 경험은 특이한 사례가 아니다. 그녀와의 인터뷰는 사람들이 보육기관에 대해 가지고 있는 불안과 위험의식을 부각시켰으며, 특히 여성에게는 돌봄과 유급노동을 함께 해나가야 하는 데서 오는 딜레마가 있음을 잘 드러냈다.

······ 부모들, 특히 새내기 부모들을 몹시 속상하게 하는 일이 어린이집에서 몇 번 발생했기 때문에 저는 아주 혼란스러웠어요. 무슨 말인가 하면 자격 없는 직원, 그러니까 정말 좋은 방식을 찾았다고 생각했는데, 뭐랄까 흐트러지기 시작했어요. 그게 알려진 만큼 그렇게 좋지는 않다는 걸 깨달았죠. ······ 매우 고통스러워하는 아이, 음, 급식이 썩 좋지 않았고, 잘못된 복용량에 따라 약을 주고 있었고, 그러니까 정말로 집에서 긴장하지 않을 수 없게 하는 그런····· 하지만 다행히도 우리는 한발 물러서서 보기로 결정했어요. 저는 상황을 정리하려고 몇 주간 휴가를 받았어요. 그리고는 애써서 무언가를 찾았죠. 확실한 아동돌보미를 구하려고 정말 오래 힘들게 찾아봤어요. 이번에도 아니면 조부모에게 맡긴다, 그리고 둘째

아이 가질 때까지는 계속한다고 결정한 거죠. _캐시, 마이클과 결혼, 취학 전 아동 두 명을 공동으로 돌봄.

캐시와 마이클은 유료 아동돌보미를 택하기로 결정했으며, 캐시가 최선의 사람을 찾기 위해 필요한 모든 기본적인 작업을 했다.

…… 추천인들을 만나고…… 그건 실제로, 음, 일종의 입소문 추천을 접한다면 그건 정말로 많은 걸 나타내죠. _캐시, 마이클과 결혼, 미취학 아동 두 명을 공동으로 돌봄.

결국에는 캐시가 직장을 옮겨서 집 근처에서 일을 했다. 그래서 그녀는 지역의 보육기관을 이용할 수 있었다. 새로운 방식은 남편과 그녀가 그들의 자녀를 돌보는 데 더 큰 역할을 할 수 있게 해주었다.

어린 자녀를 위한 유료보육기관이나 성인을 위한 시설보호를 이용하는 데 상존하는 불안은 부분적으로 이런 형태의 돌봄에 대한 신뢰가 부족한 데서 비롯된다. 그리고 그러한 불안은 돌봄 수행자가 공식적인 자격을 갖고 있을 때조차 취약한 성인과 아동에 대한 개인적 돌봄personal care을 관찰하기 어려운 데서도 기인한다. 낯선 사람에 의한 개인적인 돌봄은 취약한 사람이 관련된 경우에는 위험하다고 여겨진다(Lewis and Meredith, 1988; Twigg and Atkin, 1994). 캐시의 경험이 그 전형적인 예다. 그녀는 공식적인 돌봄 자격증이 질 좋은 돌봄을 보장한다고 생각하지 않는다.

…… 이 세상의 모든 아동보육 자격증이 질 좋은 돌봄을 보장해주진 않을 거라고 생각해요. 개인이 실제로 관심을 두지 않으면 말이죠. 그리고 그게 나에겐 (매우 중요해요) …… 또 많은 사람이 단지 일자리가 많다는 이유로 보육기관에 들어가고 있어요. 그들은 훈련을 받을 거고, 그러고는 아이들과 함께 일하는 태도나 관심을 갖게 되겠죠. 그 점이 굉장히 걱정스러워요. _캐시, 마이클과 결혼, 취학 전

아동 두 명을 공동으로 돌봄.

　친밀한 돌봄을 제공하려면 관계적 지식이 필요하고 그 지식은 긴 시간에 걸쳐 개발된다는 점이 문제를 한층 복잡하게 만든다(Barnes, 2006; Pickard and Glendinning, 2002). 돌봄을 맡아줄 친밀한 사람을 구하는 까닭은, 무엇이 질 좋은 돌봄인가에 관한 낡은 이데올로기에 맹목적으로 충실하기 때문이 아니다. 개인적으로 가까운 사람이 오랜 기간 일상적으로 집중적인 상호작용을 해야 깊이 있는 지식이 생겨나기 때문이다. 돌봄 수행자가 대상자의 요구에 대해 확장된 지식을 가질 것임을 알게 되면 신뢰는 증진된다. 이런 까닭에 일차적 돌봄 또는 사랑노동은 단순히 고용과 해고로써, 즉 시장을 기반으로 공급할 수 있는 서비스가 아니다. 일차적 돌봄관계에는 장기간 관여해야 개발할 수 있는 지식과 신뢰가 포함되어 있다(Ball and Vincent, 2005; Duncan et al., 2004).
　낯선 사람의 돌봄이 친밀한 돌봄과 똑같지 않을 것이라는 두려움은 돌봄 제공자들 사이에 있을 법한 이권利權, 특히 돌봄을 사업으로 계속 영위할 필요성에 대한 두려움에 의해 가중되었다.

　시설의 여자 관리인은 (돌아보니 이제야 알겠어요) 방 하나하나가 돈이라는 걸 잊지 않기 때문에 제 딸을 내보내길 원치 않았던 거예요. 그래서 언제라도 베스가 얼마나 속상해하는지 말해야 했죠. …… (저는 주말마다 그녀를 데려다주곤 했어요. 수요일에는 외출해서 그녀를 시내로 데려가 같이 차를 마시고 스콘을 먹고 쇼핑도 약간 했어요. 주말에는 다시 돌려보내느라 죽을 맛이었는데, 뭔가 대단히 잘못 돌아가고 있던 게 분명합니다.) …… 그러나 여자 관리인은 시종일관 저를 비난했어요. 그녀는 베스를 홀로 남겨두어 진정시키면 괜찮아질 거라는 말만 반복하는 거예요. 하지만…… 그곳은 베스가 머무르기엔 완전히 잘못된 장소였어요.
　_아니타, 별거, 성인 딸을 종일 돌봄.

# 결론

이 장은 노동의 본질과 돌봄노동이 주변화되는 이유에 대한 일반적인 논의로 시작했다. 우리는 돌봄을 사람들이 보수를 받고 수행하는 노동이자 활동으로 보는 주장이 너무 많다고 논했다. 이 장의 대부분을 다양한 돌봄 수행자와 나눈 돌봄대화를 분석하는 데 할애했다. 분석 결과, 모든 돌봄 수행자가 돌봄에 수반된 노동에 대해 말하긴 했지만, 돌봄을 필요로 하는 성인을 책임지는 사람들은 자신의 돌봄을 노동으로 묘사하는 경향이 많았고, 어린아이를 돌보는 사람은 모호한 편이었다. 두 집단의 돌봄 수행자들 모두가 돌봄노동에는 상품화되기 어려운 독특한 특징이 있음을 인정했다. 남에게 보수를 주고 자기가 돌보아왔던 사람과의 사랑하는 관계가 지속되게 해달라고 할 수 없기 때문이기도 하고, 유료 돌봄에서는 질 좋은 돌봄에 필요한 장기적이고 친밀한 돌봄을 기대하기 어렵기 때문이기도 하다. 우리는 이러한 사실들이 돌봄 합리성에 관해 깊이 내재된 진실과 관련이 있다고 결론지었다.

## 노동으로서의 돌봄과 사랑노동의 양도불가능성

돌봄은 때때로 즐겁고 기쁠 수 있지만 많은 경우 노동으로도 여겨진다. 고도로 의존적인 사람을 그리고 오랜 기간 변함없는 배려를 필요로 하는 사람을 돌보는 일은 고된 노동으로 간주된다. 우리의 돌봄대화에서, 돌봄은 취약한 타인의 요구에 대해 개별적이고 헌신적인 질 높은 배려를 제공하고 아이의 발달을 돕는 등 사회적으로 귀중한 성과를 산출하는 노동으로 여겨졌다. 돌봄 수행자들은 보수를 받고 돌봄노동을 하는 경우와 그렇지 않은 경우를 구별했다. 돌봄(사랑노동)에는 관계적으로 통합된 감정적이고 도덕적인 측면들이 신뢰에 바탕을 두고 존재한다. 이런 측면은 단순한 고용과 해고로는 모방할 수 없고 구입할 수도 없다. 그들은 유료 돌봄이 사랑노동을 지탱하는 데 없어서는 안 된다고 간주하면서도(그렇지만 돈과 자원이 몹시 부족하다), 사랑노동을 대체하는 것이라기보다 보완하는 것으로 여겼다.

친밀한 돌봄을 기획하고 통제하는 일이 사랑노동의 핵심 과제로 간주되었다. 일차적 돌봄 수행자들은, 그들이 간혹 해야 했던 24시간 돌봄을 보수를 받고 돌보는 사람에게 기대하는 것이 실현 가능하지도 않고 현실적이지도 않다고 생각했다. 누군가를 위해 시중들고 요리하는 것과 같은 돌봄 과제들을 기술적으로는 양도할 수는 있지만, 관계적으로는 양도할 수는 없다고 여겼다. 남에게 보수를 주고 돌봄 과제를 시키면서 존엄한 돌봄을 바랄 수는 없다. 영속적인 관계에 불가결한 요소인 감정과 헌신은 고용될 수 없는 것이다.

이차적 돌봄노동과 사랑노동을 구분하는 차이점 가운데 하나는 육성의 문제였다. 일차적 돌봄을 수행하는 사람들은 자신이 육성하는 역할, 즉 다방면에서 아이들의 발달을 돕는 역할과 자신의 돌봄을 받는 성인에게 조력하고 공감해주는 역할을 한다고 보았다. 그들은 또한 훗날 육체적으로나 정신적으로 그 역할을 감당할 수 없음을 인지하면서도 그들이 언제까지나 돌볼 수 있을 것이라고 여겼다. 그리고 고급의 유료 돌봄이라면 육성적일 수도 있고 때로는 장기적 관계를 유지할 수도 있다고 인정했지만, 경험을 통해 그럴 가능성이 낮다는 사실을 알고 있었다.

## 관계적 정체성과 돌봄 합리성

돌봄대화의 특기할 만한 메시지 가운데 하나는 돌봄 합리성이 경제적 합리성과 다르다는 것이다. 우리와 대화를 나눈 거의 모든 사람이 우선적으로 사랑하는 사람을 돌보는 일을 하기 위해 상당한, 몇몇은 커다란 경제적 희생과 개인적 희생을 치렀다. 대부분의 일차적 돌봄 수행자가 여성이기 때문에 대부분의 희생을 여성이 치렀다(돌봄의 성별화된 본질에 대한 더 깊은 논의는 5장 참조). 데브라는 두 아이와 더 많은 시간을 보내고 지적장애가 있는 아들을 돌보기 위해 일자리공유 제도를 이용했다. 제럴딘은 저녁 시간에 갓난아기인 딸과 더 많은 시간을 보내려고 조간근무(오전 7시 출근)를 했다. 매브는 어머니를 돌보기 위해 부업으로 하숙생을 두는 일을 포기했다. 캐시는 급료가 적은 일자리로 전직해서 남편과 함께 자녀들과 더 많은 시간을 보낼 수 있었다. 제인은 파트너인 질, 두 아이와 함께 시간을 보내려고 6주간의 무급 여름휴가를 받았다. 톰과 토니는 부모와 병든 삼촌(토니의 경우)을 돌보기 위해 그들의 생계와 사회생활을 희생하면서 엄청난 시간을 바쳤다. 발레리는 돌봄에 전념하기 위해 그녀의 유망한 직장생활을 포기했다.

사람들은 그들의 돌봄노동을 지칭하는 단어를 힘겹게 찾아냈는데, 요구가 많은, 기쁨을 주는, 스트레스 받는, 시간을 많이 소모하는, 재미있는, 당연한, 진 빠지는, 성취감을 주는 등으로 자신의 돌봄노동을 다양하게 묘사했다. 다양한 형태의 돌봄을 명명하는 언어가 부족하다는 사실은 그 자체로 연구과제가 될 수 있다(Uttal, 2002 참조). 거론된 돌봄의 이유는 제각기 달랐지만, 누구에게나 다양한 동기가 있었다. 때때로 의무감이 일차적 돌봄에 관한 이야기의 중심이 되었다. 다른 때는 욕구, 갈망, 열망 같은 표현이 더 많이 언급되었다. 죄책감, 희망, 애정, 책임, 선택의 여지없음 등의 언어도 인터뷰 내내 산발적으로 나타났다. 분명한 점은 돌봄이 일단의 관계에 착근되어 있다는 것인데, 그 관계는 나름의 역사와 미래상을 가지고 있어서 사람들이 살면서 견지하는 목적의식, 가치관 및 정체성에 필수적이다. 돌봄에 대한 책임을 저버리는 것은 (과제의 일부를 다른 사람에게 맡겼다 하더라도) 돌보고 있는 사람을 '원치 않는' 상황에 처하게 하는 것이고 자신을 '돌보지 않는' 사람으로 규정하는 것이다. 사람들은 돌봄 수행자로서 그리고 돌봄 수혜자로서 그들이 누구인지 물을 때 그들의 일차적 돌봄관계가 내장되어 있다고 보았다. 어머니를 돌보는 매브가 그 전형적인 예다. 그녀는 어머니가 매우 까다로워서 돌보는 일이 어렵다는 것을 알게 되었다고 말했지만, 자신이 돌보는 사람이라는 의식을 가지고 있어서 어머니를 보호시설에 두면 깊이 상처받을 것이기 때문에 돌보아야 한다는 의무감을 가졌다(이에 대한 추가적인 논의는 5장 참조).

그래서 돌보는 일은 관련자들의 정체성과 기저에 있는 관계로부터 완전히 떼어낼 수 있는 한 묶음의 별개 과제로 여겨지지 않았다. 이 때문에 돌봄의 일부 측면만이 돌봄 수행자와 돌봄 수혜자 모두의 관계적 정체성을 훼손하지 않으면서 다른 사람에게 맡겨지거나 때로는 고용될 수 있는 것이다. 돌봄은 수행해야 할 일단의 과제에 관한 실천적인 딜레마일 뿐만 아니라, 관계상으로 그 사람이 누구인지 그리고 무엇이 최선의 돌봄인지에 관한 정서적·도덕적 딜레마이기도 하다.

분명히 다양한 돌봄 이유와 시설보호에 대한 저항 이유에는 경제행위자에게서 전형적으로 보이는 것과는 아주 다른 특성이 있다. 하지만 그 이유들은 이해하기 쉽고 명백하게 합리적이다. 그 이유들은 돌봄 수행자들과 그들이 돌보는 사람과의 관계에 착근되어 있어서, 또한 그런 관계에 비추어 쉽게 이해할 수 있어서 그들이 표현하는 것은 경제행위자의 합리성과 확실히 구별되는 돌봄 합리성이라고 말할 수 있다.

# 4

# 돌봄 없는 시민성?
# 공적 평가절하와 사적 가치인정

캐슬린 린치 · 모린 라이언스

서구 정치사상에 끼친 자유주의 사상의 영향을 감안하면, 공공정책에 관한 주요 논쟁들에서 사랑, 돌봄, 연대의 이슈가 보이지 않는 것은 그리 놀라운 일이 아니다(Baker et al., 2004: 28~29). 돌봄은 사적인 문제이고 엄숙한 정치학 내에 받아들일 주제가 아니라고 규정된다. 그럼에도 대부분의 서구사회에서 국가는 돌봄의 조건을 결정하는 데 중요한 역할을 한다. 국가는 유급노동시간을 규제하고 그리하여 돌봄에 쓸 수 있는 가용시간을 제한한다. 그리고 주택, 교통, 교육 등의 정책을 통해 돌봄을 억제하거나 장려한다. 국가는 부를 재분배함으로써, 또 돌봄 및 연대 서비스를 충당하는 사회적 지출을 통해 현존하는 공적 연대의 수준을 결정한다. 복지 관련 법규의 규제 메커니즘도 돌봄 수행자와 수혜자가 서로에 대해 그리고 사회복지사와 경찰 등 제3자에 대해 가지는 권력과 종속에 영향을 미친다.

돌봄 수행자와 수혜자를 심층 인터뷰한 30건의 돌봄대화(서문 및 부록 참조)에 의거해, 이 장에서는 돌봄 수행자들 모두가 돌봄노동을 하면서 투명인간이 된다고 느끼고 과소평가된다고 여기지만, 이 점과 관련해 중요한 성별 차이가 있음을 보인다. 이 장은 또한 돌봄의 생활세계가 돌봄 수행자 스스로 돌봄의 가치를 주장하는, 그리고 부정적인 낙인을 수동적으로 받기만 하는 공간은 아님을 보여준다. 그들은 돌봄에 부여된 낮은 평가에 강하게 반대한다. 그리고 사랑과 돌봄노동의 존재를 무시하면서도 그 존재를 당연한 것으로 여기는 공적 영역의 가치체계에 이의를 제기한다. 사람들은 경제적 합리성에 문제를 제기하고, 돌봄 합리성이 다른 무엇보다 우위에 있음을 분명히 표현한다.

이 장의 앞부분에서 돌봄노동에 대한 존중이 없는 환경에서 돌봄 수행자들이 느끼는 좌절감을 살펴보고, 마지막 절에서 사적 세계에서는 돌봄의 가치를 인정하고 공공정책에서는 존중하지 않는 모순된 담론을 이해해보도록 하겠다. 돌봄 수행자의 성별화된 정체성이 돌봄노동에 대한 존중을 없애는 데 주요한 역할을 하는 것이 사실이지만(Bubeck, 1995), 막강한 자본주의 사회에서 돌봄 수행자와 수혜자들이 비생산적이고 취약하며 심지어 '낭비가 많다'고 간주되는 것도 사실이고(Hughes et al., 2005), 이상적인 시민 개념이 '돌봄으로 충만한careful' 시민이 아닌 것도 돌봄과 돌봄 수혜자가 제대로 평가받지 못하는 이유가 된다(Lister, 1997). 널리 통용되는 시민성 개념에는 의존성과 상호의존 개념이 결여되어 있는데, 이는 정치에 참여하고 공공의 일에 관여하며 스스로 결정하는 개인이라는 이상을 전제로 하기 때문이다. 돌봄 수혜자들은 정치참여 의미에서 분명히 시민이 아니며, 특히 중증 지적장애가 있는 경우나 노령과 병환으로 의존도가 높은 경우에 그렇다(Lanoix, 2007). 이러한 정치참여적인 시민 개념에서는 돌봄 수행자도 하찮은 존재로 치부되는데, 돌봄노동이 그들의 시간을 지배하고 정치 행동에 참여하지 못하게 하며, 돌봄지원서비스가 없는 경우에는 일자리조차 갖지 못하게 한다. 그러므로 돌봄을 재평가하려면 시민을 상호의존적인 존재로 재개념화할 필요가 있다.

## 돌봄과 사랑노동에 대한 존중 결여

　돌보는 일은 사랑과 돌봄관계에 고유한 것으로 간주되기 때문에, 돌봄대화를 하는 동안 돌봄 수행자들을 괴롭힌 것은 돌봄이 힘들거나 피곤하다는 사실이 아니라, 돌봄지원서비스의 부재와 이 부재가 나타내는 태도였다. 대화가 어느 단계에 이르면서 정치와 공공정책이 돌봄에 가치를 두지 않는다는 데 집중되었다. 대부분의 사람들은 돌봄을 '당연시되거나' 아니면 '형식적인 지원'을 받는 일이라고 보았다. 대부분의 돌봄 수행자가 자신의 비공식적인 사회적 관계망으로부터 필수적인 지원과 지지를 받고는 있지만, 공적인 존중과 가용한 공식 지원이 변변치 않은 것은 별개의 문제였다. 돌봄 수행자가 여자든 남자든, 부부든 한부모든, 조부모든 부모를 돌보는 자녀든, 모두가 똑같이 돌봄에 대한 정치적 존중의 결여를 강하게 느끼고 있었다.

### 돌봄에 대한 존중 결여와 여성

　돌봄을 하게 된 관계적 조건이 성별에 따라 다르겠지만, 이와 무관하게 모두가 자신의 일이 존중받지 못한다고 느꼈다. 일부는 매우 부담스러운 돌봄노동에 대해, 만일 보호시설이나 병원에서 행해진다면 자금을 충분히 지원받을 그런 노동에 대해서 가치인정과 재정적 지원을 받지 못하는 것이 문제라고 여겼다.

　멜라니는 여러 명에 대해 돌봄 책임을 지고 있는데, 아주 적은 자원으로 아주 많은 돌봄을 하라는 기대에 따르는 분노, 좌절, 탈진을 전형적으로 보여주었다. 그녀는 많은 사람이 지적장애를 가진 성인 자녀를 장기요양시설에 보낸다는 사실을 잘 알고 있었다. 그럼에도 그녀는 자신이 보호시설에서 일했고, 또 그곳이 적절한 돌봄 환경이 아니라고 느꼈기 때문에 차마 그렇게 할 수는 없었다. 사회에서 그녀가 하는 일을 인정받는다고 생각하느냐는 질문에, 그녀는 다음과 같이 말했다.

아뇨, 저는 그렇게 생각하지 않아요. …… 글쎄 정부는 틀림없이 안 할 거고……
결국 저는 하고 있고, 모든 돈을 제가 모으고 있는데 정부 사람들은 아직도 제가
좀 더 쉽게 할 수 있도록 만들어줘야 한다는 걸 몰라요. 돈에 대해, 공과금 납부에
대해 걱정하지 않게만 되어도 어쨌든 도움이 되죠. …… 그들은 어딘가에는 지출
을 많이 할 거예요. 제가 하는 일을 알아주지 않는 거 같아요. _멜라니, 피터와 결
혼, 남편과 성인 자녀 세 명을 종일 돌봄.

50대이며 남편과 사별한 메리는 신체장애와 지적장애를 가진 성인 아들을
돌보고 있었다. 그녀는 몇 가지 점에서 아일랜드가 (그녀가 아들과 함께 살았던)
캐나다보다 정부 서비스가 낫다고 생각했지만, '관심을 가지는 척하는 선거철'
을 제외하고는 정치인들이 관심을 가지지 않는다고 믿었다. 연금생활자인 노
라도 비슷한 견해를 가지고 있었다. 그녀는 신체장애를 가진 아들을 일차적으
로 돌보고 있었다. 그리고 정도가 덜하지만 똑같은 신체장애를 가진 두 딸이
근처에 살고 있었는데, 이 중 한 명은 진행성 정신건강 문제도 가지고 있었다.
장관과 정치인들이 멋진 말로 공허한 약속을 하는 것 자체가 돌봄을 존중하지
않음을 보여준다.

그래요. X가 복지부장관이었을 때, (지방 소도시를) 방문한 적이 있어요. 그때 (우
리는) 아시다시피 우리가 받고 있는 돈이 돌봄을 하는 데 충분치 않다고 말했어
요. 하지만 X는 "(내가) 해야 할 모든 걸 검토해보라"라고 말할 뿐이었어요. 그녀
는 더 많이, 그리고 이 모든 걸 이해하려 애썼죠. 하지만 여전히 달라지는 건 없어
요. …… 결국에는 아무것도, 아무것도…… 동정받고, 아주 번지르르하고 듣기 좋
게, 그러니까 모두에게 말을 거는 그런, 당신의 처지를 이해한다고 그리고 동정한
다고. 하지만 아시다시피 그건 썩 좋은 건 아니죠. _노라, 별거, 성인 아들을 종일
돌봄.

네 아이를 둔 이혼모인 폴러는 돌봄을 인정하지 않는 것이 더 일반적이며,

특히 어머니들에 대해서 그렇다고 본다.

어머니라는 것은 어쨌든 이 세상에서 가장 생색 안 나는 거라고 생각해요. ……
특히 아일랜드에서는 문화 전체적으로 그리고 모든 것을 당연한 일로 여기기 때
문이죠. 그건 그냥 그런 식이고, 당연하게 받아들여요. 결국에는 정말 아무도 돌
보는 일을 하지 않게 돼요. …… 저는 사회가 인정하지 않고 정부 역시 인정하지
않는다고 생각해요. _폴러, 이혼, 청소년 자녀 한 명과 성인 자녀 세 명을 일차적
으로 돌봄.

폴러는 그럼에도 돌봄이 평가받지 못하는 것은 여성들이 '자연스럽게' 돌봄
수행자를 자임하기 때문이라고 믿고 있다.

…… 그리고 그건 단지 평가되지 않을 뿐이죠. 당신이 여자라서 기대되는 일이고
그런 일들을 당신이 할 거라고 기대되기 때문이에요. 그리고 우리는 해요. _폴러,
이혼, 청소년 자녀 한 명과 성인 자녀 세 명을 일차적으로 돌봄.

폴러와는 달리, 제인은 돌봄 문제 특히 자녀 보육이 그 자체로 여성의 이슈
라기보다 부모의 이슈라고 보았다. 그녀는 자녀 보육비용에 대해 얼마간 재정
분담이 필요하다고 믿었다.

부모 중 한 사람 또는 둘 다 일하러 나가길 원하고 자녀들을 보육기관에 맡기길 원
한다면, 제 생각엔 그렇게 해줄 필요가 있어요. 세금공제를 해주거나 세금환급을
해줘야 한다고 생각해요. 아니면 매월 보육료를 지원해주든지. 자녀 보육비용에
대한 상당한 재정 분담이나 유의미한 분담을요. 또는 부모 중 한 사람이 집에 있
는 걸 선택할 경우에도 돈을 줘야 한다고 생각해요. 그런 방식으로 사회에 기여하
기 때문이죠. 그들은 집 밖에서 일할 수 있는 기회를 포기한 거예요. 그래서 자녀
보육이 어떤 환경에서 이뤄지더라도, 집에서든 더 공식적인 돌봄이든 그밖에 무

엇이든 실제로 적합한 패키지여야 한다고 생각해요. _제인, 질의 파트너, 두 아이를 일차적으로 돌봄.

제인은 돌봄이 매우 중요하다고 믿지만, 그것이 대체로 당연한 일로 여겨진다고 생각했다.

아주 많이 인정해야 해요. 그 역할의 가치를 여러 면에서 평가해줘야 합니다. 문화해석을 통해서도 말이죠. 그건 반드시 금전적이진 않지만 금전적인 것(보상)은 언제나 대부분의 일이 오래 지속되게 만들어요. 돌봄을 소중한 일로 인정하는 방법이 많이 있죠. 하지만 그건 평가되지 않아요. …… 그냥 주어지고, 그냥 이루어질 뿐이에요. _제인, 질의 파트너, 두 아이를 일차적으로 돌봄.

캐시는 두 아이를 데리고 결혼했으며, 그녀 역시 돌봄이, 특히 취업하길 원하는 여성을 위해 진지하게 다루어지지 않는다고 믿었다.

그들은 언제나 여성들에게 노동시장으로 복귀하라고 얘기한다는 거예요. 그러나 여성들이 그럴 수 있도록 정말 조금도 지원하지 않아요. 그래서 제 말은, 제가 지금 일자리공유제와 아동보육 서비스를 이용할 수 있고, 유연근무시간제와 가족친화적 노동관행이 있다면 엄청 많은 사람이 노동시장으로 되돌아가겠지만, 그런 일은 없고 실제로 권장하지도 않는다는 거죠. _캐시, 마이클과 결혼, 미취학 아동 두 명을 공동으로 돌봄.

우리가 인터뷰한 다른 사람들과 마찬가지로 캐시는 돌봄 수행자, 특히 아프거나 집중적인 돌봄이 필요한 성인을 돌보는 사람들이 낮게 평가된다고 생각할 수밖에 없게 하는 돌봄에 대한 기억과 가족사를 갖고 있었다.

제 말은 저의 가족상황은, 그러니까 아버지를 돌보던 어머니 관점에서 봐야만 한다는 거예요. 그녀는 끔직한 대우를 받았어요. 그녀는 아버지를 집에서 돌보았고 사람들이 그를 시설에 보내는 게 좋다고 여러 번 말했는데, 어머니는 아니라고, 안 된다고, 남편을 집에서 돌보기 위해 지원받기를 원한다고 말했죠. 그러나 그녀는 정말 아주 적은 지원만 받았어요. 그리고 그녀는 국가에 큰돈을 절약시켜주고 있었죠. 그녀는 국가가 할 수 있는 것보다 아버지를 더 잘 돌봤어요. 그러나 국가는 그들의 책임을 받아들일 준비가 안 되어 있었죠. 그런 점에서⋯⋯ 국가는 돌봄 수행자들이 수행하는 일의 가치를 전적으로 인정하지 않았어요. ⋯⋯ 이제야 제 가족을, 그러니까 제 어머니가 받았던 처우를 이해했어요. 그녀는 70세 여자이고 말기 환자인 87세 남자를 종일 돌보고 있던 거예요. 그런데 그녀는 거의 아무 지원도 받지 못했어요. 정말 나빠요. 정말 나쁩니다. _캐시, 마이클과 결혼, 미취학 아동 두 명을 공동으로 돌봄.

## 돌봄에 대한 존중 결여와 남성

일차적 돌봄을 수행하는 남성들은 돌봄이 제대로 평가되지 않는 데 여성만큼이나 단호했다. 톰은 10년 가까이 아버지를 돌봐왔는데(종일 돌봐야 했음), 돌봄이 전혀 인정받지 못한다고 느꼈다. 돌봄 수행자들은 눈에 보이지 않는 사람이었다.

우리는 존재하지 않아요. 선거철에는 늘 우리 머리를 쓰다듬어주죠. ⋯⋯ 아랫사람 대하듯. 우리는 존재하지 않아요. 당신이 꺼리지 않는 한, 그들은 두 손을 움켜쥐고 말할 겁니다. "대단한 일을 해오셨습니다. 이제는 맡겨주세요"라고 말이죠. _톰, 독신, 아버지를 종일 돌봄.

그는 정치인들의 '위선'을, 그리고 돌봄이 필요한 사람을 위한 공공서비스에 재정을 지출해 더 평등한 분배를 이루는 데 실패한 것을 통렬히 비판하기도 했다.

…… 대부분의 사람들(돌봄 수행자)은 그걸 다 거쳤기 때문에 이해합니다. 그러나 정치인들, 특히 정부는 딴 세상에 있는 것만 같아요. …… 빵은 더 균등하게 더 널리 나눌 수 있어요. 이 나라에는 세금을 내지 않는 부자들이 많아요. 사회보험부담금PRSI을 꼬박꼬박 내는 사람은 가난한 노동자예요. 그들은 부가가치세VAT도 뜯기고 있고 일체의 세금도 모두 내고 있어요. 회계사에게 돈을 주고 납세를 회피할 수 있는 억만장자들도 있죠. 그래서 이 나라는 평등하지 않다는 겁니다. …… 저는 국가가 대야 할 비용 수천 유로를 절약하고 있는 거예요. _톰, 독신, 50대, 아버지를 종일 돌봄.

톰은 국가가 돌봄 수행자를 평가절하하는 데 적극적으로 저항했다. 그는 정부의 장관이 텔레비전에 출연해 "돌봄 수행자를 예산으로 뒷바라지하고 있다"라고 말하는 것을 듣고 그에게 보냈던 편지 내용을 간략하게 얘기해주었다. 톰 자신도 신체장애를 가지고 있으면서 돌봄을 수행하는 터라, 그 편지를 읽어줄 때 유난히 화를 냈다.

"저는 장애를 가지고도 1987년부터 온종일 돌봄을 하고 있어요. 아마 당신은 제가 어떻게 예산을 지원받았는지 저에게 설명하실 수 있을 거예요. …… 이 모든 혜택이 돌아왔지만 저는 확실히 받지 못했거든요. 아마 그때마다 잠들었겠죠. …… 애매한 말 빼고 답변을 해주시면 고맙겠습니다." 그러나 저는 당신에게서 애매한 말이 없는 답변을 받는 일이 교황 결혼식에 초대받는 것만큼이나 어려울 거라고 봐요(이 마지막 언급은 편지에는 없었음). _톰, 독신, 아버지를 종일 돌봄.

도널은 한 아이를 키우는 기혼자인데 그 역시 돌봄이 평가받지 못한다고, 특히 아동보육이 그렇다고 느끼고 있었다.

거기에는, 글쎄…… 그냥 정부는 절대 돌봄이나 아동보육에 초점을 두지 않는다고 느껴요. 제 말은, 당신도 들었겠지만 그들이 그걸 원하지 않는다거나 정말 충분히 생각해보지 않았다는 등의 얘기가 있어요. 그러나 그 어떤 것도 아닌 것 같아요. 아이를 키우는 데 전혀 인센티브가 없어요. 그리고 아무런 보상도 없어요. 그건 단지 부모가 해야 한다고 기대되는 일이고 거기에 대해 보상은 일절 없어요. 재정문제, 생활양식, 휴식 등 여러 면에서 그래요. 정말로 그건 주목받는 주제가 아니에요. _도널, 제럴딘과 결혼, 한 명의 취학 전 아동을 공동으로 돌봄.

돌봄 수행자들은 그들에게 부과된 '돌봄 없는 시민성' 모형에 반대하지만, 변화에 그다지 낙관적이지는 않았다. 알렉스는 데브라(당시 취업 중)와 결혼했고 두 아이를 가졌는데, 국가에 대한 좌절감을 이렇게 나타냈다.

그건 특히 나빠요. 하지만 오랫동안 해오던 방식이죠. 저는 그게 미래에 바뀔 거라고 보지 않아요. 제 어머니는 아버지가 돌아가시기 전 11년 동안 그를 집에서 보살폈어요. 그에 대해 국가는 아무런 인정도 해주지 않았어요. 우리에게 아이들이 있는 건 명백하고, 또 노엘은 특수한 요구를 가지고 있잖아요. 그런데 우리가 하는 그 모든 일을 거의 인정해주지 않아요. 당신이 필요한 건 당신이 알아서 구해야 해요. 노엘이 가지고 있는 특수한 요구에 대해 국가의 체계적인 도움은 없어요. 그런데 보통 아이들에 대해서도 체계적인 도움이나 돌봄이라고 할 만한 것이 거의 없어요. 저는 그저 그들이 엄청나게 많은 일을 할 수 있다고 생각할 뿐이에요. _알렉스, 데브라와 결혼, 취학 전 아동 한 명과 초등학생 한 명을 이차적으로 돌봄.

공적으로 돌봄에 낮은 지위가 주어졌다는 점에 대해서는 남성과 여성이 의견을 같이 했지만, 비공식적인 사회적 관계망 속에서 그들이 생각하는 방식에서는 성별 간에 중요한 차이가 있었다. 5장에서 더 깊이 논의하겠지만, 여성들은 기본적 돌봄 수행자로 간주되었다. 즉, 여성이 수행하는 돌봄은 당연한 것으로 여겨졌다. 이와 대조적으로 남성이 돌봄 역할을 떠맡는 것은 예외적이며 칭송할 만하다고 간주되었다. 제럴딘은 이를 다음과 같이 표현했다.

도널은 무엇을 하든 영웅이에요. 그러니까 제 말은, 다른 사람이 보기에 트리샤를 위해 뭔가를 하는 것이…… 친구들 사이에서 또 그런 식의 모든 것에서, 비교하면 똑같지 않죠. 그러니까 그는 그의 또래나 비교할 수 있는 다른 사람을 언제나 능가할 수 있어요. _제럴딘, 도널과 결혼, 취학 전 아동 한 명을 공동으로 돌봄.

## 돌봄에 대한 존중 결여 ─ 한부모

혼자 돌봄을 수행하는 사람들은 돌봄에 대한 지원 서비스가 결여되어서 고립되고 취약하다는 느낌을 받고 있었다. 어린 자녀를 둔 한부모는 '쪼그라드는 세상'에 살고 있었다. 그들은 육아에 돈을 쓸 여유가 없는데도 적정 생활수준을 유지하기 위해 취업을 해야 했다. 시간제 일자리를 얻는 것도 언제나 대안이 될 수는 없었는데, 특히 자녀를 돌보기 위한 유연성이나 고용주가 항상 허용하지는 않는 유연성이 필요하기 때문이었다. 아이가 학교에 다니더라도, (여러 경우에) 데리러 가야만 했다. 장애아동을 둔 사람은 진료 대기자가 많아서 예약을 하고 병원에 다녀야 했는데, 이러한 모든 상황은 부모가 완전한 시간 유연성을 가지고 있다고 가정한다. 저소득층 한부모는 복지에 의존하는 자라고 '비난받는' 것을 느끼지만, 돌봄 책임에 소홀한 부모가 되지 않고서는 취업을 할 수도 없는 처지다. 한부모 문제는 그 가운데서도 절대 다수를 차지하는 여성에게 유난히 혹독했다(Central Statistics Office, 2007b).

리자이나의 처지는 어린 자녀를 둔 한부모가 직면한 딜레마를 전형적으로 보여준다. 그녀는 일을 하기 위해 어린 아들을 데리고 동유럽에서 아일랜드로 왔다. 그녀는 학사 학위를 가지고 있음에도 경제적으로 여러 곤란을 겪었으며, 적당한 아동보육 서비스가 없어서 문제가 크게 악화되었다. 그녀의 고국에서는 아동보육 서비스가 국가의 지원 아래 무상으로 제공되어서 마음 편히 일을 할 수 있었다고 말했다. 하지만 아일랜드에서는 기본적으로 아들이 학교에 있는 동안에만 시간제로 일할 수 있었다.

저는 시간제로 일하기 시작했어요. 아들이 학교에 있지 않을 때는 일할 수 없던 거죠. …… 그리고 보육기관을 이용할 수도 없었어요. 혼자 시간제로 일을 해서는 살림이 빠듯해 보육료를 낼 여유가 없어요. 아일랜드에서 6년간 살면서 개인 소유의 임대 숙소를 전전하며 여섯 번이나 이사했어요. …… 한 아이를 둔 한부모라서 숙소를 구하기가 매우 힘들었어요. 외국인이라는 생각 때문이죠(이는 그녀가 아일랜드인이 아니어서 집을 구하는 데 상당히 어려웠다는 점을 시사한다). _리자이나, 이혼, 청소년 자녀를 일차적으로 돌봄.

그녀는 자기 같은 이주노동자나 한부모들이(그들 대부분은 여성이다) 일반적으로 직면하는 도전을 정치인들이 진지하게 다루지 않는다고 생각했다.

그들은 자신들의 상아탑에서 말해요. 저는 누가 그들을 선출했는지 모르겠어요. 그들은 단지 자신이 대중에 영합하며 비싼 승용차를 타고 호사 부린다는 것을 보여줄 뿐이죠. 그리고 거친 말로 거친 영어로 말하면서 어느 정도는 자기도 한 사람의 서민이라는 걸 보여주는 거예요. 그건 표리부동하고 구역질나요. _리자이나, 이혼, 청소년 자녀를 일차적으로 돌봄.

인터뷰한 사람 중 일부에게는, 저소득층 한부모 가정에 대한 재정적 지원 결여가 주요 관심사였다. 사샤는 세 아이를 키우고 있는데, 두 아이가 감각장애를 가지고 있었다. 그녀가 취업하기 위해서는 돌봄 비용이 전액 지원되어야 했는데, 그녀는 수급대상이 아니었다. 복지급여에 의지할 수밖에 없는 형편은 그녀가 경제적으로 생존하는 것을 극도로 어렵게 했다. 그녀는 국가가 자신의 처지를 거의 이해하지 못한다고 느꼈다.

그런 거 같아요. 혼자 힘으로 세 아이를 데리고 사는 처지는, 또 저처럼 적은 복지급여를 받으며 사는 상황은 아주 불공평하다고요. 그런 거 같아요. 아이들을 기르려면 더 많은 돈을 받을 자격이 주어져야 해요. 그런 거 같은데, (멈춤) 어린이집에 낼 돈을 더 달라고 요청하러 상담소에 갔을 때, 그곳에서는 손의 아버지를 찾아내서 양육비를 달라고 하는 게 더 나을 거라고 말하더라고요. 그들은 일하지 않는다는 걸 이해하지 못하나 봐요. 제가 혼자 힘으로 세 아이를 키우는 걸, 혼자 힘으로 그리고 일주일에 70유로만으로 산다는 걸 말이죠. 정말 그래요! _사샤, 독신, 취학 전 아동 한 명과 초등학생 두 명을 돌봄.

노라는 연금생활자인데, 복지급여도 받고 있었다. 그녀는 정치인들이 사회복지에 기대어 살아가는 것이 얼마나 어려운지 이해하지 못한다고 느꼈다.

"사랑할 거예요." 제가 (장관에게) 말했어요. 당신이 나의 월급을 가져가고 당신 월급을 내게 주면, 그리고 월말에 둘 중에 누가 더 형편이 좋은지 보자고 하면 당신을 사랑할 거라고. 그러자 (장관은) 웃기만 했어요. _노라, 별거, 성인 아들을 종일 돌봄.

돌봄 수행자를 존중하지 않는다는 것은, 모두가 혜택을 보는 필수적이면서 부담되는 노동이 불충분한 자원을 통해 유지되고 있으며 정치권으로부터 최소한의 존중과 인정만 받고 있음을 뜻한다. 우리와 이야기를 나눈 대부분의 전업 돌봄 수행자들은 고립되어 혹사당한다고 느꼈으며, 돌봄지원서비스에 관해 국민의 대표들에게 크게 실망했다. 특히 지적장애나 특이한 질환, 퇴행성 질환을 가진 아이를 둔 사람들이 그러했다.

아니타는 지적장애인들을 위한 서비스를 지지하는 정치 행동에 적극적이었다. 그녀는 그들의 하찮은 지위에 저항하는 돌봄 수행자의 전형적인 예다. 그녀가 보기에, 그녀의 딸 베스 같이 지적장애를 가진 젊은이들은 정부 지출에서 우선순위가 낮았다. 딸을 위한 성인교육과 돌봄에 대해 말하면서, 그녀는 두 아들이 졸업할 때 주어진 교육기회와 딸에게 주어진 기회를 비교했다. 아들들은 의무교육 과정을 마쳐갈 때, 그들의 선택지가 무엇인지 알기 위해 시험결과를 목 빠지게 기다렸다.

(베스는) 정반대예요. …… 그 아이가 가고 싶은 곳이 아니라 받아줄 곳을 찾을 수 있는지 알아야 해요. 그들은 최하위예요. _아니타, 별거, 성인 딸을 종일 돌봄.

아니타는 그녀의 딸과 이런 유형의 지적장애를 가진 젊은이를 위한 서비스를 쟁취하기 위해 어떻게 싸웠는지 설명했다.

그래서 우리는 장관 집무실로 들어갔어요. 그리고 바로 물었어요. "이거 좀 보세요, 이건 돈의 문제예요. 저는 천재가 아니지만 멍청하지도 않아요. 그래서 우리에게 두세 채의 집이 필요하다는 건 알아요. 그 집을 살 수 없다면 임차해야 해요. 베스 같은 젊은이들에게는 어떤 종류의 서비스가 있나요?" _아니타, 별거, 성인 딸을 종일 돌봄.

## 돌봄에 대한 존중 결여와 고용주

피고용인들은 국가기관만 돌봄을 과소평가하는 것이 아니라, 고용주들도 사람들이 돌봄 책임에 정성을 들여야 한다는 사실을 인정하길 꺼려한다고 진술했다. 도널은 경매인이었는데 얼마 전 자기 회사를 차렸다. 그는 개인적으로 갓난아이 딸을 돌보는 데 열렬히 헌신하고 딸의 요구에 맞추면서 용케 자신의 일을 해냈지만, 정작 자신이 다니는 회사는 물론이고 그가 이전에 다녔던 여러 회사에서도 가족 친화적 정책은 아예 '논의되지 않았다'고 주장했다.

도널: 제가 전에 감옥에(원문 그대로) 있을 때도 이렇게 말했죠. 그건 결코 논의되지 않았어요.
모린: 그럼 민간부문 노동의 상황이 언제나 그랬다는 거예요?
도널: 예. 언제나…… 자 당신이 말씀하셨으니 말인데, 당신이 말하는 걸 알아요. 하지만 솔직히 말해 이전에는 그에 관해 결코 생각해본 적이 없어요. _도널, 제럴딘과 결혼, 취학 전 아동 한 명을 공동으로 돌봄.

아이를 돌보는 일이 유급노동과 조화를 이룬다고 생각하느냐고 물었을 때, 도널은 직설적으로 대답했다.

> 도널: 그렇지 않아요! 생각해보면 정말 그렇지 않아요. 자기 직무에 충실할 걸로
> 기대하죠. 특히 민간부문에서는요!
> 모란: 그렇군요.
> 도널: 절대로요. 가라앉거나 헤엄치거나! …… 자녀양육에 관해서는 손톱만큼도
> 생각이 없어요. _도널, 제럴딘과 결혼, 취학 전 아동 한 명을 공동으로 돌봄.

캐시는 아일랜드로 되돌아오기 전에 EU의 다른 나라에 살았다. 그녀는 아일랜드의 돌봄에 대한 태도는 유별나게 비협조적이라고 생각했다.

> 고용주들은 언제나 당신에게 아이들, 가정생활을 정말로 거의 접어주길 기대해요,
> 잘 아시겠지만, 그게…… 일반적으로 모든 걸 다 감당하는 슈퍼맨이어야 한다고,
> 그러나 당신의 가족을 위해 당신의 일을 결코 희생시키면 안 된다고 생각하죠. 그
> 건 아마 포괄적인 이야기의 한 토막일 거예요. 하지만 그건 고용주에겐 전부일 거
> 고 피고용인과 가족의 행복에 관해선 더 말할 게 없다는 생각이 드네요. …… 저
> 는 정말 균형을 잃었다고 생각해요. 그리고 한편으로는, 저는 아일랜드에서만 일
> 하진 않았잖아요. 다른 곳과 비교해보면 아일랜드는 몹시 나쁘다고 생각해요. _
> 캐시, 마이클과 결혼, 취학 전 아동 두 명을 공동으로 돌봄.

클로다는 대형 은행에서 일했는데, 많은 종업원이 어린 자녀를 두고 있다는 점을 감안하면 그곳에도 자녀 돌봄 요구에 대한 배려가 거의 없는 편이었다고 주장했다.

> 한 회사에 20년 남짓 다녔을 때는, 그러니까 더 기대하겠죠. 그러나 하나의 회사
> 로서 그들이 가족 친화적이라고 할 수는 없을 겁니다. _클로다, 숀과 결혼, 초등학

생 세 명을 공동으로 돌봄.

클로다는 은행이 자신들을 가족 친화적이라고 광고했지만 세 아이의 부모로서 경험한 바로는 그렇지 않다고 지적했다.

그걸 보고 그것에 대해 읽고 가정적이라고 하면 참, 이봐요! 그건 가정적은커녕 그 비슷한 것도 아니에요! 제가 절대로 알지 못하는 장소와 길은 많아요. 그리고 많은 것이 어쩌면 지점장의 명령에 따라 달라지겠죠. 그리고 만일 그가(원문대로) 그렇지 않다면, 그러니까…… 만일 그가 협조적이지 않은 편이라면 당신은 마냥 기다리고 서성거리고 의아해하며 내버려질 수도 있어요. _클로다, 손과 결혼, 초등학생 세 명을 공동으로 돌봄.

우리와 이야기를 나눈 대부분의 사람들처럼, 그녀는 돌봄을 여성의 책임이라고 보았다. 그녀는 자기 직장이 남편 직장만큼 급료가 좋고 그보다 더 안정적임에도, 아이들을 돌볼 시간을 더 많이 갖기 위해 근무시간을 단축하려고 하는 사람인 척했다. 그녀가 보기에, '가족 친화적인' 정책은 지점장의 기분에 따라 허용되는 양해 사항으로써 필요할 때만 시행되었다.

그래요. 근무시간 감축이 어렵다는 걸 알게 되겠죠. 사람들은 가정생활에 쓸 시간을 내는 게 어렵다는 걸 이미 알아챘어요. 하지만 반대로, 맞아요. 시간 내는 게 쉽다는 걸 알았던 사람이 있어요. 무슨 근거로, 누가 그걸 알죠? 아무도 의심하지 않는 공평한 경쟁의 장이 있어야 해요. "그걸 얻을 것인가, 얻지 못할 것인가." 그러니까, 당신이 얻을 수 있을지 없을지 누군가의 변덕에 따라 정해지지 않는 평평한 운동장 말이에요. 아이가 있는 경우에 주어지는 권리를 규정으로 정해두어야 해요. …… 체계가 없어요. 체계가 없다는 건 몹시 짜증나게 만들죠. 정말 터무니없어요. 특히 많은 여성이 일하는 은행 같은 곳에서 말이죠. _클로다, 손과 결혼, 초등학생 세 명을 공동으로 돌봄.

클로다는 기본적인 비서 훈련만 받고 은행에 들어갔으며, 은행 이외의 직장을 구할 수 있는 전문 능력은 가지고 있지 않았다. 이렇게 취업할 수 있는 선택의 범위가 좁아서 그녀는 더 은행에 의존할 수밖에 없었다. 한편 알렉스 역시 중등학교 졸업장만 가지고 금융업계에 들어갔는데, 그는 이전 직장에서 추가적인 능력을 개발했기 때문에 회사를 옮길 수 있었다. 자신의 능력에 대한 수요가 많다는 것을 알게 된 그는, 현재의 고용주 외에도 다른 선택지를 갖고 있어서 돌봄노동을 하는 데서도 더욱 유연해질 수 있었다.

그러니까, 그래요. 저는 제 일을 할 수 있어요. 그러면서도 제가 원하는 방식으로 아이들을 돌볼 수 있는 꽤 좋은 유연한 해결책을 가지고 있어요. 그래서 한번은 새로운 역할에서 하고 싶은 종류의 일을 했죠. 저는 되도록 유연하게 근무처로 복귀할 거예요. 은행이 저에게 바라는 근무방식과 관계없이 말이죠. 만일 그게 잘 안 되면, 해결이 안 되면, 그 단계에서 틀림없이 다른 선택지를 찾아볼 거예요. 지금 저는 직업 경력에서, 확실한 일을 할 수 있고 제가 원하는 방식대로 은행의 제약을 받을 필요가 없는 그런 단계에 와 있다고 생각해요. 그래서 제가 직장에 만족하지 못한다면, 뭐랄까 일과 개인생활의 균형에 만족할 수 없다면, 만일 제가 그런 유연성과 만족감을 가질 수 없다면, 아마 개인생활보다는 직장을 접는 쪽으로 움직일 거예요. _알렉스, 데브라와 결혼, 취학 전 아동 한 명과 초등학생 한 명을 일차적으로 돌봄.

자신의 일자리에서 유연성을 가진 사람, 즉 고용주의 방식이 아니라 자기 방식대로 유연성을 가진 사람만이 자기 방식으로 돌봄관계를 관리하는 능력을 가질 수 있었다. 어떤 사람들은 고용주가 일자리공유 제도를 시행하고 있거나(데브라 사례) 자신의 능력 덕분에(알렉스) 유연성을 누렸으며, 한편 다른 사람들은 자유로운 직업에 종사함으로써(질은 컨설팅, 토니는 농사, 도널은 자영업) 비로소 유연성을 가질 수 있었다. 미숙련이거나 기술을 습득하는 중인데 가족의 지원 없이 혼자 돌봄을 수행하고 있던 사람들(사샤, 리자이나 등)에게는 취업에 관한 현실적인 선택지가 없었다. 즉, 그들은 취업할 수 있게 해주는 자녀양육 비용을 감당할 수 없었다.

## 가치인정과 평가절하 이해하기

돌봄에 관해 작용하는 평가에는 아주 다른 두 개의 세계가 있는데, 하나는 공적 세계고 다른 하나는 사적 세계다. 입에 발린 말 외에는 돌봄 수행자와 돌봄 수혜자를 높이 평가하지 않는 정책결정, 고용시장 및 제도정치라는 공적 영역이 있다. 그리고 사랑, 돌봄, 연대노동이 높이 평가되고 돌봄 수행자의 커다란 개인적 희생으로 지켜지는 사적 영역이 있다.

우리가 이야기한 돌봄 수행자들은, 대조되는 두 개의 평가에 대해 샅샅이 알고 있었다. 여성과 남성, 한부모와 부부, 그리고 노인, 환자, 아이를 돌보는 사람들은 돌봄노동의 공적 지위가 낮다는 데 의견을 같이 했다. 그런 가운데도, 인터뷰한 사람들 모두가 자신의 돌봄노동과 다른 사람의 돌봄노동을 높이 평가했으며, 특히 사랑노동은 자신들의 행복한 삶에 필수적이라고 여겼다.

이들 모순되는 담론과 정책을 어떻게 이해할 것인가? 한나 아렌트Hannah Arendt는 『인간의 조건The Human Condition』(1958)에서, 특정한 노동의 낮은 지위는 무엇이 인간에게 가치 있는 노동인가에 관한 고전적인 이해와 관련된다고 말했다. 그녀에 따르면 '호모 파베르homo faber'(물건 제작자로서의 인간), '일하는 동물animal laborans'(삶 자체를 유지하기 위해 숙명적으로 일해야 하는 사람) 그리고 '이성적 동물animal rationale'(지적 노동자)이 각자 행하는 노동은 서로 위계적으로 구별된다. '이성적 동물'의 노동에 가장 높은 지위가 부여되고 '일하는 동물'의 노동에 가장 낮은 지위가 부여되었다. 여성에게는 삶을 유지하는 데 필요한 고된 노동이 할당되었다. "여성과 노예가 동일한 범주에 들어가고 시야에서 사라진 것은, 누군가의 재산이기 때문만이 아니라 그들의 삶이 신체기능 위주여서 '고되기' 때문이기도 하다"(Arendt: 72). 돌봄의 낮은 지위는 신체기능을, 특히 취약한 ‒ ‘대소변을 못 가리는’ ‒ 신체를 다루는 것을 연상시키는 데서 비롯되기도 한다. 현대 페미니스트들은 이 점을 여성 일반의 낮은 지위를 이해하는 또한 암묵적으로 유지되는 돌봄노동의 낮은 지위를 이해하는 틀이라고 규정했다(Irigaray, 1991, 1977; Shildrick, 1997).

휴스 등(Hughes et al., 2005)은 루스 이리가라이Luce Irigaray와 마거릿 실드리크Margaret Shildrick의 연구에 의거해, 돌봄 수행자와 돌봄 수혜자로 규정된 사람에 대한 비하를 이해하는 수단으로 ‘폐기물waste’이라는 은유를 널리 퍼뜨렸다. 돌봄노동을 하는 삶은 낮은 수준의 삶으로 여겨졌는데, 가장 기초적인 인간의 폐기물, 즉 기저귀, 요강, 신체에서 나온 배설물(Hughes et al., 2005 266~268) 등을 다루는 일이 포함되기 때문이다. 그러나 그들은 돌보는 일만 평가받지 못하는 것이 아니라 돌봄 수혜자도 평가받지 못한다고 주장한다. 왜냐하면 돌봄 수혜자들은 종종 ‘쓸모없는wasted’ 사람으로,[1] 생계부양자 및 시민노동자 모형에 따라 재화와 용역을 산출할 수 없는 사람으로 간주된다. 휴스는 이러한 점이 돌봄 세계가 무익한 세계라고 보는 견해에 일조한다고 주장한다.

돌봄 수행자의 낮은 지위가 일반적으로 개인 차원 및 수행 차원에서 피폐하고 쓸모없는 신체를 다루는 일과 연관된다는 점은 의심할 여지가 없으나, 이 설명이 전적으로 만족할 만한 것은 아니다. 취약하거나 ‘대소변을 가리지 못하는’ 신체를 다루는 모든 노동이 낮은 지위로 규정되는 것은 아니다. 의사들의 노동, 특히 수술은 엄청난 주의를 기울여야 하는 일이며 때로는 피 묻은 몸을 다루는 일이다. 수술은 아프고 쇠약한 몸을 다루고 호전시키는 데 초점을 두지만, 낮은 지위에 위치하는 일로 여겨지진 않는다. 그러나 돌봄노동과 달리 수술은 공공노동이다. 그 일은 크게 주목받고 갈수록 전문화되고 기술화되는 환경에서 이루어진다. 따라서 ‘신체’ 노동이 수행되는 맥락과 각각에 수반되는 인지된 능력이 그 노동의 가치를 결정하는 것이지, 일 자체가 그것의 가치를 결정하는 것은 아니다.

---

1    영어에서는 사람들이 심하게 병들었을 때 ‘wasting away’라고 말한다.

그 분야에서 대표적인 노동자의 성별도 그 일의 지위에 영향을 미친다. 수술에서 '신체를 다루는' 세계와 비교하면, 돌봄 세계는 대체로 여성의 세계다. 그리고 여성다운 것은 여성이 하는 일과 무관하게 열등하다고 규정된다(de Beauvoir, 1948). 여성이 이성적 동물이나 호모 파베르가 하는 일에 적극적으로 참여할 때도, 그들은 아직 동등한 지위를 인정받지 못하고 있다(Boland, 1995; Smith, 1987). 따라서 돌봄과 돌봄 수혜자의 하찮은 지위를 이해하려면, 노동자의 성별이 중요하다는 사실을 인식해야 한다. 여성이 압도적으로 많은 수를 차지하면서도 지위와 권력 면에서 여성이 남성에 필적하는 직업이나 일자리는 없으며, 공적 영역의 일자리조차 그렇다(Witz, 1992).

경제든, 정치든, 문화든 삶의 공적 영역에서 완전한 시민성을 활동력(신자유주의하에서는 '생산성')과 동일시하는 지배적인 시민성 개념화 방식 때문에도 돌봄은 과소평가된다. "나는 생각한다. 그러므로 존재한다"로 압축되는 데카르트의 이성주의가 팽배하고, 이상적인 시민은 돌봄을 필요로 하지 않는다는 관점이 널리 유포되었다. 자율성과 자립을 드높이는 한편, 취약성, 의존성과 상호의존, 그리고 돌봄에 속한 모든 것을 과소평가하는 것이 시민성에 대한 지배적인 이해방식이다(Kittay, 1999).

시민에 대한 '돌봄 배제' 관점이 사회적 행위의 여러 분야에서 의제를 설정하는 방식은, 미래의 성인 시민을 길러내는 교육에서 가시화되었다. 시민이 삶의 공적 영역에서 잠재력을 발휘하도록 교육하는 데 초점을 두면서, 돌봄을 수행하는 관계적 자아는 무시된다(Lynch et al., 2007). 특히 신자유주의적 틀 내에서, 교육의 목적은 개인화된 인적자본 취득이라는 관점에서 경제활동을 영위할 수 있는 능력을 키워주는 것으로 규정된다. "개인은 자신을 위해 생산적이고 기업가적인 관계를 당연히 개발할 것이다"(Masschelein and Simons, 2002: 594). 어린 시절이나 병들고 노쇠해졌을 때 모든 인간에게 생겨나는 의존성은 진지하게 고려되지 않는다(Badgett and Folbre, 1999). 의존적인 시민은 합리적 경제행위자 모형에서 틀 바깥에 놓인다. 합리적 경제행위자의 세계가 관계적으로 움직이는 방식은 아래 **그림 4.1**에 제시했다. 여기서는 홉스의 세

**그림 4.1**
사회의 합리적 경제행위자 모형

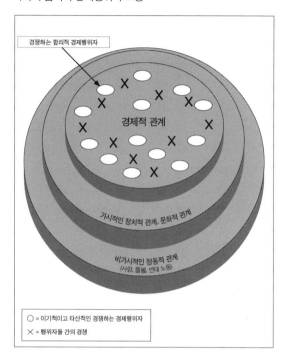

계관이 당연한 것으로 여겨진다. 유일하게 인정되는 상호의존관계는 자원을
둘러싼 경쟁(개인들 사이에 'X'로 표시됨)을 통해 움직이는 것이다.

　고전적 자유주의는 하지 않았던 일을 지금 신자유주의가 하고 있는데, 그
일이란 문화나 정치에 참여하는 시민을 폄하하고 '경제인'을 찬미하는 것이다.
이상적 시민은 타산적인 기업가적 자아를 품고서 세계를 무대로 삼는 노동자
다. 즉, 이주노동자든 시장자본가든, 돌봄 책임에 얽매이지 않아 글로벌한 자
본주의 게임에 자유롭게 쓰일 수 있는 사람을 말한다(Connell, 2002). 코널은,
'돌봄 없는 노동자-시민'이라는 이상화된 개념이 남성성을 지배 및 통제와 동
일시하는 헤게모니적인 남성성 개념과 맞닿아 있다고 말한다. 그것은 관계에

참여하고 돌보는 시민을 나약하고 취약하다고 규정하며 매우 멸시한다. 그 대신 소유욕 강한 개인주의와 소비를 인간 정체성의 본질적 특징이라고 인정한다. 경쟁적 개인주의는 더 이상 무도덕적인 필요조건으로 간주되지 않으며, 도리어 끊임없이 기업가를 재창조하는 데 필요하고 합당한 속성으로 여겨진다(Apple, 2001; Ball, 2003). 이와 같은 시민성 개념은 돌봄을 배제하는 것임은 물론이고 돌봄에 적대적인 것이다.

1990년대 초에 국제적으로 발흥한 신자유주의는 개별화되고 기업가적인 시민이라는 관점을 강력히 지지했다(Beck, 2000; Harvey, 2005). 여러 다른 나라처럼, 아일랜드도 신자유주의적 틀을 맹렬히 받아들였다(Allen, 2007; Kirby, 2002). 그리고 이상화된 기업가적 시민에 대해서는 간헐적으로만 문제가 제기되었다(Coulter and Coleman, 2003).

## 결론

이 장은 개인적 관계에서는 돌봄에 가치를 두지만, 공적으로는 돌봄을 낮은 지위에 두는 현실을 돌봄 수행자들이 예민하게 인식하고 있음을 보여주었다. 남성과 여성 모두가, 특히 한부모들이 인정받지 못한다고 느끼고 있다. 이는 국가와 경제의 특징이기도 하다. 하지만 돌봄이나 사랑을 헛되거나 의미 없게 만드는 고유한 요인이 있는 것은 아니며, 공공연히 깎아내리고 침묵시키면서 민영화해왔다는 사실이 있을 뿐이다. 기업가적 자아를 드높이는 이상화된 합리적 경제행위자REA 모형이 대단히 강력해졌으며, 더불어 남성우월주의적인 공론장이 등장했다. 여기에서는 누구나 허가받지 않고 쓸 수 있는 돌봄과 사랑의 언어를 사용하는 것이 허용되지 않으며, 그리하여 돌봄 수행자와 돌봄 수혜자는 침묵하게 된다. 사랑과 돌봄 이슈가 심각한 정치적 관심사로서 공적인 담론에 들어가지 못하면 정책의 세계에 들어가지 못하고, 정책 의제에 오르지 못하면 정치 의제에도 오르지 않는다. 그들은 '허약한 공중'이라는 하위주체subaltern 세계에 갇히면서 '강력한 공중'이라는 지배적인 세계에서 배제된다(Fraser, 1997).

돌봄의 낮은 지위를 규정하고 납득시키는 폐기물더미wastefulness라는 가부장적 은유를 받아들이거나 돌봄 수행자의 여성성과 연관시키는 데 주력할 것이 아니라, 개인적 영역과 공적 영역 사이에 존재하는 이항대립에 이의를 제기하고 신자유주의가 득세하는 자본주의 시대에 공중들이 그토록 강력하게 지지하는 '돌봄 없는 시민' 모형에 도전하는 것이 도움이 될 것이다. 돌봄은 관계의 문제다. 돌봄 수행자와 돌봄 수혜자 간의 관계는 개인적 영역과 공적 영역 간의 관계와 상응한다. 돌봄의 원동력을 이해하고, 돌봄을 배제하거나 적대하는 시민성 정의에 문제를 제기하며, 돌봄 수행자와 돌봄 수혜자를 폐기된 공간에 넣어버리는 것을 거부하기 위해서는 영역과 개인들의 상호의존을 인정하는 것이 가장 중요하다.

# 5

# 젠더, 사회계급 그리고 홀로 돌보기: 불평등의 상호교차성

캐슬린 린치 · 모린 라이언스

돌봄 수행자들의 정체성이 단일하지 않기 때문에, 돌봄은 수행자와 수혜자 모두의 자원, 재능, 권력 및 지위에 의존하며 매우 다양한 조건 속에서 수행된다. 돌봄 수행자들 사이의 조건은 매우 불평등한데, 이는 다른 사회적 체계들의 불평등을 반영하고 악화시킨다. 연구자들은 돌봄노동에서의 성별 불평등은 잘 인식하고 있지만(Lewis, 1998), 사회계급과 가족상황에서의 차이들이 어떻게 젠더와 교차하며 돌봄의 조건을 결정하는지 탐구할 필요가 있다.

이 장에서는 돌봄 수행자와 돌봄 수혜자를 심층적으로 인터뷰한 돌봄대화(서문 및 부록 참조) 30건에서 돌봄에 대한 여성들과 남성들의 이야기를 검토하고 돌봄노동을 형성하는 요인으로서 젠더의 중요성을 확인할 것이다. 또한 사회계급과 가족상황(홀로 돌보는지, 여럿이 함께 돌보는지)이 돌봄에 미치는 영향에 관해 여성과 남성이 보이는 차이점도 검토할 것이다.

## '자연적 돌봄 수행자'로서의 여성

오브라이언(O'Brien, 2005, 2007; 8장 참조)은, 어머니들이 초등학교에서 중등학교로 진학하는 아이들을 위해 돌봄노동을 해내는 방식을 분석해서, 여성이 도덕적으로 '진학'을 돕는 일의 대부분을 해야 한다고 느낀다는 점을 발견했다. 그들은 아이가 상급학교로 진학할 때 아이의 안녕을 책임지는 사람이었고, 어머니이기 때문에 아이의 상급학교 진학과 관련해 의무감을 느꼈다. 오브라이언이 규명한 젠더 본질주의는 돌봄과 사랑노동을 하는 과정에서의 가족 내 성별 불평등과 가족 단위에서 불평등을 은폐하고 용인하는 방식을 검토한 다른 연구와 일맥상통한다. 특히 '도덕적 명령'이나 '자기희생'이라는 개념은 가족 내 음식 소비에서의 차이를 검토한 연구에서 도출되었다(Cantillon et al., 2004; Goode et al., 1998). 이 연구들은 여성이 좀 더 '안 먹고 견뎌낼' 가능성이 높을 뿐 아니라, 아이들의 복지를 여성의 일차적 책임으로 보는 남성 헤게모니적인 가족담론 안에서 이 같은 현상이 묵인되고 있다는 점을 발견했다. 성별화된 돌봄에 대한 가족담론은 아이들의 복지를 위해 여성이 희생해야 한다는 생각을 통용시켰다. 캔틸런 등(Cantillon et al., 2004)은, 모든 부부(전국 표본 1124쌍)의 5% 정도에서 남성은 그러지 않는데 여성은 자기 음식을 아껴서 나머지 가족이 충분히 먹을 수 있게 하려는 것을 밝혀냈다. 이 사례의 절반 이상에서 여성은 돈이 부족해 절식節食을 하고 있었다. 따라서 저소득층 가족의 여성이 살림을 꾸리기 위해 개인적인 결핍을 겪을 개연성이 훨씬 높다는 것은 놀라운 일이 아니다. 여성이 빠듯한 살림살이를 맡고 있음에도 가계통제권을 완전하게 갖지 못하거나 동등하게 공유하지 않는다는 가정에서, 여성이 자기희생을 하는 경향이 실질적으로 더 강하게 나타났다(Vogler, 1994).

### 성별화된 돌봄 질서

우리 연구는 여성의 역할인지에 관한 오브라이언, 캔틸런, 구드 등(Goode et al.)의 연구결과를 뒷받침한다. 우리와 이야기한 사람의 다수는 누가 가장 적합한 돌봄 수행자인가에 관해 매우 강하게 성별화된 견해를 가지고 있었다. 한편, 비록 소수 의견이지만 여성이 돌봄을 맡아야 한다는 도덕적 명령에 반대하는 경우도 있었다. 흥미롭게도 돌봄에 대한 성별화된 이야기는 일차적 돌봄의 수혜자인 청소년을 대상으로 한 초점집단 연구에서도 나타났다. 남편과 사별한 메리는 신체장애와 지적장애를 가진 성인 아들을 돌보는데, 그 전형적인 답변을 주었다.

저만큼 잘할 수 있는 사람은 없다고 생각해요. 제가 다른 누구보다 잘났다는 게 아니라 단지 제가 그의 어머니이기 때문이죠. …… 어머니만큼 아이를 사랑하는 사람은 그 어디에도 없어요. _메리, 남편과 사별, 성인 아들을 종일 돌봄.

성별화된 도덕적 명령은 이렇듯 깊이 내면화되어서 많은 사람이 타고난 성향이라고 여겼다. 성별화된 돌봄 질서에 대한 신념에는, 일부 반대 사례가 있긴 하지만 계급도, 연령도, 성별도 없었다. 수전은 낮은 소득을 올리면서 아들을 혼자 돌보는데, 본질주의적인 시각을 전형적으로 보여주었다.

모린: 돌봄노동을 한다는 의미에서, 돌봄에 관해서 남자와 여자 사이에 차이가 있다고 생각합니까?

수전: 저는 차이가 있다고 생각해요, 서로가 다르게 이해하죠. 다른 종류의, 제 생각엔 여자가 돌봄에 훨씬 잘 맞아요. 제 말은, 돌봄이 남자보다는 여자에게 더 자연스럽다는 거예요. _수전, 독신, 청소년 자녀를 일차적으로 돌봄.

멜라니는 남편과 세 성인 자녀를 돌보는데, 돌봄노동의 분업에 대해 강하게 성별화된 견해를 갖고 있었다. 그녀는 여성이 돌봄을 해야 한다고 자연스럽게 믿고 있었다.

음, 정서적으로 스스로에 대해 잘 아시잖아요. 여자와 남자가 다르다는 걸. 저는 여자가 **돌봄**을 더 많이 하고 있다고 생각해요. 그러니까 모든 걸. _멜라니, 피터와 결혼, 남편과 성인 자녀 세 명을 종일 돌봄.

여성이 돌봄노동을 하고 있다는 사실은 멜라니에게 여성이 그 일을 당연히 맡아야 한다는 증거가 되었다.

솔직히 말해서 남자들이 돌봄을 많이 한다고 생각하지 않아요. 주위를 둘러보면 돌봄을 하는 사람은 주로 여자라는 걸 알게 될 겁니다. _멜라니, 피터와 결혼, 남편과 성인 자녀 세 명을 종일 돌봄.

중간계급 전문직 여성인 데브라도 비슷한 견해를 갖고 있었다. 그녀는 아이들이 어머니를 필요로 하고 어머니는 아이들과 함께 있기를 원한다고 믿었다.

아이들은 어머니를 필요로 한다고 믿어요. 그리고 어머니도 아이들을 필요로 하고요. 그래서 제 말은, 20년 후에 그들을 놓아버리게 된다는 건 생각조차 하고 싶지 않아요. 그리고 정말로 알렉스도 그렇게 생각할 거예요. 그러니까, 저는 거기에 관해 그에게 엄청나게 잔소리를 하고 있죠. 아이들이 장성했을 때 알렉스는 그의 자식들을 보고는 정말 빨리 컸구나라고 말할 거라고 생각해요. _데브라, 알렉스와 결혼, 취학 전 아동 한 명 과 초등학생 한 명을 일차적으로 돌봄.

알렉스는 아내 데브라가 돌봄에 대해 더 큰 책임을 지는 방식이 '자연스럽고' 그녀 자신도 '원하는 것'이라고 믿었다. 그녀는 시간제 일자리를 '원했던' 사람이다.

저기, 그녀가 그렇게 할 계기가 있었어요. 모르겠어요. 그때 우리가 어떻게 상의했는지. 그녀가 그렇게 한다는 건 오히려 자연스러운 일이었죠. 그냥 그녀가 그렇게 하기를 원하는 것처럼 보였어요. 제가 보기엔 가장 '원하는' 건 아니었을 거예요. 그녀가 다닌 직장 환경도 그랬고 그녀가 그걸 원하기도 했고. 그래서 그녀에겐 비교적 쉬운 결정이었죠. 그래서 정말로 저는 단지 그 결정을 지지했을 뿐이에요. 제가 생각할 때도 그건 정말 비교적 쉬운 일이었다고 봐요. _알렉스, 데브라와 결혼, 취학 전 아동 한 명과 초등학생 한 명을 이차적으로 돌봄.

하지만 인터뷰한 아버지들 가운데 일부는(특히 알렉스와 도널), 성별화된 분업과 아이를 돌보는 일은 남성보다 여성에게 더 자연스럽다는 가정에 여성 자신도 하나의 원인이 되었다고 주장했다. 도널은 자신이 거의 매일 아이를 데려다주는 사람인데도, 어린이집(여성이 운영)에서는 아이에 관해 이야기할 때 그의 아내 제럴딘에게 전화를 한다고 말했다. 알렉스는 데브라만큼 자주 아이들을 학교나 아동돌보미에게 데려다주거나 데려오지 않기 때문에 자기는 당연히 아이들에 관해 모르는 것으로 여겨진다고 언급했다. 그는 집안 식구들이 아이들의 안부를 물어볼 때도 데브라에게 묻는다고 말했다.

제 어머니가 아이들에 관해 묻는다면, 어머니는 먼저 데브라에게 물을 겁니다. 또한 제 누이들도 전화를 걸어 노엘에 관해 알고 싶어 하겠죠. …… 그녀들도 데브라에게 먼저 물어볼 거예요. _알렉스, 데브라와 결혼, 취학 전 아동 한 명과 초등학생 한 명을 이차적으로 돌봄.

캐시는 남성이 돌봄노동을 할 수 없다고 생각하지는 않았지만, 그리고 아이들이 자라면서 남편에게 돌봄노동을 더 많이 하라고 부추겼지만, 그녀 역시 때로는 성별화된 돌봄 규칙에서 벗어나지 못했다고 말했다. 여성이 돌봄 수행자라는 가정은 기본적인 입장이었다.

이렇게 말해야 할 것 같네요. 아이들이 자란 이후 제 남편은 분명하게 발동을 걸었어요. 그는 정말로 아이들이 아기였을 때는 그렇게 대단하지 않았어요. 그리고 그건 아마 저 때문이기도 했을 거예요. 어느 정도는, 오직 어머니만이 이 일들을

할 수 있다고 생각했거든요. …… 돌이켜보면 아이들이 더 어렸을 때, 아기였을
때, 제가 무심코 그를 밀어냈었을 거예요. _캐시, 마이클과 결혼, 취학 전 아동 두
명을 공동으로 돌봄.

캐시는 아이를 종일 돌봐야 한다고 믿었으므로, 그녀가 낮 시간에 아이들과
함께하지 못해서 느꼈던 죄책감에 대해 말했다.

저는 '낮에는 어떤 다른 여자가 제 아이를 돌봐주고 저녁에는 제가 그 모든 일의
중심이길 원해요'. _캐시, 마이클과 결혼, 취학 전 아동 두 명을 공동으로 돌봄.

여성이 돌보는 것이 더 자연스럽다는 믿음은 연령과도 관계없었다. 초점집
단 연구에 참여한 10대 청소년 중에서도, 일부는 돌봄을 할 때 어머니가 더 감
정표현을 잘한다고 말했다. 하지만 그들은 여성뿐 아니라 남성에게도 문제가
있다고 보았다. 남성은 감정을 표현하는 방식으로 돌보는 방법을 배우지 않았
던 것이다.

많이 생각해봤는데요, 어머니들은 그토록 자애로운 방식으로 자연스럽게 돌보는
데 아버지들은 마찬가지로 돌보면서도 익숙하지 않아서 그런지 감정을 표현하는
걸 더 어려워해요. 아마 그분들은 자랄 때 자기 아빠가 그렇게 하는 걸 보지 못했
던 것 같아요. _로저, 초점집단의 중간계급 그룹.

## 돌봄노동하기

일차적 돌봄에 영향을 미치는 성별화된 가정에서, 여성이 수행한 돌봄노동
의 총량을 남성이 수행한 돌봄노동과 비교해보면 매우 실제적인 함의가 담겨
있다. 일차적 돌봄 수행자는 곁에서 돌봄에 필요한 일상적인 일을 하는 일손
만을 뜻하지 않았다. 그것은 돌봄의 기획자이고 돌봄의 질에 책임지는 사람을
의미하기도 했다. 여성은 확실히 돌봄 기획자였다.

훨씬 더, 그걸 더 많이 생각해요. 음, 아이들의 요구가 반드시 충족되도록 하는 것. 그게 정서적 요구나 그 비슷한 것이든, 오직 아이들의 잠재력 발현에 관한 것이든 말이죠. 그리고 거의…… 제가 정말로 그걸 하는 사람이라고 느껴요. …… 알렉스는 하지 않는 것처럼 보일 정도로…… 그는 제가 그에게 특정한 일을 요청하면 책임을 다하죠. 그러나 그는 어떤 의사결정도 안 해요. 그러니까, 제가 그에게 가서 "여보, 우리가 뭔가 결정해야 해요"라고 말하지 않는 한 그래요. 그는 그 공간에는 일절 없어요. _데브라, 알렉스와 결혼, 취학 전 아동 한 명과 초등학생 한 명을 일차적으로 돌봄.

두 개의 초점집단에서 인터뷰한 청소년들도, 어머니들이 취업해 있을 때조차 돌봄에 필요한 일을 더 많이 한다고 언급했다.

아빠는 요리, 청소, 세탁, 뭐 그런 걸 안 해요. …… 하지만 엄마는 집에만 있는 전통적인 주부는 아니에요. 그녀도 일을 하고 자기 인생이 있어요. _로저, 초점집단의 중간계급 그룹.

클로다와 숀은 돌봄에 대한 성별화된 가정에 이의를 제기한 몇 안 되는 사람이었다.

해야 하는 일은 뭐든 하죠. 다리미질만 빼고 클로다와 함께 일을 해요. 저는 다리미질은 못해요. _숀, 클로다와 결혼, 초등학생 세 명을 공동으로 돌봄.

클로다는 숀의 평가에 동의했다.

네 일 내 일이 따로 없죠. 지금 아마 다리미질은, 그건 이야기가 달라요! 그는 안 해요. 그리고 저는 다리미질을 싫어해요. 하지만 그는 다리미질을 안 해요. 제 말은 그 밖의 다른 일은 공정하다는 거죠. 그러니까 우리는 함께 힘을 모아요! _클로다, 손과 결혼, 초등학생 세 명을 공동으로 돌봄.

클로다는 돌봄노동을 똑같이 분담하고 싶다는 희망을 공언했지만, 손보다 돌봄노동을 더 많이 했다. 그녀는 일차적 돌봄 수행자라는 기본 입장에서 움직이고 있었다. 아이들을 학교와 아동돌보미에게 데려다주고 데려오는 일은 대체로 그녀가 했다. 아이들이 아플 때 병원에 데려가고, 심하게 아프면 휴가를 낸 사람도 그녀였다. 아동돌보미와 연락을 취하는 일도 주로 클로다가 했다.

### 성별 돌봄 질서에 대한 저항

여성들이 도덕적으로 돌봄을 해야 한다고 느끼고 일반적으로 남성보다 더 많은 돌봄노동을 하고 있었지만, 그들이 진심으로 성별화된 돌봄 이데올로기에 동의한 것은 아니다. 그들은 종종 일차적 돌봄 수행자이기를 거부했으며, 많은 여성이 불균형하게 많은 돌봄노동을 하는 가운데 여성에 대한 불공평을 목도했다.[1]

캐시는 이런 입장을 전형적으로 대변했다. 그녀는 자녀 돌보는 일을 아주 재미있어 했지만, 그녀의 남편이 가사노동과 돌봄노동을 분담하는 데서 매우 성별화된 견해를 갖고 있다고 주장했다. 결혼 초에 그 문제에 관해 여러 차례 협상했으며, 그 문제 때문에 약간의 긴장도 있었다.

…… 까놓고 말해서, 여러 해 동안 가정생활의 더없는 행복에 관해, 요리, 청소, 책
임분담 등에 관해 그에게 바가지를 긁고 있었던 거죠. …… 확실히, 거기에다 제

---

1  ≪아이리시타임스(Irish Times)≫에서 2007년 여성 1000명을 대상으로 실시한 전국조사는,
젠더 이슈에 대한 여성의 태도가 변하고 있고 페미니즘으로 더욱 기울고 있음을 강력하게 시
사한다. 78%가 양성평등이 중요하다(44%는 매우 중요하다)고 답했으며, 54%는 페미니즘이
중요하다고 주장했다. 재정적 독립 역시 대단히 높게 평가되었는데, 65%가 매우 중요하다고
답했으며 26%는 전적으로 중요하다고 말했다. 7%만이 중요하지 않다고 여겼다(마케팅행동·
태도연구소와 공동 조사, ≪아이리시타임스≫, 2007.9.27; 9월 28일 자 주말 증보판 참조).

가 아기를 가졌으니, 음, 솔직하기가 엄청 어려웠을 걸로 기억해요. _캐시, 마이클과 결혼, 취학 전 아동 두 명을 공동으로 돌봄.

데브라도 자녀에게 강한 관심을 갖고 있지만, 알렉스와 그녀 사이에 돌봄노동이 불평등하게 나누어지는 상황에 대해 약간의 저항감을 표출했다.

제가 부담을 더 느낀다는 거예요. …… 저는 제게 합당한 몫 이상으로 많은 일을 하고 있어요. 자기가 축구를 하면 저는 여기 있어야 하니까, 자기는 축구하러 갈 수 있고 저는 갈 수 없다는 식이죠. 아시다시피, 우리는 줄곧 보모를 쓸 수 없기도 하지만 저는 그게 공정한 거라고 생각지 않아요. 그래서 아이가 생길 때…… 저는 가끔 느끼기 시작했어요. 또 여기엔 나만의 공간이 없다고 생각해요. 그리고 조금 좌절하거나, 생리하는 날이든 언제든, 바로 그런 상황에서 울컥하는 거죠. 그러니까 제가 일의 4분의 3이나 5분의 4를 하고 있는 거예요. _데브라, 알렉스와 결혼, 취학 전 아동 한 명과 초등학생 한 명을 일차적으로 돌봄.

한편 멜라니는 돌봄 분업에서 성별 균형이 과거보다 더 나아졌다고 믿었지만, "돌보는 일은 결국 여자가 남자보다 더 많이 하게 된다"라고 여겼다(7장의 여가시간과 돌봄 책임에 관한 연구결과 참조). 그녀는 아이들이 어렸을 때 남편이 퇴근 후 저녁 시간마다 음악회를 쫓아다닌 것을 자세히 기록했다. 그녀의 남편은 주중에 거의 매일 밤 외출했으며, 그녀가 네 어린 아이를 아침부터 잠들 때까지 혼자 힘으로 돌봐야 했다. 그녀는 '힘든 상황'에 있었다. 그녀는 또한 돌봄에 얽매여 있음으로써 친교에서도 멀어질 수밖에 없었다.

물론 저는 그게 행복하지 않았어요. 피터가 자신에게 얼마나 많은 시간을 쓰는지 봤을 때, 마찬가지로 저도 친구가 많이 있었지만, 저는 어느 정도 친구들에게서 멀어졌어요. 주중에 또는 일요일에도 네 아이를 데리고 친구들에게 가길 원치 않았기 때문이죠. 그들이 장애를 가지고 있어서 감당하기 너무 힘들어요. 정말로 그들과

함께 어디도 편안하게 갈 수 없어요. 주중엔 하룻밤도 밖에서 보낼 수 없어요. _멜
라니, 피터와 결혼, 남편과 성인 자녀 세 명을 종일 돌봄.

멜라니가 보기에, 사람들이 돌봄 수행자가 되는 시나리오에는 어떤 방식으
로든 선택하거나, 자원하거나, 달리 할 사람이 없으니 해야 하는 세 가지가 있
었다. 그런데 남성들은 그 일에 관해 선택의 여지가 없을 때, 즉 그 일을 할 수
있는 마땅한 여성이 없을 때만 비로소 돌봄 수행자가 되었다.

아마 때때로 이 주변의 남자는 결국엔 자기 아내를 돌보거나, 뭐 그렇게 되겠죠.
그렇지 않으면 그들은 거의 돌봄을 하지 않을 거예요. …… 늘 하던 방식에 따라.
만일 남자가 하지 않으면, 여자가 해야 해요. 여자가 선택하든 자원하든 말이죠. _멜
라니, 피터와 결혼, 남편과 성인 자녀 세 명을 종일 돌봄.

매브는 두 자매의 지원을 받아 어머니를 돌보았지만 남동생은 매브를 지원
하지 않았다. 그녀도 비슷한 견해를 가지고 있었다.

여자들이 친부모나 시부모를 더 돌보는 경향이 있어요. 반면에 남자들은 자기 아
내를 더 돌보는 경향이 있죠. _매브, 프랭크와 결혼, 어머니를 시간제로 돌봄.

폴러는 돌봄 분업에 관해 정형화된 젠더 관점을 갖지 않은 사람 중 하나다.
하지만 그녀도 돌봄노동의 총량에서 남성과 여성이 평등하다고 생각하지 않
았다. 그런데도 자신은 네 아이에 대해 일차적인 돌봄 책임을 지고 있었다.

저는 남자들이 주말에 골프 치러 가고 여자들은 집에서 창문 닦는 걸 내 자리에서
도 알아요. …… 그게 나누어진 역할이에요. …… 대체로 저는 돌봄 요소에 관한 한
남자가 여자보다 더 좋은 조건에 있다고 느껴요. …… 억울해 하지 않는 게 쉽지 않죠.
정말 어려워요. _폴러, 이혼, 청소년 자녀 한 명과 성인 자녀 세 명을 돌봄.

우리 인터뷰에서, 돌봄과 관련된 노동을 두고 성별 권력투쟁이 계속되고 있다는 것이 분명해졌다. 캐시는 전통적인 성별 규범에 대한 새로운 도전이 출현했다고 믿었다. 그녀는 가정에서 남자만이 주된 또는 유일한 생계부양자가 아니라는 사실 때문에 일부 "남자들이 고심하고 있다"라고 주장했다. 고위직에 있지 않거나 실직한 남성이 역할 변화에 특히 난처해한다는 것이다. 그런데 이 변화를 다루는 방법에 대한 조언도 거의 없다.

저는 알아요. …… 그러니까 일하지 않거나 막일하는 남자들이 더 비협조적이라는 걸. 그게 훨씬 더 까다로워요. 때로는 완전히 쫓겨나요. 왜냐면 아시다시피, 그들이 일하지 않으면 경제적 측면에서 역할이 없고 종종 가정에서도 역할이 없어요. …… 새로운 걸 찾는, 그래요, 새로운 자리를 찾는 건 힘들어요. 그래서 현실적으로 정말 어렵다고 생각해요. 그리고 많은 가정이 그런 것들을 조금씩 헤쳐가고 있죠. 또…… 그 일들이 정말 발등에 떨어졌다는 걸 배워요. _캐시, 마이클과 결혼, 취학 전 아동 두 명을 공동으로 돌봄.

## 남성, 돌봄 그리고 생계부양자 지위 유지하기

우리 대화에서 일차적 돌봄 수행자였던 남성들은, 그들이 노부모의 유일한 부양자든 자녀양육에 깊숙이 관여했든 그들의 처지가 매우 예외적임을 알고 있었다. 그렇지만 우리가 인터뷰한 그 누구도, 여성과 달리 일차적 돌봄에 전념하기 위해 '생계부양자' 지위를 포기해야 하지 않았다. 돌봄을 수행할 여성이 있는 경우 돌봄은 여성의 일이라는 기본 가정이 있었다. 이는 성인을 돌보든 아동을 돌보든 마찬가지였다. 메리(남편과 사별하고 지적장애와 신체장애를 가진 아들을 돌봄)는 그녀가 시간이 없거나 '휴식보호서비스'를 받을 수 없는 경우 그녀의 아들을 누가 돌봐주느냐는 질문을 받고는, 무심결에 "제 딸이 그를 챙겨야겠죠"라고 말했다. 매브는 90세 노모를 일차적으로 돌보는데, 어머니 돌보는 일은 바로 두 자매와 자신이(두 남동생은 제외하고) — 비록 모두 출가했지만 — 분담한다고 언급했다. 클로다는 도움이 필요한 경우에는 자매들에게 아이를 돌봐달라고 부탁한다고 말했다.

　일차적 돌봄을 많이 수행하는 남성들은 때때로 '영웅 같은' 지위를 누렸는데, 이러한 지위가 여성에게는 주어지지 않았다. 아기의 탄생이 자신들의 삶에 미친 영향에 대해 설명하면서, 제럴딘은 다음과 같이 말했다.

　　저는 도널보다 압박감을 더 느껴요. 왜냐면 도널은 무얼 하든 영웅이니까. 그러니까 트리샤를 위해 뭘 하든 다른 사람 눈에 그래요. 그리고 친구 같은 사람들과 비교하면 다르잖아요. 도널은 자신과 비교할 법한 또래나 사람들을 언제나 이길 수 있어요. 하지만 그건 그들 대부분의 아내가 집에 있고 아마 남자는 애들과 아무것도 안 할 것이기 때문이죠. _제럴딘, 도널과 결혼, 취학 전 아동 한 명을 공동으로 돌봄.

　제럴딘은, 아버지들이 기저귀를 갈아주었다고 칭송하는 미디어에 의해 남성들은 예외적이라는 가정이 강화되었다고 믿었다.

　　TV에 나왔는지 모르겠네요. 누군가 인터뷰하는 걸 보셨을 텐데 이런 식이죠. "오~ 예, 일손 돕는 아빠." "기저귀는 갈아줘요?" 그리고 "예, 저는 기저귀 갈아줘요". "아 그런 일을 하다니 대단하십니다!" 농담하는 거겠죠? 그러니까 그게 누군가의 역할이라는 걸 인정하듯이. 참담할 뿐이죠. 여자에게는 기저귀 갈아주느냐고 묻지도 않을 거예요. 그러니까, "오~ 예, 일손 돕는 엄마. 당신이 기저귀를 갈아주고 있군요". …… 그런 건 묻지도 않을 거예요! _제럴딘, 도널과 결혼, 미취학 아동 한 명을 공동으로 돌봄.

　캐시는 남성의 가사노동에 대한 태도가 얼마나 뿌리 깊은지에 관해 말했다. 그녀의 시누이들은 그녀의 남편이 요리한다는 데 깜짝 놀랐다. 남편이 시누이들을 방문할 때면 그녀들이 그를 위해 요리하곤 했다.

남편과 제가 처음으로 그의 가족들 앞에서 함께 요리했던 때를 기억해요. 시누이는 주저앉다시피 했어요. 남편이 잉글랜드에서 12년간 살았는데도 시누이는 그가 요리한다는 걸 몰랐던 거예요. 시누이는 충격을 받았죠. 그리고 아직도, 아직도 그를 그렇게(요리를 해줘야 하는 사람으로) 대해요. 그러니까 자기 본가에서는 지금도 그렇지만, 그는 스스로 그런 역할을 바꿨어요. _캐시, 마이클과 결혼, 취학 전 아동 두 명을 공동으로 돌봄.

남성이 동등하게 아이들을 돌본다고 할 수는 없었다. 제럴딘과 다른 어머니들, 그리고 남성인 도널이 아동돌보미나 어린이집은 아이에게 문제가 생겼을 때 아버지 대신 어머니에게 자동적으로 전화한다고 언급했다.
남성은 돌봄 수행자가 아니라는 인식이 어머니 돌보는 일과 작은 농장 운영을 병행하는 토니에게 영향을 주었다. 그와 누이는 여성만 보호자수당Carer's Allowance을 받을 자격이 있다고 여겼기 때문에 아예 신청하지도 않았다.

그러나 그건 생각나지 않았어요. 토니가…… 어쩌면 뭔가 받을 자격이 있을 거라는 생각이 정말 떠오르지 않았던 거죠. 그는 집에 상주하는 여자가 있어야 한다고 생각했고…… 저도 그랬기 때문이었어요. _메리언, 기혼, 토니의 누이(토이는 어머니와 삼촌을 일차적으로 돌봄).

우리가 인터뷰한 남성은 그들의 삶에서 유급노동을 최우선시하지 않는다고 말했지만, 유급노동은 남성 정체성의 중심이었고 특히 직장에서 출세길에 들어선 중간계급 남성들에게 그랬다. 그들은 돌봄을 포함한 다른 고려사항 때문에 제한이 된다고 하더라도 직업과 관련된 야망을 가지고 있었다.
금융회사에서 아주 성공적으로 경력을 쌓아가던 알렉스는 유급노동과 돌봄 생활의 균형을 유지하는 것이 중요하다고 말했다.

제가 약속한 건 생활에 대해 타협하지 않겠다는 거죠. 일을 양보할 순 있어요. _알렉스, 데브라와 결혼, 취학 전 아동 한 명과 초등학생 한 명을 이차적으로 돌봄.

그럼에도 알렉스는 시간제 일자리로 옮길 수 있다는 생각에는 동의하지 않았다. 시간제는 아내 데브라가 지적장애를 가진 아들을 낳고서 택한 대안이었는데, 당시 그녀는 알렉스보다 더 안정되고, 직급도 상당히 높으며, 보수도 좋은 일자리를 갖고 있었다. 그의 견해로는, 남자가 시간제로 일하는 것은 '매우 이례적이고' '적절한 행동이 아니었다'.

(시간제로 일하는 게) 가능할 수야 있겠죠. 하지만 매우 이례적인 일일 거예요. 있기야 하겠지만 아직은 흔치 않다고 생각해요. 그런 종류의 일을 했다는 남자에 대해 들어본 적은 있어요. 그래도 여전히 매우 이례적이라고 생각해요. 아마 보험회사 같은 환경에서는 가능하겠죠. 그런 종류의 일에 대해 매우 개방적이고 우호적인 환경에서 말이에요. 제가 다니는 은행에서는 아마 그렇지 않을 거예요. 그리고 제가 (보험회사 다음에) 처음 입사한 회사에서도 틀림없이 그럴 거고요. 그건 확실히 적절한 행동이 아닙니다. 그래서 다녔던 회사, 다닌 기간, 경영진이 어떠한지에 따라 다르다고 생각해요. _알렉스, 데브라와 결혼, 취학 전 아동 한 명과 초등학생 한 명을 이차적으로 돌봄.

여성이 돌봄노동과 관련해, 특히 자녀 돌봄과 관련해 강한 의무감을 길러온 데 반해, 남성은 똑같은 의무감을 갖고 있지 않았다. 금융회사에 다니는 알렉스는 일차적 돌봄 수행자이고 싶지 않다는 심정을 솔직하게 밝혔다.

제가 그걸 하기 원했든 원치 않았든, 당시엔 아마 아니었겠죠, 실은 당시 저는 그걸 원하지 않았어요! 제가 할 수 있는 그런 선택이 아니었어요. 아시겠죠? _알렉스, 데브라와 결혼, 미취학 아동 한 명과 초등학생 한 명을 이차적으로 돌봄.

남성의 돌봄에 대해 모든 남성이 상투적인 견해를 갖고 있지는 않았다. 병약한 아버지를 돌보는 톰은 돌봄 수행자에 대한 성별화된 견해에 도전했으며, 사람들이 모든 돌봄 수행자를 여성이라고 추정하는 것을 싫어했다. 그는 남성 돌봄 수행자가 여성 돌봄 수행자와 크게 다르지 않다고 믿었다. 그는 '대단한 일을 하고 계십니다'라며 '화'를 돋구는 말을 하는 정치인 외에는 아무도 그들을 '알아주지 않았다'고 느꼈다. 톰은 아버지를 돌보는 일의 중요성을 확실히 알고 있었으며, 유급노동을 하는 것은 고려하지 않았다.

일을 해야 했다면 저는 하루 종일 침상에 누워 계신 아버지 곁을 떠났을 거예요. 그리고 저녁에 돌아와서는 아마 침대보를 갈고 옷도 갈아입혀 드리겠죠. 그게 아니면 그를 시설에 보내거나. _톰, 독신, 아버지를 종일 돌봄.

톰에게 그것은 고려할 만한 선택지가 아니었다. 그때 사정으로는 톰은 휴가를 내는 것이 어렵다고 생각했다. 그는 아버지 곁을 떠나면 죄책감, 통상적으로는 여성에게 어울리는 죄책감을 얼마나 느끼는지 말해주었다.

…… 죄책감이 많이 들 거예요. 죄책감을 감수해야죠. '더 할 수 있었는데', 또는 '떠날 수 없어', 아니면 '내가 떠나가면 누가 그들을 보살피나?' 마치 집에 아기를 두고 있는 것 같아요. 아기를 다른 누군가에게 맡기진 않잖아요. 그렇게 한다면 죄책감을 느낄 겁니다. 돌봄 수행자도 똑같아요. _톰, 독신, 아버지를 종일 돌봄.

톰은 어쨌거나 자신이 다른 남성들을 대표한다고 생각하지 않았다. 그는 많은 남성이 '망가졌으며' 스스로 돌보는 것을 배우지 않았다고 믿었다. 그는 대부분의 남성이 결혼하는 것은 스스로 돌보지 못하기 때문이라고 생각했다.

…… 그게 대부분의 남자들이 결혼하는 이유죠. 그들은 사랑을 위해 결혼하지 않아요. 그들을 보살피고, 그들을 위해 요리하고 빨래해줄 사람을 얻으려고 결혼하는 거예요. _톰, 독신, 아버지를 종일 돌봄.

피어스는 소농小農이며 어머니를 일차적으로 돌보고 있었다. 그는 집에 머무르기 위해 건축업의 노무직을 포기하기로 했다. 하지만 피어스는 농사와 어머니 돌보는 일을 병행할 수 있었다. 그는 돌봄 수행자가 되면서 생계부양자 지위를 놓지 않았다.

제가 주목한 점은 어쨌든 그녀가 약간의 돌봄을 필요로 한다는 거죠. 그걸 하겠다고 말했어요. 농장에서 일했던 적이 있어서 농사와 그 밖의 모든 걸 할 거예요. 그러나 제가 말했듯이 시설이 좋지 않았고, 돈벌이는 시원찮을 거예요. …… 하지만 저는 농사도 지을 거고 두 가지를 다 할 거예요. 그래서 농장을 운영할 수야 있겠지만, 그 밖에 다른 건 해내지 못할 겁니다. _피어스, 독신, 어머니를 일차적으로 돌봄.

피어스의 어머니는 톰의 아버지와 달리 몸져눕지도 않았고, 피어스는 돌봄을 어렵게 생각하지도 않았다. 피어스는 그의 누이들이 같은 카운티에 살고 있는데도 좀처럼 방문하지 않았으며, 그가 돌봄 수행자로서 받은 지원은 지역의 돌봄 단체에서 마련해준 것뿐이라고 언급했다.

일차적 돌봄노동을 맡았을 때, 남성들은 이 일을 수행하는 여성에게는 적용되지 않는 인정recognition을 받았다. 그들은 돌봄 수행자가 됨으로써 예외적이며, 영웅적으로 간주되었다. 우리와 이야기한 거의 모든 남성이, 비록 보잘것없을지라도, 유급노동시장에 참가하고 있었다(톰은 예외다. 그는 "오래 아팠고 신체장애가 있어 일할 수 없다"라고 말했다). 일차적 돌봄을 수행하는 세 명의 독신 남성(모두가 홀로 된 부모를 돌봄) 가운데 두 명은, 돌봄을 수행하는 동안 사회에서 남성 생계부양자 역할을 유지할 수 있었다. 각자 가족농장을 상속받았는데, 살아 계신 부모를 돌보는 일이 상속에 따른 책임의 일부로 주어졌다. 따라서 돌봄 수행을 하면서 소득이 어느 정도 줄어들기는 했지만(특히 급료가 많은 건축 노동을 할 때에 비해), 그들은 남성으로서 유급노동자(생계부양자) 지위를 잃지 않았다. 이와는 다른 경우로, 발레리는 부모를 돌보기 위해 아주 좋은 직장을 포기했으며, 매브는 하숙생을 받아서 버는 수입을 포기했다.

던컨 등(Duncan, et al., 2003; 2004)이 말했듯이 돌봄과 관련되는 성별화된 합리성과 도덕률이 있지만, 그것들은 관계에 특유한 문화적 맥락에 놓여 있다. 아일랜드 농촌에서는 토지가 아들에게 상속될 때, 아들은 농장에서 계속 사는 부모를 돌보는 것이 전통이다(매우 드물지만 상속받은 딸에게도 적용된다). 그러므로 돌봄 도덕률은 여성의 전유물은 아니다. 남성은 경제적·계급적 맥락에 따라 달라지는 합리성에 지배받을 수도 있다. 돌봄노동을 맡을 여성이 없는 경우에만 남성이 돌봄을 한다는 증거가 있지만(Gerstel and Gallagher, 2001), 남성의 경제적 지위와 혼인관계도 이런 관행을 결정짓는 한 요인이다. 독신으로 사는 토니와 피어스 같은 저소득 농부는, 부분적으로 상속을 통해서 일차적 돌봄 수행자가 되었지만 돌봄과 재정적인 면에서 다른 대책이 없었기 때문에 이런 선택을 했다. 성별화된 규범은 돌봄 역할을 결정하는 경제적 지위 및 혼인관계와 결부되어 있다.


## 사회계급 문제

돌봄 서비스를 포함해 양질의 공공서비스를 누리려면, 국가가 이 분야에 투자를 해야 한다. 하지만 아일랜드는 EU에서 사회적 지출이 가장 낮은 축에 속하는 나라다. 사회적 보호, 교육, 보건에 대한 투자가 27개 회원국 가운데 아래서 네 번째다. 국내총생산GDP의 27.5%를 이런 서비스에 지출하는데, 유럽의 최빈국인 리투아니아, 라트비아, 에스토니아보다 겨우 2~3% 많은 수준이다. 이에 반해, 스웨덴은 GDP의 50%, 독일은 45.6%, 오스트리아는 42.6% 정도를 사회적 지출에 쓰고 있다. 폴란드도 33.6%, 체코는 31.7% 정도를 사회적 지출에 투자하는데, 이는 아일랜드보다 상당히 높은 수준이다(Central Statistics Office, 2007b: 표 4.1과 표 4.2). 공공서비스에 대한 사회적 투자의 부족은 일반적으로 돌봄 분야에서 나타난다. 2004년에 발표된 EU의 아동보육 연구에서, 아일랜드는 육아지원과 출산휴가 면에서 (영국과 나란히) 최저 수준으로 평가되었다(European Commission, 2004: 8). 아일랜드는 공공 아동보육 분야에서 15개 창설 회원국 중 가장 열악했고 덴마크가 가장 양호했다(상동, 2004).

아일랜드와 같은 계급적 분단 사회에서 국가 서비스에 의지하는 사람은 대부분 가난하기 때문에, 그리고 그 같은 서비스에 대한 투자 부족은 곧 그 서비스가 널리 이용가능하지 않고 충분하지도 않음을 의미하기 때문에, 휴식보호서비스, 아동보육 등 돌봄지원에 대한 국가의 투자 부족으로 가장 타격을 입는 사람은 저소득층이다. 따라서 사람들이 할 수 있는 돌봄의 형태가 소득, 자원, 사회계급에 따라 달라지는 것은 당연하다. 공공서비스의 혜택을 받지 못하는 경우에는 돌봄 비용이 다른 가족에게 전가된다.

톰은 의무교육을 마칠 무렵 학교를 중퇴하고 다양한 미숙련 노동을 해온 남성이다. 그는 건강이 나빠서 불구·폐질 연금을 받았고, 소득이 매우 적어서 의료카드medical card를 갖고 있었다.[2] 그런데 그는 그의 아버지 같이 노령이고 매우 의존적인 사람을 돌보는 데는 숨은 비용이 많이 소요됨을 알게 되었다. 이 비용들은 돌봄 수행자에게 지급되는 수당으로는 충당할 수 없었다.

> 그리고 뭐든 요청하면 대부분의 물품은 값을 치러야 해요. 아빠를 위한 일회용 기저귀, 베이비오일, 베이비로션, 연고제, 이런 것들은 사야 해요. 그뿐 아니라 과일도 그래요. 네 묶음씩 있어요. 그런 건 의료카드로는 얻을 수 없어요. 이게 저의 네 번째 믹서예요. 먼저 썼던 세 개의 믹서는 매일 사용해서 고장 났어요. 제가 아빠에게 고기를 드릴 때는 걸쭉하게 퓌레로 만들어 드려야 하거든요. _톰, 독신, 50대, 아버지를 종일 돌봄.

톰은 휴식보호서비스를 받을 때조차, 아버지가 들어가 있던 공공병원에 그

---

2   아일랜드에서 의료카드는 소득조사결과에 따라 지급되며, 카드를 지급받은 사람은 일차의료 서비스를 무상으로 이용할 수 있다. 따라서 의료카드는 저소득층의 증표다.

를 적절히 돌볼 수 있는 자원이 없어서 불만이 많았다.

…… 그들은 그를 다루지 못했어요. 그가 목욕을 하고 싶어 하면 그를 승강 장치
에 태워야 했기 때문에…… 그땐 참 이상했어요. 호이스트가 없으면(호이스트는
병원의 주요 설비에 들어가요. 전부 다 해서 한 개만 있었을 겁니다), 감당할 수
없는데…… 바지 벗고 목욕하는 것 등을 거들어주려면 승강 장치가 두세 개는 있
어야 해요…… 그걸 할 준비가 되어 있지 않았죠. 대비도 안 한 거예요. 그들이 하
는 말이라고는 고작 아버지의 장애가 너무 심하다는 거였어요. 이게 3년도 더 지
난 일입니다. 그래서 (그 후로) 제가 매일같이 돌보고 있어요. _톰, 독신, 50대, 아
버지를 종일 돌봄.

제인과 질, 데브라, 알렉스 같이 소득이 괜찮은 전문직 부부는 돌봄 영역에
서 톰과는 아주 다른 입장에 있었다. 그들은 돌봄에 관해 선택할 수 있었고 그
들이 원하는 형태의 돌봄을 감당할 만한 여유가 있었다. 그들은 가난한 사람
은 할 수 없는 방식으로 돌봄 조력자들을 통제할 수 있었다.
제인과 질은 고등교육을 받은 전문직 부부다. 제인은 그녀와 파트너 질이
자신들의 돌봄을 보완하는 데 필요한 돌봄을 살 만한 여유가 있다고 설명했
다. 그들은 필요할 때면 아이들을 위해 민간 돌봄 서비스를 이용할 수 있었다.

우리는 토마스를 어린이집에 보내는 데 돈을 내요. 아동돌보미에게 보낼 때도 돈
을 내고요. 우리가 밤에 외출하고 싶으면 아이를 돌봐줄 다른 누군가를 구한 경우
외에는 보수를 지불해야 돼요. 그건 큰돈이 아니죠. 그건 두 아이가 보육기관에
다니면 부담하게 될 담보대출 상환금이 아닙니다. _제인, 질의 파트너, 초등학생
두 명을 일차적으로 돌봄.

데브라와 알렉스도 고등교육을 받고 전문직 직업에 종사하는 사람들이다.
그들은 어린 아들을 위해 취학 전 돌봄을 이용할 수 있었으며, 최근에는 다니

기 편한 곳에 아이들과 휴식을 취할 수 있는 별장을 구입했다. 그리고 돌봄에 관해 알렉스의 어머니에게서 큰 지원을 받았다. 괜찮은 소득과 할머니의 지원은 있었지만 다른 성인을 돌볼 책임은 없었기 때문에 데브라는 일주일에 이틀은 전일제로, 하루는 반일제로 유급노동을 할 수 있었다.

저는 빈곤 문제는 없어요. 노부모 문제도 없고요. 거기다 특히 알렉스의 어머니에게서 막대한 지원을 받아요. …… 제가 전일제로 일하는 날엔 알렉스의 어머니께서 아이들을 돌봐주시는데, 두말할 나위 없이 좋아요. 그뿐만 아니라…… 우리가 부모님을 돌봐야 하는 문제도 없어요. 우리 부모님이 우리를 도와주고 계시죠. 아시겠지만 그건 엄청난 차이예요. …… 어머님은 아주 가까이에 살아요. …… 그래서 그녀는 아침에 집에 오십니다. 아주 좋아요. …… 음 그(노엘, 막내 아이)가 이유아그룹에 가지만 그녀가 데려다 줘요. _데브라, 알렉스와 결혼, 취학 전 아동 한 명과 초등학생 한 명을 일차적으로 돌봄.

엘리자베스 역시 중간계급 어머니로서 사업을 성공적으로 운영하고 있었다. 그녀는 돈이 중요하다는 사실을 절실하게 알고 있었다. 자녀들 중 한 명이 난독증dyslexia을 가지고 있는데, 공공 재원이 지원하는 돌봄지원이 부족해 돌봄 서비스를 이용하는 데 많은 비용이 들어간다는 점을 잘 알고 있었다.

우리는 다만 얘기할 뿐이에요. 우리가 그에게 쓰고 있는 돈, 특히 처음에 정신분석하고 다양한 패키지를 처방받는 데 들어가는 돈에, 또 누군가를 한 시간 만나는 데 여기서 수백 유로, 저기서 수백 유로가 들어요. 우리는 정말 돈에 관해 생각하지 않아도 됐어요. …… 하지만 당신이 그래야 한다면 곤란을 겪을 겁니다. _엘리자베스, 누알라의 파트너, 초등학생 두 명을 이차적으로 돌봄.

이들 가정과 대조적으로, 숀과 클로다는 전일제로 일하지 않을 방도가 없었다. 숀의 직업은 판매원이었고 매주 여러 번 출장을 다녀야 했다. 그의 아내 클로다는 은행 지점의 중건 행원으로 일했다. 클로다가 원해서 전일제 근무를 하지 않는 동안에는 그들은 재정적인 문제에서 거의 대책이 없었다.

> 모린: 두 분이 모두 전일제로 일하겠다고 결정하게 된 주된 이유는 무엇입니까?
> 숀: 돈. 재정이에요! 살림을 꾸려가기 위해서는 우리 둘 다 일을 해야 했어요. 정말로 그 밖의 다른 고려사항은 없어요. 제 말은 다른 걸 고려하는 게 불가능했다는 거예요. _숀, 클로다와 결혼, 초등학생 세 명을 공동으로 돌봄.

숀은 돌봄노동에 관해 고용주와 협상할 입장에 있지 않았다. 특히 아이를 돌보는 다른 사람들처럼 그 역시 아이들이 아플까봐 늘 걱정했는데, 그럴 때도 휴가 낼 형편이 되지 못하기 때문이었다. 아이들이 아플 경우 어떤 일이 생기는지 그리고 누가 휴가를 내는지 이야기하면서, 숀은 다음과 같이 말했다.

> 뭐랄까, 대체로 클로다라고 말할 수 있어요. 아시잖아요. 저는 대신해서 근무해줄 사람이 없으면 쉴 수가 없어요. 어떤 것도 해결하지 못해요. 직장은 당신 거고 출근하지 않는다면 당신이 비난받을 거예요. (회사가 비난받는 게) 아니죠. 그 뭐냐, 제 말은 직장에 다니고 있는 사람이 바로 당신이라는 거예요. 그래서 아픈 걸 해결할 수 없어요. _숀, 클로다와 결혼, 초등학생 세 명을 공동으로 돌봄.

돌봄에서는 속성상 그것의 필요조건을 예측할 수 없다. 돌보기와 사랑하기를 잘하려면 유연성과 융통성이 있어야 한다. 그럼에도 유급으로 고용된 대부분의 사람들에게는, 근무시간에 유연성이 거의 없다. 법적으로 요구되지 않는 한 돌봄에 협조하지 않아도 된다는 의미에서, 유급노동 세계에 돌봄은 없는 것으로 보인다. 임의규정인 가족친화정책에 관해 클로다가 언급한 바와 같이, 그 규정의 시행은 피고용인이 아니라 고용주의 재량에 달려 있다. 그래서 판매직, 은행업, 관리직 등과 관련된 일자리에는 돌봄이 필요로 하는 그런 유연성이 없다. 컨설팅 같은 분야에서 자유업을 하는 사람이나, (예컨대 방학 중 공무원에게 주는 '장기'휴가 같은) 재량사항을 노동조합과 협상하는 특정 유형의 직장은 돌봄에 맞춰 유연할 수 있다. 하지만 대부분의 사람은 이런 유연성을 누릴 수 없는데, 기술을 필요로 하지 않는 단순 반복 업무를 하는 사람이 특히 그렇다. 미숙련 노동자는 쉽게 대체될 수 있기 때문에 일자리를 잃을까 두려워 돌봄을 위한 유연성을 요구하지 않는다. 따라서 사회계급은 판이한 두 방면에서 돌봄에 영향을 준다. 한편으로 민영화된 돌봄 시스템은 저임금 노동자들이 유료 돌봄을 이용할 수 없게 한다. 다른 한편으로는 저임금 일자리의 자율성 결여 때문에 일차적 돌봄을 수행하는 사람들의 유연성이 제한된다.

### 홀로 돌보기

반려자와 함께 사는 사람들은 돌봄을 수행하는 데서 사회계급, 젠더 등에서 야기되는 도전에 직면했지만, 홀로 돌보는 사람들이 가장 큰 도전을 경험했다. 이런 상황은 고립되었기 때문에 또는 외벌이로는 생계를 유지하기가 어렵기 때문에 발생했다.

'공동체 돌봄' 또는 '가족 돌봄'이라는 수사修辭가 돌봄에 대한 공론에서 그토록 강조되지만, 이는 돌봄의 대부분을 여성이 감당한다는 사실뿐 아니라 단신 돌봄 수행자가 겪는 고립과 자원 부족도 은폐하는 경향이 있다. 가족 또는 공동체 돌봄이라는 개념은, 돌봄 수행자를 지원하는 그룹이 있거나 최소한 반려자 같은 지원하는 사람이 있다고 암묵적으로 가정한다. 가족들(때로는 친구들) 중에 그런 사람이 없는 이들을 위한 지원서비스를 시행하겠다는 공약은 찾아보기 어렵다.

### 어린아이 홀로 돌보기

돌봄대화에서는 한부모 돌봄에 대한 유사한 국제 연구와 밀접히 연관되는 이야기가 나왔다(Oliker, 2000). 보육비용이 맞벌이 가계예산에서 염출된다는 가정을 전제로 정해지고 있을 뿐 아니라, 한부모들은 한부모 가정이기에 겪게 되는 정서적·사회적 고립도 헤쳐가야 했다. 낙인찍히는 것도 한부모인 사람들이 겪는 경험의 일부다.

우리와 대화한, 어린아이를 둔 한부모 가정들(수전, 사샤, 폴러, 리자이나)은 여유가 없어서 유료보육을 이용하지 못했다. 어린아이를 일차적으로 돌보는 사람이 혼자서 돌봄노동과 유급노동을 병행하는 것은 불가능했다. 보육료가 소득에 비해 너무 비싸다는 이유뿐 아니라 유급노동과 돌봄에 맞춰 시간을 관리하기가 어렵다는 이유도 있었다. 지금은 폴러의 아이들이 다 자랐지만, 아이들이 어렸을 때는 유료보육을 이용할 수 없었다. 그녀는 아이들이 취학하기 전까지 오로지 한부모가족수당에 의지해 살았다. 사샤도 우리와 대화할 당시 막내아이가 학교에 가기에는 너무 어려서 전적으로 한부모가족수당에 의지해 살고 있었다. 그녀는 시간제 일자리를 원했지만, 버스를 타고 큰 아이 둘을 학교에 데려다주고 데리러가는 일을 계속해야 하는 등 스케줄이 빡빡한 탓에 몇 시간짜리 일도 구하기 어려웠다.

수전은 직업을 가지고 있었고 라자이너는 대학원에서 공부를 하고 있었지만, 유료보육을 이용할 수 없었던 것은 마찬가지였다. 수전은 매우 협조적인 부모, 특히 방과 후 저녁 시간에 아들을 돌볼 수 있는 아버지에게 많이 의존했다. 그래서 일하는 데 필요한 강습을 받을 수 있었다. 그녀는 선택의 여지가 없어 이렇게 할 수밖에 없다는 점 때문에 마음이 편치 않았다.

저는 야간에 경영학 강의를 듣고 있어요. 저녁 10시 15분 정도까지는…… 귀가하지 못해요. 저녁 6시부터 10시 15분까지, 그만한 시간을 샘(그녀의 아들)과 떨어져 있을 수밖에 없는 거예요. 그리고 너무 멀어서, 무슨 일이라도 생겨서 그를 집에 혼자 남겨둔다면…… 그래서 엄마는 밤에 일하시기 때문에 아빠가 그를 돌봐요. 아빠는 6시에 귀가하죠. 그리고 아빠가 귀가할 때면 샘이 거기 있어요. 월요일에는 아빠가 샘에게 저녁을 차려주고 샘은 잘 먹어요. 제가 6시 10분 전에 샘을 직접 친정집에 데려다줘요. 그 전에 제 일은 마치죠. _수전, 독신, 청소년 자녀 한 명을 일차적으로 돌봄.

수전은 가족의 지원 덕분에 직장에 다닐 수 있었지만, 죄책감과 불안감이 생기지 않을 수는 없었다. 즉, 감정비용이 들어갈 수밖에 없었다.

그래서 저는 늘 "내가 아빠에게 신세를 졌구나"라고 생각해요…… 그게 일시적일 뿐이고 몇 달 동안 만이더라도 말이에요. 부모님은 정말 선량해요. 정말 기꺼이 도와주는 식이세요. 저는 그들이 단 한번이라도 제가 그들을 이용했다고 생각하지 않기를 바랄 뿐이에요. 무슨 뜻인지 아시죠? _수전, 독신, 청소년 자녀 한 명을 일차적으로 돌봄.

리자이나는 동유럽에서 왔고 아일랜드에 사는 가족은 아무도 없었다. 그녀는 이혼했으며 돌봄 면에서 완전히 혼자였다. 그녀는 민영 임대숙소에 살고 있었는데, 그 숙소는 비싸고 불안정하며 '외국인'으로 보이는 사람이 이용하기는 어려웠다. 그녀가 가진 돈도 매우 적었다.

제 말은 결코 나가지 않을 거라는 거죠. 결단코. 저는 나갈 형편도 못돼요. 저는 담배도 안 피우고 술도 전혀 마시지 않아요. 저는 근근이 살아가고 있을 뿐이에요. 제가 입는 옷은 중고품이 많아요. _리자이나, 이혼, 청소년 자녀 한 명을 일차적으로 돌봄.

3장에서 언급했듯이, 리자이나는 그녀가 받은 육아수당이 턱없이 적고 한부모가정지원도 부족해서 모든 것이 제대로 돌아가지 못한다고 믿었다. 그녀는 육아수당을 '조롱'이라고 묘사했는데, 특히 한부모에게는 생계비에 비해 너무 적었기 때문이다. 그녀의 이민법상 신분 역시 생활을 어렵게 만들었으며, 그녀의 자격(학위 및 졸업장)과 고국에서의 경험은 인정되지 않았다.

그들은 항상 "당신은 이 나라에서 일을 해본 경험이 없어요"라고 말해요. 모든 걸 갖추고 있고 졸업장은 ○○(국가 이름)에서 준 거고 그곳에서 경험이 있어요. (그러나 그들이 말하길) "아니에요. 당신은 경험이 없어요. 취직한 적이 없잖아요."
_리자이나, 이혼, 청소년 자녀 한 명을 일차적으로 돌봄.

그녀가 취직하기 위해 필요한 대학원 과정을 시간제로 이수하는 동안에 재정적 지원을 전혀 받지 못했다는 것은 그녀에게 아이러니였다.

만일 당신이 시간제로 공부하면 모든 걸 잃을 거예요. 정부의 장학금이나 기업(지방 당국)의 장학금을 받지 못해요. _리자이나, 이혼, 청소년 자녀 한 명을 일차적으로 돌봄.

저소득층 한부모들은 재정적으로·정서적으로·사회적으로 또 신분상승 면에서 매우 제약이 많은 삶을 살고 있었다. 한부모들은 직업을 가지고 있을 때도, 일차적 돌봄 수행자로서 많은 돈을 써야할 뿐 아니라 다른 사람에게 책임을 쉽게 전가할 수도 없다. 모든 부모가 그렇듯, 유연하지도 않고 협상할 수도 없는 시간과 공간이 그들을 얽매고 있었다(McKie et al., 2002). 부부에 기초한 가정들은 그들끼리 시간, 공간 및 유급노동 사이의 접점을 협상할 수도 있지만, 한부모는 그와 같은 선택지를 갖고 있지 못했다.

## 성인 홀로 돌보기: 어려운 여건에 압도됨

성인 피부양자를 돌보는 일은 일반적으로 돌봄 수행자의 건강, 소득, 연금, 수면, 여가 및 삶의 질에 장기적으로 중대한 영향을 준다(Bittman, 2004 참조). 어떤 사람이 혼자서 장기적으로 한 명 이상의 성인을, 특히 함께 살면서 돌볼 경우에는 부담이 훨씬 크다(상동).

우리와 대화를 나눈 한부모들은 돌봄과 유급노동, 또는 돌봄과 복지, 또는 유급노동, 돌봄, 교육을 한꺼번에 해내기 위해 분투했는데, 그들은 이것이 아무리 힘들더라도 끝이 보이는 하나의 단계라고 여겼다. 그러나 의존적인 성인을 돌보는 사람들은 이런 관점을 갖지 않았다. 그들은 자신의 돌보는 삶, 종종 지원과 공공서비스 부족으로 심각하게 제한되었던 그런 삶이 빠른 시일 내에 끝날 것이라고 예상할 수 없었다.

멜라니는 신체장애가 있는 남편과 지적장애를 가진 성인 자녀 두 명을 돌보고 있었다. 돌봄을 하면서 그녀는 희망 없는 미래와 탈진을 경험했다.

그리고 아이들을 돌볼 때처럼, 뭐랄까, 아이들이 자라나면 둥지를 떠나잖아요. 하지만 이게 그들에겐 일어나지 않을 일이란 걸 알고 있어요. 아시겠어요? 그건 바로 계속되리라는 걸, 끝이 없다는 걸 뜻하죠. …… 솔직히 말해 그들이 독립 단계에 이를지 잘 모르겠어요. 저는 그걸 원하는데 말입니다. _멜라니, 피터와 결혼, 남편과 성인 자녀 세 명을 돌봄.

그녀의 분노감은 가용한 지원의 부족 때문에 더욱 격해졌는데, 지원 부족은 이런 돌봄에 가치를 두지 않음을 반영한다.

현실적으로 누구와도 나눌 수 없는 무거운 짐을 졌는데 혼자서 감당하기엔 너무 많아요. 그리고 아무리 힘들어도 그걸 계속 견뎌야 해요. 저는 그게 가장 힘든 부분이라고 생각해요. 혹시라도 가족이 많거나 뭔가 도와주는 의지할 사람이 있다면 조금은 수월할 겁니다. _멜라니, 피터와 결혼, 남편과 성인 자녀 세 명을 돌봄.

충분한 지원이나 휴식보호서비스를 받지 못한 상태에서 돌봐야 했을 때, 돌봄은 극도의 피로감과 좌절감을 불러일으켰다. 발레리는 건강이 만성적으로 악화되어온 어머니와 아버지를 7년 동안 돌보고 있었다. 그녀는 일이 줄어들지 않는다는 것을 알게 되었다. 그녀는 지역사회 병원에서 제대로 된 휴식보호서비스를 받았지만(우리가 인터뷰한 다른 사람들과 비교했을 때 큰 지원이다. 4주 단위로 1주의 휴식보호를 받을 권리가 주어졌는데, 병상이 부족해서 늘 지켜지지는 않았다), 충분하다고 생각하지 않았다. 아픈 사람 두 명을 돌보다보면 그녀는 휴식보호서비스를 받을 때가 되어서는 탈진 상태에 이르렀다.

그러나 자신에게 계속 얘기해야 돼요. 휴식보호 주간이 다가온다. 그러니 버텨라. 버텨야 한다. 그리고 그때는 간신히 견딜 수 있어요. 그들 중 한 명이 아플 때는 두 명 모두 아플 때를 생각해보죠. 정말 아드레날린이 솟구쳐요. 신경이 바짝 곤두서죠. 저는 어떤 사람도 그리해야 한다고 생각지 않아요. 정말로 그래요. …… 저는 휴식보호 주간을 고대하며 지내요. 그리고 그 주에 가능한 한 많은 걸 하려 해요. 그러니까, 밖에 나가서 돌아다니기도 하고…… 완전히 기진맥진해지고, 말했듯이 스트레스는 다른 무엇보다도 자신을 괴롭히죠. 정말 극복할 수 없다고 생각한 때가 여러 번 있어요. 어떤 선택의 여지가 있겠어요? _발레리, 독신, 양친을 종일 돌봄.

발레리가 돌봄 수행자에 대한 지원의 상대적 부족에 관해 완전히 체념했지만, 아니타는 그렇지 않았다. 그녀는 지적장애인에 대한 지원과 휴식보호서비스를 얻기 위해 적극적으로 싸웠다. 그녀는 대화를 하는 동안 그녀의 딸에 대한 지원과 휴식보호서비스 부족에 관련된 문제를 스물여섯 번이나 언급했다. 그녀가 알기로는, 돌봄지원을 받을 수 있는 방법은 투쟁뿐이었다.

저는 딸에게 필요한 걸 얻으려고 지루하게 싸우고 있어요. 그리고 지금껏 제가 얻은 건 죄다 싸워서 얻은 거예요. 주간보호센터에서 별도의 도움을 곧바로 준 적은 한 번도 없어요. …… 3년이나 3년 반 전에 영국에서 귀국했는데 서비스를 받으려고 거의 1년을 기다렸어요. _아니타, 별거, 성인 자녀를 돌봄.

휴식보호서비스를 이용할 수 있는 경우에도 언제나 완벽하지는 않았다. 소득이 적은 사람들은 서비스가 아무리 불만족스러워도 제공된 서비스를 이용하는 것 외에는 선택의 여지가 없었다. 톰은 3년 전에 그의 아버지를 매주 수요일에 주간보호센터에 보내게 되었다고 설명했다. 그리고 당시에 이용할 수 있을 것이라고 생각했던 물리치료를 받지 못했으며 결과적으로 "그의 팔이 완전히 굳어지고 손가락이 구부러졌다"라고 덧붙였다. 돌봄에는 부축하기 같은 육체노동과 대소변 받아내기 같은 궂은일이 수반된다. 톰의 사례에서 주간보호서비스는 한 달밖에 가지 않았다.

저는 ○○(병원 이름)에서 수요일에 전화를 받았어요, (그 후) 아버지는 한 달 동안 거기에 다녔어요. "우리는 당신 부친을 더 이상 수발들지 못하겠어요. 장애가 너무 심해요." 그때 그들은 전문가였어요. 하지만 그들이 주간보호센터에 두기 원했던 건 제가 '걸어 다니는 부상자'라고 부르는 부류예요. 한 달 동안은 근사했죠. 그러나 한 달 뒤에 다 끝났어요. 아버지를 수발들 수 없었던 거예요. _톰, 독신, 아버지를 종일 돌봄.


## 결론

이 장에서 우리는 젠더, 계급, 가족상황이 돌봄에서의 불평등을 어떻게 구조화하는지 보여주었다. 돌봄 영역은 고도로 성별화되어 있고, 적합한 여성이 없지 않는 한 여성이 기본적 돌봄 수행자가 되는 사회적 공간인 무급의 가족 돌봄이 존재한다. 아일랜드에서 대부분 돌봄노동인 가사노동을 무급 전일제로 하는 사람의 99%는 여성이며(Central Statistics Office, 2007b: 10), 유급 돌봄노동을 하는 사람도 대부분 여성이다. 미국과 캐나다를 포함한 다른 OECD 국가에서도 패턴은 똑같다(Bittman, 2004). 하지만 돌봄 책임을 모든 여성들(또는 일차적 돌봄 수행자인 남성들)이 동등하게 경험하는 것은 아니다. 저소득층 돌봄 수행자는 특히 취약하며, 필요한 돌봄지원을 필요할 때 이용할 수 없다. 그들은 종종 아이들이 어릴 때, 양질의 아동보육 서비스를 이용할 수 없어서 결국에는 고용시장에서 축출되는데, 실업이 그들의 빈곤을 한층 더 악화시킨다. 성인을 돌보는 저소득층은, 손쉽게 이용할 수 있는 민간 서비스를 살 여유가 없어서 국가의 돌봄 서비스를 이용하기 위해 종종 오랫동안 기다려야 한다. 휴식보호서비스나 재가요양home help 같은 지원도 보통은 단기간이고 그들이 요구하는 바에 적합하지 않다. 더욱이, 직장에 다니는 저소득층 돌봄 수행자는 대개 자기 식으로 돌봄을 해내는 데 필요한 자율성과 유연성을 확보할 수 없는 일자리에서 일하고 있다.

홀로 돌보는 사람도, 피보호자가 어린아이든 성인이든 돌봄 관점에서 무거운 짐을 지고 있다. 이는 특히 이들이 접근하고 이용할 수 있는 돌봄지원서비스가 부족하기 때문이다. 부부에 기초한 가정은 돌봄 분업이 아무리 불평등하더라도 돌봄 책임을 공유할 수 있지만, 홀로 돌보는 사람에게는 그러한 선택지가 존재하지 않는다. 홀로 돌보는 가난한 사람은 거의 자립하지 못한다. 그들은 사회적 고립, 스트레스, 여가 부족, 총체적 탈진을 겪고 있다. 무급으로 성인을 돌보는 경우, 그들이 가난하고 지원도 받지 못한다면 돌봄의 부담은 유난히 무거워질 것이다. 돌봄의 부담은 자립할 수 있는 미래에 대한 희망이 부재하기 때문에, 또 돌봄을 수행해야 하는 기간이 정해지지 않았기 때문에 더욱 가중된다.

시민에 대한 돌봄 배제 관점이 공공정책 입안자들에게 영향을 미친다는 것은, 이미 경제적으로 취약한 사람들이 돌봄을 위한 자원을 조달하기 어렵기 때문에 훨씬 더 취약하게 된다는 것을 의미한다. 이는 저소득층 여성과 남성에게, 성인과 아이들을 홀로 돌보는 사람에게 두말할 나위 없는 사실이다.

그렇기 때문에 정동적 불평등을 가늠하는 데서, 우리는 젠더뿐 아니라 계급과 가족상황도 고려할 필요가 있다. 일반적으로 말해, 성차별의 결과는 정동체계 안에서 여성이 남성에 비해 불이익을 당한다는 것이다. 하지만, 계급 기반 불평등은 대체로 경제적으로 유리한 돌봄 수행자가 경제적으로 불리한 돌봄 수행자보다는 형편이 낫다는 것을 의미한다. 더욱이 홀로 돌보는 사람은 본래 다른 사람의 정서적·실제적 지원을 받을 수 없기 때문에, 성인 두 명이서 돌봄을 분담할 수 있는 가족들 속에 사는 사람보다 형편이 좋을 수 없다. 이렇게 젠더, 계급, 가족상황 요인들이 교차하며 정동적 불평등이라는 복잡한 패턴을 만들어낸다.

# 6

## 사랑노동:
## 권력관계와 상호성

캐슬린 린치 · 모린 라이언스 · 세라 캔틸런

돌봄에 대한 연구는 대부분 돌봄 수행자의 관점에서 이루어진다(Hughes et al., 2005). 이러한 연구에서 돌봄 수행자는 주는 사람으로, 돌봄 수혜자는 받는 사람으로 재현된다. 돌봄 수혜자는 곤궁하고 돌봄 수행자는 덜 곤궁하다. 돌봄 수행자는 강하고 건강하며, 돌봄 수혜자는 약하고 취약하다. 돌봄에 대한 이러한 이해는 돌봄을 대단히 비대칭적인 관계로 묘사하며, 돌봄 수행자가 돌봄 수혜자에게 권력을 행사하는 현저한 권력 불평등이 돌봄 내에 존재할 것이라고 예상하게 만든다.

이 장에서는 이러한 이해에 문제를 제기한다. 우리는 먼저 돌봄과 권력 간 관계에 대해 장애인운동의 활동가들이 취하는 입장을 고려하며 이슈에 대한 일반적인 논의를 시작한다. 그리고는, 돌봄 수행자와 수혜자를 심층 인터뷰한 30건의 돌봄대화와 10대 청소년이 참여한 두 개의 초점집단 연구(서문 및 부록 참조)에서 얻어진 자료를 이용해, 돌봄 수행자들과 몇몇 돌봄 수혜자들이 일차적 돌봄 환경에서 경험한 사랑과 돌봄에 대해 갖고 있는 견해를 검토한다. 우리는 돌봄 수행자에게 권력과 통제력이 행사되는 면을 보여주고, 특히 사랑노동 형태의 돌봄에서 핵심이 되는 상호성과 상호의존을 보여준다. 이 장은 돌봄관계 내의 권력관계에 주로 관심을 가진다. 이어지는 7장에서는 돌봄 수행자와 그들의 돌봄노동에서 이득을 보는 제3자 사이의 권력관계 이슈를 거론할 것이다.

## 장애, 돌봄, 권력

장애인운동가들은 돌봄 수혜자가 '곤궁한' 또는 '부담되는' 존재로 재현되는데 강하게 반발했으며, 영국의 일부 운동가는 돌봄 개념과 완전히 절연했다(Wood, 1991). 장애인 학자들은 장애인을 위한 돌봄을 조직하는 방식은 전통적으로 자율권 박탈과 억압이었다고 강조했다. 많은 장애인의 의존이 제도화되고, 그럼으로써 장애인들이 삶의 질을 포기하고 인생의 기회를 접게 만든다는 근거가 제시되었다(Oliver, 1993). 모리스(Morris, 1991, 1993)도 페미니즘 계열의 연구가 장애인의 관점에서 돌봄이 억압적으로 이루어지는 방식에 충분히 주의를 기울이지 않았다고 비판했다. 의존 문제에 대한 해법으로서 개인 활동보조인에게 보수를 직접 지불하는 방안과 자활Independent Living이 제안되었다. 셰익스피어(Shakespear, 2006: 136)가 언급했듯이, 자활은 영구적인 신체장애를 가진 사람과 만성적인 퇴행성 질환 및 장애를 가진 사람이 가장 많이 활용하는 선택지다. 특별한 돌봄과 지원을 추가로 필요로 하는 사람들은, 아이부터 쇠약한 노인에 이르기까지,[1] 활동보조인의 보수를 직접 지불하거나 자활을 조직해낼 입장에 있지 않았다. 그래서 자활은 그것을 조직해서 영위할 능력이 있고 원하는 사람에게나 알맞은 것이지, 의존도가 심한 사람들은 비록

---

1   그가 열거한 사람들은 갓난아기, 어린이, 청소년, 일시적 질환이나 장애를 가진 사람, 불치병 환자, 경미한 학습장애를 가진 사람, 중증 학습장애를 가진 사람, 정신건강에 문제 있는 사람, 노쇠한 고령자, 고령의 치매환자 등이다(Shakespeare, 2006: 136).

그들이 자활을 원한다고 하더라도 활용할 수 없다. 게다가 모든 유형의 돌봄 방식들은, 유연성, 신뢰성, 사생활, 위험, 행위성agency, 선택, 책임 및 통제 면에서 강점과 한계를 갖고 있다(같은 책: 149). 일부에게 자율성은 의심할 여지가 없는 최우선의 가치이며, 이는 자활운동에서 자주 표명된다. 하지만 다른 사람은 자율성을 우선시하지 않거나 원치 않을 수도 있는데, 자활이 너무 높은 수준의 책임과 활동력, 위험을 수반할 수 있기 때문이다. 이는 특히 극심한 지적장애와 신체장애를 가진 사람에게 해당된다(Kittay, 1999).

비록 일부 사람들은 일생 동안 삶의 전반에 걸쳐 다른 사람보다 많은 돌봄을 요구하지만, 언젠가는 누구나 최종적으로 돌봄 수혜자가 된다(Shakespeare, 2006). 장애인 연구의 시각은 이 점을 부각시키지 못했다. 아무리 빈약한 돌봄이라고 하더라도 언젠가 돌봄을 받지 않을 돌봄 수행자는 없다(Lynch, 2007). 돌봄 수행자와 수혜자를, 오로지 돌봄을 주기만 하거나 받기만 하는 완전히 다른 범주의 사람으로 다룰 수는 없다. 중중의 신체장애자와 지적장애인은 돌봄 수행자가 될 가능성이 없긴 하지만, 광범위한 사람들이 인생의 여러 상황에 또는 각기 다른 시기에 돌봄을 주기도 하고 받기도 한다. 어떤 사람은 지적장애를 가진 아이를 한나절 돌보고 아이가 잠든 밤에는 친구나 배우자로부터 부양과 돌봄을 받는다. 아이들이 어렸을 때 정성을 다해 돌봐주었던 대부분의 부모도 늙고 쇠약해질 때까지 그리고/또는 심각한 장애가 생길 때까지 산다면 최종적으로 돌봄 수혜자가 된다.

돌봄 수행자와 돌봄 수혜자를 나누는 명료한 이분법은, 특히 일차적 돌봄관계에서 나타나는 특유한 상호의존, 호혜성, 상호성을 적절하게 담아내지 못한다. 돌봄은 상호성과 호혜성에 착근되어 있다(Strazdins and Broom, 2004). 호혜성이 아무리 제한적이더라도, 취약한 돌봄 수혜자로서는 끄덕임이나 손짓을 주거나 주지 않는 것으로 감사를 표할 수밖에 없지만, 돌봄관계에는 호혜적 차원이 있다. 돌봄이 가족 또는 한정된 공동체에서 이루어지는 경우에 돌봄관계는 장기간에 걸쳐 존재하며, 그 호혜성은 일반적 호혜성generalized reciprocity의 형태를 취한다(Sahlins, 1972). 자기에게 돌봄을 베풀어준 사람에게 반드시 돌봄으로 갚아주는 관계(균형적 호혜성balanced reciprocity — 옮긴이)는 아니다.

장애인 연구자들은 돌봄 수행자가 돌봄 수혜자에게 행사하는 권력과 돌봄이 항상 고상한 동기에서 이루어지는 것이 아니라는 사실에 제대로 초점을 맞췄지만, 돌봄이 언제나 돌봄 수행자의 주장대로 되는 것은 아니다. 이는 특히 돌봄 수혜자가 일정한 형태의 돌봄을 거부할 힘이 있기 때문이기도 하고 돌봄과 관련해 존재하는 문화적 관습 때문이기도 하다. 관계에서 한쪽이 상대방보다 훨씬 많은 사랑과 돌봄노동을 감당해줄 수 있지만, 일반적으로 돌봄 수혜자로 규정된 사람이 반드시 힘없고 침묵하는 당사자거나 누군가의 사랑노동을 수동적으로 받기만 하는 사람은 아니다. 질환이나 노쇠함 때문에 매우 취약해진 사람들은 돌봄에 대한 감사의 마음을 드러내기도 하고, 그렇게 하지 못하기도 한다. 그들은 자신의 돌봄 기대를 강화하기 위해 문화적으로 가용한 도덕적 명령을 환기시킬 줄 안다. 더욱이, 그들이 지닌 요구의 난해함이 돌봄 수행자는 바라지 않을 법한 수준까지 배려를 하게 만든다. 돌봄 수혜자가, 특히 여성 돌봄 수행자에게 통제력을 행사하는 것은 문화적으로 규정된 도덕적 명령의 효과를 통해서다(Bubeck, 1995; O'Brien, 2007).

취약하고 자신이 지닌 요구에 대해 소통하지 못하는 성인과 아주 어린 아이의 경우에는, 돌봄에 대한 도덕적 명령이 문화적으로 규정될 뿐 아니라 그들의 극심한 의존성에서 비롯되기도 한다. 즉, 생존 욕구를 충족해줘야 하는 데서 비롯되는 것이다. 취약한 피보호자의 생존에 필요한 기본적인 돌봄 요구를 충족하지 못하면 바로 눈에 띄는데, 이런 가시성이 그 자체로 돌봄 수행자에게 통제력을 행사한다. 그래서 취약성은 돌봄 수행자가 수혜자에게 권력을 행사할 수 있게 하지만, 동시에 돌봄 수혜자가 자신을 돌보는 사람에게 무언의 권력을 행사할 수 있게 해준다. 방임과 학대는 금방 눈에 띌 수 있기 때문이다. 그러나 사회가 가정이나 보호시설에서 이루어지는 돌봄을 감시하는 데 실패하면, 의존성 자체가 돌봄 수행자의 방임과 학대를 노출시키는 힘도 그만큼 제한된다.

장애인운동이 돌봄에 대한 담론을 제기하면서 충분히 주목하지 못한 점은,

인간이 정동적 관계의 현실, 특히 일차적 돌봄관계 안에서 산다는 사실이다. 인간은, 인간을 도덕적 행위주체로 행동하게 만들거나 '자기중심적'이기보다 '타인중심적'으로 행동하게 만드는 결속감과 유대감을 가지고 있다(Tronto, 1991, 1993). 인간의 삶은 경제적·정치적으로 결정되는 생존의 요구는 물론이고, 평범한 규범성에 의해서도 지배된다(Sayer, 2005: 35~50). 인간이 정동적 관계를 맺는 존재이기 때문에 인간에게 생기는 신뢰와 헌신이, 대부분의 경우 인간의 일차적 돌봄관계에서 중심이 된다. 사랑노동을 하는 사람은 오랜 기간 신뢰를 주고 헌신할 것으로 기대된다. 그들은 유급 돌봄노동자처럼 임시고용 단위로 돌봄노동을 하지 않으며, 흔히 말하는 일련의 장기적 기대에 구속된다. 그러한 기대는 문화에 따라 범위와 강도가 달라지고 또 철저하게 성별화되지만, 신뢰가 일차적 돌봄관계의 중심으로 남는다. 그러므로 돌봄 수혜자는 일차적 돌봄관계를 떠받치는 신뢰축적trust fund을 통해 돌봄 수행자에게 통제력을 행사한다. 돌봄 수행자 측에는 충분히 하지 않고 있다는 죄책감을 일으키고, 돌봄 수혜자 측에는 너무 많이 기대하고 있다는 죄책감을 일으키는 것이 바로 이 신뢰축적이다.

따라서 페미니즘 계열의 돌봄 연구가 여성이 남성에 비해 과도하게 많은 돌봄노동을 한다는 점을 강조하지만, 그리고 장애인 연구가 불필요한 돌봄 의존을 줄이는 것이 장애인을 위해 중요하다고 강조하지만, 돌봄관계 역시 상호의존관계, 상호성과 호혜성, 신뢰에 착근되어 있음을 인식할 필요가 있다. 돌봄 수행자가 수혜자에게 권력을 행사하지만, 그것은 문화적 관습과 관례에 의해, 피보호자의 생존 욕구에 의해, 그리고 개인의 정체성에 중심이 되는 신뢰성 추정에 의해 순화된다. 돌봄관계 내부에는 외부 관찰자에게 잘 보이지 않는 상호성과 호혜성의 관계들이 있다.

## 돌봄관계에서의 권력

수십 년 동안 돌봄 모형은 가정과 보호시설 모두에 뿌리를 두어왔는데, 여기서는 돌봄 수행자를 고결한 존재라고 추정했다(이차적 유급 돌봄 수행자 포함). 아이들을 포함하는 돌봄 수혜자의 시각은 거의 또는 전혀 주목받지 않았다(Archard, 1993). 돌봄 수행자들은, 특히 성인을 돌보는 경우, 충분한 감독과 규제를 받지 않고서 권력을 행사했고 때로는 남용했지만, 자유주의 정치의 틀에서 가족의 사생활은 신성불가침의 영역이었다(Hobson, 2000). 공적 영역에서 돌봄을 제공하는 인적서비스 종사자들은, 종종 장애인과 의존도가 높은 사람들에게 식민지풍의 관계를 강요하고 그들의 의존상태를 연장시키면서 경력을 쌓아간다. 하지만 이런 주제가 공적 담론에서는 채택될 수 없었다. 돌봄의 온정주의적인 자선 모형은, 취약한 사람을 어떤 이유에서든 행위성이 필요 없는 사람으로 보는 이데올로기와 학문에 의해 만연되고 강화되었다(McDonnell, 2007). 돌봄관계는 신뢰할 만하다고 추정되고 그 신뢰는 의심받지 않는 경향이 있어서, 예나 지금이나 돌봄관계에서 권력이 남용될 가능성은 상당히 크다. 부모의 돌봄 권력은 건성으로 단속되며, 중대한 방임과 학대로써 매우 심각한 범죄를 저지른 경우에만 처벌받는다. 손이나 매로 때리는 등 아이를 일상적으로 학대하는 것은, 극단적이지 않는 한 대부분의 나라에서 위법이 아니다. 가정과 요양원에서 노인을 방임하고 욕보이는 식의 권력 남용은 국제적으로 이제 막 인식되기 시작했다.

그럼에도 돌봄관계에서의 권력 남용 가능성에 지나치게 집중하면, 사랑노동으로 제공되는 일차적 돌봄이, 연속성과 애착이 포함된 나름의 역사와 미래상이 있는 기존 관계의 맥락에서 주어지므로, 개인적으로 규정되고 양도 불가능한 것이라는 실체를 보지 못할 수도 있다(Barnes, 2006: 8~9). 애착 관계도 권력 차원이 있다는 점에서 다른 인간관계와 다르지 않지만, 그 권력은 양방향으로 행사될 수 있다. 일차적 관계의 경우, 돌봄 수혜자가 돌봄 수행자에게 행사하는 권력은 관계의 신뢰성에 기반을 두고 있다. 신뢰가 깨질지라도 일차적 관계는 신뢰에 대한 기대로서 규정되며, 이를 저버리는 것은 기대한 바로부터 일탈하는 것이다. 돌봄 수행자의 태만, 방임, 학대가 혹시라도 알려지는 경우에는 그런 사실이 인정되면 처벌받는다. 따라서 돌봄 수혜자가 돌봄 수행자에게 통제력을 행사하는 명확한 방식은, 돌봄에 관한 문화적 규범을 돌봄관계에 끌어들이는 것과, 그들의 사랑과 돌봄에 대한 욕구를 정확히 말해서 돌봄 수행자에게 전달하는 것이다.

우리의 돌봄대화와 초점집단 연구에 참여한 지적장애인, 노인, 신체장애인, 청소년은 모두 각자의 관계에서 자신의 권력을 알고 있었다. 돌봄 수행자가 의존도 높은 사람을 일정한 시설보호에 맡겨둘 권력이 있음을 인지했더라도, 특히 성인 혈육을 돌보는 경우에 선택권이 제한된다는 것도 알고 있었다. 돌봄을 받는 사람들은 신뢰한다는 기대를 전하고 가장 바람직한 돌봄 형태를 정해둔 문화적 코드를 전달함으로써 돌봄 수행자에게 권력을 행사한다. 돌봄 수혜자로서의 취약성이 돌봄 수행자의 권력에 균열을 내기도 하는데, 돌봄 수행자는 때때로 그들이 제공해야 할 돌봄 수준을 선택할 여지가 거의 없음을 알고 있었다.

### 권력 행사: 도덕적 행위주체, 문화적 코드 및 생존 요건

발레리는 그녀의 부모들을 돌보는 데 전념하면서 자발적으로 그 일을 하고 있다고 주장했지만, 집에서 계속 부모를 돌보게 된 데는 부모의 욕구가 핵심적인 역할을 했다. 그녀는 스스로를 도덕적인 사람, 개인적인 희생이 크더라도 부모를 시설보호에 맡기지 않겠다고 결정하는 그런 사람이라고 여겼다.

> 그들은 지난 7년을 시설에서 보내지 않았어요. 당신은 항상 되돌아볼 수 있고 최선을 다했노라 말할 수 있어요. 저도 확실히 그랬어요! 그러길 바라죠! 그런데 그들이 시설에 갔다면, 그걸 감수해야 했을 거예요. 옳든 그르든 말이죠! 저는 기질상 그걸 할 수 없다고 생각해요. 정말로 그게 전부예요. _발레리, 독신, 양친을 종일 돌봄.

하지만 그것은 완전히 발레리에게 달려 있는 선택이 아니었는데, 그녀의 부모들이 어떤 종류의 돌봄을 받을지 결정하는 데서 그녀에게 권력을 행사했다. 그들은 수동적인 돌봄 수혜자가 아니었다. 발레리는 부모들이 그녀의 존재가 주는 안도감을, 그녀를 필요로 하지 않는 시점에도 언제든 부를 수 있도록 그녀가 곁에 있는 것을 원했다고 언급했다.

"네가 바로 내 뒤에 있는 걸 볼 수 있는 한 나는 괜찮아"라는 식이죠 . …… 그들은 자신들만 생각하는 거 같아요. 그들은 보살펴주길 원하고, 비용에 상관없이 돌봐주길 원해요. 그들은 비용에 관해선 생각조차 하지 않죠. 그것 또한 두려운 측면이에요. 잘 생각해보면, "그녀가 죽으면, 저 역시 죽을 거예요"라는 뜻이에요. _발레리, 독신, 양친을 종일 돌봄.

그녀의 어머니는 요양원에 들어가는 방안에 강하게 저항했으며, 발레리는 이 점을 잘 알고 있었다.

그래요. 하지만 엄마는 분명히 그렇게 말할걸요. "나는 거기에 안 간다!"라고. 그들이 정신력을 가지고 있을 때 상황이 더 나쁜 거예요. 그러니까 그들은 온전해요. 정신상태가 완전히 정상이죠! 도리어 정신이 온전치 않은 사람이라면, 어느 정도 구슬릴 수는 있어요. 또는 어떤 불쌍한 사람들은 낮밤을 가리지 못하고, 무슨 일이 벌어지는지도 모르고 그래서 그들에겐 그리 문제가 되지 않을 수도 있죠. _발레리, 독신, 양친을 종일 돌봄.

정해진 문화적 규범에 의해 돌봄에 가해지는 압력은 다양한 형태를 띠는데, 돌봄 수혜자들은 이를 명확히 표현했다. 매브는 90세 노모를 공동으로 돌보는데, 그녀의 어머니가 노년에는 가족이 돌봐주길 바라는 것을 잘 알고 있었다.

엄마는 자기 가족을 너무 자랑스러워해서…… "그들이 나를 보살펴줘요"라고 말해요. 그리고 제가 알기로 그녀는 요양원에 들어가는 걸 아주 싫어한다고, 그런 식으로 돌봄을 받는 걸 정말 싫어한다고 말했던 적이 있어요. 그녀를 돌보길 원치 않는 가족들의 다른 모습도 그녀를 당황하게 할 거예요. _매브, 프랭크와 결혼, 어머니를 시간제로 돌봄.

어머니를 돌보려고 하숙생 받는 일을 포기하면서 소득이 줄어들고 불편함을 느꼈지만, 어머니의 바람은 매브에게 강한 통제력을 행사했다.

모니카는 70대 후반으로 남편과 사별했으며 성인인 그녀의 딸에게서 돌봄을 받고 있었는데, 부모를 돌보라는 도덕적 명령(특히 여성에게 주어지는)은 오래된 문화적 기대라고 말했다. 그녀도 자신의 어머니를 돌보았으며, 그녀의 어머니 역시 자신의 어머니를 돌보았다.

그건 언제나 마땅한 일⋯⋯ 당신이 해야 하는 일이죠. 당신은 자기 부모를 돌봐야 해요. 글쎄 내가 아는 누구라도⋯⋯ 당신이 본 거고, 제 어머니는 그녀 자식처럼 했어요. 제 할머니는 우리와 함께 사셨어요. _모니카, 남편과 사별, 동거하는 독신인 딸이 돌봄.

메리는 50대 후반으로 남편과 사별했는데, 지적장애와 신체장애를 가지고 있는 아들 디클랜을 돌보고 있었다. 그녀는 가끔 막막함을 느꼈는데, 특히 남편과 사별하고 다른 두 명의 성인 자녀들이 독립해 떠난 이후에 그랬다.

어째서 제가 이 일을 떠맡게 되었는지 당신도 꼭 느낄 때가 있을 겁니다. 하지만 제 말은 그게 아주 드문 경우일 거라는 거죠. _메리, 남편과 사별, 성인 자녀를 종일 돌봄.

디클랜을 돌보지 않는 것은, 그녀가 할 수는 있었지만 생각할 수는 없는 일이었다.

그는 제 자식이고, 여기 있고, 저는 그를 보살펴야 하고, 계속 보살필 거예요. 저는 그의 곁을 떠날 수 없고 그를 시설에 보낼 수 없을 뿐이에요. …… 자식을 보살피는 건 전적으로 다른 일이죠. 그들은 당신의 일부이기 때문입니다. _메리, 남편과 사별, 성인 자녀를 종일 돌봄.

돌봄 수혜자의 극단적인 신체적 의존성도 돌봄 수행자에게 행사하는 통제력 가운데 하나다. 톰의 아버지는 도움 없이는 움직이지 못했고 상시 보조를 필요로 했다. 그는 톰에게 전적으로 의지했으며, 톰은 여기에 함축된 의미를 알고 있었다.

저는 그를 혼자 남겨두지 않아요. 그는 혼자 남아 있을 수 없어요. 제가 외출하고 그가 혼자 있을 때 무슨 일이라도 생겼다면 신께서 더 못하게 하셨을 거라 생각해요. …… 제 형제와 일주일을 어울려 지냈는데 그들은 제가 며칠 더 머물길 원했어요. 하지만 돌봄 때문에 죄책감이 많이 들 거라는 걸 아마 당신도 알 수 있을 거예요. 죄책감이 따르죠. "더 할 수 있었는데." "나는 떠날 수 없어." "내가 떠나면 누가 그들을 보살피나." 집에 아기가 있는 것과 같아요. 아기를 다른 누군가에게 맡기진 않잖아요. 만일 그런다면 죄책감을 느낄 거예요. 돌봄 수행자도 똑같아요. _톰, 독신, 아버지를 종일 돌봄.

톰은 일차적으로 돌보는 일을 하고 있지만, 자신도 장애를 가지고 있었다. 그는 의존성과 상호의존을 인간 실존의 불가피한 모습이라고 여겼다.

스스로 겪어봐야(돌봄을 받아봐야) 해요. 인생의 어느 단계에서 우리는 둘 중 하나 또는 둘 다가 될 거예요. 돌봄을 받는 사람이거나, 누군가를 돌보는 사람이거나, 아니면 둘 다거나. _톰, 독신, 아버지를 종일 돌봄.

의존이 불가피하다고 보는 것은 별난 견해가 아니다. 피어스는 어머니를 일차적으로 돌보고 있는데, 이와 유사한 시각을 갖고 있었다. 그는 누군가와 함께 인생을 산다면 그를 돌보는 것이 계약의 일부라고 믿었다.

> 한 남자가 아내와 같이 산다면, 그는 어떻든 아내를 보살필 거예요. 똑같은 거죠. 전혀 다르지 않아요. …… 당신에게는 보살펴야 할 노인이 있거나 보살펴야 할 아내가 있다고 말할 거예요. 아무튼 당신은 보살펴야 할 아이들이 있을 거고 그건 똑같은 일이죠. …… 제가 생각하는 방식은 그래요. _피어스, 어머니를 일차적으로 돌봄.

돌봄 수혜자가 돌봄 수행자에게 행사하는 권력이 언제나 명확하게 표현되는 것은 아니다. 특히 아이들의 경우에는 무언의 간주된 권력을 가지고 있다. 오랜 기간 계속되는 아이들의 깊은 의존은 돌봄 수행자에 대한 권력으로 작용하는데, 그것은 언명된 것이라기보다 간주된 것이다. 아이들이 부모에게 행사하는 암묵적 권력은, 아주 어린 아이를 가진 부모는 분명히 알 수 있는 것이었다. 데브라는 두 살배기 노엘의 어머니인데, 노엘은 지적장애와 건강 문제를 가지고 있었다. 비록 노엘이 자신의 신체적·지적 요구를 말로는 표현하지 못할지라도, 그녀는 돌봄에 대해 암시하는 바를 예민하게 알아챘다. 그녀는 노엘의 건강과 장애 문제를 챙기는 데 수반되는 돌봄노동을 하기 위해 직장에서 일자리공유제를 활용했다.

> 그는 보통 이상으로 병약하고 작은 아이예요. 아주 나쁘진 않지만. 그래서 제가 병원에서 많은 시간을 보내요. 저는 그의 청력과 온갖 것들을 살펴보려고 많은 시간을 썼어요. 아시겠죠? _데브라, 알렉스와 결혼, 취학 전 아동 한 명과 초등학생 한 명을 일차적으로 돌봄.

세라와 그녀의 남편도 지적장애를 가진 딸 피비가 요구하는 일상의 안전을 지켜줘야 했다. 이 점에서 피비는, 비록 의식적인 방법을 사용한 건 아니지만,

부모와의 관계에서 권력을 쥐고 있었다.

그녀는 일상으로서 자기 인생을 살아요. 그래서…… 제 남편과 저는 피비의 일상에 따라 살고 있죠. 저는 우선 피비를 고려하지 않고는 어디에도 가지 못해요. 그녀는 일요일 밤 7시 30분 미사에 다니는데 저는 회의가 있어서 미사에 참석할 수 없어요. 택시를 잡아서 그녀를 미사에 데려다주고 또 집으로 데려오죠. _세라, 존과 결혼, 딸과 남편을 시간제로 돌봄.

일부 돌봄 수혜자들은 자신이 요구를 갖고 있으며 돌봄을 명령할 수 있다는 점을 알고 있었다. 모니카는 당시 딸과 같이 살고 있던 노인이었다. 그녀는, 만일 돌봄 부양을 받아야 한다면 그녀가 원하는 것은 "집에서 돌봄을 받는 것이고…… 시설에 들어가는 건 질색이다"라고 자식들에게 천명했다. 그녀는 딸에게 한꺼번에 감당하기엔 과도할 수도 있는 요구를 했다고 생각했다. 그럼에도 그녀에게 그런 요구를 하게끔 몰아간 것은 두려움이었다.

당신은 자식들에게 결코 요구할 수 없을 거라고 말하는 게 좋겠네요. 이론상으로 그게 좋겠어요. 그래요. 4~5년 전쯤 제가 몹시 아팠던 때였던 거 같아요(제가 입원하기 전 2~3달 동안 여기서 앓았어요). 제가 드니스에게 너무 많은 것을 요구했죠. …… 그래요. 저기, 그러긴 했지만 어쩔 수 없었어요. 무서웠거든요. …… 이런 두려움이 들었어요. 딸애가 저를 남겨두고 가버리는. _모니카, 남편과 사별, 동거하는 독신 딸이 돌봄.

모니카는 그녀의 기대가 어떤 결과를 초래할지 아주 잘 알고 있었다. 그럼에도 깊은 의존에 따른 두려움이, 그리고 이로부터 생길지도 모를 방임이, 무엇보다 걱정되었다.

누구든지 두려움을 가지고 있어요. 물론 누구나 두려움을, 그러니까 스스로 뭔가를 하지 못할 거라는 두려움을 가지고 있는 거죠. …… 그게 가장 큰 거예요. ……
그건 힘들어요. 그래요. …… 저는 그게 몹시 힘들다는 걸 알아챘어요. 제 친구가
줄곧 저에게 말했어요. 우리는 자주 이야기하는데 그녀가 말하길, "나는 시설에
들어가고 싶지 않아"라고 했어요. 하지만 동시에 저는 누구든 의존적이 되고 조금
이라도 남에게 짐이 될 거라는 생각을 하고 싶지 않았어요. 해결책이 뭔지, 답이
뭔지 저는 몰라요. 그러나 요양원에 대한 끔찍한 두려움이 있어요. 그리고 그들은
지금도 나아지고 있는 게 하나 없어요, 우리에게는. _모니카, 남편과 사별, 동거하
는 독신 딸이 돌봄.

모니카가 가족에게 걸었던 기대는 돌봄에 관한 선택지가 부족하다는 점과
관련이 있다. 그녀는 법정 노령연금으로 생활하고 있어서 그녀가 자신의 집을
떠날 경우 받을 수 있는 돌봄의 질에 대해 선택의 여지가 거의 없음을 알았다.
그녀의 사회계급상 지위가 돌봄 선택지에 영향을 미쳤다.

누구든 돈을 벌어두지 않았다면 선택지가 많지 않을 거예요. 그렇죠? …… 아니
자기 집에서 또는 함께 살면서 누군가 확실히 보살펴주려면 많은 가족지원이 필
요하겠죠. …… 저는 마침 가족지원을 받을 수 있어서 행운인 것 같아요. 그러나
미래에 어떨지는 아무도 모르죠. 그럼요. 극소수의 사람만이 좋은 요양원에 들어
가는 데 필요한 돈을 가지고 있어요. _모니카, 남편과 사별, 동거하는 독신 딸이
돌봄.

돌봄에 관한 선호preference를 행사하는 권력은 성인의 전유물이 아니다. 그
러한 권력은 아동에게도 생길 수 있다. 제인은 파트너인 질과 자신이 막내 아
이에 맞추기 위해 아침 시간의 일상을 바꿔야 했던 사연을 말했는데, 아이가
어린이집에 가기 전 30분을 아동돌보미 대신에 부모와 보내기를 원했다는 것
이다.

얼마 동안은 아이를 아동돌보미에게 30분간 맡기고 그녀가 어린이집에 데려다 주게 했는데, 아이가 정말 싫어했어요. 그래서 지금은 우리가 데려다줘요. 그는 30분간 아동돌보미에게 가 있었는데 그것 때문에 많이 반발했어요. 그를 혼란스럽게 했던 거죠. …… 그래서 우리는 경청하고 응답했어요. 지금은 우리가 직접 보내요. 대체로 제가 하죠. _제인, 질의 파트너, 초등학생 두 명을 일차적으로 돌봄.

### 생명의 필수조건: 음식

우리와 대화한 돌봄 수행자 모두는 돌봄의 중심 과제로서 음식 준비를 언급했다. 요리는 시간이 걸리는 활동이며, 많은 돌봄 수행자에게 하루 일과 중 주요 관심사였다. 어떤 사람들은 저녁에 퇴근하고 귀가했을 때 쉽게 하려고 하루 먼저 음식을 준비해두었다. 특히 어린 아이를 둔 사람들이 그랬다. 수전은 자신과 어린 아들을 위해 나름 체계적으로 음식을 준비한다고 말했다.

저는 저녁식사를 만들어요. 그런데 전날 밤에 반쯤 조리된 상태로 만들어두죠. 그리고 아침에 집을 나서기 전에는 대개 샌드위치나 면을 남겨둬요. 아이가 면을 전자레인지에 데워 먹을 수 있어서 저는 그걸 남겨두죠(그가 학교에서 돌아왔을 때를 위해). _수전, 독신, 중등학생 한 명을 일차적으로 돌봄.

손과 클로다는 초등학생 세 명을 돌보는데, 이들도 비슷했다.

우리의 방식은 이래요. 우리가 귀가하는 저녁 시간에 아이들은 저녁을 먹어요. 그러니까 우리가 저녁에 집에 올 때는 전날 밤에 준비해둔 음식이 있는 거예요. 그러니까 손은 다음날을 위한 식사거리도 준비하죠. 그 식사거리를 다음날 아이들에게 들려 보육가정에 보내요. _클로다, 손과 결혼, 초등학생 세 명을 공동으로 돌봄.

노인이나 음식을 가려야 하는 사람의 요구를 챙겨주는 사람에게 음식 준비는 상당한 계획과 주의집중이 요구되는 중요한 과제다. 돌봄 수혜자의 요구와 선호는 식사 시간과 조리 방법에서 강한 통제력을 행사한다. 톰이 아버지를 위해 음식을 준비하고 균형 잡힌 식단을 유지하는 데 들이는 시간과 배려가, 돌봄에서 음식이 차지하는 중요성을 전형적으로 보여준다. 톰은 아버지가 젊었을 때 매우 힘들게 살았던 것을 알고 있어서 최선의 돌봄을 드리는 데 주력했다.

> 그는 보통 사람과 좀 달라요. 식사 시중들 때는 코스로 드려야 해요. 아침 식사를 드릴 땐 맨 먼저 크랜베리 주스를 드려요. 가끔 허브차를 끓여 드리는데, 레몬밤 lemon balm을 사용하고 약간의 꿀을 넣어드려요. 그리곤 시리얼을 드세요. 시리얼엔 있는 과일은 뭐든 넣죠. 대개 바나나, 그리고 다농Danone 복합비타민제와 집에 있는 주스를 넣어요. 저는 과일즙을 내서 생과일주스를 만들어드려요. 그리고는 차와 빵, 대개 빵과 치즈를 드세요. 12시 무렵에 카페인 없는 커피 한 잔과 비스킷 두 개를 드시고 1시30분쯤 점심을 드세요. …… 저는 식사를 해드리고 침대에 뉘어 드려요. 옷을 갈아입히고 씻겨서 뉘어드리는 거죠. 그리고는 저도 한두 시간 누워서 쉬다가 오후 5시경에 일어나죠. 그리고 화장실을 쓰려고 하시면 시중들고 씻겨 드려요. 5시 30분쯤 차를 드리고 차 주전자는 9시까지 계속 끓여두는데, 8시 반이나 9시경에 코코아나 초콜릿 음료를 드려요. 그리고 수면제와 진통제를 드리고 침대로 모셔가서 잠드실 때까지 손을 꼭 잡아드려요. _톰, 독신, 아버지를 종일 돌봄.

매브의 90세 노모인 브리지드는 딸이 해주는 음식을 좋아했고 동석한 사람과 같이 먹는 것을 좋아했다. 매브는 식사 시간을 규칙적으로 하고 어머니가 식사할 때 반드시 동석자를 두려고 애썼다. 그녀는 정오에 어머니에게 알맞은 점심식사를 준비했으며, 매일 영국식 조찬을 해드렸다.

> 아침 8시경 일어나서 아침식사를 준비해요. 그녀는 주스, 포리지, 차와 토스트를 좋아하죠. 그녀는 식욕이 왕성해요. 정말 왕성해요. 그걸로 그녀가 버틴다고 생각해요. 월요일, 화요일, 수요일…… 우리는 언제나 겸상으로 아침식사를 같이 해

요. _매브, 프랭크와 결혼, 어머니를 시간제로 돌봄.

매브는 식사할 때 동석자가 있는 것이 어머니의 신체적 건강에 직접적으로 필수적이지는 않음을 알고 있었지만, 이것이 어머니에게는 즐거움이고 어머니의 삶을 의미 있게 해주는 일임을 알았다. 그녀는 어머니의 일상에서 다른 즐거움이 거의 있을 수 없다고 봐서 어머니가 이 기쁨을 누릴 수 있게 하는 것이 도리라고 생각했다. 이렇게 어머니 시중을 들어야 한다는 마음에서 매브는 식사 관리에 가욋일을 더했다. 다른 가족들은 브리지드와 함께 식사하는 것을 원치 않았는데, 어머니가 음식을 다루기 어려워하며 흘리기도 하고 때로는 입에 넣지도 못했기 때문이었다.

엄마는 침을 질질 흘리는 등 식사 습관이 고약해요. 그래서 (제 여동생의) 남편은 엄마와 동석해서 식사하는 자리를 좋아하지 않는 걸 알아요. 하지만 저는 그게 아무렇지 않아요. (제 남편) 프랭크도 개의치 않아요. _매브, 프랭크와 결혼, 어머니를 시간제로 돌봄.

건강, 신체장애, 고령 등의 이유로 사회생활이 위축된 사람은 식사할 때 사람들과 동석하는 것이 중요하다. 아니타는 지적장애를 가진 딸 베스가 아침식사 할 때 누군가 같이 있는 것을 좋아해서, 자신이 날마다 시간을 내서 같이 아침식사를 한다고 말했다.

**안전**

돌봄에는 안전감 역시 중요하다. 노인들에게 안전감이란 필요한 때 즉각 부를 수 있는 사람이 곁에 있다는 것을 의미한다. 토니의 어머니는 80대인데, 혼자 남겨지는 것을 두려워하고 있었다. 그녀의 두려움은 매우 이성적인 것이며, 현기증 때문에 혼자 걸을 수 없다는 사실에서 비롯되었다. 그녀는 걷다가 넘어지는 것이 두려워서 혼자 남겨지는 것을 원치 않았다.

그녀가 지금 홀로 남아 있다면 행복하지 않을 거예요. 제가 지금 그녀 곁에서 떠
난다면, 그녀는 제가 돌아올 때까지 기다리고 있을 겁니다. _토니, 독신, 어머니와
삼촌을 종일 돌봄.

발레리는 그녀의 부모들이 갖고 있는 비슷한 욕구에 대해 말했다. 그들의
소망은, 당장 그녀에게 바라는 특별한 요구가 없을지라도 그녀가 '기댈 언덕이
되어주는' 것이었다. 딸이 돌봐주는 모니카 역시 돌봄에 대한 접근과 안전감
에 집착했다. 그녀는 안전장치에 대해 많이 이야기했다. 같이 사는 딸이 곁에
없을 때면 이를 다른 자식에게 알렸다.

애들에게 "핸드폰 켜놔"라고 하죠. 그리고 저도 핸드폰을 켜놓고 잘 때도 옆에 둬
요. …… 그리고는 말해요. "한밤중에 전화벨이 울리면 난 줄 알거라." 그렇게 저는
항상 안전장치를 가지고 있어요. _모니카, 남편과 사별, 동거하는 독신 딸이 돌봄.

돌봄 수혜자가 돌봄 수행자에게 행사하는 권력에는 문화적으로 결정되는
형태만 있는 것은 아니다. 그것은 돌봄 수혜자의 생존 욕구, 음식과 안전에 대
한 욕구, 사교를 추구하는 기본적인 사회적 욕구에서도 나온다. 걸을 수 없는
톰의 아버지, 아니타의 지적장애인 딸 베스 같이 고도로 의존적인 사람은 그
저 음식만 필요로 하는 것이 아니다. 특정한 시간에 식사를 하기 원하고, 특정
한 유형의 음식을 요구하기도 한다. 식사는 노쇠함이나 신체장애 때문에 고립
된 사람들의 삶에서 중요한 사교행사이기도 하다. 매브는 어머니가 식탁에서
사교 욕구를 충족시키려는 것을 알고 있었고, 아니타도 딸 베스의 그러한 욕
구를 의식했다. 두 돌봄 수행자는 돌보는 사람의 욕구에 맞추어 식사의 시간
과 형식을 체계화했다. 한편 톰은 아버지가 매우 규칙적으로 식사할 수 있게
했으며, 식사 시중은 물론이고 그 과정에서 애정과 배려를 표현했다.

## 돌봄에 대한 청소년의 관점: 간주의 힘

돌봄은 청소년들이 당연히 받는 것으로 간주presumption하는 것이었다. 그것은 협상해야 할 문제가 아니었다. 부모들의 사랑노동은 정서생활의 식탁 위에 놓인 예상되는 음식이었다. 대부분의 나라가 법으로 부모들에게 자녀의 성장기에 그들을 돌보도록 요구하고 있다는 점을 고려하면, 우리와 대화한 어린 청소년들이 그들을 돌봐야 할 부모의 의무를 염두에 둔 것은 놀라운 일이 아니다. 돌봄은 주어진 것으로 간주되었다. 그것은 그들이 일상을 살아가는 데 반드시 있고, 예상되며, 당연한 것으로 여겨지는 보급품 같은 것이었다.

> 그건 돌봄과 집home을 생뚱맞게 연결 짓는 거라고 생각해요. 그냥 주어진 것일 뿐이죠. 제 말 아시겠어요? 그런 게 있잖아요. 그게 어느 정도는 당연시돼요. ……
> 그런 식으로 집을 연상시키는 단어는 아니고요. 돌봄은 도움이 필요할 때 있는 것과 같은데, 당연한 것으로 여겨져요. 그런 식이죠. _마크, 10대, 초점집단의 중간계급 그룹.

초점집단에 참여한 청소년들은 돌봄을 삶의 기초, 즉 의식주를 제공해주는 것으로 여겼다. 협상해야 하는 문제로는 보지 않았다. 그것은 권리고 주어진 것이었다.

> 그건 대부분 음식, 기초적 욕구 같은 것, 음식과 의복 그리고 정말 기초적인 주거지에 관한 거라고 생각해요. 돌봄은 잠자는 곳과 거의 똑같다고 생각해요. _제임스, 중등학생, 초점집단의 중간계급 그룹.

가정에서의 돌봄은 먹여주는 것을 의미했다. 마이클은 돌봄을 음식과 동일시했다.

> 음식…… 아마 제가 많이 먹기 때문에, 많은 사람은 거기서 그들의 음식 대부분을

얻을 거예요. 음식과 먹여주는 것이 돌봄에서 매우 중요한 부분이라 생각해요. _마이클, 중등학생, 초점집단의 중간계급 그룹.

음식이 10대들에게 돌봄의 중요한 기표signifier이긴 하지만, 음식의 질과 음식을 준비하는 정성을 포함해, 음식은 돌봄을 대표하는 은유이기도 했다.

또한 더 깊이 파고들면, 뱃속만 채우기보다는 상상력에 자양분을 주는, 위胃를 위한 양식뿐 아니라 우리의 정신을 위한 양식, 철들게 하는 양식, 뭐 그런 거. _존, 중등학생, 초점집단의 중간계급 그룹.

노동계급 학생을 포함하는 초점집단에서 돌봄이란 배려, 애정, 돈줄에 관한 것이기도 했지만, 음식이 돌봄의 중심에 있었다.

식사…… 사랑…… 어릴 때 듣던 옛날이야기…… 안아주고…… 새 옷과 용품을 사주고…… 돈도 주고…… 언제나 편들어주고. _디클랜, 앨런, 셰인, 크리스, 토머스, 중등학생, 초점집단의 노동계급 그룹.

청소년들은 돌봄에 관해 그들이 원하는 기대를 명확히 표현함으로써 돌봄 수행자에게 통제력을 행사할 수도 있었다. 수전은 10대 아들 샘을 키우는 한 부모인데, 샘이 "내가 학교에서 돌아왔을 때 엄마가 따뜻한 음식을 준비해놓고 문에서 맞아주면 좋을 텐데"라고 말하곤 했다고 언급했다. 그녀는 이 말에 '가슴이 미어져서' 몹시 힘들어 했지만, 괜찮은 생활수준을 유지하기 위해서는 전일제로 일해야 했으므로 그의 욕구를 충족해줄 수 없었다.

### 상호성과 상호의존

일차적 돌봄관계에 수반되는 사랑노동은 나름의 역사와 미래상을 가진 기존 관계의 맥락에 놓여 있다. 대개의 경우 정해진 시간 내로 제한되지 않는다.

또한 사랑노동은 투자로서 정서적·사회적 수익을 낸다. 드문 예외는 있지만, 사랑노동 특유의 시혜성과 타인중심성은 돌봄 수혜자에게서 사랑노동 역량을 재생산한다. 사랑노동 관계의 핵심에는 주고 돌보는 역량을 타인에게 발휘한 만큼 그에게서 능력을 재생산하는 상호성이 있다. 이러한 상호성은, 돌봄 수행자나 돌봄 수혜자의 권력 행사에서 중요한 평형추 역할을 한다.

로리는 30대인데 태어나면서부터 퇴행성대사이상 질환을 앓았다. 그의 수입은 장애급여disability benefit가 전부였다. 그는 장기이식을 받았고 다른 합병증도 생겼다. 그의 어머니 노라는 70대인데 로리는 노라의 돌봄을 받아왔다. 하지만 실제적으로나 정서적으로 로리가 어머니의 삶에서 중요한 버팀목이라는 것을 그 자신도, 어머니도 인정했다. 로리는 어머니가 몸이 좋지 않은 두 누이를 돌보는 것을 도왔다. 어머니가 그녀들을 보러 갈 때 운전해주고, 그녀가 돌아올 때를 맞춰 식사를 준비했다. 그는 항상 아프고 약물치료를 받으면서도 이런 일들을 했다. 모든 약물에는 부작용이 있어서 로리는 약물을 주의 깊게 관리해야만 했다. 자신을 돌봄 수혜자이면서 돌봄 수행자로 보느냐고 물었을 때, 그는 다음과 같이 말했다.

> 저는 결코 그렇게 보지 않아요. 그건 해야 되고 노력해야 하고 또 좋아해야 하는 그런 거예요. 제 말은, 누군가가 곤경에 빠진 걸 보면 도와주잖아요. 그렇죠? …… 저는 그래요. 엄마가 저쪽에 가시면 저는 여기 있을 거예요. 그러니까 여기서 식사나 그런 걸 만들어놔요. 제 일처럼 말이죠. 있잖아요, 그녀는 아무것도 하지 못하세요. 그녀가 하루에 네다섯 시간을 저쪽에서 보내실 수도 있고, 또 케이트리오나가 좋지 않을 때는 일주일에 4일이나 5일간 거기에 계셨어요. 6일이나 계시기도 했고요. _로리, 독신, 신체장애로 돌봄을 받음.

하지만 노라는 로리의 건강을 많이 걱정해서 밤에 언제나 그가 숨 쉬고 있는지 확인하기 위해 그를 지켜보곤 했다.

…… 가장 중요한 건 그가 이젠 내 인생에서 너무 큰 걱정거리라는 거예요. 계속 지켜보다가. "괜찮니, 로리?"라고 불러요. 어떤 움직임도 보이지 않으면, "괜찮니?"라고 외치죠. 그러니까 특히 한밤중에는 협심증 같은 게 걱정돼서 결코 깊이 잠들지 못해요. _노라, 별거, 성인 자녀를 종일 돌봄.

그러나 그녀는 또한 그가 커다란 버팀목이기도 하다는 것을 알게 되었다.

우리는 아주 친해요. 그러니까 그는 내게 오빠 같고 언니 같죠. 그러니까, 내가 가져본 적 없는 그런 거예요. 그건 분명해요. 나는 가족을 갖지 못했어요. 정말로 아무도 나에게 속하지 않았죠. _노라, 별거, 성인 자녀를 종일 돌봄.

지적장애인도 그들의 돌봄 수행자가 고마움을 느끼게 염려와 관심을 표현하는 능력과 의지를 보여주었다. 아니타는, 특히 지원서비스와 휴식보호서비스가 부족해서 자폐증이 있는 딸 베스를 혼자 돌보는 일을 힘겨워 했다. 하지만 그녀는 그 관계에서 약간의 보상을 받았다.

저는 그녀가 컨디션이 좋을 때 그리고 깔깔 웃으면서 사랑스러운 표정을 짓고 있을 때를 좋아해요. 앞날이 암울하지만은 않아요. 힘든 일이긴 하지만 그녀가 스스로 즐기는 걸 보면…… 그녀는 그 모든 것의 배후에 있는 주인공이죠. 정말로 주인공이에요. 근심을 제쳐놓고 보면, 그녀는 정말 주인공인 거예요. _아니타, 별거, 성인 딸을 일차적으로 돌봄.

베스는 아니타에게 돌봐줘서 감사하고 자신이 아니타를 돌보겠다고 말했다고 했다.

베스: 예. 저는 그녀를 사랑해요…… "아주 많이 사랑해요, 아니타"라고 말하죠.
모린: 아니타는 뭐라고 해요?

베스: "나도 너를 아주 많이 사랑한다." _베스, 독신, 아니타의 돌봄을 받음.

서로에게 관심을 보이는 것이 성인의 전유물은 아니었다. 리자이나는 그녀의 10대 아들이 저녁에 그녀의 일에 대한 이야기를 경청했다고 밝혔다. 그들은 서로의 말을 귀담아들었다.

때때로 제가 집에 있으면 그가 말을 걸어와요. 그리고 하루 일과를 얘기하죠. 그는 언제나 "오늘 어땠어? 학생들은 어때? 엄마는 뭐 했어?"라고 물어요. 그러면 저는 "너는 뭐 했니? 시험은 어땠어? 숙제는 뭐니?"라고 묻죠. 그리고 그는 회의, 설명회, 서류에 관심을 보여요. 그는 알죠. "그렇군. 엄마가 바쁘네." 저는 아이들이 아는 게 중요하다고 생각하기 때문에 그가 알게 해줘요. _리자이나, 이혼, 초등학생 한 명을 일차적으로 돌봄.

그러나 청소년들이 부모가 그들을 위해 해준 것을 고마워하긴 했지만, 기본적인 방법 외에는 감사의 뜻을 표하기가 어렵다고 여기는 듯했다. 가장 흔히 원용된, 고마움을 표현하는 방법은 "감사해요" 또는 "여러모로 고마워요"라고 말하는 것이었다. 도시청소년 프로젝트에 참여한 학생들은 10대 중반의 노동계급 출신인데, 그들은 감사하다고 말하는 데서 더 나아가는 것을 어렵게 느꼈다.

모린: 그래서 뭐랄까, "놀라워요. 정말 대단하다고 생각해요. 저에게 베풀어주셔서 너무 감사해요. 정말로 고맙습니다. ……"라고는 절대 말하지 못하겠다는 거예요?
셰인: 엄마가 돌아가실 때도 그렇게 말하지 못할 거 같아요!
모린: 그건 왜요?
셰인: 모르겠어요.
모린: 엄마나 아빠도 인정받고 싶어 할 거라고 생각하죠? 그런 말을 듣고 싶어 하

지 않을까요?

크리스: 그럴 거예요.

다이앤: 저는 그들이 알고 있다고 말하고 싶네요.

모린: 그들이 어떻게 알까요?

다이앤: 보답으로 뭘 하잖아요. 뭔가 해주실 때마다 "고마워요"라는 말로 보여주
잖아요. _중등학생, 초점집단 노동계급 그룹.

나이가 더 많은 중간계급의 10대들은 그들이 행복한 삶을 살 수 있도록 부
모가 기여한 바와 그들이 받은 것의 값어치를 인정하는 데 주저함이 없었다.

그들은 저에게 너무 많은 걸 해주셨어요. 그리고 아무것도 요구하지 않으셨죠. 우
린 늘 뭔가 사드려요. 그러면 그들은 언제나 "우릴 위해 사오지 마라"라고 말씀하
세요. 그런 식이죠. 자신들은 정작 받아본 적도 없는 엄청난 돈을 쓰셨어요. _존,
중등학생, 초점집단의 중간계급 그룹.

제가 깨닫기 시작한 건 최근 들어서예요. 제 방을 둘러보고는 오래된 것들을 발견
해요. 그리고 저는 이 모든 것에 많은 노력이 들어갔을 거라는 걸 깨닫죠. 저는 언
제나…… 제가 더 어렸을 때, 실은 가난했지만 우리가 부유한 것처럼 느꼈어요.
…… 그리고 제 아빠는 저와 누이 때문에 술을 끊으셨어요. 아빠가 술 마시고 주
정하는 게 우리가 보기에 좋지 않았기 때문이었을 거예요. _마크, 중등학생, 초점
집단 중간계급 그룹.

아주 어린 아이의 경우에, 상호성은 다소 다른 성격을 갖고 있다. 엘리자베
스는 두 아이를 돌보는 것이 진 빠지고 압박감이 큰 일이라고 했지만 한편으
로는 그 일 덕분에 풍요로워진다는 것을 알았다. 아이들이 주는 사랑은 그녀
에게 자신이 중요하다는 느낌을 갖게 했다.

완전히 망가졌어요, 우리의 삶이 완전히 바뀌었죠. …… 그렇지만 잠시라도 바꾸진 않을 거예요. …… 온전한 사랑의 감정이겠죠. 함께하는 기쁨, 집에 가는 기쁨, 제 기적을 듣자마자 아이들이 소리쳐요. 아우성치고 펄쩍펄쩍 뛰고. 제가 세상에서 최고예요. 아이들이 있어서 제 자신이 활기를 되찾았죠. …… 그래서 저에겐, 아이들이 주는 사랑의 감정이 스스로를 대단하다고 느끼게 해줘요. _엘리자베스, 동성 파트너 누알라와 동거, 30대, 취학 전 아동 두 명을 이차적으로 돌봄, 자영업.

도널은 갓난아기인 딸을 둔 아버지인데, 그 역시 조그마한 아기조차 긍정의 힘을 줄 수 있다고 말했다.

환상적이죠. 제 말은, 그 아이가 미소 지으면 하루가 환해져요! 정말이에요! 틀림없어요! _도널, 제럴딘과 결혼, 30대, 어린아이 한 명을 공동으로 돌봄, 자영업.

일차적 돌봄관계가 모순과 갈등으로 가득 차긴 하지만, 그 관계의 가장 중요한 성과는 대개 상호배려와 상호의존이다. 메리는 지적장애와 신체장애를 가진 아들을 돌보는데, TV 채널을 두고 갈등하긴 하지만 그와 함께하는 시간을 소중히 여겼다.

우리는 TV, 뭐 그런 걸 두고 좀 싸워요. 그는 자기 TV를 가지고 있어도 자기 방에 가려고 하지 않아요, 무슨 까닭인지 여기서 저와 함께 있기를 원해요. 때로는 제가 양보하고 "좋아 내가 거실에 가서 뉴스를 볼 테니, 〈심슨가족The Simpsons〉(애니메이션 드라마 — 옮긴이)을 보거라"라고 말하죠. 하지만 그는 그렇게 까다롭진 않아요. 그는 훌륭한 동반자예요. 남편이 죽은 후로 하다못해 같이 수다 떨고, 같이 앉아서 TV 보고 그러잖아요. 그렇게 그는 훌륭한 동반자예요. 저는 혼자가 아니에요. _메리, 남편과 사별, 50대, 지적장애와 신체장애를 가진 성인 아들을 종일 돌봄.

돌봄관계의 상호성과 상호의존은 그 자체로 중요한 가치지만, 돌봄 수행자와 돌봄 수혜자 간의 권력관계를 순화시키기도 한다. 한편으로 그것은 개개인이 돌봄을 보류하는 타인의 권력에 취약함을 보여준다. 역으로 개개인은 양질의 돌봄을 요구하는 타인의 권력에도 취약하다. 상호 취약성에 근거한 이 상호 권력은, 돌봄관계마다 분명히 정도가 달라지겠지만, 권력 남용을 예방하는데 도움이 된다.

## 결론

페미니스트 학자들이 피부양자 돌봄에 수반되는 노동을 강조했지만, 종종 (결코 항상은 아니다)[2] 분석에서 돌봄 수혜자를 간과했다. 장애인 인권을 옹호하는 학자들은 장애인이 필연적으로 의존적이고 곤궁하다고 가정하는 사회정책의 페미니즘 모형과 전통적 모형의 한계를 강조했다. 그들은 돌봄과 의존 모형을 인권과 자율 모형으로 대체하자고 주장했다.

우리는 장애인 관련 관행에 대한 장애인 인권 이론가들의 비판을 전적으로 수용하면서도, 그들이 돌봄관계의 필요성과 중요성을 거부하는 실수를 했다고 주장해왔다. 우리의 인터뷰 자료는 돌봄과 사랑노동이 쌍방향적임을 보여준다. 의존하는 입장에 있다고 돌봄관계에서 통제력이나 권력을 갖고 있지 않은 것은 아니다. 물론 권력을 행사하는 역량이 돌봄 수혜자와 돌봄 수행자가 위치한 지위의 문화와 맥락에 따라 달라지는 점은 인정한다.

통제력은 다양한 방식으로 행사된다. 미성년자인 아이들을 돌보라는 명령은 대부분 주권국가에서 법률로 제정되어 있다. 다른 가족성원을 돌보는 것, 배우자나 친구를 돌보는 것은 덜 엄격하게 통제되고 규제되지만(특히 혼인에서

---

2    윌리엄스(Williams, 2004)가 진행한 연구는 세벤후이센(Sevenhuijen, 1998)과 키테이(Kittay, 1999) 같은 학자들이 수행한 것과 같은, 돌봄 수혜자를 고려한 페미니즘적인 작업의 사례다.

의 경제적 권리와 자격에 대한 기본사항은 예외), 문화적 규범과 관습이 돌봄과 사랑노동의 용인할 만한 형태를 결정하는 과정에서 강력한 역할을 한다. 사람들이 문화적 규범을 법제화하는 방식은, 모든 사회에 어떤 형태로든 존재하는 일상의 도덕률에 의해 영향을 받는데, 이는 정도의 차이는 있지만 우리에게 타인중심이 되라고 강제한다. 돌봄관계의 기반이 되는 신뢰와 죄책감의 원천은, 여성이 일차적 돌봄 수행자인 대부분의 문화권에서 특별히 강한 기대와 함께 성별화되어 있긴 하지만, 고도로 개인화되어 있고 개별적이다. 피부양자의 기본적인 생활상의 필요, 음식, 주거, 청소, 의복 및 사회적 교류에 대한 요구를 충족하도록 돌봄 명령이 행사되기도 한다. 의존도가 높은 사람의 요구를 충족해주는 것은, 생존 자체가 달려 있기 때문에 오직 제한된 방식으로 협상 대상이 될 뿐이다.

돌봄 수혜자를 권력 없는 피부양자로 묘사하는 것이 잘못되었다는 또 하나의 이유는, 로리의 사례에서 보듯이 돌봄 수혜자라고 공식적으로 규정된 사람도 돌봄을 수행한다는 점이다. 더욱이 아주 힘겹게 아버지를 돌보고 있는 톰은 자신이 장애를 가지고 있어서 장애급여를 받았다. 우리는 10대의 돌봄 수행자 역할에 초점을 두진 않았지만, 초점집단의 다수 청소년들이 방과 후에 부모가 귀가할 때까지 어린 동생을 돌보는 책임을 맡고 있다고 언급했다. 아이들은 대개 피부양자인데, 그들은 돌봄 수행자일 수도 있다(Wihstutz, 2007).

사랑노동은 관계의 이득도 쌍방향적이다. 돌봄을 수행하는 사람은 다른 사람을 돌보는 데 시간·에너지·배려를 투자할 뿐 아니라, 비록 매우 가변적이고 정도 차가 크지만, 그 보답으로 애정·배려·감사를 받기도 한다. 돌봄이 호혜적일 경우, 권력관계는 두 방향 모두에서 돌봄노동에 관여한다.

종합하면, 돌봄관계의 이러한 특징들은 돌봄의 비대칭성과 이를 발생시키는 권력을 강조하는 견해에 대한 도전이다. 일부 돌봄관계, 특히 이차적·삼차적 돌봄관계가 매우 비대칭적이라는 점을 부인할 수는 없지만, 우리의 돌봄대화는 특히 일차적 돌봄관계가 흔히 추정되는 것보다 일반적으로 훨씬 더 균형적임을 보여준다.

# 7

# 돌봄 시간, 돌봄 명령자, 돌봄 실행자

캐슬린 린치 · 모린 라이언스 · 세라 캔틸런

이 장에서는 돌봄 수행자와 수혜자를 심층 인터뷰한 30건의 돌봄대화(서문 및 부록 참조)에서 얻은 자료를 이용해, 무급 돌봄노동이 시간 소요 면에서 취업과 조화하는 방식을 검토한다. 또한 이른바 유연근무제 이용, 집중근무, 출퇴근시간 절약을 통해 사랑노동에 소요되는 시간을 짜내는 방법에 대해 알아본다.

돌봄 명령의 성별화된 본질도 검토한다. 특히 양도 불가능한 사랑노동을 일차적으로 여성 책임이라고 간주하는 면을 강조할 것이다. 일부 여성이 돌봄 명령자, 즉 일차적 돌봄 책임을 타인에게 위임할 수 있는 사람이 되기도 하지만, 대부분은 이런 입장에 있지 않다. 그들은, 회피할 수 없고 필수적인 돌봄과 사랑노동을 실행하는 돌봄 실행자footsoldier로 남는다.

## 돌봄을 위한 시간

시간은 한정된 재화인바 인간이 유한한 존재이기 때문에 그렇다. 유한한 생애에서, 모든 일에는 기간이 있고 시간을 필요로 한다. 다른 일을 하기 위해 장소를 옮기는 데도 시간, 즉 이동하는 시간과 정신을 가다듬는 시간이 들어 간다. 시간이 사용되는 방식은 유한성의 함수임은 물론이고, 인간이 각자의 몸을 쪼개 쓸 수 없다는 사실에 의해 결정되기도 한다. 남자든 여자든 동시에 두 장소에 있을 수 없으며, 대부분이 한 번에 한 가지 이상의 일을 완수하기에 는 충분한 능력을 가지고 있지 않다. 그래서 시간은 여러 과제를 두고서 협상 해야 할 귀중한 자원이다.

물리적 시간clock time에 대한 우리의 경험은 단순히 양적인 것은 아니다. 그 것은 과제들로써 구성되고, 권력관계를 통해 매개된다(Adam, 2000; Melucci, 1996). 사랑, 돌봄, 연대노동은 '시간스케이프timescapes' 내에, 또한 고도로 정치 적이고 성별화된 공간인 '돌봄스케이프caringscapes' 내에 착근되어 있다(Adam, 1995; McKie et al., 2002). 한 사회에서 지배적인 문화적·경제적·정치적 틀은 사 랑과 돌봄에 소요되는 시간의 의미와, 누가, 어떤 조건으로, 언제 돌봄을 하는 지를 포함해 그것이 이용가능해지는 조건을 결정한다.

많은 시간이 소요되는 활동이라는 돌봄의 두드러진 특징이 근래에 한층 더 주목받게 되었는데, 특히 전통적으로 자기 시간의 대부분을 돌봄에 바치던 여 성들이 점점 더 많이 취업에 나서기 때문이다(Folbre and Bittman, 2004; Central Statistics Office, 2007b). 유급노동시장 진입으로 돌봄노동의 성별 분업이 미미 하게나마 달라졌지만, 상당수의 생활시간 연구가 여성이 아직도 가정 밖에서 일하는 시간과 상관없이 '가사노동'을 더 많이 하는 경향이 있음을 보여준다 (Bianchi et al., 2000; Bittman, 2004; McGinnity et al., 2005). 유급이든 무급이든 돌보는 일은 크게 봐서 여성의 전유물로 남아 있다(Pettinger et al., 2005). 여성 은 여전히 돌봄 실행자이며 남성은 아직도 타인에게 자기 대신 누군가를 돌보 라고 명령할 수 있는 사람이다. 여성 개개인이, 일차적 돌봄을 수행하는 방식 을 두고서 협상해야 하는 범위는 문화적으로 훨씬 더 제약되는데, 아내들은 종종 자기 아이들뿐 아니라 시부모를 돌보는 일도 하게 된다(Abel, 1991).

여성들은 돌봄과 돌봄 관련 일을 하는 데 많은 시간을 쓰며, 이는 여가시간에 영향을 준다. 남편과 아내의 생활수준 차이에 대한 전국적인 연구에 따르면, 남편들이 아내들보다 더 정기적으로 오락과 취미를 즐길 뿐 아니라, 매주 저녁이나 오후에 자신의 취미생활을 즐기기 위해 더 많이 외출한다(Cantillon et al., 2004). 아내들이 정기적인 취미생활을 하거나 저녁 또는 오후 외출에 똑같은 시간을 쓰지 못하는 주된 이유 가운데 하나는, 자녀양육과 기타 가사 책임 때문이다. 남편이 외출하지 않거나 정기적인 여가활동을 하지 않는 경우는, 돌봄 책임이 상대적으로 크기도 하지만 어떤 이유로든 돈이나 시간이 없기 때문이었다. 교육도 유사한데, 성인교육을 받고 싶지만 받을 수 없는 경우 아내들의 25%가 자녀양육 지원이 부족해 어려움을 겪는다고 답한 반면, 남편들은 4%만이 자녀양육 지원 부족을 원인으로 돌렸다(Cantillon et al., 2004).

돌봄 시간, 여가시간, 유급노동 시간 간의 충돌은, 다양한 형태의 직업, 특히 보수가 좋은 숙련 직종이나 전문직에 코드화되어 있는 가부장적 가치관 때문에 악화되었다. 많은 직업이 유연성 주도 자본주의flexibility-driven capitalism 이전에 성립된 남성 위주 규범에 지배를 받고 있는데, 상대적으로 남성에게 돌봄노동을 면제해주는 데 주안점을 두고 설계되었다(Halford and Leonard, 2001; Williams, 2001). 예컨대 건축업에서 안정된 숙련 직종이나, 회계사, 고위경영자와 같은 직종에서의 노동은, 초과근무, 장시간 근무, 여행의 자유, 회의 및 업무상 교제에서 거의 완벽한 유연성을 띠고 있다. 이러한 관행들은 대체 불가능하고 즉시 충족되어야 하는 일차적 돌봄 요구와 절대 양립할 수 없다.

유연한 노동자(유연한 고용주보다는)의 공급을 늘리라는 요구가 시간을 두고 새로운 충돌을 일으킴에 따라, 현대 자본주의 내에서 돌봄 시간과 유급노동시간이 충돌하는 사례가 늘어나고 있다. 충돌은 돌봄 요구와 유급노동을 조화시키는 데서 생길 뿐 아니라(Hochschild, 1997), 유급노동의 장시간 근무에서도 생기며(Gershuny, 2000), 종종 고용주의 유연화 전략의 결과로도 생겨난다(Beck, 2000; Green, 2001). 노동 강도는 수요 측면에서 더욱 강화되고 있다(Green, 2006). 유연화는 '통상적인 노동시간' 관념에 심각한 도전을 야기했다. 교대근무, 주말 고용, 석간 및 야간 고용이 엄청나게 늘어났으며, 이와 함께 통상적이라고 정의되는 시간이 늦게는 야간, 빠르게는 조간까지 확장되어 시간 외 근무에 대한 할증 임금이 감소했다(La Valle et al., 2002). 정부와 고용주의 공식적인 대응은 이른바 '가족친화적인' 정책과 '일과 생활의 균형' 정책을 실시하는 것이었다. 하지만 이 정책들은 전형적인 임의 규정이고 이행 여부는 각 고용주 및 경영자의 재량에 달려 있다. 유연근무제를 시행하는 경우도, 일반적으로 특정 부류의 노동자 고용을 촉진하는 방식으로 규정되었는데, 그들은 지위와 숙련도가 낮거나(Hogarth et al., 2000, Coyle, 2005에서 재인용) 그들의 기술에 대한 수요가 이례적으로 많은 사람이다(Coyle, 2005). 고용주들은 유연근무시간이 시간제 노동의 기회를 늘린다고 이해하지만, 시간제 노동은 대개 독립해서 생활하기에 충분한 소득을 가져다주지 않는다. 대부분의 경우 시간제 일자리의 급료가 적기 때문에 사람들은 생존하기 위해 하나 이상의 일자리를 가져야 하는데, 이는 돌봄도 교대로 할 수밖에 없음을 의미한다. 예측 불가능한 유연근무시간, 교대근무, 연장근무 등과 돌봄 책임을 조화시키는 것은 특히 어렵다. 노동시간 유연화가 영국과 아일랜드에서 독일, 프랑스, 네덜란드에서보다 더 진전되었고 일부 유럽 국가에서는 다른 나라보다 더 규제되고 있지만, 법제화된 경우는 어디든 그 결과가 똑같다.

> 유연근무제가 일과 가정생활을 더 잘 조화시키는 메커니즘이라고 홍보하는 공식적인 담론이 퍼져 있지만, 고용주의 유연화 전략은 노동 강도를 높이고 통상 노동시간의 정의를 확장하며 근무 관련 스트레스를 감소시키기는커녕 증대시키고 있다(Coyle, 2005: 87).

몇몇 유럽 국가에서 고용보호가 쇠퇴하고 있는데, 이러한 현상은 임시고용과 강하게 연관되며(Glyn, 2006), 사람들이 유급노동에서 배제된 삶 속에 경제적으로 더욱 불안정하게 방치되어 돌봄에도 문제가 되고 있다. 인적자원론자들이 '인간'을 인적자원으로 돌려놓을 필요성에 관해 논쟁하고 있긴 하지만(Bolton and Houlihan, 2007), 이윤동기에 의해 움직이는 자본주의 경제체제에는 숨길 수 없는 문제가 있는데, 모든 인간 활동을 도구적인 화폐로 환산해 구성할 수 있다는 가정이 바로 그것이다(Sayer, 2007).

## 시간 충돌: 유급노동 대 돌봄노동

우리의 돌봄대화는 유급노동을 하면서 돌봄노동을 해내는 능력이, 소득수준과 가족상황은 물론이고 고용조건, 개별 고용주의 태도, 직장 내 지위에 따라서도 상당히 달라진다는 점을 보여준다. 우리는 각 조직마다 돌봄 수행자에게 편의를 제공하는 수준이 상당히 다르다는 점을 발견했다. 자기 직무에 적임자인 경우와 자기 기술에 대한 수요가 많은 경우에는, 특히 상사가 협조적이라면 사람들이 자신의 돌봄 영역을 관리하는 데 상당한 유연성을 갖고 있었다. 회사 정책 때문이든 융통성 없는 상사 때문이든 상사와 협상할 수 있는 입장에 처해 있지 않은 경우에, 돌봄과 유급노동을 함께 해내는 일은 버거운 도전이었다. 가난한 사람은 좋은 보육기관을 이용할 여유가 없고, 보육의 질을 보장받으려면 가족에게 의지해야 했다. 이것이 여의치 않은 경우에는 대개 유급노동을 포기하는 수밖에 없었다.

데브라는 기혼 여성으로 두 자녀를 두었는데, 한 아이가 지적장애를 가지고 있었다. 그녀는 금융회사에서 관리직으로 일했으며, 회사는 그녀가 일과 돌봄의 균형을 맞출 수 있도록 많은 지원을 했다. 그녀는 자녀의 돌봄 요구를 충족해주기 위해 좋은 조건으로 시간제 근무를 협상할 수 있었다. 이렇게 돌봄 방식을 찾아낸 그녀의 능력은, 회사 입장에서 그녀가 가진 가치 그리고 본사/지점 고용주들이 지닌 유연성의 함수관계에 있었다. 보육 요구를 충족하는 일로 고용주에게서 압박을 받았는지 질문했을 때 그녀는 다음과 같이 말했다.

저는 방금 저에게 일어난 일을 의도했어요. 다른 사람보다 운이 좋았죠. 그렇잖아요. 하지만 음, 제 일자리의 성격상 제가 말할 수 있고, 말했어요. 저는 수차례 말했어요. "자, 올해는 월요일 반나절 그러고는 수요일과 금요일에 일하는 게 제게 알맞아요. 왜냐면 노엘과의 약속은 그러니까 뭐든지 해야죠. 괜찮겠죠?" …… 그리고 다음 해엔 "올해는 화요일, 목요일 그리고 금요일 반나절 일할게요." …… 대체로 내부 분위기가 매우 협조적이고 그래요. 사람들이 동료든 상사든 서로에게 매우 협조적이죠. …… 저는 자유를 누렸고, 오늘날 사회에서 모두가 그런 건 아니지만 저는 제가 원하는 유연한 일자리, 일처리 방식을 선택할 자유를 가졌다고 생각해요. 음…… 편안하게 지내고 필요한 모든 걸 가질 수 있을 만큼 충분한 돈이 있어요. 그러니까 저는 전일제로 일하지 않는 것이나 그런 것들을 선택할 수 있다는 거죠. 그래서 무척 좋아요. _데브라, 알렉스와 결혼, 취학 전 아동 한 명과 초등학생 한 명을 일차적으로 돌봄.

하지만 모든 금융기관에서 데브라가 제공받은 편의를 받을 수 있는 것은 아니다. 클로다는 기혼여성으로 어린 아이들을 두고 있는데, 시간제 근무나 일자리공유제를 허용해달라고 요청했으나 거절당했다.

하지만 지금 실제로 어느 정도까진 (잠시 멈춤) 유연한 건 틀림없어요. …… 그러나 회사 자체가 정말 가정친화적이라고 말하진 못해요. …… 저는 알아요. 사람들이 근무시간을 단축하는 게 어렵다는 걸 알게 될 거고, 또한 근무시간에 맞춰 가정생활을 꾸려가기가 진짜 어렵다는 걸 알고 있다는 것도 말이죠. _클로다, 숀과 결혼, 초등학생 세 명을 공동으로 돌봄.

돌봄에 대한 일선 관리자의 태도가 유연성의 수준을 결정하는 핵심 이슈였다. 고용주로부터 돌봄 요구에 대한 약간의 편의를 제공받는 사람들도 친구들의 경우를 보고 그것이 일반적이지 않음을 잘 알고 있었다. 싱글맘인 수전은 다음과 같이 말했다.

저는 들어가서 "방금 학교에서 전화 왔는데요, 가봐야 해요"라고 말했을 겁니다.

그러는 데 아무 문제가 없었어요. 제가 무리한 요구를 하지 않았기 때문일 거예요. 그러니까 제 말은, 사람들이 할 수…… 제가 만일 대형 슈퍼마켓 같은 곳에서 일했다면, 유연성을 전혀 가질 수 없었을 거예요. 조금도 없죠. 저는 이 조직에서 일하고 있어서 꽤 운이 좋은 편이에요. _수전, 독신 한부모, 30대, 어린 아들 한 명을 일차적으로 돌봄, 전일제 취업.

클로다의 남편 숀은, 그의 입장에서 보면 돌봄 수행자를 위한 유연성이 취업규칙상에 명시되지 않은 유통회사에 다녔다. 그는 배달 일을 했으며, 회사는 휴일에 대신 일할 사람이 없으면 그가 일을 해주길 바랐다. 그의 임금은 배달 실적과 직접 연계되어 있었다.

예컨대, 지난 크리스마스 때 저는 크리스마스 직후에 쉬겠다고 통보했어요. 왜냐하면 우리는 그때 보모를 쉬게 하고 제가 그들(세 아이)을 돌보기로 했던 거예요. 계획은 이랬어요. 클로다가 크리스마스와 신년 시즌에 수시로 일해야 해서 "제가 크리스마스 이후 신년까지 일주일을 쉬면서 애들을 돌보려고 했죠." 그런데, 크리스마스 같은 날 대신 근무하던 예비 작업자가 병에 걸려서 나타나지 않았어요. 그래서 회사에서 제게 전화를 걸어 "무슨 일이에요? 다른 사람은 없어요?"라고 말하는 거예요. 제 배달 물량이 있는데 아무것도 하지 않고 트럭을 주차해두었다면 제 임금이 깎였을 거고 기분이 울적해졌을 겁니다. 그래서 결국에는 클로다가 돌아온 저녁에 집에서 나가, 물류창고로 가서 배달할 사람을 구해 작업량을 채우고는 새해 첫날 집에 들어왔어요. 이게 바로 제가 아플 경우에 벌어지는 상황의 가장 좋은 예입니다. 비록 그때는 제가 아픈 경우는 아니었지만 말이죠. _숀, 클로다와 결혼, 50대, 어린 아이 세 명을 공동으로 돌봄, 전일제 취업.

동업회사business partnership를 꾸리고 그곳에서 성공한, 제인과 같은 전문직 종사자들은 자녀양육도 자신의 방식대로 해낼 수 있었다. 재정적 자립 덕분에 그들과 동업자들은 자신의 사적인 생활에서 진정한 돌봄 친화적 실천을 할 수 있었다.

제가 바라기만 하면 부응해주었다는 점에서 그들은 일/생활 균형을 위해 애쓰고 있는 거죠. …… 지난해엔 제게 6주간의 육아휴직을 허용했어요. 그들은 저를 편하게 해줬고, 제 아이들이 학교에 가지 않을 때 저도 쉬어야 한다는 제 요구를 존중했어요. 어떻든 육아휴직이 법적 권리인 줄은 알아요. 하지만 그들이 상당히 많은 시간을 쓰도록 권장했다는 거죠. 그래요, 일반적으로 그들은 균형의 필요성을 잘 이해하고 있다고 말할 수 있어요. _제인, 질의 파트너, 초등학생 두 명을 일차적으로 돌봄.

자기 사업체를 운영해도 돌봄 측면에서 압박이 있지만, 사업체가 기반을 잡고 잘 운영될 때는 유연성을 상당히 누릴 수 있었다. 이는 엘리자베스의 사례에서 분명했다.

저는 아침 9시 반쯤 집을 나서요. 애들 옷 입히고 챙겨주고 나서 뒤따라 출발하죠. 커피를 즐기며 느긋하게 하루를 시작해요. 어떤 날엔 오후 2시에 끝날 수도 있고 어떤 날엔 밤 12시가 되도록 마치지 못하기도 해요. 저는 일이 있을 때 일하는 자영업자기 때문에 일을 찾아 나서지 않아요. 저는 사업체를 더 키우는 것도 원치 않는데 다른 걸 우선하기 때문이죠. 지금 있는 고객만으로도 제 생활양식을 유지하는 데 충분한 돈을 벌고 있어요. _엘리자베스, 누알라의 파트너, 초등학생 두 명을 이차적으로 돌봄.

사샤는 그녀가 가진 선택지라는 면에서 사회계급 스펙트럼의 다른 쪽 끝단에 있었다. 그녀는 세 아이를 둔 한부모인데 막내가 태어난 이후 돌봄수당을 받아 생계를 꾸렸다. 그녀는 가까이에 있는 가족의 지원을 받지 못했고, 그래서 아무리 하고 싶어도 취업할 방도가 없었으며, (헤어진) 파트너에게서 돌봄 책임을 분담하는 실질적인 지원을 받지 못했다. 그런데도 그녀가 구할 수 있는 일자리에 비해 육아비용이 터무니없이 많이 들었다. 시간제 근무조차 택할 수 없었다. 돌봄수당을 받으면서 일하는 것이 허용된 시간은 일주일에 10시간 뿐이었다. 하지만 그녀가 자유로운 시간에는 이 정도 시간의 일자리를 구할 수도 없었다. 게다가 그녀의 집과 아이들이 다니는 학교에서 쉽게 갈 수 있는 곳에서 일해야 했는데, 아이들을 데려올 사람이 달리 없었기 때문이다.

> 그 뭐냐, 막내가 태어난 이후로 일을 안 해왔고 그때 그 아이를 어린이집에 보냈어요. 막내는 생후 열 달부터 이 어린이집에 다녔어요. 막내를 어린이집에 보낼 당시에 저는 다시 일할 거라고 말하곤 했죠. 하지만 일주일에 열 시간만 일할 수 있는 일자리는 없어요. …… 그 뭐냐, 돌봄수당을 받는 동안 저에게는 일주일에 열 시간 일하는 것만 허용될 뿐이에요. _사샤, 독신, 취학 전 아동 한 명과 초등학생 두 명을 돌봄.

취업과 돌봄노동은 경우에 따라서 병행되기도 한다. 돌봄대화로 밝혀진 바에 따르면 자기 사업을 안정적으로 영위하거나 고용주가 능력과 경험을 높이 평가하는 전문직 종사자들에게는 더 큰 유연성이 있다. 몇몇 사람은 개별 관리자나 감독자가 돌봄과 돌봄 요구를 이해하는 경우 역시 유급노동과 돌봄노동의 균형을 이루는 데 도움이 되었다고 언급했다.

하지만 4장에서 보았듯이, 대부분의 사람들은 사회나 고용주가 돌봄의 가치를 평가한다고 생각지 않았으며, 고용주들은 자기에게 이익이 되지 않는 한 돌봄 시간을 기꺼이 배려해주지 않는다고 생각하고 있었다. 세라가 한 예인데, 그녀는 유연근무제로 일했고 그럼으로써 남편과 성인 딸을 돌볼 수 있었다. 그녀는 자기 고용주가 유난히 인정머리 없다고 주장하지 않았지만, 그녀의 돌봄 책임을 특별히 감안해주지도 않는다고 말했다. 그녀는 근무시간 외에 돌봄을 수행하려고 애썼을 것으로 짐작된다.

> 모린: 그럼 딱 오전 9시에서 오후 5시까지만 일하는 게 아니라고 생각해도 되나

요? 다른 약속은 있어요?

세라: 그럼요. 일주일에 사흘 밤을 외출해요. 월요일에 ○○(장소 이름)로 가고요, 화요일에는 강의를 들으러 가고 목요일에도 다른 강의 듣고.

모린: 제 생각엔 그때는 피비와 한 약속 때문에……

세라: 저는 할 수 있어요.

모린: 금요일 저녁까진 피비가 집에 없으니까 할 수 있겠네요?

세라: 맞아요. 모든 게 거기 달려 있어요. 그런 까닭에 단체로 지역 휴식보호 프로그램을 시작할 때 참가하겠다고 감히 말하지 못했어요. 하지만 토요일 저녁 식사모임에는 피비를 꼭 데리고 가요. _세라, 존과 결혼, 딸과 남편을 시간제로 돌봄.

세라는 남편도 매일 돌보아야 했으며, 이를 중심으로 그녀의 하루 일정을 짰다.

제 남편이 12시경까지 잠을 자기 때문에 출근할 수 있어요. 아침식사 일체를 식탁 위에 차려 두고 가죠. 그리곤 1시에 집에 와서 점심을 먹고 5시나 6시에 퇴근하고 돌아와요. _세라, 존과 결혼, 딸과 남편을 시간제로 돌봄.

몇몇 사람이 세라에게 시간제로 일하면 돌봄과 유급노동을 훨씬 수월하게 해낼 수 있다고 제안했다. 하지만 세라는 시간제 근무가 대안처럼 보이긴 하지만 '시간제라는 것은 오로지 돈'이므로 그것을 선택하지 않았다고 말했다.

저는 오전에만 일하는 것도 생각했어요. 하지만 오전에만 일한다면, 시간제 근무를 하는 유일한 목적은 돈일 텐데, 어쨌든 3시나 4시까지 근무해야 할 걸로 알고 있어요. 저는 예전에 매우 짧은 기간 뭐랄까 제 자신을 팔았던 적이 있어요. _세라, 존과 결혼, 딸과 남편을 시간제로 돌봄.

## 돌봄 시간의 성별화된 본질

아일랜드는 다른 여러 나라처럼 여성에게 일차적 돌봄을 맡으라는 도덕적 명령이 강했다(O'Brien, 2007). 돌봄에 관한 가부장적 관행은 모든 개인이나 모든 가정에서 새삼스러운 것이 아니다. 그것은 이미 여성성, 남성성, 가정생활의 규범 속에 코드화되었다. 특히 중간계급 여성에게는, '현모賢母'가 되어 전문적으로 능숙하게 돌보라는 강한 명령이 주어진다(Hays, 1996; Williams, 2001). 하지만 모든 사회계급에서 도덕적으로 코드화된 어머니는 거의 분석대상이 되지 않았다. 여성의 가정생활은 '역사를 담고 있으며, 제2의 천성으로 내면화되어서, 역사로서 잊힌' 채 지속되고 있다(Williams, 2001: 38, Bourdieu에서 재인용). 마찬가지로 남성은, 자신의 헤게모니적 남성성이 봉급과 권력에 기초해 평가받고 있다(Connell, 1995). 일차적 돌봄 수행자가 된다는 것은, 특히 유급 노동과 결합되면, 만성적인 시간 스트레스 속에 생활해야 한다는 것을 의미한다(Phipps et al., 2001). 이런 유형의 스트레스는 남성이 살아가는 길에서는 찾아보기 쉽지 않다.

남성이 과거에 비해서는 가사에 더 많은 시간을 쓰는 경향이 있지만, 여성은 여전히 남성보다 가사 일을 최소한 두 배는 많이 하고 있다(Coltrane and Galt, 2000). 남성은 자녀를 돌보는 데도 여성보다 적은 시간을 쓰는데, 그것도 자녀를 위한 가사(요리, 청소, 세탁 등)를 처리하는 데는 시간을 조금만 쓰고 아이들과 놀아주는 데 집중하는 경향이 있다(Lewis, 2000). 아버지들은 또한 돌봄에 쓰는 시간을 여성과 조금 다르게 본다. 그들은 시간을, 손수 해야 하고 시간이 많이 투여되는 '돌보는 것'보다는 일반적인 의미에서 '마음 쓰는 것', 즉 관념적인 헌신으로 간주한다(McDermott, 2005). 그러므로 취업한 아내들이 취업한 남편들보다 여가는 적고 스트레스는 많이 받는 것이 놀라운 일은 아니다(Coltrane and Galt, 2000).

남성은 문화적 지시에 의해 돌봄 명령자가 된다. 그들은 일차적 돌봄 수행자보다는 돌봄 보조원의 역할을 하는데, 이는 그들의 인격이나 봉급에서 비롯되는 것이 아니라 이성異性 관계와 돌봄관계 일반에 코드화된 성별 분업 규범에서 비롯된 특성이다. 여성과 남성이 한 가정을 이루는 경우, 여성과 남성 모두가 여성이 일차적 돌봄 수행자가 되는 것으로 상정한다. 의문을 제기할 일이 아닌 것이다. 누가 얼마나 돌봄노동을 할 것이냐를 두고서 남성과 여성 사이에 협상을 벌이겠지만, 돌봄을 관리하고 조직하고 책임지는 일은, 할 수만 있다면 여성이 맡는 것이 당연하다고 여겨진다.

돌봄대화 연구에서 우리는 인터뷰의 대상자가 될 일차적 돌봄 수행자인 남성을 심사숙고해서 찾아냈다. 우리는 이 작업을 하면서 두 개의 돌봄 관련 단체에 지원을 요청했다. 두 단체 모두 회원 가운데 일차적 돌봄을 수행하는 남성이 드물다고 알려주었다. 이런 남성은 돌봄노동을 해줄 여성이 없어서 집에 있는 경향이 있는데, 일차적 돌봄을 수행하는 여성에게는 이런 경향이 발견되지 않는다. 돌봄대화의 연구결과는, 일반적으로 남성은 돌봄노동을 맡을 여성이 없는 경우에만 일차적 돌봄 수행자가 된다는 거스텔과 갤러거(Gerstel and Gallagher, 2001)의 연구결과를 확인해주었다. 여성이 남성과 함께 사는 가정에서는, 아이는 물론이고 모시고 살지 않는 경우를 포함해 부모에 관해서도 여성이 일차적 돌봄 수행자가 되는 경향이 있다.

### 성별화된 돌봄 시간: 이성부부

성별화된 돌봄 규범이 경제적 합리성을 압도한다는 증거는, 우리가 인터뷰한 몇몇 부부가정의 돌봄 방식을 볼 때 분명했다. 두 사례에서 아이가 생기기 전에는 아내들이 배우자보다 봉급도 많고 지위도 높은 일자리를 갖고 있었는데, 정작 아이를 돌보기 위해 일과 수입을 줄인 사람은 여성이었다. 데브라는 둘째 아이가 태어날 때까지는 금융회사에서 고위관리직으로 일했다. 지적장애를 가진 아들이 태어난 후, 그녀는 전일제 고위관리직을 그만두고 일자리공유제를 택했다. 캐시는 그녀의 남편보다 더 안정적이고 연금수급권을 주는 직장에 다녔다. 둘째 아이가 태어난 후 그녀는 보수가 조금 줄었지만 집에서 더 가까운 직장으로 옮겼다. 어느 경우에도 남편들은 시간제 직장이나 보수가 적은 일을 고려하지 않았다.

캐시의 경우, 직장을 옮기고 나서 통근 거리가 아주 짧아져 아이들과 더 많은 시간을 보낼 수 있었다. 또한 최근 미망인이 된 어머니를 돌볼 여유도 생겼다. 캐시는 새로운 근무조건하에서 남편과 육아에 관해 협상했는데, 일주일에 하루는 남편이 아이들을 돌보고 데려오는 일을 책임지기로 했다.

특히 직장을 바꾼 건 말이죠, 제가 생각하기엔 우리가 협상한 거예요. 그러니까 제가 더블린에서의 경력을 포기하고, 급료가 줄어들고 직장생활 구조가 바뀐다는 사실을 생각해볼 시간이 있었기 때문이죠. 게다가 저는, 그런 일이 생길지라도, (유료) 보육기관을 실제로 찾아다니는 걸 원치 않았고…… 주 5일 육아를 다시 시작하는 것도 원치 않았어요. 그래서 그때 바로 그가…… 우리는 뭐랄까 협상 같은 걸 했어요. 일주일에 하루, 그러니까 월요일엔 그가 하기로 말이죠. _캐시, 마이클과 결혼, 취학 전 아동 두 명을 공동으로 돌봄.

하지만 대화에서 분명해진 것은 캐시가, 남편이 일주일에 하루 돌봄에 참여하는 것을 양보 내지 선택적 행위로 간주하고 공동 돌봄관계에서 필수적인 행동으로 보지 않았다는 점이다.

제 남편이 자원했다는 건 제겐 정말 놀라운 일이었어요. 그러니까 그는 자기 사업을 하는데 언제나 바쁘게 일할 거고, 그건 실제로 아이를 둔 그에게 정말 좋은 일이거든요. _캐시, 마이클과 결혼, 취학 전 아동 두 명을 공동으로 돌봄.

우리가 인터뷰한 남성들은 권위주의적인 사람들이 아니었다. 그들이 권위적으로 명령하고 통제한다는 증거는 없었다. 그들이 아내에게 상당한 권력을 행사할 정도로 소득이 있다는 증거 또한 없었다. 캐시는 남편이 신도시로 사업을 이전하는 데 동의했고 인터뷰 당시 그는 벌이가 신통치 않았다. 돌봄과 관련해 여성에게 행사하는 남성의 권력은 눈에 보이지 않는 종류의 통제였다.

일차적 돌봄 책임을 여성에게 맡기는 것이 자연계의 질서라고 여겼을 뿐이다.

그러므로 이성부부가정의 남성들에게 돌봄 역할에서 비롯되는 시간 압력 time pressure에 관해 말해달라고 물었을 때, 대부분이 한 번도 그런 압력을 경험한 적이 없다고 말한 것은 놀랄 일이 아니었다. 공동 돌봄을 하는 경우에도, 돌봄의 역할과 책임이 여성만큼 남성을 괴롭히지는 않았는데, 남성들이 공동 돌봄을 일차적 책임으로 생각하지 않았기 때문이다. 돌봄노동을 많이 하고 숀처럼 자녀를 공동으로 돌보는 남성들도 이러했다.

거 뭐냐 저는 정말 시간이 많지 않아요. 지금껏 생각을 많이 해본 건 아니고요. 그러니까…… 제 자신을 위한 시간 말이에요! (웃음) 음, 당신도 거기에 대해 생각해보지 않았을 거 같은데요. _숀, 클로다와 결혼, 초등학생 세 명을 공동으로 돌봄.

숀에게 삶이란, 자기 일을 하고, 아내 클로다와 공동으로 자녀를 돌보고, 주말에는 부모님 찾아뵙는 일을 반복하는 여정旅程이었다. 그의 근무시간은 대체로 오전 6시에서 오후 4시까지였다. 그는 다른 활동을 할 시간이 없다는 것을 알고 있었지만, 자신을 위한 시간이 필요하다고 생각하지는 않았다.

저는 정말로 시간이 필요 없어요. 모든 걸 마쳤을 땐 — 거의 잠들 무렵 — 너무 지쳐서 정말로 아무것도 필요치 않아요. 주중엔 확실히 그래요. …… 그 밖의 다른 걸 할 시간은 절대 나지 않죠. 틀림없어요. _숀, 클로다와 결혼, 초등학생 세 명을 공동으로 돌봄.

하지만 클로다와 숀은, 매일 같이 위의 두 아이를 학교에 보내고 막내는 어린이집에 보내는 일을 포함해 자녀양육을 관리하고 조직하는 일차적 책임을 클로다가 맡는다는 데 생각을 같이 했다. 클로다는 점심시간에 아이들을 초등학교와 어린이집에서 데려오는 일도 했다. 시간에 대한 그녀의 견해는 숀과 아주 달랐다. 그녀는 시간이 부족하고 또한 유급노동시간과 돌봄 시간을 세심하게 관리해야 해서 스트레스를 받았다. 그녀는 끊임없는 분주함을 '끔찍하게 사는 것'이라고 묘사했다.

> 저는 언제나 그들을 재촉해요. 끊임없이 허둥대는 건 딱 질색이에요. 제 말은 저녁에 아이들 데리러 갈 때만큼은 서둘지 않는다는 거죠…… 그들에게 줄곧 "늦었다 얼른 타거라, 늦었다 어서, 늦었다 어서, 서둘러 내려 늦었어, 내가 지각할 거 같아!"라고 말하지 않기를 (원해요). 2시 반에 아이들 데리러 갈 때도 "얼른 타거라 돌아가는 데 늦겠어." 저는 항상 그런 식이에요! 그러니까, 부담을 덜어주는 건 …… 그건 시간…… 제 말은, 시간이 모자라다는 거예요! 바로 이런 상황에서 우리가 가장 쪼들리죠. 우리는 시간에 쫓기며 살아요! _클로다, 손과 결혼, 초등학생 세 명을 공동으로 돌봄.

알렉스와 데브라는 두 아이를 두었는데, 한 아이는 지적장애를 가지고 있다. 데브라는 일자리공유제를 택하면서 고위관리직을 포기했다. 그때 그 자리를 유지하면서 알렉스에게 시간제로 일할 용의가 있느냐고 물었는데, 알렉스는 자신은 물론 대부분의 남성이 그런 고려는 하지 않을 것이라고 분명히 말했다.

> 그럴 수는 있겠죠. 그런데 그런 경우는 굉장히 드물었고 여전히 드물다고 생각해요. 그렇게 했다는 남자들 이야기를 듣긴 했어요. 하지만 굉장히 드문 경우라고 생각해요. 아마도 보험회사 환경에서는 가능할 거예요. 거긴 그런 일에 개방적이고 우호적이죠. 제가 지금 일하는 은행에선 아마 그렇지 않을 거고, 첫 직장에선 확실히 그렇지 않았고…… 확실히 용납되는 일이 아니었어요. …… 제가 그렇게 하길 원했든 원치 않았든, 그땐 아마 아니었을 텐데, 사실 그땐 원치 않았어요! 그러니까 제가 선택할 수 있는 그런 일이 아니었어요. _알렉스, 데브라와 결혼, 취학 전 아동 한 명과 초등학생 한 명을 이차적으로 돌봄.

왜 그렇게 생각하느냐는 질문에, 알렉스는 여성과 남성의 자연적 차이 때문이라고 말했다.

모르겠어요! 일을 포기하기거나 시간제로 일하는 걸 원치 않는 건 남자의 본능일 뿐이라는 게 제가 생각할 수 있는 전부예요! 모르겠어요. 일종의 유전적 문제랄지. 네, 제 생각엔 단지 남자와 여자의 존재 방식이 다를 뿐이에요. 여자에겐 가족과 아이들에게 더 밀착하려는 욕구가 있다고 생각해요. 그리고 남자에겐 그런 욕구가 그리 많지 않고, 우리들이 자기 자식을 사랑하지 않는 게 아니고요, 그러니까 그냥 욕구가 다르다고 생각해요. _알렉스, 데브라와 결혼, 취학 전 아동 한 명과 초등학생 한 명을 이차적으로 돌봄.

알렉스는 매일 아침 7시 반에서 8시 사이에 출근하고 거의 자정이 넘도록 귀가하지 않았지만, 그 사이에 자신을 위한 시간을 요구하지 않았고 자신에게 더 많은 시간이 필요하다고 생각하지도 않았다. 그는 매일 아침 출근하기 전 30분 동안 체육관에서 운동했고 매주 토요일 오후와 월요일 밤에 축구를 했다. 데브라는 목요일에 2시간 동안만 아이를 돌보지 않는 자기 시간을 가졌다. 알렉스는 아이들이 잠들기 전에 그들과 시간을 보내려고 애쓰긴 했지만, 이에 대한 그의 견해는 데브라와 사뭇 달랐다.

매일 저녁에, 그러니까 10분 내지 15분 정도라도 아이들 각자와 시간을 보내려고 애쓰고 있어요. 보통 노엘은 텔레비전 보는 데 몰두해요. 그는 텔레비전 앞에 있을 땐 누구에게도 말을 걸지 않아요. 그리고 캐시는 대개 무용 연습하고 저녁 먹고 숙제하고 있어요. 그래서 아이들과 10분을 같이 하기 어려워요. _알렉스, 데브라와 결혼, 취학 전 아동 한 명과 초등학생 한 명을 이차적으로 돌봄.

알렉스는 원칙적으로뿐 아니라 실제로도 자기 일을 우선시했다. 그는 회사에서의 지위를 의식했고 승진하길 원했다.

알렉스: 저는 직장에서 더 두각을 드러내야 할, 그러니까 다른 회사에 3년 다니는 동안 제가, 으음, 제가 할 수 있었던 만큼 많은 업적을 내야할 필요가 있어요. 이걸 어떻게 표현하지? 막 시작한 회사에 다녔는데, 저는 회사에서 서열 4위였고 그래서 내 뒤에 들어온 모든 사람이 내가 누군지 알았어요. 하지만 지금 현재는 서열 279위, 또는 사람들이 내가 누군지 내가 무슨 일을 하는지 궁금해하는 정도? 그래서 나를 드러내야 한다는 압박감을 많이 느껴요. 으음(멈춤).

모린: 이름을 날리는 거?

알렉스: 예, 맞아요. _알렉스, 데브라와 결혼, 취학 전 아동 한 명과 초등학생 한 명을 이차적으로 돌봄.

시간에 대한 데브라의 견해는 남편과는 매우 달랐다. 그녀는 다양한 상황에서, 집과 직장에서 시간의 압력을 경험했다. 그녀는 시간의 압력 일부가 집을 잘 가꾸려는 개인적 관심사에서 비롯된다고 생각했다.

…… 집에 있을 땐 집안일이 저를 잡아두거나, 해야 할 일들이 놓아주지 않죠.

그녀의 주된 관심사는 다음과 같았다.

저만의 시간이 충분치 않아요. 아이들과 놀아줄 시간도 충분치 않고요. _데브라, 알렉스와 결혼, 취학 전 아동 한 명과 초등학생 한 명을 일차적으로 돌봄.

데브라는 자녀양육과 가사를 일차적으로 조직하고 관리하는 일을 했다.

저는 6시에 일어나서 저녁 10시에 잠자리에 들어요, 그런데 그 사이에 충분히 쉬지 못해요. _데브라, 알렉스와 결혼, 취학 전 아동 한 명과 초등학생 한 명을 일차적으로 돌봄.

때때로 사무실에서 더 많은 시간을 보내라는 압박을 받았지만, 그녀는 정해진 시간에 아이를 데리러 가야 해서 그렇게 할 수 없었다. 그녀는 또한 아이들과 함께 하는 시간을 원하기도 했다.

…… 제가 받는 가장 큰 압력은, 그러니까 다른 사람들은 주 40시간 근무를 소화할 수 있고 사정이 나쁜 주에는 45시간도 일할 수 있다는 거예요. 반면에 저는 그렇게 할 수 없어요. 오후 4시 반엔 회사 문을 나서야 하고, 정말, 정말 시간외 근무를 할 형편이 안돼요. 어느 정도는 주중에 시간이 충분하지 않기 때문이고, 어느 정도는, 으음, 의도적으로 근무시간 외에 그 정도의 시간을 아이들과 함께 보내길 원했기 때문이죠. 그래서 주 20시간만 근무하고 출장을 가는데 그 20시간은 아이들을 보지 않고요. …… 취미나 그런 건 전혀 없어요. 남은 시간은 모두 아이들과 함께 보내요. _데브라, 알렉스와 결혼, 취학 전 아동 한 명과 초등학생 한 명을 일차적으로 돌봄.

데브라는 아이들을 돌볼 뿐 아니라, 식구들을 위해 음식을 장만하고, 어린 아들 노엘(지적장애가 있음)을 여러 진료소로 예약된 시간에 데려가고, 어린 딸이 친구들과 노는 시간을 만들어내기도 한다. 그녀는 아이들의 하루 일과를 조율했다. 그녀는 유급노동을 하지 않는 이틀 반나절을 다음과 같이 묘사했다.

일하지 않는 날에는, 으음, 대개 거의 확실하게 6시 반에 일어나 샤워를 하고 나서 아이들을 깨워요. 음, 제가 또 그렇게 빨리 일어나는 건 노엘이 아직 한참 어려서 혼자 힘으로 준비하는 데만 꼬박 한 시간이 걸리기 때문이에요. 저는 8시 반쯤 출발해 캐시를 학교에 데려다줘요. 그다음에 가게로 달려가 빵이나 말 그대로 그날 필요한 것들을 사곤 하죠. 9시 15분에 노엘을 어린이집에 데려다 주고요. …… 그러니까, 캐시를 끌고 가지 않고 노엘을 예약된 진료소로 데려갈 수 있는 시간은 화요일 오후밖에 없어요. …… 월요일 오후는…… 캐시와 친구들을 위한, 그러니까 캐시의 날이죠. 하지만 저는 보나마나 노엘도 챙겨야 해요. 목요일은 캐시가 무용하는 날인데, 2시 반에 하교하고 무용은 4시에 끝나요. 그러니까 그 사이에 뭘 좀 먹어야 해요. 그때까지 먹어두고 청소하지 않으면 그날은 밤 11시까지 청소하게 돼요. …… 목요일에는 저에게 두 시간이 있는 셈이죠. _데브라, 알렉스와 결혼, 취학 전 아동 한 명과 초등학생 한 명을 일차적으로 돌봄.

## 성별화된 돌봄 시간: 더 넓은 가족관계

여성에게 일차적 돌봄 수행자가 되라는 문화적 명령은 단지 이성 간 결혼생활에서만 작동하는 것이 아니다. 형제와 자매 사이에서도 작동한다. 토니와 피어스 같은 남자들이 돌봄을 수행하긴 하지만 각자의 부모를 돌볼 수 있는 여성이 가족 중에 없기 때문에 그렇게 된 것이고, 각자의 상황에서 농사일을 하면서 돌봄을 병행할 수 있었다. 게다가 누이들도 지원을 해주었다.

토니의 누이 메리언은 결혼해서 아이도 있고 좋은 일자리도 갖고 있었다. 그녀는 어머니와 남동생을 위해 집안의 세탁을 도맡아 했다. 비록 그녀가 일차적 돌봄 수행자는 아니었지만, 토니는 메리언이 어머니를 돌보는 데 핵심적인 지원을 해준다고 생각했다. 그녀는 외국에서 열리는 딸의 결혼식에 참석하는 것을 포기했는데, 멀기 때문이기도 했고 어머니가 그녀의 지원 없이 일주일을 지내야 하기 때문이기도 했다.

우린 있잖아요, 거기(중앙아메리카 국가)에 가지 않았어요. 제 생각에 너무 멀기도 했고 일주일을 나가 있어야 해서요. 게다가 어머니가 마음에 걸렸어요. _메리언, 기혼, 어머니를 일차적으로 돌보는 토니의 누이.

톰은 어머니를 돌보는 데 도움을 주는 남동생의 이름을 밝힌 유일한 사람인데, 그의 지원을 누이의 지원과 대등하게 보았다. 도와주지 않는 둘째 남동생보다 그가 더 멀리 살고 있음에도, 톰은 다급한 일이 생기면 그에게 도움을 청했다.

저의 또 다른 형제인 짐은…… 그는 전혀 몰라요. 반면에 칼로에 사는 손아래 남동생 존은…… 제가 그에게 알려주기만 하면, 그가 거기에 있다면 저를 도와줘요. 존은 열심이고 튼튼하기 때문에 제가 의지할 수 있는 사람이죠.

하지만 그에게 실질적인 도움을 주는 사람은 그의 누이였다.

메리는 아주 착해요. 그녀는 제가 해야 할 쇼핑을 해주죠. 그리고 남자들이 할 수 없는, 유전적으로 하지 못하는 두 가지가 쇼핑하고 다리미질인데요…… 그걸 해주려고 메리가 여기 와 있어요. 그녀는 길벗이고 애들은 귀염덩어리죠. 저는 애들의 대리 아버지와 다름없어요. …… 제가 아버지를 기다리게 하고 장례식 등 중요한 일을 하러 나가야 할 경우엔, 메리가 아버지를 재워드릴 거예요. 그녀는 승강 장치를 조작할 줄 알아요. _톰, 독신, 아버지를 종일 돌봄.

발레리와 매브는 그들의 부모를 돌보고 있었다. 둘 다 남자형제들이 있지만, 그들은 신체적으로 매우 의존적인 사람에게 일상적으로 필요한 기본적인 돌봄노동을 책임지지 않았다. 발레리는 계획된 것이 아니라 어쩌다가 부모를 돌보게 되었는데, 그러기 전에는 성인이 된 이후 대부분의 시간을 해외에서 살았고 금융회사에서 보수가 아주 좋은 고위직에 있었다. 그녀의 말을 빌리면, '권한이 많은 자리'에 있었다. 그녀는 독신이고 아이가 없었다. 7년 전에 부모를 방문하러 귀국했는데, 그때 양친이 모두 아팠고 형제자매들은 누구도 아일랜드에 살고 있지 않아서 그녀가 눌러앉았다. 그녀는 여동생이 그녀의 중요한 버팀목이라는 사실을 알게 되었다. 여동생은 미국에서 거의 매일 그녀에게 전화했으며, 부모 돌보는 일을 도와주려고 시간을 내어 집에 와서는 오래 머물다가 갔다.

여동생이 한 달 동안 와 있었어요. 그때가 10월이었는데 부모님 두 분이 모두 아팠어요. …… 그래서 다시 와서 6주 동안 있었어요. 그리고는 줄곧 전화해요. 정말 착하죠. 지난밤에 전화해서는 5월에 오겠다고 말했어요. 4주나 5주 있다가 간 대요. 기다려져요. 여동생이 올 때는 언제나 좋았어요. 그러니까 누군가 가까이서 거들어준다는 건 신나는 일이에요. _발레리, 독신, 양친을 종일 돌봄.

발레리는 남자형제들이 큰 도움이 되지 않는 것을 알게 되었다. 그들은 부모님을 방문했을 때도 발레리가 그들과 그들의 아이들을 돌봐줄 것으로 기대했다.

음, 그는 꽤 자주 와요. 하지만 불행히도 두 아이를 데리고 와요. 그건 저에게 가외의 부담일 뿐이죠. 당연히 그들을 위해 요리도 하고 청소도 해야 되고요. _발레리, 독신, 양친을 종일 돌봄.

발레리는 부모를 돕기 위해 시간을 내는 데서 남자형제보다 여동생이 더 여유가 있음을 인정하면서도(여동생의 아이들은 10대 후반과 20대 초반이다), 여동생이 부모를 돌보는 일을 도우러 혼자 오기 위해서는 주변을 정리하는 등 상당한 노력을 했을 것이라고 생각했다.

매브는 90대인 어머니를 일차적으로 돌보고 있었다. 그녀는 결혼했으며 남편, 성인 자녀와 함께 살고 있었다. 그녀에게도 자매 두 명과 형제 두 명이 있으며, 모두 가까이에 살았다. 매브는 이들 중 누구도 충분히 협조적이라고 여기지 않았다. 그녀는 특히 남자형제들을 비난했는데, 그들 중 누구도 어머니를 돌보지 않았다. 성공한 사업가가 된 남자형제는 어머니 집을 개보수하는 데 돈을 한 번 냈을 뿐, 직접 어머니를 돌본 적이 없다. 매브는 자매들도 비난했지만(특히 그녀의 남편들이 어머니를 원하지 않는다고 생각했다), 자매들은 매주 주말에 교대로 어머니를 돌봤다.

대부분 세 자매가 했어요. 남자들은…… 가족회의를 했을 때 세 사람에게 의지하기만 했기 때문에, 남자형제 둘은 "네 우리도 같이 하겠어요. 하지만……"이라고 말했어요 _매브, 프랭크와 결혼, 어머니를 시간제로 돌봄.

그럼에도 매브는 남자형제들을 용서하려고 애썼다. 자매들은, 비록 둘 다 직업이 있었고 그중 한 명은 고위직이었지만, 어떠한 양해도 해주지 않았다.

제 남자형제는 한편으로는 잘나가는 사람이에요. 프랑스 여자와 결혼했고 물론 저 건너 프랑스에 집을 갖고 있어요. 그들은 거기서 여행도 꽤 많이 다니고, 사업차 출장도 가겠죠. 또 다른 남동생은 혈액 응고에 문제가 있어서 와파린을 투여하고 있고요. 장모가 그의 집을 자주 방문해요. _매브, 프랭크와 결혼, 어머니를 시간제로 돌봄.

자매들은 대부분 직업이 있고 도와줄 여유가 없었지만, 어린 자녀들을 돌보다가 도움이 필요해졌을 때는 역시 남자형제들보다 중요했다. 클로다는 그녀의 자매가 한때는 협조적이었지만 지금은 그녀처럼 전일제로 취업해서 그렇지 못하게 된 사정을 설명했다.

가까이에 자매가 한 명 살아요. 투암Tuam으로 출퇴근하는 자매가 있어요. 그녀는 제가 아이 돌봐줄 사람을 구하지 못했을 때 한두 번 저를 곤경에서 구해줬죠…… 하지만 이제 전일제로 취직해서 가버렸어요. _클로다, 손과 결혼, 초등학생 세 명을 공동으로 돌봄.

수전은 싱글맘인데 양쪽 친부모로부터 커다란 도움을 받았다. 그녀 역시 부모님 가까이에 사는 두 명의 총각 삼촌에게서 가끔 지원을 받았는데, 부모님이 여의치 않을 경우에는 삼촌들이 그녀의 아들이 하교할 때 도와주었다. 그녀의 두 남자형제 가운데 한 명은 해외에 살고 있었고 다른 한 명은 대학에 다니고 있었다. 남자형제들은 그녀의 동생이었기 때문에 그녀는 그들을 버팀목으로 여기지 않았다. 주로 자매들이 그녀에게 사회적 지원을 해주었다.

저는 아직도 나가야 해요. 매 주말은 아니고, 전에는 그랬지만 지금은 아니죠. 저는 주말마다 안 나가고는 못 배기는 광적인 파티족은 아니에요. 저는 집에서 계집애들과 와인을 한 병 따기도 하죠. 계집애들이 때때로 제 집에 들러요(계집애들은 물론 저의 두 자매입니다). 그녀들이 오거나 아니면 제가 가죠. _수전, 독신, 중등학생을 일차적으로 돌봄.

이러한 돌봄대화들이 돌봄 질서가 깊이 성별화되어 있다는 5장의 요점을 확증해주지는 않지만, 그 같은 성별화가 여성과 남성이 해마다 하루하루 자기 시간을 쓰는 방식에 던져주는 의미가 무엇인지는 분명히 보여준다. 이성부부 관계와 더 넓은 가족관계 모두에서, 돌봄은 여성의 역할이며 그러므로 돌봄에 자기 시간을 할애하는 것은 여성의 몫이라고 가정되었다. 남성은 돌봄에 쓰이는 시간보다 유급노동에 들어가는 시간에, 때로는 여가활동에 들이는 시간에도 어렵지 않게 우선순위를 둘 수 있었다.

## 시간에 속박된 돌봄 실행자들: 쫓아다니기, 뛰어다니기, 서두르기

주중에는 시간이 충분하지 않아요. _데브라, 알렉스와 결혼, 취학 전 아동 한 명과 초등학생 한 명을 일차적으로 돌봄.

일차적 돌봄노동은 유한한 '시간스케이프' 내에서 일어나는 강도 높은 헌신과 관여를 수반한다(McKie et al., 2002). 돌봄 요구의 즉시성은 시간 계획을 좌우한다. 다른 일에서는 일반적으로 생기지 않는 절박감과 무력감이 돌봄에는 존재한다. 도널은 갓난아기의 아버지인데, 다음과 같이 말했다.

직장에선 일이 어떻게 돌아가는지 제가 확실하게 통제하고 있어요. 반면 아이는, 아이가 뭔가를 원할 때 꼭 가져야만 하고, 아이가 배고플 때 꼭 먹여줘야 하죠. 그런데 제가 직장에서 약속을 잡고 싶다면 저에게 편리한 시간으로 잡을 수 있다는 거죠. _도널, 제럴딘과 결혼, 취학 전 아동 한 명을 공동으로 돌봄.

그것은 즉각적인 돌봄을 요구하는 아주 어린아이뿐 아니라, 욕창에 걸리지 않게 침대에서 방향을 바꿔 눕혀야 하는 톰의 아버지와 같은 노인에게도 해당된다. 톰이 그의 아버지에 관해 설명한 바와 같이 고도의 돌봄 요구가 있는 경우에는 사람이 항상 곁에 있어야 한다.

저는 그를 홀로 남겨두지 않아요. 혼자 남겨둘 수 없어요. 만일 내가 나가고 그가 여기 혼자 있을 때, 그런 일은 없겠지만, 무슨 일이라도 생길까봐 불안해요. _톰, 독신, 아버지를 종일 돌봄.

돌봄 수행자에게는 빡빡한 일과표가 주어진다. 이것은 돌봄 수혜자의 연령과 취약성의 정도에 따라 달라지긴 하지만, 변함없고 반복적이다. 돌봄 수행자는 일정한 시간마다 해야 하는 매우 다양한 돌봄 과제를 확인한다. 요리할 때, 식사 시중을 들 때, 데려다주고 데려올 때, 부축할 때, 기저귀 갈아줄 때, 세탁하고 청소할 때, 숙제를 도울 때, 이야기해줄 때, 투약할 때, 경청할 때, 부축하고 어루만질 때, 이의를 제기하고 협상할 때, 갈등을 관리할 때, 그냥 있을 때 등.

'뛰어다니기', '쫓아다니기', '서두르기'라는 은유는 많은 이야기에, 특히 여성들의 이야기에 빠지지 않고 등장한다. 일차적 돌봄 수행자는 달아나는 시간을 붙잡기 위해 부단히 노력한다. 그들은 시간을 통제할 수 없었다. 그들은 하루 일과 중 부족한 시간에 대해 장황하게 말했다. 아들 넷을 혼자 돌보는 폴러는 시간이 부족해서 스트레스를 받고 몸져누웠다고 말했다.

저는 그 자리에서 제 꼬리를 쫓아다녀요. 정말 스트레스가 많아요. 스트레스로 몸져눕기도 했어요. …… 어머니로서 하루 종일 일해야 하는 책임을 지는 건 힘든 일 같아요. 하루 종일 허둥대고 시간에 쪼들리기 때문이죠. 저는 그걸 지난밤에야 생각했어요. 그러다가 대화할 시간이 점점 적어져요. 제 아들 폴은 집에 들어와 앉아서는 저에게 아무 말이나 해요. 이러저런 애들이 방학 때 터키에 갈 거라는 둥, 들어오자마자 학교에서 호출되었다고 말하기도 하고요. …… 시간이 없어요. 저는 더 이상 그 자리에 있을 수 없어요. _폴러, 이혼한 어머니, 중등학생 한 명과 성인 자녀 세 명을 일차적으로 돌봄.

딸아이 셋을 공동으로 돌보는 클로다도 비슷한 감정을 표현했다.

저는 항상 아이들을 재촉해요. 저는 끊임없이 서두르는 걸 좋아하지 않을 뿐이에 요. _클로다, 숀과 결혼, 초등학생 세 명을 공동으로 돌봄.

변함없는 마감 시간이 야기하는 번잡함은 멜라니 같이 종일 돌보는 사람에 게도 엄청난 스트레스를 준다. 그녀가 성인 자녀를 돌보는 일에는 회의를 하고 돌봄 장소로 이동하는 일이 수반되기 때문이다.

줄곧 서둘러야 하고 일이 산적해 있다면 그렇게 인내심을 갖거나 돌보기가 쉽지 않아요. 제 말 아시겠어요? …… 내내 아이들과 뛰어다니고, 이리 뛰고 저리 뛰고 해야 된다는 거예요. 버스가 있다는 걸 알아요. 그런 서비스가 있다는 걸 알고 있 어요. 하지만 아이들을 깨우고 제 시간에 나가게 하는 게 힘들어요. 언제나 잘 풀 리는 건 아니죠! _멜라니, 피터와 결혼, 남편과 성인 자녀 세 명을 종일 돌봄.

사고와 같은 예기치 않은 사건들은, 일과 돌봄의 **빡빡한** 일정에 이미 매여 있는 사람들의 시간 스트레스를 가중시킨다. 리자이나가 그랬다. 그녀는 아들 을 혼자서 돌보는데, 아일랜드에서는 가족의 지원을 받을 수 없었다.

작년에 발목이 부러졌고 수두에도 걸렸는데, 말하자면 체온은 올라가고 엄청 아파했고, 서둘러 병원으로 데려가서 응급실에 입원시키고 그 애를 데리고 의사한테 가고 자원봉사 일도 하고…… 마감시간 같은 것은 딱 맞춰서 들어오죠. _리자이나, 이혼, 중등학생을 일차적으로 돌봄.

동시에 몇 가지 역할의 균형을 잡아야 한다는 것이 스트레스 원천이기도 했다. 쇼핑, 요리, 돌봄을 동시에 하게 될 수도 있다.

그러니까 늦게까지 일하느라 5시 반 정도에 집에 도착해 한숨 돌리지 못한다면 자기 시간은 거의 없어요. 거기에다 정리정돈도 안 되어 있고 장을 보러 가야 한다면 더하죠. _제럴딘, 도널과 결혼, 취학 전 아동 한 명을 공동으로 돌봄.

흥미롭게도 우리가 인터뷰한 남성 중에서 전일제로 돌봄을 수행하는 사람들은 시간에 쫓긴다는 느낌을 똑같이 나타내지 않았다. 토니는 하루 일과 중 앉아 있을 시간도 없다는 걸 인정하면서도 다음과 같이 말했다.

글쎄요. 분명히 말하지만, 저는 발바닥이 닳도록 뛰어다니진 않아요. 저 자신을 위해 짬을 내려고 애쓰죠. _토니, 독신, 어머니와 삼촌을 종일 돌봄.

알렉스는 아내 데브라와 함께 두 어린아이를 돌보고 있었지만, 시간이 부족하다는 이유로 과중한 부담을 느끼지 않았다. 그는 매주 두 차례, 일요일 오후와 월요일 저녁에 자신의 휴식 일정을 짜두었다. 그는 다음과 같이 말했다.

저는 대개 (매일 밤) 한두 시간 정도 저만을 위한 시간을 가져요. 그래서 저는 뭐랄까 "오, 신이여 저를 한 시간만 쉬게 해주소서"라는 말을 거의 하지 않아요. 데브라가 저보다는 훨씬 더 자주 그렇게 말해요. 그녀는 확실히 저보다 훨씬 많이 아이들과 함께하기 때문이죠. _알렉스, 데브라와 결혼, 초등학생 한 명과 취학 전 아동 한 명을 이차적으로 돌봄.

## 이동과 시간

인간은 분할될 수 없는 존재다. 한 시점에 하나 이상의 장소에 있을 수 없다. 새로운 과제를 완수하기 위해 다른 장소에 있다는 것은 공간을 이동했다는 것을 의미하고, 이렇게 이동하기 위해서는 시간이 소요된다. 돌봄 공간과 노동 공간 및 교육 공간이 분리된 현실은 대부분의 사회에서, 특히 거리가 멀거나 교통체증 때문에 이동시간이 많이 걸리는 경우에, 이동시간이 돌봄 시간에 핵심적인 요소임을 의미한다(McKie et al., 2002).

캐시는 매일 직장에 다니느라 38마일을 왕복했다고 하면서, 최근에는 번잡함과 운전 시간 때문에 집에서 가까운 곳으로 직장을 옮겼다고 말했다. 처음에는 거리를 감당할 수 있었지만 10년이 지나자 이를 지속할 수 없게 되었다.

> 글쎄요…… 처음 시작할 땐 1시간이었는데, 집에서 직장까지 1시간이 쾌적했어요. 그런데 나빠지기만 했어요. 1시간 15분, 1시간 20분을 기어갔죠. 마침내는 실제로 1시간 40분이나 걸렸어요. …… 그래서 4시 반에 출발했죠. 5시 반에 출발해야 했다면, 솔직히 말해 언제 집에 도착할지 상상도 하지 못했을 거예요. _캐시, 마이클과 결혼, 취학 전 아동 두 명을 공동으로 돌봄

사람들은 또한 일하다가 출장을 가기도 한다. 특히 1박을 하는 경우에 출장이 돌봄 구도를 헝클어뜨린다. 알렉스와 숀은 모두 출장을 가야 했고, 숀은 매주 하루, 알렉스는 한 달에 이틀을 집 밖에서 잤다. 두 사람은 모두 어린 아이를 돌보았는데, 이런 경우에는 배우자들이 돌봄노동을 더 해야 했다. 이는 은행지점 근무시간에 매여 있는 클로다(숀의 아내)에게 특히나 어려운 상황이었다. 남편이 출장 가 있는 날에는 세 아이를 각기 다른 시간에 데려다주고 데려왔다. 그녀는 아이들을 학교와 어린이집에 맡겨야 했을 뿐 아니라, 근무시간 중에 각자를 데려와야 했다. 퇴근 후에는 방과 후 아동돌보미에게서 다시 아이들을 데려와, 저녁식사를 해주고 숙제하는 것을 도와주었다. 그녀는 아이들을 데려다 주고 데려오는 전 과정을, 특히 숀이 집에 없는 수요일에는, '악몽'

이라고 말했다.

저는 아침에 그들(위에 두 아이)을 학교에 보내요. 그리고…… (막내 아이를) 아동돌보미에게 맡겨두는데 교통사정이 정말 나빠요. 그래도 저는 직장에 지각하지 않으려고 애쓰고 있어요. 그리고는 점심시간에 직장에서 나와요. 점심시간 전반부엔 막내를 어린이집에 보내고…… 후반부엔 다른 애들을 데려와야 해요. 그리고 손이 출장 가는 수요일엔 (퇴근 후) 아동돌보미에게서 데려오는 일도 해야 돼요. 아시죠? 교통체증이 정말 심하다는 걸. 정말 악몽이에요! _클로다, 손과 결혼, 초등학생 세 명을 공동으로 돌봄.

클로다는 근무시간 중에 아이들을 데려오고 데려가는 데 추가로 쓴 시간을 보충하기 위해 저녁 6시까지 일해야 했다고 말했다.

알렉스의 경우에는 고용주의 필요에 따라 어디서 무슨 일로 며칠간 출장가야 하는지가 결정되므로, 출장 갈 시기를 계획할 수 없었다(Coyle, 2005).

그게 유일한 이유…… 지난 몇 년간 출장을 좋아하지 않았는데, 그게 예정되지 않은 일이었고 정말로 적절하게 일정을 짤 수 없었기 때문이었죠. 화요일엔 맨체스터에 가고 토요일엔 프랑크푸르트에 가라고 말할 수는 없잖아요. 꼭 그런 식은 아니었지만, 그들이(즉, 고용주) 필요로 할 때는 훨씬 더했어요. _알렉스, 데브라와 결혼, 초등학생 한 명과 취학 전 아동 한 명을 이차적으로 돌봄.

## 자기를 위한 시간: 계급 이슈

대부분의 돌봄 수행자들은 자신을 위한 시간이 충분하지 않다고 주장했다. 아이가 태어난 후에도 일주일에 두 번 축구를 계속한 한 아버지(알렉스)를 제외하고는, 이차적이든 일차적이든 돌봄을 수행하는 모든 사람이 취미나 관심사를 접었다. 일차적 돌봄을 수행하는 여성이나 남성은 아무도 정기적으로 취미활동을 하지 않았다.

저는 돌아와 있어야 해요. 저녁식사를 만들어야 하고, 그러니까 늘 끊임없이 움직여요. 그런 식으로 스스로 들뜨는 걸 느끼지만 저를 위한 시간은 없어요! 제 말은 5분만 시간을 가져도, 무슨 일이든 간에 누군가는 소리쳐서 저를 부를 거라는 거죠. _발레리, 독신, 양친을 종일 돌봄.

그들은 개인적인 시간이 필요하다는 것을 알고 있었다. 그들은 친구와 보낼 시간을 놓치고는 이것이 손실이라고 느꼈다.

친구를 만나거나 수다 떨 시간이 충분치 않다는 게 전부예요. 때때로 점심시간에 그녀(친구)와 함께하려고 간신히 한 시간을 빼내죠. _폴러, 이혼, 중등학생 한 명과 성인 자녀 세 명을 일차적으로 돌봄.

많은 친구를 잃었다고 할 수 있겠네요. 많은 친구와 적조해졌어요. 그것 때문만은 아니지만 제가 많은 친구가 자리 잡고 있는 더블린을 떠나 여기로 내려온 것도 하나의 이유가 되겠죠. …… 저에게 똑같은 시간, 똑같은 자유, 다른 사람과의 관계를 유지하려는 똑같은 활기가 없다는 뜻이에요. _제인, 질의 파트너, 초등학생 두 명을 일차적으로 돌봄.

다른 돌봄 수행자들, 특히 어머니들은 집을 독차지하거나 편안하게 화장실에 가는 사소한 여유도 누리지 못했다.

가장 많이 놓치는 건 화장실 가서 방해받지 않고 앉아 있는 거죠. 하지만 그건 아이들이 어렸을 때고 노엘의 장애와는 아무 상관도 없고요. 그때는 단지 아이들이 어려서 그랬어요. _데브라, 알렉스와 결혼, 취학 전 아동 한 명과 초등학생 한 명을 일차적으로 돌봄.

돌봄 수행자들은 좋아하는 TV 프로그램을 시청하는 등 느긋하게 쉬는 시간에도, 자기 생각대로 쉴 수는 없었다. 사샤의 경우, 아이 둘이 청각장애가 있어서 프로그램을 시청하는 동안 아이들에게 내용을 알려줘야 했다.

7시 반에 마치고 〈이스트엔드 사람들〉 따위를 시청하려고 할 땐, 아이들이 듣지를 못하니까 "뭐라고 하는 거예요. 뭐라고 얘기하는 거예요?"라고 계속 말해요. 그런데 자막이 없어서 제가 계속 설명을 해줘야 돼요. 그러니까, 뭔가를 내내 설명해야 한다는 것만으로도 아주 피곤해져요. _사샤, 독신, 미취학 아동 한 명과 초등학생 두 명을 돌봄.

휴식 시간이 반드시 돌봄에서 자유로운 시간은 아니었다. 특히 사샤와 같이 양질의 보육을 위해 돈을 쓸 여유가 없는 사람들에게 그랬다. 그녀의 계급적 지위와 혼인관계가 시간에 대한 경험에 직접적으로 영향을 미쳤다. 그녀는 돈 걱정을 하지 않을 때가 없었고, 아이들 아버지로부터 양육비 지원을 받지 못하고 있었다.

그다음엔 거의 잠자리에 들 시간이에요. 그때 생각해요. "내일은 뭘 해야 하지? 돈이 없는데 어디서 돈을 구할 수 있을까?" 뭔가 떠오른다고 해도 고작 부활절이나 그런 거. 머리에 쥐가 날 지경이에요. 고개를 처박고 머리를 쥐어뜯을 뿐이죠! _사샤, 독신, 취학 전 아동 한 명과 초등학생 두 명을 돌봄.

클로다와 질 같이 전일제로 취업한 여성들도 자기를 위한 시간을 갖는 데 한계가 있지만, 그들은 배우자와 협의하거나 허드렛일을 할 사람을 고용해서 이런 시간을 가질 수 있었다. 클로다의 경우, 남편 숀과 그녀는 서로가 숨 돌릴 시간이 필요하다는 것을 인정했으며, 이것이 돌봄 요구를 감당하기 쉽게 해주었다.

  …… 긴장을 풀 시간이 필요해지면 그에게 "머리 좀 식혀야겠어요. 한 시간 동안
  산책하고 올게요"라고 말하고는 그렇게 해요. 그럼 좋아져요. 그는 모너핸으로 돌
  아가거나 하는데, 그가 긴장을 풀거나 휴가 가는 시간이에요. 저는 차에 올라타고
  밟아요. 그러니까 어떤 때는 마냥 드라이브를 하는 거예요. 정말 가끔은 자기 시
  간이 필요해요. _클로다, 숀과 결혼, 초등학생 세 명을 공동으로 돌봄.

  소득이 안정된 상위 중간계급이 누리는 혜택은 질의 사례에서 잘 나타난다.
그녀의 파트너와 그녀는 일주일에 두 번 집에 와서 요리와 청소를 해주는 가
사도우미를 썼다. 그래서 그녀들은 아이들과 즐겁게 보내는 사랑노동 시간을
가질 수 있었다.

  우린 운이 좋았어요. 일주일에 두 번 오전에 가사 도움을 조금 받아요. 자유로워
  지고 싶어서 그렇게 했죠. …… 우리는 매일 저녁 식사할 때 소중한 시간을 보내
  고 싶었어요. 그래서 적어도 저녁 5시에서 밤 8시까진 그리했어요. …… 두 번의
  오전 가사도움으로 음식을 마련하고 집안을 깨끗이 해둘 수 있다는 사실이……
  우리가 아이들과 함께 하는 것과 집에 있는 걸 충분히 즐길 수 있게 해줘요. 정말
  행운이죠. 우린 정말 특권을 가졌어요. 우리에겐 좋아요. _질, 제인의 파트너, 초
  등학생 두 명을 일차적으로 돌봄.

  이들의 상황은 세 아이를 혼자 돌보고 복지급여로 살아가는 사샤와 극명하
게 대비되었다.

  하지만 저는 한 번도 그런 건(행운) 얻어 본 적이 없어요. 한 번도 그런 건…… 여
  동생은 언제나 제게 "아이들한테는 모든 걸 하게 해주고, 스카우트에서 하는 교외
  활동에도 보내주고, 그런데도 정작 자기는 어디에도 가지 않잖아"라고 말해요. 저

는 아이들에게 최선을 다하고 싶어요. 집을 떠나서 많은 걸 보길 원하죠. 그리고 애들이 스카우트에서 "나는 엄마가 일하지 않고 아빠도 없어서 같이 갈 수 없어요"라고 말하는 걸 원치 않아요. _사샤, 독신, 취학 전 아동 한 명과 초등학생 두 명을 돌봄.

가난하다는 것은 여가에 쓸 자원이 거의 없다는 것을 의미할 뿐 아니라, 기본적인 서비스를 받기 위해서도 장시간 기다려야 한다는 것을 의미했다. 공공 병원에서 진료 예약을 하거나 의사를 찾아가는 것은 시간이 많이 걸리는 일이었는데, 멜라니가 설명하듯이 줄을 서서 기다려야 했다.

마치 통보를 받은 것처럼 11시에 맞춰서 가야하고, 그리고 오래 기다리면서 다른 해야 할 일은 없는지, 가야 할 장소는 어디인지, 누군가를 또 데려가야 하는지 노심초사하고 있죠. _멜라니, 피터와 결혼, 남편과 성인 자녀 세 명을 종일 돌봄.

## 자신의 건강을 돌보는 시간

너무 많은 돌봄 책임을 맡는 것이 건강에 악영향을 미칠 수 있다는 증거가 많다(Cannuscio et al., 2004; Hirst, 2003). 우리와 이야기를 나눈 다수의 돌봄 수행자는 돌봄을 하기 위해 감당했던 과도한 책임 때문에 자신의 건강을 명백하게 해치고 있었다. 이는 특히 가족이 없다시피 하거나 휴식보호서비스를 받지 못한 채 혼자서 돌보는 사람들에게서 뚜렷하게 나타났다. 네 아들을 혼자 돌보는 폴러는, 전일제 일자리와 돌봄을 힘들게 병행한 데서 직접적으로 기인한 여러 건강 문제로 고통 받고 있었다.

아니에요. 그리고 저는 이제 더 많이 깨닫고 있어요. 비용 요소가 포함되어 있다는 걸, 돌봄을 하느라 제가 치르는 비용은 제 건강에 대한 거고 그건 제 건강을 해치는 요소라는 걸…… 제 자신을 돌보지 않는다면 저는 쓰러질 거예요. 그래서 저는 그걸 깨닫기 시작한 거죠. 해마다 이맘때는 스트레스가 심해요. …… 탈모증이 생기고, 위장에 탈이 나서 음식을 제대로 못 먹고, 이 모든 게 스트레스 때문이라고들 해요. 이젠 건강을 위해 뭔가를 하지 않으면 안 된다는 게 분명해지고 있어요. _폴러, 이혼, 중등학생 한 명과 성인 자녀 세 명을 일차적으로 돌봄.

발레리 같은 돌봄 수행자는 그녀가 임상적으로는 우울증이 아니라고 말했지만, 가끔은 매우 우울해지며 자신만의 시간을 갖게 해주는 휴식보호를 간절히 바라고 있음을 분명히 밝혔다.

저는 우울증에 시달릴 겁니다. 확실히, 당연히, 어머나, 저에 대해 얘기하고 있네요. 때가 되면 휴식보호는 다가오고, 그러면 저는 휴식을 취할 수 있게 될 거고, 제가 말했듯이 그게 없다면 뭘 해야 할지 모를 거예요. 저를 우울하게 만들기 때문이죠. 그러니까 아무리 작은 거라도 고대하는 게 반드시 있어야 하거든요. _발레리, 독신, 양친을 종일 돌봄.

노라는 홀로 성인 자녀를 돌보는 경우였다. 그녀도 스트레스를 많이 받았다. 스트레스와 돌봄 요구가 지나치게 커졌을 때 그녀는 의사에게 가곤 했다. 하지만 의사가 특별히 도움이 되지 않는다는 사실을 알게 되었는데, 의사가 그녀의 요구를 충분히 이해한 것 같지 않았다.

때때로 속이 뒤집어져요. 그러면 그는 신경안정제를 권하죠. 저는 신경안정제가 필요한 사람이 아니에요. 제 딸이 너무 많이 먹는 걸 봤거든요. 저는 스스로의 힘으로 제 자신의 문제와 싸우는 걸 좋아하는 사람이에요! 저는 수면제 따위를 먹는 걸 좋아하지 않아요. 누군가 저를 부를 수도 있어서 수면제 먹을 형편이 안 돼요. 게다가 저는 수면제 먹는 거에 대해 어떤 믿음도 갖고 있지 않아요. _노라, 별거, 세 성인 자녀의 어머니, 70대, 퇴행성 대사질환을 가진 성인 아들을 종일 돌봄.

멜라니 역시 그녀에게 부과된 강도 높은 돌봄 요구 때문에 몹시 고통스러워했다. 그녀는 당장 아프지는 않지만, 장차 아플 수도 있다는 점을 두려워했다.

글쎄 더 정확히 말하면 지금 결국에는 제가 받고 있는 스트레스 때문에 너무 지쳐서 견딜 수 없을 거고, 결국 제 자신의 건강이 망가질 거 같아서 걱정돼요. _멜라니, 피터와 결혼, 남편과 성인 자녀 세 명을 종일 돌봄.

일차적 돌봄을 수행하는 일은 신체건강과 정신건강 면에서 부담이 큰 활동이다. 돌봄지원과 휴식보호를 받지 못하는 사람들은 건강이 특히 취약하다.


## 결론

타인을 돌보는 일은 노동집약적이면서 시간소모적인 중대한 과제다. 시간은 부족한 자원이기 때문에 타인을 돌보는 일은 한정된 시간의 제약을 받으며, 가장 절실한 것은 생계를 꾸려가는 데 소요되는 시간이다.

돌봄 실행자들, 일상적이고 필수적인 돌봄노동을 하는 사람들은 극단적인 시간 압박을 경험한 사람들이다. 전일제로 취업하고 일차적으로 돌봄을 수행하는 여성들이 가장 많이 시간 압박을 받고 있는데, 이는 보통 직장에 출퇴근하거나 아이들을 맡기고 찾아오는 일에서 비롯된다. 하지만 이들이 시간에 쪼들리는 유일한 유형의 사람은 아니다. 고도의 돌봄 요구를 지닌 성인을 일차적으로 종일 돌보는 사람은 쉬면서 휴식을 취할 수 있는 자기 시간을 거의 누리지 못한다. 그들은 자신의 돌봄노동이 시간 소요라는 측면에서, 특히 휴식보호서비스가 없는 경우 '혹독하고' '무자비하다'고 묘사했다. 어떤 이유로든 휴식 및 여가 시간이 부족한 모든 일차적 돌봄 수행자들은 돌봄이 자신의 건강에 부정적인 영향을 미친다고 말했는데, 이는 다른 연구(Cannuscio et al., 2004; Goldstein et al., 2004; Hirst, 2003)에서도 잘 입증되어 있다.

전일제로 돌봄을 수행하는 사람이나 유급노동과 돌봄을 병행하는 사람은 자신의 시간을 완전히 통제하지 못했다. 한편으로는 먹여주고, 빨래하고, 목욕시키고, 말동무해주는 것과 같은 돌봄 요구의 즉시성 때문에, 돌봄의 조건과 타이밍을 돌봄 수혜자가 지시했다. 전일제 돌봄 수행자들은 자신이 시간에 속박되어 있다고 말했다. 쉴 틈 없는 시간 속박에서 벗어나려는 욕구는 분명히 강했다. 발레리는 부모를 돌보는 일에 대해 다음과 같이 말했다.

> 달아나고 싶은 걸 느껴요. 거 뭐냐, 지금 나가서 밤새도록 놀고 싶을 뿐이에요. 아니면 '버스가 오고 있네. 집에 돌아가야 해!'라고 생각하지 않아도 되면 좋겠어요.
> _발레리, 독신, 양친을 종일 돌봄.

다른 한편으로는 취업해 있는 사람들, 특히 전일제로 취업한 여성 돌봄 수행자들은 두 개의 시간제약, 즉 고용주의 시간제약과 돌봄 수혜자의 시간제약이 경합하는 상황 속에서 일했다. 일부 전문직 종사자는 각자의 능력이나 소득 덕분에 자신의 노동시간과 돌봄 시간에 상당한 통제력을 행사했지만, 돌봄을 '곡예 하듯' 해야 하는 대부분의 노동자와 시급제 노동자들은 그럴 수 없었다. 돌봄 수행자는 근무하고 있을 때도 아픈 아이를 학교나 어린이집에서 데려와야 하는 등의 돌봄 요청에 대기하고 있었다. 몸소 대기하지 않는다면, 아동돌보미, 누이, 어머니, 아버지, 친구 등에게 대기하라고 부탁해둬야 했다.

여성들이 돌봄 실행자인 반면, 남성들은 돌봄 명령자일 가능성이 더 높았다. 다른 사람에게 돌봄을 명령할 수 있는 능력은 남성이 지닌 개인적인 역량에서 생긴 것이 아니었다. 여성에게 돌봄을 명령할 수 있는 남성의 능력은, 여성들이 '자연히 돌봄을 한다'고 가정하는 문화적 명령이 여성에게 부과됨으로써 생긴 것이다. 5장에서 살펴보았듯, 이 가정에 대해서 많은 여성과 일부 남성이 반론을 제기했다. 그리고 시간과 사회계급 간의 관계도 있다. 특권계급의 돌봄 수행자들이 돌봄의 시간 소요를 관리하고 희석시킬 수 있는 데 반해, 저소득층 남성과 여성, 노동계급에 속하는 대부분의 사람들에게 이러한 시간

소요는 더 이상 변경할 수 없는 것이었다.

돌봄 시간의 성별화되고 계급화된 본질 너머를 보면, 모든 합리성이 경제적인 것은 아니라는 점과, 경제적 합리성은 물론이고 돌봄 합리성도 있다는 점을 돌봄대화 자료가 강력히 뒷받침하고 있다. 일차적 돌봄 수행자가 사랑노동에 할애하는 시간은, 경제이론이 전형화하는 것처럼, 단순히 소비와 여가 사이에서 어떤 것을 선호하는가라는 문제가 아니다. 그것은 돌봄 자체의 관계적 본질과 돌봄에 대한 도덕적 명령의 함수이기도 하다. 돌봄 수행자들이 일차적 돌봄관계를 이해하는 바가 그들의 선택을 제약하는데, 그들이 분명히 바라더라도 더 많은 자유 시간을 가질 수 있는 선택지는 주어지지 않는다.

여성은 돌봄 합리성으로, 남성은 경제적 합리성으로 불균형하게 사회화되지만, 이는 불가피한 일이 아니다. 톰, 피어스, 토니가 그랬듯이, 남성이 일차적 돌봄 수행자일 때도 여성 못지않게 배려하고 여성처럼 죄책감과 헌신으로 부담을 떠안았다. 다만 시간 때문에 겪은 스트레스는 그렇게 극심하지 않았다. 전적으로 합리적이고 경제적인 행위자라는 문화적 우상은 사회학적 신화다. 그것은 인간 조건의 상호의존성이라는 근본을 부정하거나 묵살하지만 여전히 수사적 장치로 작용한다. 세벤후이센(Sevenhuijsen, 2000: 24)이 말했듯이, '자수성가한 자율적인 사람은 돌봄과 의존성을 부정하는 데 기초해 구성된다'.

# 8

# 경제자본, 사회자본, 문화자본, 감정자본이 교육에서 어머니의 사랑과 돌봄노동에 미치는 영향

매브 오브라이언

이 장에서는 어머니 역할mothering을 이론적으로 파악하는 맥락에서 사랑과 돌봄노동을 행하는 문제를 논의한다. 특히 교육 분야에서 어머니가 수행하는 돌봄노동을 탐구한다. 그리고 교육에서 어머니가 수행하는 감정적 돌봄노동은 어머니들이 자녀에 대한 사랑이라고 이해하는 것을 표현하는 한 방법임을 보여준다(O'Brien, 2007). 이는 일상적 돌봄의 일부로서 일반적인 어머니 역할과 가사노동의 요소가 된다(O'Brien, 2005). 한편, 돌봄노동은 '자연히', 또는 수고 없이 이루어지지 않는다. 경제자본, 문화자본, 사회자본 및 감정자본을 동원하는 어머니들의 역량은 그들의 돌봄을 구체화하고, 교육 분야에서 그러한 돌봄이 교환되도록 한다.

교육우위educational advantage를 재생산하는 경제자본, 문화자본, 사회자본의 보유에 상당한 관심을 기울여왔음에도(Bourdieu, 1996), 자녀의 학교교육 지원에 감정적 자원이 동원되는 현실은 최근에 들어서야 연구되고 분석되기 시작했다(Allatt, 1993; O'Brien, 2007; Reay, 1998, 2002). 여기서는 경제자본, 사회자본, 문화자본이 어떻게 어머니의 교육적 돌봄노동을 가능하게 하거나 제약하는지 살펴보고, 이러한 자본이 어머니의 돌봄을 가능하게 하는 감정적 자원의 동원과 관계됨을 강조할 것이다. 첫 번째 절에서 페미니즘 사회학, 도덕철학, 교육사회학에서 이루어진, 돌봄, 어머니 역할, 학교 관련 일schooling work에 대한 학제적 논의에 의거해서 젠더와 돌봄의 제반 문제를 부각시키고, 어머니가 자녀교육을 지원하는 방법으로서 감정자본의 역할을 명확히 할 것이다. 이를 바탕으로 나머지 절에서는 25명의 어머니가 함께한 질적 연구를 바탕으로, 자녀를 중등학교로 진학시키기 위한 감정적 돌봄노동에 어머니들이 어떻게 자원을 동원하는지 연구했다. 어머니들이 광범위한 교육적 돌봄노동을 수행하는 전형적인 예로 초등학교에서 중등학교로 진학하는 시기를 선택한 것은, 그때가 위험과 불확실성이 큰 시기이기 때문이다(Lynch and Moran, 2006; Reay and Ball, 1998; Reay and Lucey, 2000). 이 장은 부르디외의 경제자본, 사회자본, 문화자본 분류와 이와 연관된 감정자본 개념을 이용해, 이러한 자본들 모두가 교육적 돌봄을 제공하는 어머니의 능력에 중요한 영향을 미친다는 점을 보여준다.

## 어머니 노동 그리고 돌봄과 자본의 역할

### 감정노동, 사랑노동 그리고 감정적 자원

어머니들이 가정에서 수행하는 무급 돌봄노동에는 돌보기, 가사노동, 육체적 보육노동, 감정노동, 문화적 노동 등(교육지원을 포함하는 자녀양육)과 성적 노동이라는 다양한 차원이 있다(Delphy and Leonard, 1992). 가사와 보육은 가시적이고 상품화할 수 있는 노동이지만, 돌봄에 수반되는 감정노동은 실체가 불분명하며 대체로 비가시적이고 인지되지 않는다. '사랑노동'(Lynch, 1989, 2007)은 자녀를 보살피고 배려하며 자녀와 좋은 관계를 유지하는 등 어머니가 자녀를 위해 수행하는 노동으로서, 양도할 수 없는 감정적 차원을 포함하고 있다. 하지만, 사랑노동과 이에 포함된 감정노동이 당연시되고 실체가 불분명하다는 것은 그에 소요되는 자원과 에너지 역시 간과되어왔음을 뜻한다. 린치(Lynch, 1989)는 사랑노동과 감정노동의 중요한 차이점을 식별했다. 사랑노동은 다른 발달법칙을 가진다(Jaggar, 1995도 참조). 그것은 주로 타인의 행복한 삶과 관련된 수고다. 반면에 감정노동은 자기 이익, 예컨대 이윤을 위한 감성경영에 사용되기도 한다(Hochschild, 1983). 그럼에도 감정과 감정노동은 사랑과 사랑노동에 불가결하다. 페미니즘 학자들은, 애착과 돌봄을 도모하는 것은 서로를 감정적으로 연결하는 인간의 능력이라고 주장했다(Gilligan, 1982, 1995; Kittay, 1999; Nussbaum, 1995). 누스바움(Nussbaum, 2001), 골먼(Goleman, 1995), 다마지오(Damasio, 1994; 2004)는 감정은 도덕적 행동과 사유에 필수적이고, 감성지능에 도움이 되며, 우리가 타인의 입장을 이해하고 그들을 챙겨주고 지원할 수 있게 한다고 주장한다.

초도로(Chodorow, 1999)는 사회학과 정신분석이론을 아우르는 관점에서, 우리의 감정이 개인적 의미와 정체성을 만드는 데 필수적이라고 주장한다. 초도로가 정동과 감정이 문화적 규범과 지배적인 성별 질서에 의해 형성된다는 점을 인정했지만, 정동과 감정은 철저히 개인적이고 특이한 것이기도 하다. 그녀는 개인적 의미가 개인의 무의식적 욕망과 정동에 부합되도록 구성된다고 주장한다. 바로 이 사회적으로 성별화된, 그러나 개인적인 정동은 남성과 아버지에게는 전통적으로 부과되지 않은 자녀를 돌보고 사랑하는 능력과 동기를 어머니에게 부여한다(Duncombe and Marsden, 1996, 1998; Seery and Crowley, 2000). 이렇게 문화적으로 형성된 감정이 경청하고, 계획하고, 조직하고, 공감하고, 위로하고, 감정적 애착관계 유지에 몰두하는 것을 포함하는, 사랑과 감정노동에서 요구되는 노력의 근본이 된다(Hochschild, 1983, 1989).

돌봄 이데올로기와 돌봄에 대한 도덕적 명령을 내면화하면서 어머니들의 정체성은, 사회적 위치와 가용자원에 상관없이, 감정적 돌봄을 피할 수 없게 만든다(Bubeck, 2001; Hays, 1996; O'Brien, 2007). 돌보고 사랑하는 감정과 이에 수반되는 노동이 매우 중요하지만, 어머니의 사랑과 감정적 돌봄을 미화하는 본질주의적인 설명을 피해야 한다. 어머니 노동은 돌봄에 현실적으로 중요하다(Nussbaum, 1995; Sevenhuijsen, 1998). 그리고 돌봄과 사랑노동을 행하는 것은 어머니들의 시간에, 그리고 돌봄 외의 다른 목표와 활동을 추구하려는 어머니들의 에너지와 욕구에 긴장을 유발한다.

### 어머니의 돌봄, 사랑, 교육

돌봄과 사랑은 교육 논쟁에서 중심 개념이 아니었으며, 교육을 목적으로 어머니들이 수행하는 감정적인 돌봄 노력은, 전통적으로 '학부모 참여'라는 젠더 중립적인 담론으로 환원되었다. 중등학교 진학 시점에서 마주하는 학교선택과 교육적 의사결정에 관한 연구문헌이 늘어나고 있지만, 여기에서 돌봄과 사랑이 그 자체로서 명명되지는 않았다. 레이와 볼(Reay and Ball, 1998), 린치와 모란(Lynch and Moran, 2006)은 학교선택 담론이 '학부모'를 교육시장의 합리적 소비자로 구성했다고 지적했다. 이러한 구성은 진학지도와 선택에 요구되는, 일반적으로 어머니들이 수행하는, 감정적 노력을 은폐한다. 게다가, 그와 같은 구성은 교육적 선택을 하고 돌보는 부모들의 능력이 사회적 위치와 자본에 비례해서 달라진다는 점을 고려하지 않는다(Gewirtz et al., 1994; Reay, 1998).

라로(Lareau, 1989), 워커다인과 루시(Walkerdine and Lucey, 1989), 알래트(Allatt, 1993), 레이(Reay, 1998, 2000), 그리피스와 스미스(Griffith and Smith, 2005)의 저작은, 종종 어머니들이 상당한 교육적 돌봄노동을 집중적으로 수행하며 이는 사회계급과 가용한 자원에 비례한다는 점을 입증했다. 이 저자들 또한 교육적 노동을 수행하는 어머니들의 일상은 감정 에너지 또는 자원을 필요로 하는 강한 감정적 요소로 구성되어 있다고 서술했다. 린치(Lynch, 1989)가 모든 감정노동을 돌봄이라고 할 수는 없다고 지적했지만, 이 저자들이 서술한 교육적 노동은 확실히 자기 아이를 '챙겨주고' '돌보는' 범주에 속한다(Ungerson, 1990). 그들의 연구에서 관찰된 교육적 돌봄노동은 다양한 존재양식과 행위양식을 보여주는데, 여기에는 아이들 이야기를 경청하기, 학교 및 과목 선택을 지도하고 결정하기, 시험공부 뒷바라지하기, 숙제 돕기, 교사와 면담하기, 면담을 계획하고 조직하기, 방과 후 활동에 데려다주기 등이 포함된다.

## 자녀의 학교교육을 돌보기 위한 어머니의 자본 이용 기회

린치(Lynch, 1989)는 친밀한 관계를 증진시키는 데 수반되는 노동, 즉 사랑노동도 자원을 필요로 한다고 주장했다. 부르디외의 자본 메타포를 이용해 자원이 어떻게 사회적 우위를 재생산하고 돌봄 행위에 영향을 미치는지 분석할 수있다. 어머니의 돌봄과 사랑은 교육 분야에서 개별적인 행로를 취하며, 지배적 형태의 문화자본을 이용하고 동원하는 능력과 상당히 겹쳐진다(Bourdieu, 1986). 문화자본과 기타 자원에 접근할 수 없는 사람들은, 학교시스템이 요구하는 교육적 지원을 해내기가 어렵다는 것을 알게 되고, 종종 학교교육이 필요로 하는 자본을 가지지 못한 어머니라며 병리적인 존재로 여겨졌다. 워커다인과 루시의 고전적인 저작(Walkerdine and Lucey, 1989)은 중간계급 어머니들이가정 밖에서 유급노동을 하지 않아도 되기 때문에 교육과 관련된 일을 할 수있는 시간과 에너지를 더 많이 가지고 있음을 보여준다. 덧붙여서 문화자본과중간계급 아비투스habitus[1]를 보유한 환경은 어머니들이 가정을 확장된 교육현장으로 볼 수 있게 해주는데, 그런 곳에서 빵 굽기는 산수 수업이 되고 정원 다듬기는 과학 수업이 될 수 있다. 반면 노동계급 어머니들은 학교교육 지원을가사활동에 포함된 일상적인 돌봄과 동떨어진 활동이라고 본다. 그들의 제한된 경제자본이 자녀의 아비투스와 문화자본 창출 기회를 결정한다. 지식과 능력을 전수한다는 의미에서 중간계급 어머니들이 수행하는 교육과 관련된 활동은 자녀가 공부할 때 돌봄과 정서적 지원을 제공하는 일과 관련되어 있다. 그리고 경제자본과 문화자본의 계급 간 격차가, 자녀에게 제공하는 교육적 돌봄의 정도에서 중간계급 어머니들이 우위에 서게 해줌을 시사한다.

알래트(Allatt, 1993)는 중간계급 가정의 일상적인 교육실천을 연구했는데, 여기서 그녀는 어머니들이 보유한 문화자본이 다른 종류의 자본을 매개로 이용된다고 설명한다. 그리고 어머니들은 교육적 성공을 추구하고 아이들이 미

---

1    부르디외는 아비투스를 개인들이 자신이 살고 있는 구조적 맥락 속에서 내면화한, 체득되고 지속되는 일련의 사고, 지각 및 행동 체계라고 정의한다.

래 '행복'에 이르는 좁은 길을 내려고 사회자본 및 경제자본과 연계된 문화적 자원을 이용한다고 했다. 알래트의 연구는 전통적인 사회자본, 문화자본, 경제자본의 보유가 교육에서의 우위를 만들어내고 어머니의 활동과 부수적으로 아버지의 활동을 통해 특권을 재생산함을 보여준다. 알래트는 노보트니(Helga Nowotny, 1981)에 근거해 비전통적 자본, 즉 '감정자본'을 여타 자본/자원의 운반체로 정의한다. 감정자본은 공동이익을 위한 성별화된 자본으로, 교육을 포함해 자녀를 돌보는 데 시간을 쓰는 어머니들의 능력, 사랑, 애착, 의지로 이해된다. 최근에는 린치(Lynch, 2007)가 감정자본과 돌봄자본을 구별하면서, 감정자본은 이윤이나 자기 이익을 추구하기 위해서 동원될 수 있는 데 반해 돌봄자본은 사랑노동에 고유한 것이라고 말했다.

### 돌봄을 위한 감정자본 동원

레이(Reay, 1998, 2000)는 문화자본과 경제자본이 없는 어머니들이 교육 분야에서 돌보려고 애쓰면서 부딪치는 문제에 주목했다. 그녀는 중간계급 어머니들이 자녀의 학교교육에 감정적으로 더 강하게 관여한다는 라루(Lareau, 1989)의 주장에 이의를 제기했다. 레이는 교육에 대한 감정적 관여란 사회적 위치 및 가용자원과 무관한, 모든 어머니의 삶의 현실이라고 보았다. 그녀는 노동계급 어머니들 그리고 처지가 더 열악한 사람들은, 비록 투자 성과는 적더라도 중간계급 어머니보다 감정노동을 더 많이 해야 하고 더 많은 감정자본을 자녀교육에 투자해야 한다고 말했다. 그리고 소외계층 어머니들은 교육적 돌봄을 하는 데 사용될 수 있는 여타 자본을 이용할 수 없으므로, 그녀들의 감정적 노력은 학교교육 관점에서 덜 효과적이라고 주장했다. 그녀들은 대체로 학교시스템에 대한 지식이 빈약하고, 학교교육에서 우위를 창출하는 데 필요한 시간, 활동, 학용품을 돈으로 살 수 있는 여유가 거의 없다. 더욱이 감정자본, 즉 어머니들이 자녀교육을 돌보는 데 투자하는 감정 에너지는 가난, 고독, 의기소침과 절망 때문에 고갈된다.

레이(Reay, 2000)는 린치의 감정자본과 돌봄자본 구별에 공감하며, 교육에 대한 감정 투자가 어떻게 진정한 돌봄과 사랑에 정반대일 수 있는지에 주목하게 했다. 그녀는, 중간계급 어머니들이 감정자본과 여타 자본을 갈수록 지나치게 투자함으로써 자녀의 행복한 삶을 희생시킬 수 있다고 주장한다. 이런 어머니들은 교육에서의 성공과 수행성performativity이라는 수사修辭를 잘 알고 있으며, 자녀의 시간과 선택을 통제함으로써 진정한 돌봄에 반대되는 쳇바퀴에 말려들게 된다.

### 교육적 돌봄에서의 자본구성 파악

최근 25명의 어머니를 대상으로 한 질적 연구에서는 아일랜드 교육 상황에서의 감정적 돌봄노동을 조사했다. 연구 목적은 교육 분야에서 어머니들이 돌봄을 수행하는 방식에 대한 이해를 돕고, 돌봄이 어머니들에게 갖는 의미를 끄집어내고, 돌봄 생산 및 제공과 연관된 불평등을 다양한 자원과 관련지어 탐구하는 것이었다. 돌봄 수행과 연관된 다양한 사회적 위치와 자원을 반영하기 위해 이론적으로 다양한 표본을 선정했다.[2]

어머니의 사랑과 돌봄에 미치는 각종 자본의 영향을 논하기에 앞서, 어머니들이 일상의 삶에서 각종 자본을 이용하는 정도를 측정하는 방법에 대해 간략하게라도 기술할 필요가 있다. 이 연구는 개별 어머니들의 자본에 대한 접근과 교육적 돌봄노동에서의 자원 이용을 포착하기 위한 개념적 도구로서 부르디외의 자본 메타포를 사용했다(Reay, 2004 참조). 그리고 이 개별성을 재현하기 위해 어머니들의 각종 자본, 즉 경제자본, 사회자본, 문화자본, 감정자본의 개인별 연속체를 그려보았다.

---

2　각기 다른 사회계급으로부터 다양한 사회적 위치를 포괄하는 표본으로 선정한 25명의 어머니들이, 가용자원이 다르고 사회적 위치가 다른(지배적인 그리고 주변적인) 어머니들이 어떻게 교육적 돌봄노동을 수행하는지 알아보려는 이 연구를 위해 선정되었다. 이 연구는 부모보다는 어머니에 초점을 두었는데, 상당수의 학문적 저작이 아버지보다 어머니가 일차적 돌봄을 수행하고 교육 지원까지 도맡아 한다는 것을 보여주기 때문이다. 그리고 아일랜드에서 중등학교로 진학하는 시기, 통상적으로 11~12세 때 아이들이 필요로 하는 돌봄에 초점을 맞추었다. 인터뷰는 가명으로 인용했으며, 경제적 지위와 배우자 관계를 표시했다.

경제자본은 2001년 아일랜드 산업 평균임금(I=2만 9000 유로, Layte et al., 2001 참조) 이하를 아주 낮은 수준으로, 차상위 분위를 낮은 수준으로 분류했으며, 상한선(I의 2배) 이내에서 적절하게 분위를 나누고 상한선 초과를 가장 높은 수준으로 분류했다. 문화자본은 학력을 이용해 측정했으며, 무학無學에서 고등교육 학위까지의 연속체상에 위치시켰다(Reay, 1998 참조). 부르디외는 문화자본 메타포를 학력자본에 국한시키지 않았지만, 여기서는 학교시스템 내에서 어머니들의 친숙성과 '성공'의 정도를 나타내기 위해 사용했다. 사회자본은 더 포착되기 어려운 개념이긴 하지만, 어머니들이 교육 분야에서 돌봄을 하는 데 신뢰와 정보를 주는 관계망, 즉 사회적 관계망에 접촉하는 기회에 따라 연속체상에 위치시키는 접근법을 사용했다(OECD, 2001).

감정자본과 관련해, 연대와 정서적 상호의존에 대한 평등주의적 연구는, 특정 시점에 때맞춰 받을 수 있는 정서적 지원이 감정자본과 돌봄자본을 동원하는 한 사람의 역량 전체에서 특별히 중요하다고 본다(Lynch, 2007). 그래서 각자 현재 '돌봄 여건'에서 어머니들이 개인적으로 받을 수 있는 정서적 지원 수준에 입각해 어머니의 가용한 감정자본을 파악하는 것이 분석 목적상 합당해 보인다(McKie et al., 2002). 따라서 감정자본은, 감지될 수 있고 의식적이며 연대적인 측면으로 제한되어 파악된다. **그림 8.1**은 각종 자본의 수준을 매우 낮음, 낮음, 보통, 높음으로 구분하고 각각 1, 2, 3, 4점을 부여한 사회적 공간에 이들 자원의 위치를 표시한 결과로서, 연구대상 어머니들 각자가 가용한 자본의 총량을 보여준다.

## 진학 시기의 사랑과 돌봄

어머니들이 자녀를 돌보고 자녀교육을 지원할 수 있는 방식에는, 특히 그들이 이용할 수 있는 자원과 관련된 현실적인 격차가 존재한다. 그렇다고 하더라도, 다양한 사회적 위치에 있는 어머니들이 돌봄을 하면서 겪은 공통의 경

그림 8.1
경제자본, 문화자본, 사회자본, 감정자본 구성비

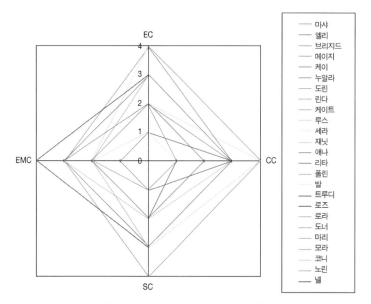

EC=경제자본, CC=문화자본, SC=사회자본, EMC=감정자본

참고: http://www.spd.dcu.ie/main/academic/education/staff_details/documents/OBrien_M_Phd
_diagrams.pdf

험을 짚어보는 것이 중요하다.

어머니들 모두가 자녀들이 초등학교에서 중등학교로 진학할 때가 불확실성
이 큰 변화의 시기라고 말했다. 그때가 아이들의 인생에서 어머니의 집중적인
교육적 돌봄과 전면적인 정서적 지원을 필요로 하는 시기인 것이다. 사회적
위치와 무관하게, 모든 어머니가 교육이 미래는 물론이고 현재도 자녀들의 성
공과 행복에 핵심 요소라고 믿기 때문에 진학이 어떻게 성사될지 걱정이 많았
다. '행복'에 대한 이해가 문화적·사회적으로 상대적임에도, 모든 어머니가 그
목표를 향해 교육적 돌봄노동을 수행했다(O'Brien, 2007).

한 명도 예외 없이, 연구대상 어머니들은 초등학교에서 중등학교로 진학하는 단계가 교육과 발달 면에서 아이들이 중요하게 변화하는 시기라고 생각했다. 대부분의 어머니들은, 성과 위주로 개별화되어가는 학교시스템과 사회에서 아이들이 더 자율적이 되라고, 그리고 사회적·개인적·학구적 도전에 대응하라고 요구받는 세상에 들어가는 일이므로, 자녀와 멀리 떨어져 지내고 당연히 원거리 통학도 해야 함을 알고 있었다(Beck and Beck-Gernsheim, 2001; Lynch and Moran; 2006). 넬은 이 복잡한 과도기를 다음과 같이 압축해서 말했다.

> 우리의 어머니들도 걱정하셨겠지만 이렇게까지 걱정하진 않았을 거예요. 그런 거라면 세상에 걱정하지 않을 일이 없죠. 반듯하고 건전한 음악 듣고 고운 말만 하려고 애쓰느라 인생의 많은 부분을 흘려보내는 그런 거 말이에요. 지금 그게 마야 문제도 아니잖아요. …… 아이가 겨우 열두 살인데, 최신 가요도 알아야 하고 공부도 틈틈이 해야 하고. 그렇게라도 공부를 한다고는 하는데, 그게 아이들에겐 엄청 힘든 일이에요. _넬, 중간계급, 기혼.

어머니들은 아이들이 더 넓은 세상으로 독립해가도록 놓아주는 한편, 정서적으로 기댈 수 있는 존재로 남아 자녀를 위해 행동하는 절묘한 균형이 진학과정의 일부임을 알고 있었다(Kittay, 1999 참조). 이 연구에서 어머니가 수행하는 일반적인 교육과 관련된 일과 진학 시기의 특수한 일은 자녀를 위한 광범위한 일반적 돌봄노동을 배경으로 수행된다는 점이 밝혀졌다. 아침에 일어나는 순간부터 어머니들은 그날의 집안 분위기를 잡고 유지했다. 어머니는 먼저 일어나 소란과 갈등을 최소화하면서 아이들과 자신의 하루 일과를 채비하는 감정적 노력에 즉각 돌입한다. 어머니들은, 사회적 위치나 가용자원과 무관하게, 자녀들을 '돌보고' 밤낮없이 학교교육을 뒷바라지하는 노력을 계속했다.

진학을 지원하는 어머니들의 돌봄노동은, 광범위하게 그리고 진학 과정의 일부로서 반드시 성사되어야 하는 특정 상황 또는 특정 시기에 집중적으로 이루어졌다. 여기에는 학교선택, 시험공부 뒷바라지, 선택한 학교에 입학하기, 교복·교재 및 학용품 마련, 새로운 공부체계와 시간표에 적응하는 일 돕기, 등교시키기 또는 교통편 수배 등이 포함된다. 이 과제들 중 돌봄노동에 고유한 것은 하나도 없지만, 이 맥락에서 과제들이 돌봄노동이 되는 것은 어머니가 자녀의 요구를 충족하는 과정에서 해야 했던 일이라는 사실과 이러한 일이 고도로 감정적이라는 사실 때문이다. 어머니들의 돌봄노동은 또한 행위보다는 존재에 관한 것이라는, 특히 자녀를 지원하고 격려하며 그들의 관심사를 경청하는 존재라는 돌봄 또는 사랑의 양상을 띤다. 더욱이 진학 시기의 교육적 돌봄은, 자녀들이 곤란을 겪거나 특정한 자원과 지원을 필요로 하는 경우에 어머니들이 자신감을 가지고 교사나 교장과 소통할 것을 요구한다. 다음에 논의하겠지만, 이러한 교육과 관련된 일에 관여하는 자신감은 어머니들 자신의 교육 경험과 가용한 감정자본 및 문화자본에 의해 형성되었다.


## 돌봄, 사랑, 경제자본

대부분의 유럽 국가처럼 아일랜드도 초등교육과 중등교육을 무상으로 실시하고 있으니, 경제자본이 학생들의 교육 참가에 중대한 영향을 미치지 않아야 마땅하다. 하지만 중등교육과 고등교육 진학률에 대한 연구에 따르면, 청소년들이 교육시스템에 완전히 참가하는 기회에 사회경제적 요인이 커다란 영향을 미치는 것으로 나타나고 있다(Clancy, 1988; Clancy and Wall, 2000; Halsey et al., 1980; Lynch and O'Riordan, 1998; O'Brien, 1987; O'Neill, 1992; Rudd, 1972).

이 연구에 참여한 모든 어머니가 자녀들을 돌보고 중등학교에 진학시키는 데 경제자본이 필요하다고 주장했다. 새로운 학교의 학용품, 교재, 교복을 마련해주기 위해서뿐 아니라 눈에 띄지는 않지만 지속적으로 발생하는 기타 학비를 충당하기 위해서도 돈이 필요했다고 한다. 하지만 어머니들은 자녀의 학교교육을 지원하는 데 쓸 수 있는 경제적 자원에서 상당한 차이를 보였다.

이는 어머니들의 운신의 폭이 가용 경제자본에 따라 정해지는 학교선택 과정에서 가장 두드러졌다(O'Brien, 2004). 경제자본을 보유한 어머니들이 선택에서 감정적 '부담'을 더 크게 겪는 것처럼 보였다. 자녀를 다양한 학교에 보낼 수 있는 경제자본을 갖고 있다는 것은 곧 조사를 많이 하고 발품을 팔아야 함을 뜻했는데, 저소득층은 생각조차 할 수 없는 일이다.[3] 연구대상 아이 25명 중 4명만이 유상학교fee-paying school로 진학했다(아일랜드 중등학교의 8%만이 유상학교다).[4] 이 연구에 참여한 14명의 중간계급 어머니들은, 자녀들이 결국 입학하지 않은 경우에도 판에 박힌 듯이 유상학교를 하나의 선택지로 고려했다.

루스는 중간계급으로 네 아이의 어머니이며 한 사람 수입으로 가정을 꾸려가고 있다. 그런데 유상학교 이슈가 매우 중요해짐에 따라 스트레스를 받았다. 루스와 남편은 아들을 위한 '가장 좋은' 학교를 찾는 데 그리 많지 않은 경제자본을 우선 투입했다. 루스는 가정이 조만간 경제적으로 훨씬 어려워질 것 같아, 유상학교를 피할 수 있을지 알아보려고 상당한 감정노동(생각하기, 조사하기, 논의하기, 숙고하기)을 떠맡았다. 사립학교 학비가 금전적으로 부담스러웠지만, 루스와 남편이 합의한 학교는 '최선의 선택', 즉 유상학교였다.

> 저는 벤이 지역학교local school에 들어가기를 희망했어요. 지역학교는 가깝고 또 무상이에요. 하지만 우리는 다른 학교에 입학금을 냈고 벤은 갈 수 있을 걸 알았어요. 학비가 엄청나서 우리가 희생을 감수해야겠지만, 벤이 행복하고 잘 자란다면 그럴 가치가 있다는 게 제 생각이에요. _루스, 중간계급, 기혼.

다른 중간계급 어머니들도 이러한 입장이었다. 많지는 않더라도 경제자본

---

3   아일랜드의 학부모들은 적절한 문화자본과 경제자본을 가지고 있다면 매우 많은 선택권을 가진다. 그들은 자녀를 통학할 수 있는 거리 내에 있는 학교에 보내야 한다고 강제되지 않기 때문에, 이론상 많은 학교 가운데 선택해서 자녀를 보낼 수 있다. 린치와 모란(Lynch and Moran; 2006)은 시장화된 중등교육시스템에서 경제자본과 문화자본이 있는 사람에게는 선택의 부담이 문제이며, 없는 사람에게는 선택의 부재가 문제라고 말했다.
4   아일랜드에서 유상학교는 대체로 더블린 지역과 몇몇 큰 시읍에 집중되어 있다. 이 지역 밖에 사는 중간계급 부모 대부분은, 그 수가 매우 적은 기숙학교를 선택하지 않는 한 유상학교를 선택하거나 이용할 수 없다.

을 충분히 이용할 수 있다는 점은, 특히 더블린 지역에서 민영화되고 있는 시스템은 자녀를 유상학교에 보낼 수 있는 가능성을 열어주었다. 하지만 어머니들은 자녀에게 돈을 허투루 쓰지 않고 집안에서 자원 배분을 어떻게 할지 깊이 생각해야 했으므로, 이런 가능성은 어머니들이 추가적인 감정노동과 갈등을 감당해야 함을 의미했다.

사회 저변의 저소득층 및 극빈층 어머니들이 겪는 갈등은 경제적으로 여유 있는 중간계급 어머니들과 달랐다. 연구대상 어머니들 중 사회복지급여나 저임금으로 살아가는 일곱 명은 유상학교를 언급조차 하지 않았다. 이들은 공교육시스템에서 자녀에게 기본적인 것들, 새 교복이나 교재, 학용품을 사주기 위해서도 돈을 관리해야 한다고 말했다. 저소득층에게는 이러한 요구사항들이 자녀를 돌보는 데 들어가는 추가적인 재정 부담으로 경험되었다.

폴린은 별거한 상태에서 네 아이를 키우는데, 경제자본 없는 돌봄이 주는 스트레스를 잘 보여준다. 그녀는 불가피한 경제적 현실 때문에 학교선택이 어떻게 제약을 받는지 설명해주었다. 폴린은 두 개의 지역학교(모두 빈곤지구로 지정된 곳에 있음) 가운데서 선택해야 했는데, 선택 기준 가운데 하나가 교과서의 가격이었다. 그녀는 다음과 같이 말했다.

> 저는 다른 학교에 아이를 보내려 해도 돈이 모자랐어요. 왜냐면 그 학교는 책값이 너무 비쌌거든요. 그리고 이 학교에서는 빌리는 데 50유로면 돼요. 저는 그런 돈이 없었고 그래서 여기에 보내서 잘하는지 보겠다고 말했어요. …… _폴린, 노동계급, 별거.

폴린의 관점은 심각한 경제적 격차가 어떻게 작동하는지 그리고 자녀들의 학교교육 요구를 돌보는 데서 어떻게 감정적으로 표출되는지를 나타낸다. 저소득층 어머니는 학교의 요구조건을 충족하기 위해 1년 내내 저축을 하지 않으면 안 되었고, 그렇게 해야 책값의 일부를 보조하는 제도를 활용해서 모자란 금액을 지불할 여유가 생겼다. 여성 유랑민인 브리지드는 학교교육에 들어가는 돈을 모으고 자녀들에게 '제대로 된 물건을 갖게' 하는 데 필요한 감정적 노력에 대해 이야기했다.

내년에도 (비용이) 오르겠죠. 교복과 교과서 대금을 지불해야 해요. 딸애가 확실히 그것들을 갖게 하려면 조금씩 저축해야 해요. 유일한 건 제일 큰 애가 거기에 작은 도움을 주는 거예요. 그게 대단한 거죠. 저는 딸애가 제대로 된 물건이 없어도 학교에 갈 거라고 생각하지 않아요. 그러면 아이들이 딸애를 비웃을 겁니다. _ 브리지드, 유랑민, 별거.

확실히 모든 어머니는 자녀를 챙겨주는 데서 '제대로 된 물건을 갖게 하는 것'을 꼭 성사시켜야 할 과제라고 생각했다. 이는 교복 같이 학교가 필요하다고 규정한 물품은 물론이고, 자녀의 또래집단에서 유행하는 종류의 신발, 책가방, 운동화 등에도 해당된다(Daly and Leonard, 2002).

특히 노동계급 어머니들은, 학교교육의 '숨겨진 비용'이 초래하는 스트레스를 언급했다. 로라는 초등학교는 주 단위로 정산할 수 있어서 '좋았는데' 중등학교에서는 '선불'을 해야 하고 또 어떻게든 해내야 했다고 밝혔다. 그녀는 또한 요리수업용 식재료비처럼 계속 들어가는 숨은 비용 때문에 짜증났는데, 그비용은 어머니로서 예상하지 못한 것이었기 때문이라고 말했다.

선불로 해야 해요. 아이가 둘인데 큰 애가 (입학년도) 첫날에 집에 와서 시험 본다고 100유로를 달래요. 그건 써보지도 못한 돈이죠. …… 그놈의 요리수업이 저를 돌아버리게 해요. 시작할 때마다 10유로씩 받으면 좋겠어요. 그리고 일전에 큰 애가 집에 와서는 망고 두 개를 가져가야 된대요. 근처 어디에서 망고를 구해야 할까요. …… 요리수업비가 엄청 들어가요. …… _로라, 노동계급, 동거.

싱글맘과 자녀교육에 대한 연구에서 스탠딩(Standing, 1999)은, '등하교 시키는 일'이 어머니들의 일상을 구성하는 핵심요소 가운데 하나라고 주장했다.

통학과 관련해 경제적 자원이 이슈가 되지는 않겠지만, 버스요금조차[5] 저소득층 가정에게는 상당한 부담으로 여겨졌고 지역학교를 선택하게 만드는 결정적인 요인이 되었다. 마샤는 최근에 중동에서 아일랜드로 건너왔는데, 그녀의 형편에는 교통비가 또 다른 부담이며 돌봄과 자녀교육에 관한 그녀의 선택에 큰 영향을 미쳤다고 설명했다.

> 제 아들은 벽 바로 건너편으로 (중등학교에) 가요. 문제 있으면 해결하기 쉽죠. 멀리 있는 학교에서 그를 구해낸 거죠. 그랬다면 거리가 있으니 교통편을 마련해야 했을 거고, 그건 또 다른 부담이 됐겠죠. _마샤, 남편의 학생비자로 이주, 기혼.

## 문화자본, 사랑과 감정적 돌봄노동

자녀와 함께 어느 중등학교에 다닐지 선택하는 과정에서, 어머니들에게는 가용한 문화자본의 양과 종류가 중요했다. 계획하고, 정보를 수집하고, 숙고하고, 논의하고, 대안을 검토하고, 학교와 접촉하고 협의하는 데 수반되는 감정노동은, 그럴 수 있는 문화적 자원을 가진 사람들, 주로 중간계급 어머니들이 가장 효과적으로 수행했다. 이 연구에 참여한 노동계급, 유랑민, 외국 국적의 어머니 중에서는 중간계급과 똑같은 정도로 선택 과정에 관여한 사람은 한 명도 없었다. 학교시스템에 대한 지식과 경험의 유무가 돌봄노동과 교육 분야에서 돌봄이라고 여겨지는 일에 분명히 큰 영향을 미친다. 이어질 논의에서는 문화자본이 어머니가 수행하는 교육적 돌봄노동의 여러 측면에 어떤 영향을 미치는지 살펴보겠다.

---

5 장애 아동이나 의료카드가 있는 아동은 무상 통학수당을 제공받을 권리를 가진다.

## 중등학교 선택하기

모든 어머니에게 학교선택은 그들이 '가장 좋은 학교'라고 인식하는 학교를 찾아내는 일이다. 각각 다른 계급과 문화집단에 속한 어머니들에게 '가장 좋은 학교'는 다양한 문화적 의미와 기대를 함축하고 있는 학교임이 분명하다. 중간계급 어머니들에게, 이 기대 가운데 하나는 학교가 전인적이고 유익한 양질의 학업교육을 제공해 자녀들이 장래에 가지게 될 직업에서 성공하도록 해주는 것이다(Allatt, 1993 참조).

싱글맘이자 성공한 사업가인 자네트는 일찍이 자퇴를 했는데, 학교를 다시 다녀서 졸업장과 학사 학위를 받았다. 자네트는 딸아이를 보호하길 원했으며, 그녀가 잘 자라서 다른 아이들에게 뒤처지지 않는 '가장 좋은 기회'를 받는 학교에 가길 원했다.

> 그 (노동계급) 학교에는, 형편이 어려운 아이들이 있어요. 학습장애나 다른 문제가 있는 아이들에게 지나치게 집중하기 때문에 딸애가 알아서 할 수밖에 없을 거라고 생각해요. 그게 딸애에게 더 알맞았을 거예요. 일부 중등학교는 너무 나빠서 문으로 들어서는 순간 알게 돼요. _자네트, 중간계급, 한부모.

우세한 문화자본을 가지지 못한 어머니에게는, 수많은 학교 가운데서 선택하는 일이 관행도 아니고 문제가 되지도 않는다(Bourdieu, 1984 참조). 노동계급, 유랑민, 외국 국적의 어머니 중에는 지역의 익숙한 학교가 아닌 곳에 자녀를 보내는 '선택'을 한 사람이 없었다. 지역학교는, 모든 경우에 주로 노동계급 주민이 다니는 열악한 곳으로 지칭되었다. 그럼에도 노동계급이나 유랑민의 어머니들은, 그들이 학교교육을 마치지 못했지만 교육이 가장 중요하다고 생각해서 자녀들은 학교교육을 마쳐주기를 원했다.

## 좋은 학교 근처에 살기

문화자본은 오랜 기간에 걸쳐 학교선택에 관한 감정노동에 큰 영향을 미치고 있다. 문화자본은 아비투스에 착근되어 있는 것으로 보이며, 아이가 태어나는 순간부터 교육을 제 궤도에 오르게 하는 관행으로 전환된다(Allatt, 1993; Walkerdine and Lucey, 1989). 이 점은 자녀가 다니길 바라는 학교들이 위치한 지역에서 집을 구입하는 것이 당연하다고 여기는 중간계급 어머니들과 토의하면서 명확해졌다. 세라 부부는 자녀의 교육을 돌보고 자녀를 특정 학교에 보낼 목적으로 집을 구입했다고 답한 전형적인 사례다.

> 기본적으로 우리는 여기로 이사해서 딸애를 초등학교에 입학시켰죠. 우리는 일찍부터 학교를 탐색했어요. 우리는 학교를 일찌감치 결정하고 딸애가 거기에 다니기를 원했어요. 비록 (남녀공학) 초등학교였지만, 집에서 가까웠고 딸아이가 걸어서 다닐 수 있었죠. …… 그런데 우리는 이게 (선택한 학교가) 좋은 학교라는 보도를 들었어요. …… 우린 둘 다 남녀가 분리된 학교에 다녔기 때문에 아이들이 남녀공학에 가는 걸 원하지 않았다고 생각했어요. _세라, 중간계급, 기혼.

세라와 그녀의 남편은, 자녀들에게 좋을 것이라고 여겨지는 학교교육과 특정 학교를 알아낼 수 있는 문화적 자원을 갖고 있었을 뿐 아니라, 그들의 돌봄계획이 반영된 학교선택을 관철할 수 있는 경제적 자원도 갖고 있었다.

### 학업 중단 만류하기

어머니들 중 세 명은 큰 아이를 학교에 붙들어두기 위해 또 다른 돌봄 요구도 감당해내는 감정노동을 강도 높게 수행하고 있었다. 로라에게는 각각 다른 중등학교에 다니는 두 딸이 있었는데, 큰딸이 자퇴를 하고 싶어 했다. 그녀는 열여섯 살이 다 되었고 법적으로는 자퇴할 자격이 있었다. 로라는 딸아이들이 자기보다 더 좋은 일자리를 갖기를 원했기 때문에 자퇴를 허락하지 않았다. 하지만 로라는 큰딸을 돌보는 일과 신생아를 돌보는 일이 둘째 딸 카라의 진학과 문화자본 축적 가능성을 위태롭게 하고 있다고 걱정했다.

그러니까 제가 열네 살에 자퇴하고 졸업장도 못 받았는데…… 봉제 공장이나 가게 같은 데서 일했죠. 저는 딸들이 그런 일을 하는 걸 원치 않아요. 그래서 끝까지 다녀야 되는 거예요. …… 앨리스가 중등학교 갈 때, 저에게는 카라가 있었지만 갓난아이에 대한 책임은 없었어요. 카라가 좋은 기회를 놓치지는 않았을까 걱정돼요. _로라, 노동계급, 동거.

## 학교와 소통하기

진학 시기에 요구되는 돌봄노동의 한 양상은 회의에 참석하고 학교를 방문하는 접촉과 소통이다. 학교가 학부모에게 요구하는 접촉의 유형과 빈도는 제각기 달랐다. 하지만 노동계급 어머니 7명 가운데 4명이 회의에 불참하고 학교에서 사람을 만날 기회를 놓쳤다고 말한 반면, 중간계급 어머니들은 모두 회의에 빠진 적이 없다고 말한 점에 주목할 만하다.

학년 초 학교회의에 참석하는 행사와 관련해, 회의에 빠진 노동계급 어머니 네 명 중 두 명은 배우자가 대신 참석했다. 그들은 시외에 나가 있었기 때문에 불참했다고 대답했다. 문화자본에 의해 형성된 그들의 아비투스는, 문화적으로 혜택을 받은 중간계급 어머니들보다 중등학교시스템의 아비투스와 더 '조화되지 않는' 것으로 보인다. 자녀교육을 챙겨보고 학교 당국과 회의하고 접촉하는 방식에서 노동계급 어머니들이 차이를 보인다고 해서 돌봄의 결여나 관심의 부족을 이야기할 수는 없다. 그들은 무의식 수준에서, 학교의 관례와 요구를 언제나 따라야 하거나 따를 수 있다고 생각하지 않는다.

노동계급 어머니인 로라는 근무일에는 학부모/교사 회의가 열리더라도 일을 쉴 수 없다고 해명했다. 그들의 직장에서는 회의에 참석하기 위해 쉬는 것을 허용하지 않으므로 학교회의는 시기 선택에서 노동계급 학부모를 배제하는 셈이 되었다. 그들이 참석하려 해도 그럴 수가 없는 것이다. 로라는 다음과 같이 말했다.

마침 어제 학부모회의를 했는데 저는 갈 수 없었어요. 그래도 선생님들은 제가 일

을 쉴 수 없었기 때문이라고 이해하죠. 저는 선생님들에게 연초에 찾아가 뵙겠다
고 말했어요. 학교에 전화해서요. _로라, 노동계급, 동거.

### 자녀의 학교교육에 대한 열망

이 연구에 참여한 유랑민과 노동계급 어머니들은 학력이랄 게 없고 학교교
육을 거의 받지 못했다. 그래서 그들은 교육시스템의 뉘앙스와 작동방식을 이
해하지 못한 채 자녀를 돌봤다(Lyon et al., 2003 참조). 실제로 세 명의 어머니
는 기본적인 문해literacy조차 하지 못했다. 결과적으로 거의 모든 노동계급과
유랑민 어머니는 자신에게 부족한 학교교육과 이 점이 자녀에게 미칠 수 있는
영향에 대해 한탄하고 걱정했다. 이 어머니들은 학력주의 문화자본의 결여를
자각하게 되자, 자녀들이 '양질의' 일자리를 얻거나 대학교에 진학하기 위해서
중등학교를 마치도록 해야겠다고 결심했다.

노동계급 어머니들은 자녀가 중등학교에 진학할 즈음 이러한 열망을 느꼈
지만 또한 갈등을 겪었다. 한편으로는 자녀가 행복하길 바라고 친구들과 함께
지역학교에 다니려는 자녀의 결정을 지지했으며, 다른 한편으로는 지역학교
의 많은 학생이 여전히 졸업하기 전에 자퇴하고 있는 것을 알고는 이를 우려
했다.

이와 대조적으로 거의 모든 중간계급 어머니들과 두 명의 외국 국적 어머니
는 자녀들이 중등교육을 마치고 대학에 진학하는 것을 당연하게 여겼다. 대학
진학을 거론하지 않은 중간계급 어머니는 두 명인데, 자녀들이 심각한 학습장
애(아스퍼거증후군과 다운증후군)를 가지고 있었다. 한편, 난독증이 있는 자녀를
둔 중간계급 어머니들은 대학 진학 가능성을 배제하지 않았다. 그들은 내부사
정에 밝았는데 그들이 지닌 지식이 자녀를 위한 적절한 지원책을 찾는 데 도
움이 되었으며, 자녀들에 대한 그들의 돌봄은 교육에 대한 높은 열망으로 표
출되었다.

## 사회자본, 공간적 지평, 감정노동

사회자본과 감정자본이 어느 정도 겹치긴 하지만, 이 둘을 구별할 수 있다. 사회자본은 신뢰, 정보 및 지원을 주는 관계와 관계망으로 이해된다. 감정자본은 깊은 정서적 지원을 해주는 관계로 이해되며, 어머니들이 감정 에너지, 사랑과 애착을 자녀 돌보는 데 투자할 수 있게 한다.

연구대상 어머니들은 출신이 매우 다양하고, 아주 다른 사회적 환경에서 살고 있으며, 다양한 사회집단에 섞여 있다. 상급학교로 진학하는 과정에서, 한 사람의 사회적 관계망은 중등학교에 관한 비공식적인 정보를 획득하는 것은 물론이고 정보에 따라 행동하는 능력에도 영향을 미친다(Reay and Ball, 1998).

노동계급 어머니들은 일반적으로 비슷한 사회적 환경에 속하는 어머니들과 어울렸으며, 동네 이웃과 친족 관계망을 통해 정보를 얻었다. 그들은 '폐쇄된' '특정지역' 관계망 안에서 움직이는 경향이 있기 때문에, 아주 가까운 사회집단 및 친족집단 밖에서 다른 학교들에 대해 알게 되는 기회를 거의 가지지 못했다. 그들이 놓인 환경은 학교선택과 관련해 다른 가능성을 활용하는 데 아무런 도움이 되지 않았다(Connolly and Neill, 2001). 노동계급 어머니들은 사회적 연줄을 유지하는 데 열심이었으며, 그들이 쌓은 사회자본은 '폐쇄된' 사회적 세계에서 생존할 수 있게 해주었다. 하지만 이러한 사회자본도 학교교육에서 유리한 입장에 설 수 있도록 해주지는 않는다.

노동계급 어머니들 사이에서 사회적 관계망을 유지하는 데 필요한 감정노동에는 지역사회의 생활에 참여하고 교제하는 일이 수반되었다. 자녀들에게 안전한 공간을 마련해주기 위해, 거주하는 아파트와 주택단지의 이웃들과 잘 지내는 감정노동이 포함되었다. 다섯 아이의 어머니인 누알라는, 거주하는 주택단지에서 사회적 연줄을 유지하는 일의 중요성과 수반되는 에너지를 통찰할 수 있게 했다.

저는 그들(아이들)이 방학한 여름에도 여기에 있는 사람이에요. 정원에 한 패거리가 모여 있고 말썽이 생기면 제가 그들을 집으로 보내요. 하지만 때로는 부모가 아이들보다 더 나쁠 수도 있어요. …… 두 번째에 대해선 정말 걱정하지 않아요. 그 뭐냐, 그들(사내애들)이 몰려다니기 때문에 저는 안젤라(그녀의 딸)와 같이 있었어요. 그들은 언젠가 서로 만날 거예요. _누알라, 노동계급, 기혼.

유랑민 어머니인 메이지와 브리지드 역시 교육에 관해서는 친족과 이웃에게서 얻은 정보에 의지했다. '동네'(주택단지)에 사는 유랑민들과 자신의 친족관계망은 무슨 일이 일어나는지 주시하고 청소년들이 무엇을 하고 있는지 확인하는 데 유익했다. 그들에게 학교시스템에 접근하는 기회와 정보를 주는 유일한 사회적 접촉은 지역사회 고용계획에 의거해 학교들이 제공한 일자리와 교육 프로그램이었다.

노동계급과 유랑민 어머니들의 삶과 사회적 자원은, 전문직에 종사하는 중간계급 어머니인 마리와 극명하게 대비된다. 마리는 중요한 정보를 줄 수 있는 사람이 누구인지는 물론이고, 닫혀 있는 문을 열 수 있는 사람이 누구인지도 알고 있다고 말했다. 마리는 스스로를 평등주의자로 여겼고 자신의 사회자본을 이용하는 것을 꺼렸지만, 자기 아이의 행복이 걸렸을 때는 사회적 우위를 이용했다.

제 아들의 경우, 저는 (그가 다닌 학교의) 모든 게 불만스러웠어요. 그건 연줄이었어요. 제가 하려던 건 아니었지만, 그 당시 누군가에게 그걸 말해줬고 그는 (사립학교로 가는) 바로 그 문을 밀고 들어갔어요. 줄곧 그런 파워 버튼을 써먹었어야 했다고 아주 분명하게 생각했어요. 그게 그렇게 대단한 것인지 정말 몰랐어요. _ 마리, 중간계급, 기혼.

마샤와 엘리는 이주민으로서 자녀교육에 헌신하며 높은 교육열을 가지고 있었지만 학교시스템에는 문외한이었다. 그들은 자녀들을 돌보는 데 도움이 되는 정보나 지원을 제공할 수 있는 어느 사회집단에도 속하지 않았다. 그들은 노동계급과 유랑민 어머니들이 친족과 이웃으로부터 받는 연대적 지원에 접근할 수 없었다. 그들은 학교시스템의 작동방식을 해독하기에는 너무 고립되어 있었고 고국인 두바이와 나이지리아에서 겪은 경험과 비교하는 데 의지해야 했다. 게다가, 마샤와 엘리가 겪은 인종차별적인 태도와 처우는 사회자본에 접근하는 기회를 확보하는 것을 매우 어렵게 만들었다. 둘 다 고국에서는 전일제 일자리를 갖고 있었지만, 그들의 비자에 나온 체류자 신분 때문에 법적으로 취업이 허용되지 않았다.[6] 이것이 가능한 사회적 접촉 경로와 아일랜드 학교시스템에 대해 배울 수 있는 방법을 차단했다.

## 감정자본과 교육적 돌봄노동

알래트(Allatt, 1993)는 한 사람에게 자녀를 위해 행동하도록 동기부여하는 감정적 기술, 에너지 및 자원을 감정자본으로 이해하는데, 이는 감정자본이 돌봄에 필수적인 구성요소임을 시사한다. 이 장에서는, 어머니들이 현재는 물론 과거에 친밀한 지원을 받을 수 있었던 기회가 그들이 가진 감정자본의 주요 원천이라고 가정한다. 하지만 여기서는 현 시점에 어머니들이 사용할 수 있는(**그림 8.1**의 네 개 자본 구성비에서 볼 수 있는) 정서적 지원에 국한해서 분석한다. 많은 사람이 어머니들이 어린 시절에 받았을 이전 또는 초기의 감정적 돌봄이 시간이 흐르면서 우리의 정서적 안녕well-being과 감정자본에 중요하다고 말하지만, 이 측면은 본 연구의 범위를 넘어선다.

---

6  매우 제한된 조건에 따라 비자를 발급하는 제도화된 인종주의가 의미하는 바는, 학생비자를 취득했거나 취업비자를 기다리는 사람들의 배우자가 고용시장에 진입하지 못하게 해서, 자녀교육에서 귀중한 그리고 일을 통해 얻어지는 사회자본과 문화자본을 형성할 기회를 놓치게 한다는 것이다.

## 레즈비언 관계에서의 돌봄과 감정자본

연구대상인 레즈비언 어머니 두 명은 의식적으로 평등주의적인 감정 관계를 맺고 있었다. 그들은 파트너가 그들이 수행하는 '당면한' 교육과 관련된 일에 정서적으로 힘이 된다고 느꼈다. 이전에 이성과 결혼했을 때 한 아이를 가진 리타는, 파트너와 돌봄을 분담하는 경험을 '금항아리 발견'으로 묘사했다. 그녀는 때때로 파트너가 아침에 먼저 일어나 그녀의 딸을 학교에 차로 데려다줘서 '늦잠'을 잘 수 있었는데, 이는 이 연구에 참여한 대부분의 이성부부 관계와 극명하게 대비된다. 리타는 정서적 지원을 통한 감정자본 형성을 다음과 같이 묘사했다.

저는 (전에) 별로 부모 같지 않았어요. 하지만 지금은 제 스스로를 잘 보살피게 되어가요. 어느 정도는 모든 방면에서 그렇게 되고 있어요. 딸애를 더 많이 데리고 돌아다닐 만한 정서적 여력이 생겼어요. 반면 전에는 줄곧 정말로 많은 시간을 엎드려 지냈어요. _리타, 중간계급, 동거.

또 다른 레즈비언 어머니인 애나는 생모가 아니라 '사회적인' 어머니다(De Kanter, 1993). 애나와 진은 그녀들의 딸 니엄이 초등학교에 다닐 시기에 재택교육home education을 하기로 공동으로 결정했다. 두 어머니는 니엄을 돌보고 가르치기 위해 유급노동 시간을 단축했다. 그래서 애나는 중등 학교교육에 수반될 새로운 '돌봄' 방식에 관해서도 정서적으로 스트레스를 받지 않았다. 대부분의 이성부부 관계의 규범과는 대조적으로, 두 파트너는 유급노동에 쓰는 각자의 시간을 협상하고 조정하기 때문에 서로가 지원을 받는다고 느꼈다.

음, 저는 8시 반까지 출근해야 해요. 진은 저와 같은 곳에 있어요. 하지만 저는 연주 시간 일도 해야 해서 틈이 없고, 그녀가 더 유연하게 일할 수 있어요. 하지만 제가 문밖에서 그녀를 잡아챌 준비를 하고 기다리려고 해요. 우리는 약간의 시간을 함께 보내려고 하는 거예요. 그리고는 (직장에서의) 나의 하루가 끝나죠. _애나,

중간계급, 동거.

## 이성부부 관계와 감정자본

이성부부 관계에 속한 어머니들은, 그 관계가 동거든 결혼이든, 일상적으로 학업 뒷바라지를 하는 것과 관련해 다양하지만 매우 낮은 수준의 정서적 지원을 경험했다. 직업을 가지고 있어서 자녀의 등교를 준비를 시켜야 하고 자기는 출근을 준비해야 하는 이중의 요구를 경험한 어머니들도 '당면한' 자녀 돌봄에 대해서는 정서적 지원을 받지 못했다. 전통적인 젠더 이데올로기에 따라, 중간계급 어머니들은 이런 종류의 지원이 어떻게 해도 이루어질 수 없으며 이는 남편들이 직장에서 장시간 근무하기 때문이라고 시시콜콜 설명했다 (Hays, 1996도 참조).

일차적 돌봄노동에 대해 어머니가 책임을 지고 있지만, 아버지와 어머니가 함께 사는 10개의 중간계급 가정에서, 아버지들은 고되고 지루한 잡일을 함께 하지는 않더라도 감정적인 면에서 학교선택 과정에 상당히 관여했다(David et al., 1994). 어머니들이 발품을 팔고 기초조사를 했지만, 특히 교장과 접촉하는 상황에서 그리고 최종적으로 아이를 어느 학교에 보낼지 결정을 하는 단계에서는 아버지의 지원을 받아야 했다.

일부 어머니는 자신들이 관여하는 감정적이고 시간소모적인 심사숙고와 대조해서 결정을 할 때 아버지들이 제공하는 실제적 지원과 전략적 지원을 구분했다. 중간계급 어머니인 노린은, 이런 구별을 전통적인 젠더 이데올로기에 의해 형성된 이해로써 표현했다.

> 이런 식으로 설명하죠. 남자들이 더 실용적이에요. 그는 들어와서 상황을 보고는 바로 말해요. …… 여자는 그놈의 심금心琴이 먼저 울리죠. 가슴이 머리를 지배하는지도 몰라요. _노린, 중간계급, 기혼.

어머니들은 예상했던 즉각적인 정서적 지원을 받지 못한다고 분개하지 않았다. 전통적인 젠더·가족 이데올로기가 어머니들에게 일차적 돌봄 역할을 성공적으로 감당하게 했다(Hochschild, 1989). 그들은 정서적 지원 또는 잠재적 지원이, 비록 '즉각적인' 방식으로는 아니더라도 뒤를 받쳐준다고 인지했다. 트루디가 그 전형적인 예다.

> 대체로 나와 똑같은 기본 목적을 가진 다른 부모들이 있다는 사실을 아는 것과, 만일 내가 쓰러지거나 없으면 내 자리를 대신할 사람이 있고 그가 그리하리라는 것을 아는 것이 중요해요. 그는 매우 선량하고 협조적이죠. 가족이잖아요. _트루디, 중간계급, 기혼.

하지만 넬이 보기에는 남성들은 감정노동의 강도를 이해하지 않으며 적절한 돌봄을 위해서는 감정자본을 투자할 필요가 있음을 인정하지 않았다.

> 남자들은 몰라요, 제가 알기로 몇몇 남자들은 다르긴 하지만…… 그들은 자녀가 발전하고, 행복하고, 곤경에 빠지지 않기를 원해요. 하지만 그걸 거저 바란다고 생각해요. 그들은 솔선수범하며 자녀들이 따르고 본받기를, 그리고 토 달지 않기를, 아버지를 따르기만을 기대한다고 생각해요. _넬, 중간계급, 기혼.

한 예로, 중간계급 어머니인 루스는 그녀의 남편이 일상적 돌봄보다 학교선택 과정을 정서적으로, 실제적으로 지원하는 데 더 많이 관여했다고 지적했다. 루스는 이 과업을 분담한 것이 부부간 관계와 자신의 감정 에너지에 큰 보탬이 되었다고 말했다.

> 음, 그는 시작부터 관여했어요. 어제는 하루 동안 휴가를 냈죠. 우리는 어느 정도 (일에) 파묻혔어요. 그는 학교와 접촉하기도 했고, 우리 (관계) 관점에서도 아주 좋았어요. 분담한 거예요. _루스, 중간계급, 기혼.

특수한 학습요구를 가진 자녀를 두고 배우자와 함께 사는 어머니들이 제 역할을 하는 데는 실제적인 돌봄지원이 반드시 필요하다. 이런 어머니들은 대부분의 도움을 가정에서 받아야 하는 자녀를 위해, 배우자로부터 실제적 지원을 다양한 정도로 받아야 했고 또 받았다고 말했다. 도너는 여덟 명의 자녀를 두었고 다운증후군을 가진 한 아이의 진학을 준비하고 있었는데, 다음과 같이 말했다.

> 모든 일을 다 해왔어요, 때로는 정말 기진맥진했고요. 그러면 남편에게 "당신이 학교에 뛰어가 볼래요?"라고 말하죠. 그는 (그럴) 생각조차 하지 않을 거예요. 그러나 여러분을 위해선 뭐든 할 거예요, 하지만 그건 머리에 떠올리지 않아요. _도너, 중간계급, 기혼.

실제적인 지원이 제공되면 어머니들은 이를 정서적 지원으로 이해했으며, 자기들이 다른 일을 할 시간을 낼 수 있게 해주거나, 자녀를 돌보려고 애쓰는 가운데 쉽게 좌절하고 허물어지지 않게 해주는 것으로 이해했다.

### 싱글맘과 진학 시기의 감정자본

이 연구에 참여한 일곱 명의 싱글맘 중 여섯은 부모의 집에서 나와 살고 있었다. 그들은 자녀의 등교 채비를 해주는 일에서부터 부부가족과는 상황이 달랐다. 집에 자녀를 위한 일을 분담하거나 필요할 때 맡아줄 수 있는 또 다른 어른이 없었기 때문이다.

남편과 별거한 중간계급 싱글맘인 린다는, 돌봄노동과 유급노동의 요구사항을 처리해내기 위해 여섯 시에 일어나 밤 열 시에 잠자리에 드는 힘겨운 일과를 보내고 있었다. 협조적인 배우자가 없는 상황에서, 그녀는 의식적으로 자신의 내적 자원, 즉 감정자본에 의지했다고 말했다. 린다는 형제자매, 동료, 남자친구로부터 끌어낼 수 있는 정서적 지원과 영속적이고 협조적인 배우자로부터 기대할 수 있는 것을 구별했다.

제 여동생 실라일 거예요. 그녀가 귀감이에요. 그녀는 정말 좋은 엄마고 배우자처럼 날마다는 아니지만 제가 하소연하고 싶을 때는 옆에 있어요. (오랜 남자친구지만 동거하진 않는) 제 파트너와는 이걸 논의하지 않아요. 그건 다른 관계예요. 거기에 의존할 수 없어요. 제 직장에서도 마찬가지인 거 같아요. 제 상사 역시 혼자인데 아들 때문에 힘들어 해요. 그래서 제가 그녀를 위해 더 있어 줘요. _린다, 중간계급, 별거.

코니와 재닛은 모두 싱글맘인데, 전일제로 일하면서 자녀 돌보는 일을 계속하도록 해주는 부모의 정서적 지원과 실제적 지원에 의지했다. 코니와 재닛은 이런 지원이 없었으면 자녀양육과 유급노동을 병행하는 데 심각한 어려움을 겪었을 것이라고 인정했다.

## 감정자본과 다른 자본들의 관계

다른 사람에게서 정서적 지원을 받지 못하면, 특히 다른 자원이 한정된 경우에는 감정적 고립과 탈진에 이를 수 있다. 폴린은 다섯 아이를 둔 별거한 노동계급 어머니인데, 경제적 빈곤 속에서 그리고 한 자녀가 사망함으로써 생긴 정서적 외상trauma 상태에서 자녀 돌봄을 위해 애쓰고 있었다. 폴린은 인터뷰에 솔직하게 응해, 자본 없이 감정자원을 고갈시키는 상황에서 어머니들이 경험하는 정말 현실적인 갈등을 보여주었다.

집에서 말썽을 부리면 때려봐야 아무 소용없어요. 그들은 비웃을 따름이에요. 미키가 좀 그런 태도를 취하고 있어요. 하지만 저는 그들이 확신하고 그러는 걸 알아챘어요. 그리고는 화를 내고 "한숨 자러 들어갈 거야"라고 말하죠. 며칠 전에 그들에게 진절머리가 난다고 말했던 것처럼 말이죠. _폴린, 노동계급, 별거.

자본 없이 돌봄을 수행하는 어머니의 이런 이미지는 돌봄 에너지의 취약함을 강조하는 한편, 자신의 감정적 자원을 기꺼이 내놓는 어머니의 마음도 부각시킨다. 용역사업자들이 폴린에게 잠시 휴식을 취하겠느냐고 물었지만 그녀는 그렇게 할 수 없었다. 그녀는 자녀에게 '사랑'밖에는 달리 줄 것이 없어서, 자기 붕괴의 위험을 무릅쓰고 감정 에너지를 계속 사용했다고 말했다.

돈으로 사랑을 구입할 수는 없지만, 자녀의 학교교육을 지원하기 위해 수행하는 일상적인 돌봄에서는, 경제자본, 사회자본, 문화자본이 적당한 통화로서, 어머니들이 돌봄을 수행하고 자신의 사랑을 분명히 표현할 수 있게 해준다는 것은 자명한 이치로 여겨졌다. 더욱이 이 자원들은 어머니들이 자신의 정서적 안녕과 돌봄에 필요한 감정 에너지를 회복할 수 있게 해주었다. 하지만, 앞서 살펴본 바와 같이 감정이 담겨 있는 돌봄을 받아야 감정자본이 형성되기 때문에, 이런 자본들이 정서적 지원의 중요성을 대체하지는 못한다.

다른 자본을 이용하지 못한 채 감정자본을 동원하는 데 따른 문제점은 소외계층 어머니, 유랑민과 이주민 여성의 경우에 명백히 드러났다. 이 어머니들 중 세 명은 친밀한 관계로부터 지속적으로 정서적 지원을 받았지만, 경제적으로 궁핍했고 학교시스템에 대한 지식이 부족했기 때문에, 중간계급 어머니만큼 교육 돌봄을 성취하기 위해서는 훨씬 더 큰 노력을 기울여야 했다. 더 나아가 일상적인 생존투쟁이 계속되어서, 다른 사람이 정서적으로 지원해주고 싶어 할 때조차 돌봄을 수행하는 데 핵심이 되는 자신의 정서적 안녕을 확보하기 위한 여지가 충분히 남아 있지 않았다. 유랑민과 이주민 어머니들, 또 극빈층 노동계급 어머니들은 기본적인 일상의 돌봄노동과 학교와 관련된 일만을 감당하는 데도 지나치게 많은 에너지를 소모해서, 신체적·정신적 건강 문제와 잦은 피로감, 고립감으로 고통받았다. 때로는 친교를 나누거나 자기만의 시간을 갖기 위해 외출하는 것이 불가능했으며, 보수가 좋은 직장의 사회적·경제적 혜택을 받지 못해서 연대적 지원을 받고 감정 에너지를 재충전할 기회를 갖기 어려웠다.

### 특권층 어머니들과 불안

넓은 의미의 한 사람의 감정 에너지에서 불안감과 감정자본의 잠식은, 가난하고 소외된 사람에게만 국한되어 나타나는 증상이 아니었다. 높은 수준의 경제자본, 문화자본, 사회자본을 적정하게 갖춘 어머니들도 자녀가 새로운 학교시스템을 감당해낼지 몹시 걱정하고 근심했다. 높은 수준의 경제자본과 문화자본을 보유해서 교육 분야의 돌봄에 관련된 감정적 우려가 강화될 수 있는 것이다. 사실, 레이(Reay, 2000)가 주장했듯이, 전통적인 자본들을 이용할 수 있는 중간계급 어머니들이 때로는 자녀의 학교교육을 지나치게 걱정한다는 것을 보여주는 인터뷰 자료가 있다. 이 자료에 나오는 어느 어머니도 돌봄에서 통제로 입장을 바꾸지는 않았지만, 그럼에도 학교교육을 관리하는 데 쏟아부은 감정 에너지 수준에 비추어 어머니가 집중적인 돌봄을 하라는 규범적 요구는 모든 사회계급에 적용됨을 알 수 있다(Hays, 1996).

## 결론

감정적 돌봄은 그 무형성 때문에 합리화되고 관료화되어가는 공적 영역에서 종종 보이지 않게 되었지만, 어머니 사랑에 관한 이야기에 나오고 일상적인 돌봄에서 표현되는 것을 보면 어머니의 감정적 돌봄노동과 사랑이 매우 뒤엉켜 있음을 짐작할 수 있다. 이 장에서는 어머니들의 사랑 표현과 돌봄 수행이 자원에 대한 접근 기회에 의해 어떻게 매개되고 형성되는지 살펴보았다.

페미니즘 학자들, 그리고 여기서 제시한 연구결과는 어머니들이 돌봄에 관한 전통적인 젠더 이데올로기를 내면화하고 있음을 시사한다. 여기에는 가용자원과 상관없이 돌봄을 수행하라고 요구하는 도덕적 명령이 포함된다. 그래서 어머니들은 삶의 정동영역과 연관된 다양한 불평등에 종속된다. 진학 시기에, 그들은 자녀가 성적 위주 학교시스템의 규범과 기대치에 완벽하게 부응하는 학생으로 재생산되기를 기대하는데, 그러한 기대는 이를 촉진하는 데 필요한 자본이 있든 없든 마찬가지인 것으로 나타난다. 어머니들이 수행하는 돌봄노동이나 광범위한 교육과 관련된 일을 당연시하는 것 자체가 심각한 문제다.

이는 돌봄과 감정노동을 유지하기 위해 필요한 자원이 무엇인지 잘 인식하지 못하기 때문에 더욱 악화된다. 모든 어머니가 돌봄노동을 할당받는 데서 여성으로서 성별 불평등을 경험하지만, 이용할 수 있는 자본의 배합에 따라 각자가 돌보고 사랑하는 경험에서 차이를 보인다. 그들의 교육적 돌봄은 경제자본, 사회자본, 문화자본, 감정자본이 부족하면 허물어질 수 있다.

문화자본은 교육 분야에서 매우 중요한 자원으로 간주되어왔고 여기서 제시한 연구가 이를 증명한다. 그렇지만, 소득 형태의 물질적 자원 역시 어머니들이 자녀의 중등학교 진학을 지원하는 능력에 영향을 미친다는 것도 보여준다. 더욱이 자녀를 위한 '최선의 교육적 선택'을 실현할 수 있는 물질적 자원 없이 문화자본만 가진 어머니들은, 훨씬 더 많은 감정노동과 불안감에 직면한다. 사회자본은 시스템의 내부자에게 특혜를 줄 가능성을 지니고 있다. 하지만 노동계급 여성과 유랑민 여성 사이에서 발견되는 종류의 사회적 지원과 자본들은, 특권적인 정보와 연줄이 없더라도 돌봄의 부담을 덜어준다.

감정자본은 하나의 은유로서 경제자본, 사회자본, 문화자본과 동일한 정도로 이론화되지 않았고, 그것을 직접적으로 또는 정밀하게 측정하기도 쉽지 않다. 그럼에도 이 연구에서 검토한 문헌과 돌봄 서사에 따르면, 우리가 획득해 온 광의의 감정 에너지와 현 시점에 이용할 수 있는 친밀한 정서적 지원이 사랑과 돌보는 일에 필수적이다. 자녀교육을 지원하기 위한 어머니들의 계속되는 돌봄노동은 그들의 감정 에너지와 자원을 끊임없이 고갈시키는 작용을 한다. 더욱이 양질의 돌봄을 제공하는 데 필요한 일상적인 돌봄과 학교 관련 일을 해본 경험은 그 사람을 돌봄과 감정 투자에 매달리게 하는 성별화된 지식을 형성한다. 교육 참가에 필요한 경제자본, 사회자본, 문화자본을 거의 이용할 수 없는 경우에는, 감정적 자원이 경제적으로 배제되고 소외된 어머니들에게 대단히 중요해진다(Skeggs, 1997 참조).

어머니들이 자녀의 학교교육을 지원하기 위해 수행하는 돌봄 또는 사랑을 돈으로 살 수 없다고 주장할 수도 있지만, 지금까지 논의에 비추어 보면 경제적 자원이 중요하다는 것도 명백하다. 평등 관점에서는 어머니들의 노력 정도가 간과되지 않도록 돌봄과 감정노동을 인정하는 것이 급선무다. 더군다나, 돌봄을 수행하기 위한 자원 이슈와 그것이 교육 분야에서 초래할 결말을 다루려면 감정노동을 인정해야 한다. 돌봄을 둘러싸고 양성평등의 도전이 제기되는 현실이지만, 이 장은 사회계급과 관련된 다른 사회적 차이, 정서적 지원, 자원의 불평등이 어머니들의 돌봄과 교육과 관련된 일에 어떻게 영향을 미치는지를 확인해준다.

# 9

## 돌봄을 수행하는 남성성: 탐색적 분석

니얼 핸런

이 장은 아일랜드 사회에서 돌봄을 수행하는 남성성에 대한 탐색적 연구의 결과물을 제시한다. 먼저 연구방법론을 서술하고 가정 내 비공식적 돌봄의 성별 분업을 다룬다. 이어서 분석에서 도출된 세 개의 주제에 대해 논의한다. 첫 번째 주제는 남성들 사이의 위계적이고 경쟁적인 관계 속에서 남성성이 가지는 의미에 초점을 두었다. 두 번째 주제는 생계부양이 특정한 돌봄 관행을 권장하거나 금지하면서 남성 돌봄의 지배적인 모형을 정립하는 방식에 초점을 두었다. 세 번째 주제는 일부 남성이 자신의 삶에서 '여성화된' 돌봄 역할과 씨름하면서 생겨나는 갈등에 초점을 두었다.

코널(Connell, 1987, 1995)과 부르디외(Bourdieu, 2001)의 이론에 힘입어, 이 작은 탐색적 연구는 세 개의 잠정적인 결론을 도출해냈다. 첫째, 남성성의 동학dynamics이 돌봄과 최소한 긴장 관계에 있는 관행으로 남성들을 선점한다. 둘째, 생계부양자 담론과 그 실천이 한정된 정도의 돌봄을 끌어낼 수야 있겠지만, 남성이 떠맡는 돌봄의 양과 유형을 제한할 가능성이 더 높다. 셋째, 남성은 '여성화된' 돌봄에서 자신의 역할 그리고 '여성화된' 속성이 자신의 삶에서 갖는 가치를 대체로 반신반의하고 있다.


## 남성성과 돌봄

돌봄은 두 가지 의미에서 여성화되어 있다. 첫째, 사회에서 유급 및 무급으로 돌봄을 수행하는 사람의 압도적 다수가 여성이다(Gerstel and Gallagher, 2001: 214). 둘째, 남성의 돌봄 회피가 여성이 사회적·정치적·경제적·정동적 삶에서 경험하는 성별 불평등을 조장한다(Baker et al., 2004; Bubeck, 1995; Coltrane and Galt, 2000; Hochschild, 1989; McMahon, 1999). 돌봄에 정서적인 보람이 따르는 것은 의심할 여지가 없지만, 그것은 또한 심리적으로 부담되고 경제적·사회적으로 착취되는 것일 수도 있다(Bubeck, 1995; Cullen et al., 2004; Evandrou and Glaser, 2003).

남성의 지배에 대한 저항이 증대되고(Giddens, 1992: 132) 지난 수십 년간 양성평등 주제에서 중요한 진전이 있었음에도(Baker et al., 2004: 207~211) 남성의 돌봄 활동이 저조한 것은, "가정 안팎에서 광범위한 인구학적·사회적·경제적 변화에 대놓고 저항하는 것처럼 보였다"(Gerstel and Gallagher, 2001: 199). 남성의 노동이 중공업에서 전통적으로 여성화된 서비스부문으로 이동함에도 불구하고 그렇다(Hayward and Mac án Ghaill, 2003: 26). 아이슬란드와 스웨덴 같이 양성평등 분야에서 진보적인 정책을 시행하는 사회에서도 돌봄노동에서 양성평등을 실현하기 위해 분투하고 있다(Bjornberg, 2002; Seward et al., 2006).

국제적인 연구가 이런 평가를 뒷받침하고 있다. 맥마흔(MacMahon, 1999)이 남성 돌봄을 상세히 검토해서 양적 연구와 질적 연구 사이의 괴리를 드러냈다. 양적 연구에서는 돌봄 평등이 아주 좋은 수준으로 나타나지만, 질적 연구는 여성이 돌봄과 가사노동을 남성보다 두 배 정도 많이 하고 있다는 점과 여성이 공식 노동시장에 참여하는 비율이 늘어남에도 이에 상응해 무급 돌봄에 대한 남성의 기여가 늘어나지 않는다는 점을 보여준다(Bubeck, 1995; Coltrane and Galt, 2000; Drew et al., 1998; McMinn, 2007; O'Sullivan, 2007).

맥마흔(MacMahon, 1999)은 완벽하게 평등한 가정이 규범이었던 적은 없다고 강력하게 주장했다. 그는 작은 부분에서라도 돌봄 평등을 향한 진전이 나타났는지 되묻는다. 남성은 대부분의 문화권에서 가장의 역할을 맡아오고 있다. 그리고 자녀에게 관여하는 정도에서 여성보다 더 많은 선택권을 갖는 경향이 있다(Coltrane and Galt, 2000: 30, McMahon, 1999). 남성은 일반적으로 경제적 합리성에 반하는 경우에도 돌봄보다 직장생활을 우선시한다(Bubeck, 1995; Ranson, 2001: 146). 맥마흔(MacMahon, 1999: 146)에 따르면 "전형적인 남편은, 여가활동 등으로 개인적 욕구를 충족하는 데 더 많은 권리를 갖고서 특권적 지위를 누린다". 남성의 돌봄은 종종 높이 칭송받으며, 감정적 보상이 큰 즐길 만한 활동으로 인정받는다(Brandth and Kvande, 1998; Gerstel and Gallagher, 2001; McMahon, 1999; Woodward, 1997: 267~269). 콜트레인과 골트(Coltrane and Galt, 2003: 30)는 "수십 년간의 연구가······ 대다수 여성이 여전히 가사노동의 대부분을 수행하고, 보육을 전담하며, 가족을 위한 정서 관리자의 역할을 계속하고 있음을 보여주었다"라고 언급했다.

이러한 상황에 대해 비관적인 해석은 남성이 영구적인 권력과 특권을 행사하려 한다는 징후를 증거로 내놓는다. 남성의 지배가 '신新남성' 신화에 의해 가려진다고 한다(Segal, 1997: 35). 예컨대, 남성이 아내 또는 배우자에게 정서적 지원을 다소 늘리고 있는데, 이는 불평등하게 일을 부담하는 여성을 달래려는 전술이라는 것이다(Delphy and Leonard, 1992). 이런 연구결과들은 남성이 일반적으로 그들을 위해 일해 줄 여성이 없는 경우에만 돌봄을 떠맡는다고 결론 내리게 한다(Gerstel and Gallagher, 2001; Noonan et al., 2007).

낙관적인 해석은 남성 돌봄이, 느리더라도 세대가 바뀌며 변하고 있음을 더 강조하는 것 같다. 남성이 일차적 돌봄을 거의 떠맡지 않는 것이 현실이지만 돌보는 방법은 알고 있다고 여겨진다(Pringle, 1995). 예컨대, 남성은 전통적인 남성의 일솜씨를 전일제 돌봄 수행자의 과제에 맞게 조정하기도 한다(Clarke, 2005; Russell, 2007). 노인과 동성애자 같은 특수집단의 남성은 돌봄을 떠맡을 가능성이 많다(Arber and Gilbert, 1989; Kramer and Thompson, 2005). 델파이와 레너드(Delphy and Leonard, 1992)의 견해(여성을 달래려는 전술 − 옮긴이)를 감안하더라도, 남성은 배우자의 돌봄을 지원하면서 중요한 역할을 맡는다(Choi and Marks, 2006).

많은 연구가 남성의 돌봄은 다수의 경제적·상징적·감정적 요인으로 구성됨을 입증하고 있다(Chesler and Parry, 2001; Coltrane and Galt, 2000; Reay et al., 1998). 정체성, 주체성, 차별적 지위 등 이데올로기적 요인들은 물론이고 소득, 부, 고용안정성을 획득할 기회가 남성에게 더 많다는 것도 포함된다. 남성의 돌봄 관여가 부족하다는 논쟁은 어느 요인이 가장 중요한지에 또는 요인들 간의 상호관계에 초점을 맞추는 경향이 있다. 이러한 이론적 배경을 바탕으로, 본 연구는 남성성에 대한 지배적인 정의가 남성의 삶에서 돌봄을 제거한다는 가설을 검토해보려 한다.


## 연구방법론

가설을 검토하기 위해 8개의 다양한 남성집단에 속하는 핵심성원 10명을 인터뷰했다. 이들 남성집단을 선정한 것은, 핵심적인 남성의 관심사와 정체성을 전형적으로 반영하고 양성평등에 대한 남성의 저항을 통찰할 수 있게 해주기 때문이며(Connell, 2002: 150), 종종 남성지배의 재생산에 연관되기 때문이다(Brid, 1996; Hantover, 1998; Remy, 1990). 브리드는 남성집단들 안에서 감정적 분리emotional detachment, 경쟁, 여성의 성적 대상화가 일어나는 과정을 부각시켰다.

> 이성애자 남성들의 동성同性 간 상호작용은 비헤게모니적 남성성과 연관된 의미를 은폐하는 한편, 헤게모니적 이상에 맞는 정체성과 연관된 의미를 옹호함으로써 헤게모니적인 남성성 규범을 유지하는 데 기여한다(Brid, 1996: 121).

**표 9.1**
연구대상 표본

| 인터뷰 대상자(가명) | 소속 집단 |
|---|---|
| 데이브, 톰 | 지역사회개발 그룹 |
| 디클랜 | 건설노동조합 |
| 데니스 | 남성 친목 단체 |
| 프랜 | 가톨릭 종교 단체 |
| 제프, 알렉스 | 게이 후원 그룹 |
| 패디 | 남성 노인 그룹 |
| 폴 | 부권(父權) 옹호 그룹(별거/이혼한 아버지) |
| 피터 | 유랑민 옹호 그룹 |

이는 모든 남성집단에 해당되지 않고 남성의 집단과정group process에 본질적이지도 않다. 게이, 페미니즘 지지자, 지역사회개발그룹과 같은 일부 집단은 지배적인 남성성의 대안을 모색해 헤게모니적 남성성에 도전하고 있다(Kimmel and Mosmiller, 1992; Pease, 2000, 2002). 이 집단들의 본의는, 예컨대 남성폭력을 다루고 건강증진계획을 개발해서 남성들이 억압적인 규범에 저항하도록 지원하는 것이다. 특히 페미니즘과 평등주의 관점이 다양하기 때문에 페미니즘/평등에 대한 찬반 이원론에 기초해 집단들을 극히 단순하게 규정하는 것은 오류다. 수구적인 가부장적 남성집단들 가운데 일부는 '사나이의 정서와 남성 간의 공유된(성적이지 않은) 유대'를 강조하는 등 그 접근방식에서 상당한 차이를 보일 수 있다(Beasley, 2005: 181). 그럼에도, 일반적으로 남성 정체성을 동원하고 정치화하며 남성의 관심사를 우선시하는 것이 남성집단의 본성이다(Bradley, 1996). 성별 정체성은 인터뷰의 힘으로 한층 더 활성화된다(Arendell, 1997; Campbell, 2003; Morgan, 1981).

아일랜드에 있는 남성집단의 수와 다양성을 어림잡기도 쉽지 않지만, 다양한 방식으로 남성을 지원하고 옹호하는 집단의 연계망이 커지고 있는 듯하다(Institute of Publuc Health, 2006; The Men's Project Directory, 2007). 이에 더해, 스포츠, 종교, 비즈니스 단체 등 남성 친목단체도 있다. 사회계급, 종교, 연령, 거주 지역, 민족, 성적 지향, 혼인 및 가족상황 등에 따른 불평등을 반영하기 위해, 목적에 맞게 여러 집단에서 선정한 표본을 기초로 삼았다(Government of Ireland, 1998, 2000)(표 9.1).

각 표본집단 성원들과 질적 인터뷰를 수행하고, 표준적인 주제별 분석법(Braun and Clarke, 2006)을 이용해 남성의 돌봄관계 일반과 각 집단 특유의 돌봄 관심사를, 그리고 때로는 응답자의 개인적 경험을 연구했다.


## 관계적 남성성

코널(Connell, 1995)은, 남성에게 특권을 주고 여성에게 불이익을 주는 성별 질서의 맥락에서 남성들이 적극적으로 남성성을 구성한다고 보았다. 남성은 일상생활에서 적극적으로 성역할을 구성해 성별 질서에서 입장을 취하거나 그 안에서 자신이 놓인 입장에 부응한다. 코널은 성별 질서가 남성에게 상징적·정치적·경제적 특권 및 감정적·성적 특권을 주기 때문에 남성들은 여성을 상대로 우위를 점하는 관계를 지켜가는 데 집합적 이해관계를 갖는다고 주장한다. 남성들이 성별 질서로부터 '가부장제의 배당금'을 집단적으로 뽑아낸다는 점을 제대로 인식해야 비로소 하나의 집단으로서 남성의 사회적 위치를 이해할 수 있다.

코널은 성별 질서가 모든 남성에게 평등하게 특권을 주지 않으며, 결과적으로 남성들 사이에 위계적이고 경쟁적인 관계를 조성한다고 지적한다. 여성성과 하위집단 남성성이 이런 질서 안에서 가장 저평가되는데, 그 결과 남성들은 이런 정체성들을 멀리하고 관계를 끊으려는 경향을 보인다. 반면, 가부장제 정당화와 여성종속을 구현하는 성별 관행, 헤게모니적 남성성은 높이 평가받는다(Connell, 1995; Connell and Messerschmidt, 2005). 비즐리(Beasley, 2005: 229)는 헤게모니적 남성성이 남성의 권위를 공고히 하는 남성 지배의 이상형이라고 언급했다. 문화적으로나 역사적으로는 가변적이지만, 남성 지배를 훼손할 수 있다는 이유로[1] 남성 안에서 '여성적' 속성들을 제거하고 비방하는 경향을 보이는 것이 헤게모니적 남성성의 특징이다.

헤게모니적 남성성을 실현하라는 지상명령과 정동적인 관계적 정체성을 절충하라는 요구 사이에 나타나는 모순은, 여성과 남성의 행복한 삶에 부정적인 영향을 주면서 성별관계의 '위기 경향'으로 귀착될 수 있다(Connell, 2002). 예컨대, 경쟁력 있는 남성성을 부단히 검증하고 남자다움을 과시하는 경향은 남성들의 폭력, 상해, 질병, 사망 및 투옥 비율이 높은 것과 연관된다(Connell, 1995; Kimmel, 2000).

## 남성성의 의미

인터뷰에서 도출된 첫 번째 주제는 위계적이고 경쟁적인 남성성이 남성 간의 관계에서 핵심적인 특징이라는 것이었다. 이성애, 권력, 지위, 경제적 성공이 사회적으로 존중되는 남성성의 중요한 기표signifier로 인정받았으며, 아울러 개개인의 응답은 소속 집단이 성별 질서와 갖는 관계에 대한 특정한 관점을 반영했다. 인터뷰 대상자들은 지배적인 기표가 무엇인지에 관해 대체로 의견을 같이 하지만, 그들 중 많은 사람이 그 기표가 소속 집단의 성원들에게 문제를 야기한다는 사실을 인정했다.

데니스는 남성의 정체성을 공적인 인정 및 물질적 재산과 관련지었고, 우월감과 열등감이 남성성의 핵심 동학이라고 보는 예리한 감각을 드러냈다.

대저택 출신이면 남에게 어떻게 보일지 또는 무엇을 몰고 다닐지 그다지 개의치

---

1    이러한 분석이 언제나 참인 것은 아니다. 감정적 친밀성 같은 여성과 연관된 속성이 억압적 관계를 구축하는 데 이용될 수도 있다. 코널은 남성성이 지배를 유지하기 위해 현대화되고 있다고 말한다.

않는다는 옛 속담이 있어요. 출신이 좀 미천하다면…… 이웃에게 스스로를 드러내보여야 한다고 느껴요. …… 맵시도 좋아야 하고 옷을 잘 입지 않으면 안 되죠. 그리고 신형 벤츠나 BMW 같이 번쩍거리는 멋진 차를 몰고 다녀야 해요. _데니스, 남성 친목단체.

형편이 넉넉지 않은 남성들이 속한 집단에서는, 다른 남성들이 누리는 유리한 위치에서 일부 남성이 사회적으로 배제되는 것을 강조하는 경향이 있었다.

남성들이 권력집단, 지배집단, 억압집단 같다는 이야기를 가끔 들으실 거예요. 그건 결코 공정하지 않아요. 왜냐면 이 사람들은 그렇게 생각하거나 파악하지 않기 때문이죠. 그리고 사실 그들의 삶은 전혀 그렇지 않아요. …… 사회는 그들에게 아주 무신경했고요. …… (그들은) 자본주의 가부장제하에서 크게 혼난 사람들이에요. _데이브, 지역사회개발 그룹.

시걸(Segal, 1997)은 공적 생활에서 의기소침해진 남성이 가정에서 권력과 지위를 과시하는 경우가 있다고 주장한다. 톰과 데이브는 소외된 많은 남성이 위법행위를 포함한 다른 수단을 활용해 공동체 내에서 지위, 권력, 수입을 얻어냄으로써 자신의 사회적 가치저하에 저항한다는 점을 강조했다. 덧붙여서 일부 남성은 자신이 남자로서 모자란다고 느끼기 때문에 자기 아내를 비롯한 나약한 타인을 억압한다고 언급했다.

뭔가 다른 이유로 초라해진 걸 깨달은 녀석들은 집에 가서 부부싸움을 해요. …… 주택청약 대기 중이고 군청 관계자와 면담했을 녀석들. (그리고는) 기분 나쁜 상태로 집에 가면 아내는 "작년에는 이번에 입주할 거라고 약속했잖아요"라고 말하겠죠. 그러면 모든 게 터져버려요. …… 주택담당 부서에서 충분히 명확하게 하지 않고 촌뜨기마냥 자기 입장을 설명하지 못한 것을 속으로 삭히고 자기 탓으로 돌리죠. _톰, 지역사회개발 그룹.

하위집단 남성은 긍정적인 자아개념을 발달시키는 데 특별한 어려움에 직면한다(Edley and Wetherell, 1997). 알렉스는 동성애의 하위성이 남성성을 규정하고 남성들을 통제함으로써 모든 남성을 억압한다고 말했다.

성별 분계선을 감시하기 위해, 남성성을 지키기 위해, 또 행동과 사고와 태도에서 되는 것과 안 되는 것의 영역을 정하기 위해, 거의 매일 동성애혐오가 이용되고 있어요. 그건 여전히 사람들에게 아주 큰 몽둥이죠. 때리거나 아니면 얻어맞거나. …… 동성애혐오와 주변화라는 아주 생생한 경험…… 그런 경험들에서 비롯될 수 있는 낙인 또는 고립…… 그게 아니면 자존감에 대한 상처, 자아상에 대한 상처라는 정신적 외상…… 사람들은 자기가 뒤에 내버려지고 있음을 느낄 수 있어요. _ 알렉스, 게이남성 후원그룹.

폴은 생물학적 아버지라는 사실이 남성 정체성에 아주 중요하며, 가족해체는 가정에서 아버지의 중심적 역할에 도전하는 것이라고 주장했다. 가족해체가 남성들에게 가부장적 권위를 두고 경쟁하는 상황에 놓이게 하기 때문이라는 것이다. 재구성된 가족의 의붓아버지에 대해 논의하면서, 그는 다음과 같이 말했다.

그가 반쪽 아버지고 내가 다른 반쪽이라는 뜻인가? 아이들에게 두 명의 온전한 아버지가 있는 건가? 그는 나를 밟고 올라간 건가 내려간 건가? 그가 나를 짓밟고 있는 건가, 뛰어넘은 건가, 기어서 지나간 건가? 그런 것에 대해 나 또는 그가 어떻게 느낄까? 내가 다른 남자에게 그렇게 하고 있을지도 모른다는 사실에 대해선 어떻게 생각해야 하죠? 자, 그건 남성을 위한 투쟁이에요! _폴, 별거한 아버지 그룹.

프랜은 여성에 대한 남성의 우월의식은 남성을 더 중요한 사람으로 대우하는 사회에 기반을 두고 있다고 생각했다.

남자가 가정에서 특별한 대우를 받는다면 이게 그에게 이야기하는 바는 뭘까요? 그리고 장차 그의 정체성은 어떻게 형성될까요? 남성 지배의 에고ego를 키워주고 있는 건 아닐까요? _프랜, 가톨릭 종교단체.

그는 완력, 공격성, 강인함과 같은 지배적인 속성에 기초한 남성성이 남성에게 정동적 문제를 초래한다고 생각했다.

사람들은 살아가며 인간관계, 성공과 실패, 일자리, 자격증, 또래집단의 수용 등 다방면에서 어려움에 부딪쳐요. 이 모든 게 우리가 성장하면서 우리 안에 형성된 또는 형성한 나름의 자기이해와 어떻게든 연결되어 있다고 확신해요. _프랜, 가톨릭 종교단체.

프랜의 논의는, 남성들이 때때로 신체적·감정적으로 위기를 겪으면서도 남성성을 내보여야 한다는 압박을 받고 있다는 견해(Connell, 1995)를 뒷받침한다. 이 견해는 남성이 여성을 억압하는 경향을 앞세우는, 권력의 구성으로 이해되는 남성성(Connell, 1995)과 남성성이 남성에게 특권을 줄 뿐 아니라 남성을 억압하기도 하는 현실을 앞세우는, 역사적·감정적 관계의 체현으로 이해되는 남성성(Seidler, 2006, 2007) 사이의 갈등이 남성학 내에 존재함을 부각시켰다. 전자의 관점은, 집합적으로는 남성에게 유리한 시스템을 통해 개별적으로는 일상생활에서 상위 관계와 하위 관계를 재현함으로써 남성이 여성에게 행사하는 권력을 강조한다(Connell, 1995). 후자의 관점은 남성성 구성에서 권력이 중심이라는 데 이의를 제기하며, 권력이 남성 간의 관계를 이해하는 데 중요하지만 또한 권력이 남성의 취약성을 은폐함을 강조한다(Seidler, 2007).

데이브는 후자의 관점을 반영하며, 남성성에 대한 사회적 기대와 남성이 자기 집단에서 이런 기대를 충족하는 감정능력 간의 불일치를 설명했다.

집에서는 여자에게 강하게 되어 있어요. 그래서 사내들은 이것저것 다 받아요. 그러나 사내들이 그 목표를 유지하는 능력은 전혀 다른 문제예요. 그래서 끊임없이 이런 소리를 듣는 거예요. A를 받으면 성공이고 자존감을 지킬 수 있지만, F를 받는다면 앞으로는 잘할 거라고 말이죠. _데이브, 지역사회개발 그룹.

현대 남성성 이론은, 개인의 삶에 작용하는 권력의 정태적이고 고정된 구조보다는 역동적이고 관계적인 과정에 더 큰 비중을 두는 것으로 보인다. 일부 남성은 다른 많은 남성보다 적은 권력을 보유하고 행사하는데, 그들은 '인종적'이거나 계급적 차별 때문에 무력감을 느끼기도 한다. 이러한 권력의 역동적인 본질이 남성의 모순된 권력 위치와 무기력한 경험을 해명하는 데 도움이 된다(Kaufman, 1994). 이와 동시에, 다른 정체성들과 비교되는 백인/중간계급/이성애자의 남성성을 젠더 규범으로 위치 짓는 특권의식이 남성 권력과 특혜를 모호하게 한다(Kimmel, 2000).

## 생계부양자 남성성

전통적으로 유지된 아일랜드의 강력한 남성 생계부양자 모형은(Kennedy, 2001) 이제 맞벌이 모형에(Creighton, 1999; Hilliard and Nic Ghiolla Phadraig, 2007; Meyer, 1998) 자리를 내주고 있다. 일부 맞벌이 모형은 진보적인 복지시스템이 뒷받침되면 양성평등을 진전시킬 수 있지만(Rush and Richardson, 2007), 아직도 많은 남성이 기본적 돌봄 수행자인 여성에게 의지하면서 경제적·사회적 삶에서 돌봄을 제거해내고 있다(Lewis, 2001). 그 결과 여성이 일차적 돌봄 수행자이면서 이차적 소득원이 되고, 남성은 일차적 소득원이면서 이차적 돌봄 수행자가 되는 가족시스템이 지배적으로 자리 잡았다.

퍼거슨(Ferguson, 2002)은, 아일랜드에서 헤게모니적 남성성은 이성부부가정에서 선한 부양자로서 제도화되었다고 주장한다. 먹여 살리는 관점의 폭넓은 돌봄 정의보다는 생계부양이 이성애 아일랜드 남자가 '돌봄을 수행하는 남성성'과 가족을 구성하는 데 사용하는 전통적인 수단이었다. 하지만 생계부양 자체가 돌봄은 아니다. 생계부양 실천은 돌봄 요소와 그러한 의도를 가질 수 있고 다른 사람의 돌봄 수행을 뒷받침할 수 있지만, 일반적으로 돌봄 활동을 수반하지는 않는다. 그러므로 생계부양은 제한된 의미의 돌봄을 제공할 뿐인 데, 돌봄을 이루는 육체노동, 인지노동 및 감정노동이 생계부양의 중심 활동 은 아니기 때문이다(Lynch, 2007 참조). 생계부양자 모형은 남성의 돌봄을 일차 적으로 경제적 측면에서 규정하며 돌봄의 다른 측면은 이차적인 것으로 본다. 이런 식으로 남성은 공적 영역에서의 전일제 노동에 기초해 자신의 돌봄을 규 정하고, 전일제 돌봄에 수반되는 종속과 주변화를 모면한다.

인터뷰에서 도출된 두 번째 주제는, 남성 돌봄의 지배적 모형을 주조하는 생계부양자 이데올로기와 그 실천이 맞벌이 가정, 실업, 은퇴에 의해 그리고 이성부부 핵가족 규범에서 벗어난 가족유형에 의해 위협받을 때 어떻게 특정 한 갈등을 야기하는가이다. 모든 집단은 각각 다른 관점에서 남성에게 생계부 양이 중요함을 잘 알고 있었다. 이는 남성이 반드시 전통적인 생계부양자 모 형을 채택하기를 원한다는 뜻은 아니었다. 하지만 모든 집단은 생계부양이야 말로 남성이 돌봄을 수행하는 데서 사회적으로 가장 가치 있는 방식이라고 여 겼다. 남성이 생계부양이라는 가치 있는 기대를 충족할 수 있으면, 안전한 가 정생활에 대한 만족감과 가부장의 지위에 연관되는 남성 돌봄의 체면을 세우 게 된다는 인식이 인터뷰에 잘 나타나 있다. 반면에, 다양한 이유로 이런 기대 를 충족할 수 없는 남성은 경제적 보상, 지위 보상, 정동적 보상에서 배제되는 것으로 간주되었다. 가족관계와 노동관계가 각기 다른 그룹의 남성이 어떻게 생계부양자 돌봄에서 수용되거나 배제되는 느낌을 갖게 되는지 밝혀주는 두 개의 소주제로 제기되었다.

## 가족관계

결혼한 이성부부라는 전통적인 규범에 따르는 가족관계 맥락에서 생계부양 돌봄 수행자의 역할이 구성된다. 이런 규범을 본받은 가정의 남성은 이를 지지하는 것만으로도 행복했다. 한 예로, 데니스는 남성의 돌봄을 여성의 돌봄과 대립적이면서도 상호보완적이라고 규정함으로써 생계부양 관계를 자연의 질서라고 보는 미화된 전통적인 견해를 제시했다.

여성이 집에 있으면서 저녁식사를 차려주고 아이들을 돌보고 깨끗이 씻어주는 게 좋아요. 그건 (돌봄의) 다른 측면, 다른 종류의 스트레스예요. _데니스, 남성 친목 단체.

돌봄에서 성별 차이를 찬양하는 상호보완 관점 또는 다름의 관점은, 남성과 여성 간의 돌봄 불평등을 당연시하고 합리화한다. 이런 관점은 종종 기능적 역할과 사회화 담론을 반영함으로써 권력과 불평등을 외면한다고 비판받아왔다(Brittan, 1989; Carrigan et al., 1987; Kimmel, 2000). 그 근저에 있는 기능중심성은 종종 가정과 사회의 가부장적 관계를 지지하는 생물학적 본질주의 이데올로기에 기초한다.

전통적인 가족관계는, 별거한 아버지 등 관계 밖에 놓인 남성들에게는 훨씬 더 큰 문제로 다가왔다. 별거한 아버지인 폴은 페미니즘에 유난히 적대적이었는데, 여성화된 국가의 지원을 받는 여성들이 남성에게서 생계부양 남성성을 강탈해갔다고 말했다. 그는 '남성의 자존감을 파괴했다'고 생각하며 가부장제의 쇠락을 한탄했다.

더 믿을 만한 아버지인 국가에게, 주택수당, 아동수당, 보육, 탁아, 원하는 경우에는 훈련, 의료를 제공해줄 수 있는 대리 아버지에게 (여성이) 가는 게 그런 걸 해줄 수도 있고 해주지 않을 수도 있는, 그래서 협상을 해야 하는 어떤 놈에게 가는 것보다 훨씬 더 지속가능하다. _폴, 별거한 아버지 그룹.

그(별거한 아버지)에게 좋은 집과 자동차, 싱글맘들에게 주려고 준비한 자원들을 준다면, 그는 그걸 팔아치울 거예요. 확실히 누구든지 그러길 원할 거예요! 아이

를 가진 여성은 이 나라에 남지 않을 겁니다. "나는 그들 중 한 명을 원한다"라고
모든 남자가 말하게 되겠죠. _폴, 별거한 아버지 그룹.

전통적 가족관계가 쇠락하는 상황에서 여성을 비난하는 경향은 국제사회조
사프로그램International Social Survey Program의 연구에서도 볼 수 있는데, 아일랜
드 남성들 사이에 싱글맘에 대한 반감이 늘어나고 있음을 강조하고 있다. 러
시와 리처드슨(Rush and Richardson, 2007: 96)은 싱글맘에 우호적인 여성의 태
도와 비교해, 싱글맘에 대한 아일랜드 남성의 태도에는 '동시대 보수주의 잔
재'가 있음을 규명했다. 아일랜드 사회의 특수한 역사적 상황에서 영향을 받
은 측면도 있지만, 이제 이러한 보수적인 태도는 복지 의존에 적대적인 신자
유주의 시장 이데올로기라는 맥락에서 발생하고 있다(Rush and Richardson,
2007: 99). 자유주의 복지국가에서 싱글맘 담론은 싱글맘을 선택지나 피해자로
규정하기보다는, 곤궁한 집단으로 그리고 사회문제로 규정하는 경향이 있다
(Cheal, 2002).
　가부장적 관계를 인정하지는 않더라도, 그 관계의 감정적 내용은 여성 한부
모에게 자주 가해지는 시대역행적인 태도와 비난 언설의 이유거나(Leane and
Kiely, 1997) 남성폭력에 대한 변명이라는 점을 인정하는 것이 중요하다.

　……가정폭력은 안전확보, 보호 등 중독성 있는 주문에 기반을 둔 하나의 산업이
　고…… 가족 문제를 장악하는 수단이죠. 대체 누가 집을 받고, 자동차를 받고, 아
　이들을 얻으며, 연금을 받느냐는 겁니다. 그건 누구나 차지할 수 있는 거예요! _폴,
　별거한 아버지 그룹.

　폴은 별거한 아버지들이 돌봄관계에 접근하는 데서 직면하는 문제들(예를
들어 Corcoran, 2005; Ferguson and Hogan, 2004)이 전통적이고 올바른 성별 질서
에 대한 여성의 공격 때문에 나타난다고 주장했다. 아이러니하게도 안정된 결
혼 생활에 기초한 전통적인 가족의 쇠퇴를 한탄하는 것은, 가정생활에 대한

이렇듯 협소한 개념화가 독신이거나 별거한 아버지들에게 아무런 역할도 주지 않는다는 사실을 무시하는 것이다. 돌봄 공백이 모든 한부모들의 경제적·사회적 기회를 제한하고 있지만 싱글맘과의 연대는 생각도 하지 못한다.

전통적인 생계부양 모형이 이성부부 관계를 가정하는 것은, 게이남성이 돌봄을 수행하는 데도 영향을 미친다. 아일랜드 사회에서 게이부부는 법적 지위를 갖지 못하며, 입양, 후견 및 혼인의 권리를 누릴 수 없다(Kee and Ronayne, 2002). 제프와 알렉스(게이남성 후원그룹)는, 이전에 이성애자였든 레즈비언 여성과 아이를 가졌든 게이남성이 아버지가 되는 상황이 다양하다는 점을 지적하면서, 이를 유별난 문제로 보는 사회적 낙인과 제도적 차별을 강조했다. 제프는 이성애자 남성과 달리 게이남성이 아버지가 될 권리를 방어할 수밖에 없는 이유를 설명했다.

사회의 동성애혐오는 이중으로 큰 영향을 주는데, 게이와 양성애 남성들은 아이를 키우는 데서 사회의 동성애혐오에 두려움을 느껴요. 왜냐하면 사회는 그들이 부모여서는 안 되거나 나쁜 부모거나 부모가 될 수 없다고 여기기 때문이죠. 그리고 또 사회의 동성애혐오가 아이들에게 직접 영향을 미친다는 점에서, 즉 학교에서 일어나는 따돌림에 대해서도 두려움을 느껴요. _알렉스, 게이남성 후원그룹.

사회가 동성애를 소아성애와 관련짓는 것도 게이 아버지가 부딪치는 또 하나의 동성애혐오 장벽인데, 이는 많은 게이남성에게 육아를 '접근금지구역'으로 만들고 부모 역할을 못하게 할 수 있다(Goffman, 1981). 또한 이혼한 게이 아버지들은 그들을 향한 편견이 법정에서 악용될 수 있다고 두려워할지도 모른다.

(게이라는 점이) 양육권 분쟁에서 쟁점으로 이용될 수 있다는 두려움도 있어요. …… 또는 그들의 파트너가 이후에도 그들에게 화를 많이 낼 수 있고요. …… 그들이 동성애자라고 밝혔기 때문에 관계가 파탄 났다고(생각한다면), 그 관계의 파

탄에서 그들의 성생활이 이유로 규정될 수 있어요. _제프, 게이남성 후원그룹.

이성애자의 편견에 대한 두려움은 물론이고, 다른 게이에게서 비롯된 '사회적 낙인'도 게이에게 아버지 역할에 대해 침묵하게 했다.

게이 세계에 대해 조금도 입 밖에 내지 않는 경향이 있어요. 이전 관계에서 아이를 가진 남자들을 다수 아는데, 그들 중 일부는 여전히 아이들과 접촉하고 양육에서 적극적인 역할을 하고 있어요. 일부는 그렇지 않고요. 하지만 사회적 무대에서 그 점에 관해 꽤 개방적인 남자들도 여럿 알고 있어요. 하지만 실제로 입에 올리고 그러진 않아요. _알렉스, 게이남성 후원그룹.

가정에서 이루어지는 생계부양 돌봄은 기본적으로 이성애적 관계의 핵가족을 전제로 했다. 남성들이 이런 관계들로부터 떨어져나가거나 배제될 수 있는 수많은 경로가 남성이 스스로를 가정 내 돌봄 수행자로 자리매김하는 데 문제를 일으켰다.

## 노동관계

생계부양자 돌봄 모형의 두 번째 요소는, 적대적인 경제 환경에서 매일같이 돈을 버는 싸움에 직면해서 근면하게 일하는 자립적인 사람이라는 남성의 이미지다. 디클랜은 노동계급 남성을 성찰하며, 이러한 노동관계의 모습을 다음과 같이 표현했다.

…… 사무실이나 공장에서 열심히 일해야 하는 일상의 고역…… (많은 남성은) 아침 9시부터 오후 5시까지 일만 해요. 그리고 후딱 퇴근해선 집이나 선술집으로 가죠. …… 남자는 식구들을 먹여 살리고 융자금을 갚는 데 충분한 돈을 벌기 위해 최선을 다하며 애쓰고 있죠. _디클랜, 건설노동조합.

전통적으로 가부장적 가족관계는 남성에게 직장에서 종속된 역할을 맡는 대신 가정에서 권위적인 지위를 약속해주었다(Hayward and Mac án Ghaill, 2003: 43). 폴은 아버지가 되면서 갖는 위상과 감정적 성취감이 남성에게 성취감 없는 직장생활을 보상해주는 방법이라는 안전장치 개념을 강조했다.

> 남자들은 일을 하고 있어요. 그런데 일로부터 많은 보람을 얻진 못하죠. 직장에서 제대로 평가받지도 못해요. 그렇지만 집에 가면 아이들이 아버지를 대단하게 생각해요. 직장에서는 아무것도 결정할 수 없지만 집에 돌아가서는 틀린 게 있을 수 없어요. _폴, 별거한 아버지 그룹.

유럽의 연구들은, 남성들이 더 관계적인 성별 정체성을 발달시키고 있으며 돌봄에 더 열의를 보인다고 하면서도 "그들의 직장에 깊이 배어 있는 조직의 남성성"에 직면한다고 강조했다(Holter, 2007: 425). 연구결과에 따르면 남성들이 더 많은 돌봄 이상을 실천에 옮기는 데서 적지 않은 어려움에 부딪치는데, 주어진 휴가를 쓰거나 시간제로 일하는 경우에 급료와 승진 기회에서 불이익을 받는 것이 그 예다(Holter, 2007).

남성이 자신과 가족을 재정적으로 부양할 수 있어야 한다는 기대가 경제적으로 한계상황에 있는 남성들에게는 문제를 일으킨다. 패디는 노인이 타인의 도움을 내켜 하지 않는 것을 이해하는 데는 자존심과 자립심에 기초한 생계부양자 정체성이 관건이라고 생각했다.

> 시골 사람들은 자존심이 세요. 그러니까 자존심이 너무 센 독신남이나 총각들에게는 특히나 자존심이 끔찍한 문제가 되죠. 아주 어려운 환경에서, 아주 열악한 주택에서 살고 있을 법한 사람들을 몇 알아요. 그들은 공공주택을 사용할 수 있지만 그걸 받아들이려고 하지 않을 거예요. 그들은 동냥이라고 부르는 걸 받지 않을 것이기 때문이죠. 그게 실제로 일부 사람들에겐 문제가 돼요. …… 저는 그게 모든 세대의 남자들에게서 생기는 그런 거라고, 그리고 아마도 아일랜드가 아주, 아

주, 가난한 나라였고 또 2차 세계대전 시기에 삶이 몹시 고단했으며 1페니가 많은 사람들에게 큰돈이었던 시절에 지금의 많은 노인이 아이들이었다는 사실로 거슬러 올라간다고 생각해요. _패디, 남성노인 그룹.

아일랜드 농부의 남성성은 전통적으로 '생계부양', '자립', '고된 일' 그리고 '자존심'에 기초해 있다. 니 라와르(Ni Laoire, 2002, 2005)의 연구는, 농부들이 땅에 머무르며 헤게모니적인 남성성에 부합하며 살려고 몸부림치지만, 경제적으로 쇠퇴할 것이라는 전망이 농부에게 위기로 다가오고 있음을 보여준다. 성별 역할과 기대가 다기화되면서 농부들이 전통적인 가부장적 구조를 재생산할 가능성도 제한된다(Ni Laoire, 2002, 2005).

실직한 남성도 유사한 어려움에 직면한다. 굿윈(Goodwin, 2002: 164)은 더블린 강북지역의 남성을 연구한 자료에서, 실직 상태는 남성들이 자신을 생계부양자로 규정할 수 없게 하며, 이 때문에 남성들을 "울적하고, 쓸모없고, 게으르고, 감정적이며, 무능하고, 소극적이고, 부정적이고, 자존감 없고, 나약하며, '진짜 남자가 아닌' 존재로" 만든다는 것을 발견했다. 이것이 소외된 남성의 주된 이슈였다.

유랑민 남성은 자신이 생계부양자로서는 끝났다고 여긴다. …… 자기 가족을 부양하고 생활을 유지하는 데 눈에 보이게 기여하고 있지 않다고 느낀다면, 그는 어떤 면에서 낭패를 느끼는 것이다. 그러니까 자기 가족을 실망시켰다고 느끼는 것이다. _피터, 유랑민 옹호그룹.

굿윈의 연구는 남성이 자신을 생계부양자로 구성하는 대체 수단을 찾을 수 없을 때 실업이 더욱 중대한 문제가 된다는 점을 밝혔다. 앞서 언급했듯이, 톰과 데이브가 속한 그룹의 일부 남성은 자신이 부양자라는 의식을 구성하려고 위법행위를 통해 얻은 소득과 지위를 이용했다.

근면한 남성이라는 이미지는 남성의 직장생활이 사랑과 감정노동을 위한 에너지를 고갈시키는 희생을 수반한다는 견해를 뒷받침한다(Chapman, 2003; hooks, 2004: 94). 물론 남성이 성별관계에서 실수혜자net benefactors이긴 하지만(Connell, 1995) 특혜는 불평등하게 분배되며, 백인 중간계급이고 이성애자이며 신체 온전한 남성이 정동적 박탈로부터 가장 보호받는다는 것을 유념해야 한다(Baker et al., 2004: 8~9). 헤게모니적인 남성성은 남성 간의 관계를 의제로 설정하며, 이 관계는 강력한 경쟁력과 자립에 특혜를 주는 현재의 신자유주의 철학을 바탕으로 형성되고 있다. 여기서 이상적인 노동자는 이동성이 있고 유연하며 매이지 않는다고 여겨지는 독립적인 합리적 행위자로 정의된다(Hearn and Pringle, 2006). 이러한 이상형에 부응하는 데 실패한 남성은 생계부양 돌봄의 역할에서 완전히 성공할 수 없다.

## 하위의 돌봄

인터뷰에서 도출된 세 번째 주제는, 남성의 삶에서 '여성화된' 돌봄이 가지는 역할과 의미를 두고 씨름하는 가운데 일부 남성들이 겪는 갈등을 중심으로 한다. '여성화된' 돌봄노동을 수행하는 것은 자신이 남성이라는 남성 의식에 대한 도전이다. 부르디외(Bourdieu, 2001: 30)는, 남성성이 대립적이면서 상호 보완적인 정체성과 사회적 실천으로써 여성성과 자신을 구별 짓는 방식을 강조한다. 그는 "남자다움이란…… 시초에는 그 자체겠지만, 대단히 관계적인 관념으로서, 다른 남성들 앞에서 여성성에 대항해 구성되는데, 여성에 대한 일종의 두려움이다"라고 논평했다(Bourdieu, 2001: 53). 그는 남성성을 장기간 지속되는 '사회화 노동'을 통해 사회적 지위 구별이 체현된 것으로 보며, 남성성에서 여성적인 것을 벗겨내어 지배의 사회적 실천을 구현하는 철저한 사회화 과정을 강조한다(Bourdieu, 2001: 23, 49).

구별 의식은 남성이 여성의 돌봄에 부여하는 의미에서 분명히 드러난다. 이는 남성적이라고 규정된 특징들을 받아들여 남성으로서 존중감과 인증을 얻어낼 필요성과, 감정적 친밀성 및 타인과의 사회적 관계, 즉 일반적으로 여성적이라고 규정된 관계를 개발하고 지속시키려는 자신의 욕구 사이에서 남성들이 어떻게 갈등하는지 보여준다.

많은 남성은 '여성화된' 돌봄을 오로지 '부드러운' 감정, 감정적 친밀성, 감수성 및 '촉각을 이용한' 신체적 돌봄과 동일시했다. '여성화된' 돌봄을 감정적 친밀성과 신체적 보살핌으로 환원시키는 관점은, 돌봄의 정신적(조직/관리상의) 측면과 신체적 측면을 아우르는 복잡하고 다면적인 활동과 관계를 은폐한다 (Lynch, 2007; 2장 참조). 돌봄에 대한 '여성화된' 이해는, 관리와 조직의 속성을 전통적으로 '남성의' 덕목으로 생각한 이래 그래왔던 것보다 돌봄을 더 접근하기 어려운 것으로 만들었다. 또한 돌봄에는 감정, 친밀성, 감수성, 따뜻한 손길이 포함되기 때문에 전통적으로 여성다운 것으로 여겨졌다는 사실이, 남성이 자신을 돌봄 수행자로 여기는 데 주요한 장애가 되었다. 남성의 삶에서 '여성화된' 돌봄 수행이 하는 역할에 대해 응답자들은 거부에서 수용에 이르기까지 다양한 태도를 취한다.

## 거부

일부 남성은 남성에게서 '여성적인' 돌봄을 기대하는 것이 남성의 돌봄 역할을 평가절하 하는 것이라고 해석했다. 폴은 남성들이 '여성적인' 돌봄 특성을 발달시켜 남성성 의식을 상실하고 '더 여성스러워진다'고 생각했다. '돌봄'이라는 단어가 '여성화'를 뜻하는 것으로 여겨지는 데 화나서, 또 남성들을 '무감각하고' '무뚝뚝하다'고 표현하는 데 화나서, 폴은 '부양하는 것'을 돌봄으로 재평가하기를 원했다.

> 사회는 남자들이 전쟁터에 가는 걸 필요로 하고, 남자들이 기차를 운행하고 도로를 보수하는 걸 필요로 한다. 친밀성(으로서) 돌봄의 역할(은)······ 돌봄에 대한 지극히 단순한 견해는 미디어가 연약하게 형상화한 결과이며, 남성이 수행하고 있는 다른 돌봄 역할을 부정한다. _폴, 별거한 아버지 그룹.

그는 보살피는 돌봄을 생계부양의 미화된 역할과 비교했을 때 하위의 지위에 있는 것으로 보았다.

그러니까 저는 여기서 아이들을 밤새 돌볼 수 있어요. 하지만 제가 난방비를 벌어 오지 않으면 우리는 모두 추위에 떨다 죽을 거예요. 우린 죽을 거예요. 아이들은 제 품안에서 죽을 테지만 어차피 죽을 거예요. _폴, 별거한 아버지 그룹.

폴은 생계부양으로 아이들을 돌보는 남성의 역할이 폄훼되고 저평가되었다고 믿으며, 남성들이 전통적인 아버지 역할에 자부심 갖기 어려워하는 것에, 그리고 그가 보기에 부권父權 상실로 악화된 상황에 화가 나 있었다.

만일 남자가 애 엄마와 헤어져서 애 엄마가 집을 갖고 그 남자는 집에서 쫓겨난다면, 어디서 살죠? 아이들에게 가정의 느낌과 분위기를 줄 수 있는 환경, 아이들과의 관계에서 그에게 정통성과 자존감을 줄 수 있는 환경은 어떻게 만들죠? ……저는 균등하게 분담해서 아이들을 돌보고 있어요. 저는 그 일이 존중받길 원해요. 그걸 부정당하고 있어요! …… 제 돈이 들어가고 제 직장생활이 들어가는 일이에요. _폴, 별거한 아버지 그룹.

남성들은 자신이 수행하는 돌봄을 숨기는데 일부 남성은 그 행동이 열등감을 느끼게 하기 때문이라고 노골적으로 주장했다. 이 점은 노인, 유랑민 남성, 실업자에게 특히 중요한 것 같았다. 패디는, 돌봄노동이 아일랜드의 가난하고 나이 많은 농부에게 여성성을 연상시키기 때문에 이들이 돌봄에 관여하지 않는다고 말했다. 돌봄을 수행하는 일은 자립·자족하라는 기대 때문에 자신이 쓸모없다는 느낌을 가중시켰다. 이 점은 다른 연구에서도 나타나는데, 그 연구는 노인에게 질병, 은퇴, 노화는 헤게모니적 남성성의 대립물로서 종종 거세를 뜻한다고 분석한다(Arber and Ginn, 1990). 이와 유사하게, 피터는 '조롱받고 여자로 불린다는 느낌과 외부 압력'이 유랑민 남성이 돌봄을 공공연히 금기

시하게 만든다고 논했다.

(이건)…… 마초적인 헛소리와 동년배의 압력이 가해지면서 달리 기여하고 지원하는 방도를 찾게 돼요. …… 집안에서 하시고 공공연하게 하지 마세요. 아이를 가게에 데리고 나오지 말고요. …… 그러나 집안에서 한 시간 정도 아이를 본다면 다른 사람들 눈에는 하지 않은 거나 마찬가지예요. _피터, 유랑민 옹호그룹.

**애매한 태도**
일부 설명은 '여성적인' 돌봄에서 남성이 하는 역할을 더욱 불확실하게 보았다. 이는 대응의 성별 차이에 관한 논의에서, '여성화된' 것과 '남성화된' 것으로 정형화된 대응 전략들의 가치에 관해 여러 남성 사이에 확실함이 없는 경우 가장 분명하게 드러났다.

저는 남자가 정신건강 면에서 꼭 더 여성스러울 필요가 있는 상황이라고 생각하진 않아요. 왜냐면 여성이 감정적이고 '나약한' 존재로 아주 심하게 사회화됐다고 생각하기 때문이에요. …… 아마도 (남성의) 대처 능력은, 그러니까 긍정적인 걸로 더 많이 인정받을 만하죠. _데이브, 지역사회개발 그룹.

불확실성은 변화하는 남성성에 관한 논의에서도 분명하게 나타났다.

사내들은 탈남성화 과정을 먼저 거치지 않고서도 공공서비스, 교육, 적절한 주택, 의료를 이용할 수 있어야 해요. …… 아무도 사업가들에게 대출을 받거나 사업회의를 하기 전에 동성애혐오 감정을 처리하라고 요구하지 않아요. …… 지역사회에서 일할 때 첫 번째 의제는, 왜 숙박시설이 없는지 또는 왜 여자에겐 스무 개 과정이 있고 남자에겐 하나도 없는지(보다는) 돌아가며 각자의 감정을 말하고 둘러앉아 상담하는 일인 것 같아요. …… 저는 남자들이 삶을 꾸려가는 맥락과 동떨어져서 남자들과 감성적인 것들에 초점을 두는 게 진짜 위험하다고 생각해요. ……

그건 억압받는 집단의 행동에서 전체를 보지 않고 한 측면에만 초점을 맞추는 것과 같아요. 실제로는 억압에 일조하는 셈이죠. _데이브, 지역사회개발 그룹.

기든스(Giddens, 1992)는 가족 내 성별관계의 변화가 현재 상태를 고수하려는 남성과는 대조적으로, 더 평등하고 더 친밀한 관계를 요구하는 여성에 의해 주도되고 있다고 주장한다. 교회와 국가가 지지하는 전통적인 가부장적 구조가 쇠퇴하고 있어서 여성들은 이러한 감정적 요구를 충족할 수 없는 남성을 거부할 수 있는 더 큰 자유를 가진다(Kennedy, 2001; Leane and Kiely, 1997). 전통적인 가부장적 견해를 밝힌 폴조차, 계부와 계모의 돌봄 책임을 언급하면서 보여주었듯이, 현대사회에서 성별관계가 어떠해야 하는지 확신하지 못했다.

그 새로운 모형에서 무슨 일이 생길지 보여주는 실제 사례가 있어요. 다시 말해, 저의 새 배우자가 아이들의 어머니를 대체할 수 있을까요? …… 제가 그런 관계의 남자고 돈 버는 일 같은 돌봄이 아닌 일들을 할까요? 그리고 그녀는 이제 손길이 가는 일들을 할까요? 우리는 어떻게 그런 힘든 일을 풀어낼까요? _폴, 별거한 아버지 그룹.

하지만 남성들이 현대 성별관계의 도전에 잘 대처해야만 한다면, 남성들은 전통적으로 여성화된 감정능력을 개발하고 가부장적 권위라는 관념에 기초한 남성성 의식을 내다버릴 것으로 예상된다.

## 수용

일부 남성은 기든스처럼 '여성화된' 돌봄을 덜 경멸하고, 현대에 일어나는 변화를 아주 좋게 보았다. 패디는 아일랜드 농촌 여성의 지위를 역사적으로 고찰해 돌봄의 다면적인 본질을 인식했다. 여성 돌봄에 대한 남성의 의존성은 여성에게 정의롭지 않음은 물론이거니와, 돌봄을 해줄 여성이 가용하지 않을 경우에는 남성들을 곤경에 처하게 한다고 언급했다.

(남자들은) 그건 여자 일이고 저건 남자 일이라고 (믿어요)…… 특히 아이들에 관한 한. 아이를 기르는 건 오롯이 여자들에게 맡겨졌고 남자들은 아침에 일하러 나갔어요. 특히 농부들이 사는 시골에서 말이죠. 그들은 아침에 일하러 밭에 나갔다가 어두워지면 돌아왔어요. 매우 힘들게 일하고 녹초가 되어 돌아와요. 그리고 여자들은 '아 그래, 그는 하루 종일 밭을 갈았어. 지쳤을 거야'라고 생각했기 때문에 어느 정도까진 그냥 내버려두죠. 아이를 보살피고, 음식을 만들고, 밥상을 차리고, 집 주위에서 가축 돌보고, 안에서 두 배나 힘들게 일하고 있다는 걸 여자들은 깨닫지 못했어요. 그리고 어쩌면 정말 과분하기 짝이 없는 지위를 남자들에게 주었어요. 그건 이제 모두의 몫이고, 그러니까 남자든 여자든 똑같이 감당해야 할 몫이에요. _패디, 남성노인 그룹.

배우자를 잃게 되면 많은 남자가, 평생 차 한 잔 끓여 보지도 않았는데 직접 요리를 해서 먹고 살아야 하죠. 그들은 요리해야 하는 건 요리하지 않고, 먹어야 하는 건 먹지 않아서 반드시 문제를 일으켜요. 그들은 가능한 한 차와 빵을 많이 먹고, 삶은 달걀 따위를 먹고 살아요. 야채나 감자를 요리하지 않고, 시리얼 같은 것은 준비하지 않아요. _패디, 남성노인 그룹.

디클랜은 남성들이 점점 더 돌봄을 분담하고 있다는 믿음을 지지하면서도, 남성들이 느리게 변화하는 것을 남성성과 관련시켜 생각했다.

제가 맡은 사람들은 기저귀를 갈거나 아이들을 돌보는 범주의 일을 해본 적이 없었어요. 그게 이젠 많이 변했고 많은 상처와 자부심 등이 있었어요. 그러나 그들은 그게 지금의 세태라는 걸, 가족이 존속하기 위해 받아들여야 하는 거라는 걸 배우기 시작하면서 정신을 차리고 있죠. …… 환경이 변하고 사람들은 엄청나게…… 그들은 자신의 감정 깊숙이 파고들어서, 사람들과 함께 나누고 유대감을 갖고 사람들을 그들에게 맞춰 돕기 위해 받아들여야 하는 걸 가지고 있음을 발견하도록 강요받고 있어요. _디클랜, 건설노동조합.

특정 남성성을 과묵하고 극기심이 강한 것이라고 감정적으로 구성하는 것은, 남성의 삶에서 극단적인 경우 우울증과 자살을 초래하는 심리적 장애의 원천으로 파악되었다(Clare, 2000; Cleary, 2005). 이러한 감정적 친밀성의 부재가 일부 남성에게는 큰 문제로 여겨졌다.

> 많은 사내에게 억눌린 성적·감성적 좌절이 많이 쌓여 (있어요)…… 그들이 남자 또는 여자와 관계를 가진 게 10년 내지 20년은 됐을 거고 그래서 많은 고통이 있는데 아마도 그게 알코올이나 그 밖의 것들에 중독되도록 만들 거예요. _데이브, 지역사회개발 그룹.

일부 남성은 특히 다른 남성과 친교를 나누면서 감정적 소통을 통해 남성들의 문제를 알아냈고, '더 여성처럼' 되는 것이 남성의 삶을 향상시킬 것이라고 주장했다. 그들은 '여성적인' 특성을 남성과 젠더관계에 유익한 것으로 받아들였다.

> 유랑민 남성들이 아주 개인적인 일에 관해 지껄일 때는 여자들과 똑같은 수준이에요. …… 유랑민 남성들 사이의 친교 관계는 축구친구거나, 술친구거나, 아니면 사냥이나 경마를 같이 할지도 모를 누군가거나, 하여간 아주 제한적이에요. …… 유랑민 남성이 여성들 서로가 그러는 것과 똑같은 방식으로 다른 유랑민 남성과 교류하는 상황에 이르는 게 (중요해요)…… 그건 당신이 누구라도 폄하하지 않고, 또 당신이 다른 남자에게 아이들에 관해 말하거나 성관계에 대해 말하더라도 덜 떨어진 남자라고 하지 않아요. _피터, 유랑민 옹호그룹.

'여성화된' 돌봄은 지배적인 남성의 규범과 모순되기 때문에 남성의 삶에서 낮은 지위를 부여받는다. 그렇지만, 가족상황, 계급, 연령과 같은 다양한 정체성들이 교차하면서 남성이 돌봄에서 잃는 것과 얻는 것에 영향을 미친다. 자신의 지위를 걱정할 필요가 없는 남성은 돌봄을 떠맡더라도 덜 잃는 반면, 위태롭게 남성성을 움켜쥐고 있는 남성은 더 큰 위협에 직면할지도 모른다. 종합하자면, 인터뷰 결과는 남성들이 감정적 친밀성을 비롯한 '여성화된' 공개적 표현으로부터 자신의 남성성을 지킨다는 다른 연구를(예를 들어 Cleary, 2005) 반영했지만, 일부 남성은 변화에 더 개방적이라는 것도 보여주었다.

## 결론

남성성에는 권력, 지위, 자원에 대한 권리가 포함되지만 추가적으로 사랑과 돌봄에 대한 권리도 포함된다. 남성성과 돌봄에 초점을 두면 남성의 삶 한복판에 있는 갈등과 모순을 유용하게 실증해보일 수 있다. 주요 모순 가운데 하나는, 성별화된 아비투스로 구체화된 상위 정체성 유지를 추구함(Bourdieu, 2001)과 동시에 현대 성별관계 내에서 감정적 친밀성과 돌봄 분담에 대한 기대치를 반사적으로 재협상하는(Giddens, 1992) 남성들 사이에 있다. 퍼거슨(Furguson, 2002)은 아일랜드의 성별 질서가 개량된 헤게모니적 관행에 기초한 새로운 남성성을 다시 구성하는 중이라고 주장하면서도, 남성 세계에서 개별화, 유동성, 성찰성이 증가하는 반대 경향도 있다고 주장한다.

이 장에서는 여러 남성집단의 삶을 반영하는 인터뷰를 분석해, 남성성은 권력과 지배에 기초한 체계를 지향하며 동시에 남성들이 제각기 규범에 따르는데서 부딪치는 어려움도 드러낸다는, 널리 인정된 남성학의 통찰을 집중 조명했다. 이에 더해 생계부양이 여전히 남성의 돌봄에 대한 주 관계항이라는 것을 보였는데, 남성의 돌봄은 여성이 제공하는 돌봄과 대조되어 규정되었다. 여기서, 자신의 가족관계가 전통적인 모형에서 벗어나 있거나 자립적 부양자의 경제적 역할을 지속할 수 없어서, 이러한 남성성 개념에 따르는 것이 어려운 환경에 처해 있는 남성이 많다는 점을 상기해야 한다. 생계부양은, 남성들이 경제적 성취, 권력 및 공적 지위에 기초한 남성성을 계속 수행하고 평가함과 동시에 '돌봄을 수행하는 남성성'이라는 의식을 형성하고 돌봄관계에 접근할 수 있게 해주는 담론적인 자원으로 보인다. 이런 식으로 생계부양은 헤게모니적 남성성을 뒷받침하며 돌봄 불평등에 연루되어 있다.

돌봄의 의미는 남성이 이런 패러다임에서 벗어날 때 여러 가지 도전을 야기하는데, 그 대체 패러다임이 흔히 여성성과 하위성subordination을 상징하기 때문이다. 돌봄에 대한 남성의 저항을 생각하면, 델파이와 레너드(Delphy and Leonard, 1992: 136)가 지적하듯이 돌봄 활동 자체는 돌봄 생산관계보다 덜 중요하다. 우리가 발견한 핵심 이슈는, 돌봄이란 사회에서 남성에 비해 낮은 지위에 있는 여성이 주로 수행하는 하위의 노동이라는 것이다. 물론 변화를 기꺼이 수용하는 남성도 있지만, 남성들이 '여성화된' 돌봄에 대해 표현하는 저항과 양가감정이 이런 견해를 뒷받침한다.

일반적으로, 남성성에 대한 지배적인 정의가 돌봄의 많은 측면을 남성의 삶에서 배제한다는 가설은 타당한 것 같다. 그렇긴 하지만, 이러한 정의에는 중대한 갈등과 계속되는 도전이 함께한다. 퍼거슨의 주장과 일관되게, 어떤 의미에서 일부 남성은 변화하는 돌봄 기대에 느리게 적응하고 있는 반면, 다른 남성들은 변화에 저항하고 상충하는 요구들과 씨름하고 있다. 실제와 다른 생계부양자 이상이 유럽에서 쇠퇴하고 있음을 입증하는 연구가 있다(Hearn and Pringle, 2006). 남성에게는 돌봄에 대한 말을 번지르르하게 잘하는 것이 실제 행동으로 보여주는 것보다 더 쉬울 듯하다.

# 10

# 보호시설에서 사랑 없이 살기: 문해학습에서 정동적 불평등의 영향

매기 필리

최근에 들어서야 교육학 전반에서 감정의 역할이 깊이 연구되기 시작했다. 연구는 다음과 같은 다양한 이슈에 초점을 두어왔다. 돌봄과 교육과정(Cohen, 2006; McClave, 2005), 교사의 감정노동(Hargreaves, 2000, 2001), 교육이념에서 정동영역의 역할(Lynch et al., 2007), 학교의 돌봄 윤리(Noddings, 1992, 2006, 2007), 자녀교육에서 어머니의 돌봄노동(O'Brien, 2005, 2007; Reay, 2000) 등이다. 이 장에서는 문해학습에서 돌봄의 역할에 새롭게 접근했으며, 아일랜드 직업훈련학교industrial schools의 제도적 학대에서 생존한 사람들과 함께 3년 동안 수행한 문화기술지적 연구ethnographic study의 과정과 결과를 서술했다. 특히 학습관계에서 돌봄 수행자인 교사 또는 부모의 관점에서 벗어나 돌봄 수혜자인 학습자의 관점을 취했다.

이 장은 연구계획과 방법론을 서술하고, 제도적 학대의 생존자들이 성인교육에 참여하는 현재 상황을 개관하는 것으로 시작한다. 그리고는 정동적 관점에서 문해를 검토하기 위한 기초로서, 널리 통용되는 이론적 개념들을 간략히 살펴본다. 끝으로 연구결과에 근거하고 2장에 제시된 세 층위의 돌봄관계 개념화에 기초해, 학습돌봄learning care[1] 관계의 네 유형을 서술한다. 그것은 일차적 관계와 이차적 관계, 그리고 두 유형의 삼차적 학습돌봄관계인데, 시민사회 틀에서 이루어진 또래 간 연대적 학습관계와 국가에 의해 규정된 돌봄 직무가 구별된다. 이 장은 문해학습에서 돌봄의 중추적 역할을 이렇게 이해한다면 충족되지 않은 문해욕구가 여전히 높은 수준으로 남아 있는데도 성인 문해교육에 참여하는 비율이 저조한 상황을 이해하는 데 도움이 될 것이라고 결론 지었다.

## 상관적 연구방법

본 연구는 문해학습에서 평등의 정동적 측면이 어떤 역할을 하는지 알아보기 위한 시도였다. 문해와 돌봄이 외부인에게 아직 알려져 있지 않은 민감한 분야이기 때문에, 연구계획과 방법론 모두 세심한 고려와 장시간의 준비를 필요로 했다. 충족되지 않은 문해욕구를 가진 다수의 성인집단을 위한 문해교육 지도교사로서 일했던 탐색 기간이 경과한 후, 직업훈련학교에서의 제도적 학대를 견뎌낸 성인 생존자들을 위한 '등대센터Lighthouse Centre'[2]를 현지site로 삼아서 문화기술지적 연구를 수행했다.

예전에 보호시설에 거주했던 사람들은 여러 이유에서 가장 적합한 연구 참여자로 고려되었다. 이 생존자들은 실제로 국립 교육기관에서 거주했음에도, 충족되지 않은 문해욕구가 동년배보다 더 높은 상태에서 사회로 나왔다(아일

---

1  린치와 맥러플린(Lynch and McLaughlin, 1995)은 「돌봄노동과 사랑노동(Caring Labour and Love Labour)」에서 감정노동의 유형을 구별하고 연대하려는 의도에서 각각 동기가 부여되는 정도를 연구했는데, 학습돌봄과 학습돌봄노동의 개념은 여기에서 나온 발상에 기초하고 있다.
2  등대센터는 아일랜드 직업훈련학교의 학대에서 생존한 사람들이 자신들을 위해 더블린에 설립한 성인교육 및 상담 센터의 가명이다. 이 센터에서는 문해, 분노조절, 미술치료, 인성개발 등 다양한 성인교육의 기회를 제공하고 있다. 가족 찾기, 자문, 법적 문제와 관련해서도 상담 받을 수 있다. 센터는 주민복지관의 역할도 하며 하루 평균 80명이 방문한다.

랜드 정부, 1970: Raftery and O'Sullivan, 1999). 이 점과 돌봄에 대한 경험 면에서, 그들은 패튼(Patton, 1980)이 전반적으로 우려되는 이슈를 부각시키기 때문에 유용하다고 예로 든, 극단적이거나 결정적인 사례였다.

연구표본은 40세에서 65세까지의 성인 문해교육에 참여한 주류그룹[교육과학부(DES), 2006)]을 반영하게끔 선정했다. 동시에 표본집단의 다양한 특질이, 교육 및 돌봄 환경이 비슷하면서도 문해욕구를 충족한 사람과 충족하지 못한 사람 모두의 경험에 대해 연구하는 것을 가능하게 해주었다.

표본집단의 화합하는 속성은, 자료수집 과정에서 다른 집단을 연구할 때보다 덜 강압적이도록 도왔을 뿐 아니라 센터 내에서 진행된, 해방을 위한 폭넓은 성찰과 대화에 실제로 기여하도록 했다. 표본집단의 연대하는 속성 역시 고통스러운 과거가 들춰져서 화를 낼 수도 있는 참여자가 연구에 협조하는 기초를 만들어주었다. 가장 중요한 것은, 연구 참여자의 아동기에 국가가 담당한 일차적 돌봄 역할이 빈발하는 가족결손family deficit의 광기를 제거하고, 돌보고 교육하는 일을 국가의 중추적인 임무로 논란 없이 받아들이게 했다는 점이다(Hillyard et al., 2004).

모두 28명의 생존자들이 반구조화된semi-structured 인터뷰와 일련의 추적조사, 피드백 초점집단에 참여했다. 연구 참여자들은 핵심 표본집단 중에서 연령, 성별, 민족, 성적 지향, 학습장애인을 대표할 수 있도록 목적에 맞게 선정되었다. 참여할 가능성 있는 사람을 식별하는 것을 포함해서 전 과정이 협업을 통해 이루어졌다. 아울러 학교를 마칠 당시의 문해 상태를 기준으로 표본을 선정하기로 결정했는데, 그렇게 해서 직업훈련학교에서 보호받는 동안 문해를 습득한 사람과 그렇지 않은 사람을 비교해볼 수 있었다. 당연히 내부자의 상세한 지식과 협력이 필요했다.

인터뷰 자료는 방법론적 삼각측량을 통해 더욱더 타당성을 지니게 되었는데(Denzin, 1997), 지도교사, 상담사, 법정대리인, 생존자와 가깝게 일한 다른 사람들과 열 차례 심층 인터뷰를 진행했다. 코헨 등(Cohe et al., 2000: 112)은 질적 연구에서 '동시적 타당성concurrent validity을 입증하는' 강력한 수단으로 삼각측량을 들었다. 원래는 목적지를 더 정확히 찾아내려고 다수의 표지를 이용하는 항해기법인데, 이와 유사하게 연구 자료의 타당성과 신뢰성을 확증하기 위해 다양한 방법과 자료수집 원천을 이용하는 방식을 삼각측량이라고 한다. 이는 단일한 표본집단을 연구하고 집단기억collective memory이 존재할 가능성이 있는 문화기술지에 특히 딱 들어맞는다(Olick and Robbins, 1998).

정동에 초점을 둔 경험적 연구와 그 연구주제의 민감성은 자연히 상관적 연구방법으로 이어졌다. 문화기술지적 접근에서는 연구 참여자와 상호 존중하는 신뢰관계를 형성할 수 있고, 연구과정 내내 표본집단 성원들과 함께 재검토하고 상담하는 시간을 가질 수 있다(Barton et al., 2000; Carspecken and Apple, 1992; Edmondson, 2000; Pardoe, 2000). 성인이 문해학습에 대한 동기를 가지게 되면 절대적으로 시간이 긴요해진다. 치유적인 연구 패러다임(Fowler and Mace, 2005)을 채택해 문해학습이 활기차게 진행되면서 연구 전반의 밑바탕이 되도록 만들 수 있었다. 이는 연구의제가 연구 참여자의 우선순위를 파기하지 않고 인정했으며, 표본집단 내에서 연구자는 한 명의 상호학습자가 되었음을 의미했다.


## 아일랜드 직업훈련학교

직업훈련학교는 스코틀랜드에서 처음 설립되었고 1857년 직업훈련학교법이 제정된 이래로는 전 영국에서 운영됐으며 아일랜드에는 1868년에 들어왔다. 이 학교는 가정에서 더 이상 보호받기 어려운 아이들을 국가가 보호하고 교육하는 곳으로, 소년원학교Reformatory School 시스템을 보완하기 위해 만들어졌다. 유난히 벌을 심하게 준다는 평판이 있었지만, 이 학교들은 사실상 아무런 문제제기나 제재도 받지 않고 거의 100년 동안 운영되어왔다. 1970년 케네디보고서[Government of Ireland(아일랜드 정부), 1970]가 이 시스템을 혹독하게 비판했으며, 그 이후 수 십 년 동안 생존자들이 그들의 경험을 공개적으로 밝혔고 다방면에 걸친 학대가 세상에 알려졌다(Doyle, 1988; Fahy, 1999; Flynn, 2003a, 2003b; Tyrell, 2006). 1999년에 버티 아헌Bertie Ahern 총리는 억압적인 국가보호시스템의 끔찍한 실상을 인정하고 생존자들에게 사과했다.

> 국가와 모든 시민을 대신해서 정부는 아동학대에 개입하지 못한, 피해자의 고통을 감지하지 못한, 구조에 손쓰지 못한 우리의 집단실패에 대해 피해자들에게 뒤늦게나마 진심으로 사과하고자 합니다. …… 모든 아이는 사랑받고 안전하게 자라야 합니다. 너무나 많은 우리의 아이에게 이런 사랑, 돌봄, 안전이 주어지지 않았습니다. 학대는 어린 시절을 망가뜨렸고, 암담했던 그 시절은 어른이 되어서도 지워지지 않는 상처로 남았습니다. 저는 그들이 참담할 정도로 부당한 처우를 받았다고 믿으며, 오래가는 그 시련의 영향을 이제라도 극복하는 데 우리가 할 수 있는 모든 일을 해야 한다고 믿는다고 피해자들에게 말하고 싶습니다(버티 아헌 총리, 1999년 5월 11일, 2002년 "Health Board Executive"에서 재인용).

총리는 아동의 삶에서 정동적 요인이 갖는 중요성과, 사랑 결핍과 돌봄 결핍이 나중에 성인이 되어 살아가는 데 미치는 해로운 영향을 인정했다. 학대에 관한 증언을 듣고 피해자에게 보상금을 지급하기 위한 조사에 착수했고 조사가 진행 중이다.

2002년 6월 아일랜드 정부는 18개 종교단체와 보상협정을 체결했으며, 그들이 1250만 유로를 기부해 생존자와 가족들을 위한 교육기금을 마련할 수 있었다(Education Finance Board, 2008). 이는 정동적·교육적 불평등이 장기적으로 세대를 넘어 미치는 해로운 영향을 (암묵적으로) 인정한다. 더구나 직업훈련학교에 다닌 사람들에게서 특이하게 높은 수준의 문맹률이 관찰되었다(Raftery and O'Sullivan, 1999). 일군의 생존자들은 1999년에 등대센터를 설립했으며, 이곳에서는 성인교육 기회를 제공함으로써 치유를 유도한다. 당초 등대센터는 재정지원을 받지 않고 설립되었으나, 지금은 보건 및 교육 관계부처를 통해 핵심적인 재정을 지원받는다. 등대센터의 중심 업무는 성인 문해교육이다.

'제도적 학대의 생존자'라는 말은 등대학교에 다니는 전 직업훈련학교 기숙학생들이 선택해서 사용하는 표현이다. 이들은 정서적·육체적·성적 학대를 포함한 다양한 학대를 고발했다. 교육상의 불이익을 포함한 방임 역시 대검찰청(Office of the Attorney General, 2002)에 의해 '기회손실'에 대한 보상을 해주어야 할 학대로 인정되었다. 등대센터에 다니는 모든 사람이 한 가지 종류 이상의 학대를 겪었으며, 많은 사람이 그들의 문해 수준을 향상시키기 위해 노력하고 있다.

## 문해에 대한 인식의 변화

과거에는 부자, 독실한 신자, 문화계와 정치계의 남성 권력집단, 상인계급이 지배적 지위를 확고하게 유지하기 위해 그리고 다른 사람들의 예속된 지위를 유지시키기 위해 문해를 철저하게 이용했다(Clanchy, 1979; Crowther et al., 2001; Graff, 1981; Mace, 2001). 세월이 흘러 서구에서 문해가 점진적으로 더 보편화된 자원이 되어왔음에도, 문해와 불평등의 관계가 사라지지는 않았으며 '충족되지 않은 문해욕구'를 가진 사람에 대한 낙인도 커져왔다. 문해는 역사적으로 사회의 전반적 불평등을 반영해왔지만 그럼에도 이 상관관계는 좀처럼 명확히 다루어지지 않았다.

문해에 대한 논의는 다음 세 가지 형태를 띠고 있다. 인적자본을 강조하는 신자유주의 담론, 행위자성agency과 문화행동주의에 초점을 두는 비판이론 접근, 문해를 특정한 상황에 놓여 있는 사회적 실천으로 보는 신문해연구New Literacy Studies, NSL가 그것이다. 지난 10년간 지배적이었던 신자유주의 문해 담론은, 확실히 '추락하는 표준' 가운데 하나이며 자본주의 세계시장에서의 초국적 경쟁을 위한 필연적인 도전이었다(Heckman and Masterov, 2004; Jones, 1997; Moser, 1999; Parsons and Bynner, 1997, 1998; Wagner and Venezky, 1999). 대규모 양적 연구에서 도출된 정책은, 실패한 개인을 관리하는 데 중점을 두었으며 충분히 유연하고 생산적인 노동자를 시장에 공급하지 못한다고 간주되는 교육시스템의 무능에 초점을 맞추고 있다[EU 집행위원회(CEC), 2001; 교육과학부(DES), 2000; 경제협력개발기구(OECD), 1992, 1995, 1997]. 교육시스템에서 부당한 대우를 받아온 사람들에게 부과된 제약과 불평등은 외면되었다.

이와 대조적으로 비판적 문해 이론가들은 정의롭지 않은 사회시스템을 변혁하는 수단으로서 행위자성과 문화행동주의에 초점을 두었으며, 교육 분야를 넘어서 투쟁운동 전반에 영향을 미쳤다(Aronowitz and Giroux, 1993; Freire 1972, 1985; Giroux, 1983; Gramsci, 1971, 1995; McLaren and Leonard, 1993). 파울로 프레이리Paulo Freire의 저작과 페미니즘 학자 및 교육학자의 저작이 1970~1980년대 성인문해운동의 발전에 급진적으로 영향을 주었다. 그들은 개인을 정치화하고 행동을 집단화하는 의식화 개념을 정의하고 실천함으로써, 지금도 일부 문해교육에 남아 있는 성인교육에 대한 평등주의적 접근과 자율권부여empowering라는 매개수단을 명확하게 제시했다(Barr, 1999; Freire and Macedo, 1987; hooks, 1994; McMinn, 2000; Thompson, 1997; Weiler, 1988, 1991). 그런데 문해에 대한 비판적 접근을 두고서 여러 낙관론이 나왔지만, 변혁적 의식화교육으로 해석하기에는 문제가 많은 것으로 판명되었다. 프레이리(Freire, 1972: 62)는 그의 대화식 교육 실천이 "모든 억압을 종식시키려는 갈망과 사랑이 있어야" 진짜라고 강조했다. 그것은 여러 상황에 기계적으로 대입해놓을 수 없으며, 변화를 위한 의식적인 공동 투쟁이 모두를 아우르는 전반적 변혁 상황의 일부가 되어야 한다는 것이다. 그런 상황, 즉 비판적인 평등주의적 변화를 맞이하고 키우는 상황은 신기루와 같다고 판명되었다. 이제는 대개, 유럽의 성인문해교육은 리스본 전략[3]의 영향 아래에서 수행되고 있으며, 그 결과 재정지원 조건, 인증 목표치, 핵심 교육과정의 요구사항 등에 따라 비판적이고

---

3    유럽이사회가 2001년에 리스본 전략을 채택했는데, EU를 2010년까지 '더 많은 양질의 일자리, 더 큰 규모의 사회통합, 환경 존중을 동반하는 지속가능한 경제성장을 이룰 수 있는, 세계에서 가장 역동적이고 경쟁력 있는 지식기반 경제권'으로 만들겠다는 목표를 천명했다(CEC, 2001).

정동적인 열망이 억제되었다.

1990년대 OECD 성인연구(OECD, 1992, 1995, 1997)의 결과로서 성인문해교육에 주어진 관심(그리고 재정지원)이 일부 강화되었지만, 개념으로서의 문해는 상대적으로 문제시되지 않았다. 이 같은 이론적 공백의 한 예외로서, 문해에 대한 헤게모니적 주류 관점에 도전하는 다양한 이론적·경험적 저술을 묶어낸 신문해연구의 작업이 있다. 프레이리와 그람시의 영향을 받았음이 분명한 신문해연구가 대안적 목소리가 되었다. 신문해연구의 관점에서 보면 문해는 고정된 것이 아니라, 역사적이고 권력에 연관된 사회 패턴과 깊이 엮여 있는 사회적으로 맥락화된 진화하는 현상이다(Barton and Hamilton, 1998; Crowther et al., 2001; Gee, 1990, 1999; Ivanič, 1996; Street, 1984, 1995, 1999; Tett et al., 2006). 특히, 신문해연구는 커뮤니케이션 기술이 급속히 발전하면서 문해가 재형성되는 방식을 강조한다(Kress, 2003; Lankshear and Knobel, 2003).

문해 실천을 맥락화하고 해체함으로써, 신문해연구는 우리가 문해와 문해의 용도가 규정되는 연대의 맥락에 민감하도록 만들었다. 『특정 상황에 놓인 문해: 맥락 속에서 읽고 쓰기Situated Literacies: Reading and Writing in Context』라는 연구에서 바턴 등(Barton et al., 2000)은 신문해연구의 접근을 전형적으로 보여주는 랭커스터 학파의 다양한 최근 연구를 망라했다. 이 선집은 실제 텍스트와 살아 있는 문해 실천이 역할을 하는 다양한 맥락, 예컨대 수감자 집단(Anita Wilson), 농업관료와 싸우는 웨일스 영농공동체(Kathryn Jones), 학술영어를 공부하는 캐나다 학생을 위한 컴퓨터회의 그룹(Renata de Pourbaix), 자녀들의 첫 성찬식을 준비하는 가톨릭 공동체(Karen Tusting) 등의 특수성에 주목하고 있다. 이를 비롯한 다수의 연구가 실재하는 그리고 종종 저평가되는 문해교육을 철저하게 조사했는데, 문해 실천이 맡고 있는 현실적이고 복잡한 역할을 인식하고 문해를 재개념화하는 데 일정 부분 기여했다.

문해 행사literacy events 중 사람들이 무엇을 하며 무엇을 해야 하는지에 집중하는 신문해연구는 유익하며, '문해력 결핍'이라는 주류 담론이 커지는 것을 상쇄한다. 다른 한편으로는, 문해력을 구사하고 싶은 많은 사람이 본인 잘못은 전혀 없는데도 그렇게 할 수 없는 현실이 여전히 지속되고 있으며, 이 또한 이야기의 중요한 부분이다. 신문해연구는 기존의 관점을 해체하는 데서 더 나아가, 사회적 실천으로서 문해가 일어나는 사회적 맥락의 불평등한 본질과 씨름하는 관점에서 이론화되지는 못했다. 마찬가지로 문해의 정동적 측면도 아직 고려되지 않고 있다.

## 학습돌봄관계의 네 유형

학습돌봄이라는 용어는, 문해력을 획득할 수 있게 하는 데 수반되는 복잡한 정동적 태도와 노력을 나타내기 위한 연구를 하던 도중에 만들어졌다. 정동영역에서의 활동은 우리의 상호의존적인 삶의 모든 측면에 걸쳐 역동적인 영향을 미친다(Engster, 2005). 특히, 학습돌봄은 새로운 지식과 기술을 흡수하고 유지하는 역량에 돌봄이 미치는 영향과 관련이 있다. 문해 행위 및 행사의 과정과 결과 그리고 그 실행 방법을 배우는 것은, 거의 언제나 사회적이고 관계적이다. 그렇기는 하지만, 최근까지도 읽고 쓰기를 배우는 것은 순전히 인지적인 문제로 간주되어왔다(Lankshear and Knobel, 2003). 일반적으로, 정동영역의 개념화는 심리학 분야를 뛰어넘는 작업이기도 하다. 심리학자들이 주로 개인의 행동에 관심을 가졌던 것에 비해, 사회학과 철학에서의 연구는 문화, 윤리 및 사회구조의 영향에 대해 추가적으로 통찰하도록 도와준다(Nussbaum, 2001; Turner and Stets, 2005). 정동적 문제를 우리가 무엇을 어떻게 배울 것인가라는 질문의 중요한 부분으로서 인식하는 것이 중요한데, 이런 인식은 교육의 다른 분야에서도 커지고 있다(Cohen, 2006; Lynch et al., 2007; Noddings, 1992, 2006, 2007). 여기서는 이 연구에서 식별한 학습돌봄의 네 유형을, 실천praxis으로서의 돌봄이 어떻게 문해교육에서 변혁적일 수 있는지를 숙고하는 길잡이로서 제시한다.

이 경험적 연구의 결과는 린치의 연구(Lynch, 2007; 2장 참조)를 기반으로 한

'문해학습 돌봄' 모형을 보여준다. 린치는 돌봄이 이루어지는 맥락을 세 개의 돌봄관계 — 일차적·이차적·삼차적 — 동심원 모형으로 제시했다. 제도적 학대의 생존자들의 인생역정은, 모든 사람이 평등하게 돌봄의 혜택을 받지는 않는다는 엄연한 현실을 상기시켜준다. 이는 결국 돌봄이 촉진하고 지속시키는 인간발달의 모든 측면, 문해력 등에 파급효과를 미친다. 인터뷰 자료는 별개지만 상호 연결된 네 개의 학습돌봄 원천이 있으며, 각각이 문해력 획득에 기여함을 말해준다.

1. 가정 또는 대안적인 일차적 돌봄 센터 내에서 경험되는 일차적 학습돌봄관계
2. 학교에서의 이차적 학습돌봄관계
3. 시민사회에서, 또래 학습자 및 관심 공동체와 함께 경험하는 연대적 학습돌봄
4. 국가의 학습돌봄: 문해학습을 지원하는 가정, 학교, 지역사회의 역량에 영향을 미치는 모든 상황에서 구조적 평등(조건의 평등)을 보장하기 위해 국가가 제공하는 배려.

앞서 2장에서 대략 살펴본 돌봄 모형에서, 삼차적 돌봄과는 별개지만 상호 관련된 두 개의 차원 — 시민사회의 자발적인 연대적 돌봄과 국가의 책임인 법에 따른 연대적 돌봄 — 이 있다. 국가는 돌봄이 필요한 사람에게 연대감을 보이든 보이지 않든 상관없이 공동체의 집합적 목소리이므로 세 번째 영역의 행위자로 인정된다. 이 연구를 수행하는 데서, '등대센터'라는 시민사회 맥락에서 참여자들이 경험한 연대와 세 층위 모두에서 학습돌봄의 비용을 부담하는 국가의 역할로부터 경험한 연대 결핍을 구별하는 것이 중요했다. 그래서 아래 각 절에서는 이 둘을 분리해서 서술했다. 인터뷰 자료가 학습돌봄의 각 층위를 규명하는 데 어떤 도움이 되었는지도 논의했다.

## 1. 일차적 학습돌봄관계

대부분 사람에게 학습돌봄이 '자연히' 이루어지는 곳은 의심할 여지없이 가정 또는 일차적 돌봄센터이며, 여기에서 돌봄관계는 문해력 등 모든 측면의 인간발달을 촉진하고 주조한다. 이 연구에 참여한 28명이 일차적 돌봄을 받은 주된 장소는, 비록 그들 중 일부가 어린 시절에 원래 가족이나 수양부모에게서 돌봄을 받을 기회를 가졌지만, 직업훈련학교였다. 15명은 문해욕구를 충족하거나 부분적으로 충족하고 학교를 마쳤으며, 나머지 13명은 문해력을 거의 또는 전혀 획득하지 못했다.

직업훈련학교에서 문해욕구를 충족하거나 부분적으로 충족한 사람들의 대다수(87%)에게서, 일차적 돌봄관계의 일관성 수준이 문해력과 연관되어 있음을 확연히 볼 수 있었다. 이들 15명 중에서, 가정생활에 대한 기억이나 보호시설에 거주하는 동안 가족과의 만남을 계속해온 기억이 없는 사람은 두 명뿐이었다. 다소라도 긍정적인 일차적 돌봄을 받는 것이 문해학습 성과에 긍정적 영향을 준다고 누누이 언급되었다.

마찬가지로, 문해욕구를 충족하지 못하고 직업훈련학교를 마친 13명 중 11명(85%)은 보호시설에 있는 동안 가정생활이나 일관된 가족관계를 전혀 경험하지 못했다. 나머지 두 명 중 한 명은 지적장애가 있었고 다른 한 명은 여덟 살에 보호시설에 보내져서 사실상 학교 문턱에도 가보지 못했다. 그래서 인터뷰 자료는 어느 정도 지속된 일차적 돌봄이 긍정적인 문해학습 성과와 강한 연관성이 있다는 쪽으로 결론을 내리게 한다.

완고한 권위주의적 시스템에 도전할 수 있는 기본적 권리도 없는 사람들의 무력감, 인지된 도덕적 열등감에서 비롯된 자기비하와 극심한 빈곤은 응답자 가족들이 가정에서 돌봄을 제공할 수 있는 능력에 부정적인 영향을 끼쳤다. 가정이 어느 정도 안정되고 교육이 가치 있게 여겨져 권장된 경우에는, 긍정적인 문해 경험이 어린 시절까지 거슬러 올라갔다.

제 인생은 보호시설에 들락날락하는 식이에요. 하지만 시설에 가기 전 제 삶을 아주 생생하게 기억하고 있어요. 그러니까 세 살이나 네 살쯤…… 집에서 어머니에게서 말을 배우고…… 이야기를 듣고. 그리고 학교에 다닐 때는 숙제를 마치기 전에는 먹는 게 허용되지 않았어요. 물론 저도 조금은 완벽주의자이기도 하고 또 아마 어머니가 항상 숙제 검사를 한다는 걸 유념했기 때문이기도 하고요. 그런 종류의 승인이 필요해요. 일종의 양육이란 거예요. 아시겠죠? _캐럴, 50세 여성, 학교에서 문해욕구를 충족함.

일차적 돌봄의 질은 대단히 중요했다. 리암은 42세 남자인데, 어렸을 때 보호시설에 드나들었다. 그는 세 살까지는 집에서 살았는데 형제자매가 많았지만 늘 혼자라고 느꼈다. 그의 아버지는 폭력적이었고 결국 부모가 갈라섰는데, 그는 자신의 문해욕구가 충족되지 않은 것을 이런 험악한 관계 탓으로 돌렸다.

아무도 자기에게 관심을 보이지 않는다고 느끼면 배우는 게 아주 힘들 거예요. 벽을 쌓게 마련이고 그 안은 누구도 나를 건드릴 수 없는 나만의 작은 둥지이므로 아무도 들어오지 못하게 하죠. 제 경우엔 귀를 막고 지냈던 것 같아요. 저는 아무에게서도 들을 수 없었어요. 저는 사람들을 차단했고, 이제껏 저에게 관심을 보인 사람이 없었기 때문에 누군가가 다가오는 것을 원치 않았죠. 엄마나 아빠가 저에게 사랑한다고 말하거나 애정을 보인 적이 없었어요. _리암, 42세 남성, 학교에서 문해욕구를 충족하지 못함.

같은 가정 안에서 아이들이 각기 다른 정동적 경험을 하는 경우, 보호시설 안에서의 문해학습 성과도 그에 상응하는 차이를 보였다. 브렌다는 학교 다니는 동안 문해욕구를 충족했는데, 여동생은 지금도 충족하지 못하고 있다. 그녀는 이를 각기 다른 일차적 돌봄 수준에서 직접 기인된 것으로 여겼다.

다섯 살 때까지 여동생들과 함께 집에서 살았어요, 여동생이 둘이었기 때문에 (돌봄을 받는 데) 그게 엄청 큰 영향을 미쳐요. 저는 해냈는데 여동생은 해내지 못한 3년을 이해할 수 있어요. 부모에게 추가적으로 받은 3년간의 양육이 차이를 가져왔어요. 저는 꼬박 5년간 양육받았고 여동생은 딱 2년만 받아서 걔는 저와 똑같은 기반을 가지지 못했어요. 제가 받은 약간의 격려조차 저에게만 주어졌어요. _브렌다, 55세 여성, 학교에서 문해욕구를 충족함.

일단 보호시설에 들어가고 나면 그곳에서는 가족의 부재를 보상해줄 수 있는 양육관계를 기대하지 못한다. 열두 살가량의 소녀들이 아기와 그들보다 어린 아이들을 보살폈는데, 이들은 보호시설에 거주하며 돌봄 및 가사도우미 일과 자신의 학업을 병행하려고 몸부림쳤다. 이는 돌봄노동이라기보다는 차라리 고역이었으며, 그들은 용기를 내서 언어나 문해력을 개발할 시간도 없었고 재주도 없었다. 많은 사람이 문해력 자체를 가지고 있지 않았다.

응답자들의 이야기는 전혀 정동적이지 않은 상황을 묘사한다. 이 아이들을 개별 가족의 실패로 보는 문화에서는 권위주의와 군대식 통제가 만연했다. 직업훈련학교의 목표는 유순하고 순종적인 육체노동자와 가사노동자를 배출하고 통제하는 것이었는데, 이들을 종교적 사업체나 하인을 필요로 하는 부잣집에 배치할 계획이었다.

정동적인 가족 울타리 안에서 살았던 사람은 누구나 그 관계에 의해 또는 그에 대한 기억만으로도 고무되고 동기부여가 되었다. 케빈은 일곱 살까지 집에서 지냈는데, 학습에서 일차적 돌봄관계가 하는 역할을 명확히 말할 수 있었다.

제가 보기엔 그래요. 일부 사람들이 잘하는 건 바깥에 있는 가족과 연락을 주고받았기 때문이에요. 그들을 뒷바라지하는 가족이 있고 더 잘 집중할 수 있죠. 그들은 사고방식이 달랐어요. 학교에서 잘하는 사람들은 자기를 돌봐주는 가족이 있어요. _케빈, 56세 남성, 학교에서 문해욕구를 부분적으로 충족함.

성공적인 학습자는 대부분의 경우(80%), 비록 형편은 매우 어렵더라도 부양하고 사랑하는 관계와 가족의 기대에 부응하려는 욕구에서 문해학습에 대한 동기와 추동력이 나왔다. 역으로 일차적 돌봄 주체가 없다는 것은 결정적으로 부정적 요인으로 보였다. 가족이 보호해주지 못하는 사람들은 돌봄과 학습돌봄이 사랑노동이기보다는 업무인 사람에게 돌봄과 학습돌봄을 받았다. 직업훈련학교에서는 버려짐과 과도한 규율이 아이들의 삶에서 돌봄을 지워버렸다. 훗날 더 관대한 관리체제에 편입되더라도, 담당자의 불연속으로 인해 아이들이 인지할 수 있는 통일된 돌봄 주체는 존재하지 않게 된다.

　한 아이가 사랑과 격려가 넘치는 가정에서 자란다면 그 아이는 잠재력을 발휘할 거예요. 하지만 저같이 고아원에서 자란 누군가에겐, 뭐랄까 그게 속임수 같아요. 왜냐면 그들에겐 여전히 가족이(멈춤), 자신의 생물학적 가족이 있고, 그런데도 살아오는 내내 그들의 삶에 들어왔다가 떠나버린 다른 사람도 아주 많기 때문이죠. _밥, 41세 남성, 학교에서 문해욕구를 충족하지 못함.

　성인으로서, 그리고 종종 부모나 조부모로서, 생존자들은 돌봄노동의 중심적 역할을 깨닫고는 어린 시절의 회복할 수 없는 돌봄 결핍을 원망하기에 이르렀다. 제인의 경우, 비록 그녀의 자식과 손주들은 성공했지만 그녀의 일차적 학습돌봄 결핍과 잃어버린 기회에 대한 회한이 떨쳐지지 않았다.

　손녀의 경우는 전혀 다르다고 생각해요. 그 애가 책을 집어들고 읽었을 때 저는 아주 기뻤어요. 아시죠? 그러면서 (울음을 터뜨리며) 나는 어땠을까 생각하게 돼요. …… 정상적인(멈춤) 이렇게 말할게요. 그건 내가 자라고 싶었던 그런 가정이었어요. _제인, 57세 여성, 학교에서 문해욕구를 충족하지 못함.

　직업훈련학교는 어떤 형태의 정동성affectivity도 좌절시켰으며, 사랑노동 영역에서도 마치 관계를 부정하는 기풍을 추구했던 것처럼 보였다. 케네디위원회와 교육과학부 보상자문위원회(Kennedy Committee and the Compensatory Advisory Committee to DES, 2002) 모두, 직업훈련학교에 대한 비판에서 아이들이 접할 수 있는 개인적 관계의 결핍을 언급했으며, 이것이 학습을 비롯한 발달의 모든 측면에 끼친 부정적인 영향을 지적했다.

> 연구에 따르면, 아동기와 이후 발달의 중요한 요인 대부분은 아이들이 접할 수 있는 개인적 관계의 질과 양이다…… 좋은 개인적 관계를 경험하지 못한 아이는 장차 정서적·사회적·지적 안정성과 발달이 부족하게 될 것이다(Government of Ireland, 1970: 12).

정동성의 중추적 역할에 대한 인식이 없어서, 직업훈련학교에는 모든 측면에서 관계를 부정하는 기풍이 팽배했다. 등대센터 상근자는 그녀가 들은 이야기에 대한 느낌을 다음과 같이 요약했다.

> 그렇지만 모든 게 분리되었어요. 가족과 분리되었고 침대도 따로 있었죠. 그곳에는 감동도 없었고 그게 기풍의 전부였어요. _등대센터 상근자.

아이들이 자기 부모를 알든 모르든, 그들의 삶에 일차적 돌봄 수행자가 없다는 사실은 행복한 삶의 모든 측면에 커다란 영향을 주었고 어린 시절 학습하는 과정에 적막한 배경을 드리웠다. 부모는 물론이고 다른 가족과의 관계 역시 중요했다. 종종 분리는 형제자매에게까지 확대되었는데, 연령, 성별 또는 기타 설명되지 않은 먹고사는 요인 때문에 각자 별개의 기관에 맡겨지고 형제자매와 더 이상 접촉할 수 없게 되는 경우가 있다.

아일랜드계 유랑민인 데릭은, 그의 형제가 갑자기 사라진 것이 자신의 문해 학습에 일대 전환점이 되었다고 말했다. 그때까지만 해도 학교교육을 실제로 즐기고 있었으며, '학습이 다소 부진했지만' 행복했고 사회적으로 통합되었으며 '상호작용하는 것을 즐기고' 있었다. 그는 이야기 후반부에, 자신이 집단에 대해 조숙한 불신을 갖고 있었고 어떤 집단학습 과정에서도 잠시도 집중하지 못했다고 설명했다. 그는 외톨이였는데 형제를 잃은 사건에서 느낀 배신과 분노 때문에 이러한 특성을 가지게 되었다고 보았다.

> 마이클은 이제 죽었어요. 그는 고아원에서 10살 때까지 쭉 같이 있었어요. 그게 주된 이유(멈춤), 제가 적절하게 읽고 쓰지 못하는 이유라고 생각해요. 그가 10살 이었을 때 저는 7살이었어요. 그리고 거기에서는 10살이 되면 다른 기관으로 보내져요. 그도 10살 때 보내졌고 저는 거기에 남겨졌죠. 그게 주된 이유의 하나고 (멈춤), 제 인생의 전환점이에요. 그래서 그게(멈춤), 한 방 맞은 거고 저는 집중할 수 없었어요. 공부할 수가 없었죠. _데릭, 52세 남성, 학교에서 문해욕구를 충족하지 못함.

전체 보호시설에서는 기본적인 생리적 돌봄 요구조차 충족되지 않았다. 아이들은 굶주리고 추위에 떨었으며 고된 하청노동으로 녹초가 됐다. 모두가 위안을 받을 길이 없었으며 처벌과 학대, 모욕을 두려워했다. 이렇게 극심한 스트레스를 받는 환경에서는 야뇨증이 흔했으며, 이는 매일같이 공개적인 수모로 이어졌다. 여기서 일반적인 생존 기법은 성인기 학습관계까지 연장된 내적 침잠과 자기방어였다.

> 저는 얌전하고 조용히, 묵묵하게 지냈어요. 그래서 괴롭힘이나 따돌림 같은 걸 당하지는 않았죠. 문해와 모든 게 똑같아요, 그렇죠? 저는 쓸 거고 아무도 알아보지 못할 거예요. 말이 되지 않나요? _캐럴, 50세 여성, 학교에서 문해욕구를 충족함.

문해학습과 돌봄을 받는 것 사이의 내밀한 접점은 연구하는 내내 모습을 드러냈다. 언어와 문해력의 개발은 일반적으로 인간으로서의 의존도가 높은 시기에 일어나며, 그 때문에 두 과정이 맞물리는 것은 놀라운 일이 아니다.

## 2. 이차적 학습돌봄관계: 학교교육 경험

린치와 로지(Lynch and Lodge, 2002: 11)는 학교와 기타 학습장소 역시 가르침과 배움이 돌봄 및 상호의존관계와 깊숙이 또 다양하게 관련되는 '정동적 사업체affective enterprise'로 인식된다고 주장했다. 이는 두려움과 상처받은 자존감이 문해학습 동기를 압도했고 교실에 만연한 분위기는 일종의 긴장상태였다는 연구결과를 통해 저절로 실증되었다. 케빈은 보호시설에 들어갈 때 일곱 살이었는데 학습을 두려워하게 되었다.

> 저는 그 학교를 좋아하지 않았어요. 증오했죠. 끔찍하게 긴장된 분위기였어요. 그리고 그들의 기분이 나쁜지 확인하려고 눈치를 살펴야 했고요. 항상 누군가는 정당한 매를 맞고 있었어요. 수업시간 내내 긴장해야 했고 무서웠어요. 뭔가 할 게 있으면 겁부터 먹었죠. 저는 그게 싫었어요, 너무 숨 막혔어요. _케빈, 56세 남성, 학교에서 문해욕구를 부분적으로 충족함.

이 시기에 체벌은 교육시스템 전반에 퍼져 있었지만, '내부' 학교와 '외부' 학교를 모두 경험한 사람들은 심각성에서 정도 차이가 있었다고 말했다.

> 저는 정규학교에도 갔어요. 그래서 이렇게 말할 수 있죠. 물론 거기가 파티 장소는 아니지만 이곳과는 아주 거리가 멀다고. 그 교실에서는 결코 누구도 공포를 알지 못할 거고 상상할 수도 없을 거예요. 이곳은 날마다 공포 통치예요. 참혹했어요. _브리짓, 51세 여성, 학교에서 문해욕구를 충족함.

그곳에서는 교사-학습자 관계에서 의욕적인 학습자조차 불안해하고 두려워했다. 대규모 학급들은 로봇 같이, 적대적이고 종종 폭력적인 방식으로 운영되었다. 개별학습 방식은 용이하지 않았다. 왼손잡이는 악마 취급을 당했으며, 주로 청각에 의존한 방법으로 읽고 쓰기를 배울 수 없는 아이들은 부가적인 불이익을 받았다.

대규모 보호시설에서는, 아이들이 '내부 학교'에 다녔는데 그곳에서는 외부 세계와 접촉하지 못했다. 소규모 보호시설에서는 인근에서 온 아이들과 함께 하는 공립지역학교로 보내졌다. 이 '외부 학교'에서 아이들은 자신의 열등한 지위를 항상 의식하게 되었고 많은 아이가 교실 뒤쪽에 무관심 속에 배제되어 있었다고 말했다. 직업훈련학교 내부에는 이미 피폐해진 학습여건 속에 한층 더 심한 위계질서가 존재했다. 유랑민, 고아, 부모가 미혼이어서 도덕적 하자 가 있다고 간주되는 아이, 혼혈인, 학습장애인 모두 멸시를 받았다.

돌이켜보면 응답자들은 충족하려는 학습 욕구를 가진 개인으로 여겨지기를 원했다. 그들은 인내와 돌봄으로 대우받기를 원했으며, '누구나 말하게 하고' 정답게 가르치는 방법을 찾는 선생님을 원했다.

마틴은 태어나면서부터 보호시설에 있었지만 정기적으로 꾸준히 어머니와 접촉했다. 그의 어머니는 더블린 부잣집의 요리사였는데 주인집 아들이 쓰다 버린 읽을거리와 습자노트를 가져다주었다. 그는 이것들을 이용해 직업훈련 학교에서 지급되는 빈약한 학습재료를 보충했다. 이런 까닭에 언제나 문해력 에서 동급생보다 앞섰으며, 이 작은 안전지대에서 교실 안의 관계를 어느 정 도 관찰할 수 있었다. 그에게는 다정함의 부재가 분명하게 보였다.

…… 그들이 읽고 쓰기를 가르치는 방법은 거칠었어요. 그들은 다른 방법을 전혀
몰랐어요. 예의 바르고 자애롭게 이루어지는 일이 있다는 개념을 조금도 가지고
있지 않다는 걸 이해해야 돼요. 자애는 그들에게 도저히 맞지 않는다는 거예요.
전혀 안 맞아요. _마틴, 64세 남성, 학교에서 문해욕구를 충족함.

매트는 더 권위주의적인 시설로 옮겨진 10살 때까지 고아들에게 거처를 제 공하고 그들을 교육해주는 수녀원에서 살았다. 특이하게도, 그는 미술, 음악, 이야기책, 만화, 해변의 휴일 등 긍정적이고 창의적인 학습 환경에 대해 말했 다. 그는 그곳에 읽고 쓰지 못하는 소년소녀가 있었는지 기억하지 못했다. 그

는 직업훈련학교로 옮겼을 때 뚜렷한 차이에 주목했다.

매우 험악했죠. 수녀님은 푸른색 옷처럼 온화했는데 그들은 완전히 까맸어요. 들어가 보니 온통 큰 사람밖에 없더라고요. 어디에도 색깔은 없었어요. 심지어 수녀원에도 어디에나 색깔이 있었는데 말이죠. _매트, 64세 남성, 학교에서 문해욕구를 충족함.

매트는 그렇듯 색깔 없고 돌봄 없는 환경에 처한 사람에게는 평생이 지나도 배움의 희망이 없다고 주장했다. 자신의 난독증이 방치되어버린 데 실망한 밥은 문해학습 관계에는 돌봄이 스며들어 있어야 한다고 믿었다.

특수한 요구를 가진 누군가를 가르치기 위해서는 선생님의 가슴과 영혼이 그들 속에 들어가 있어야 해요. 이해될 거예요. 아이는 선생님이 하는 일에서 사랑을 볼 거고 돌봄의 뜻이 통할 거예요. "나는 너희를 돌보고 있고 또 가르치기 원한다. 너희가 전진하는 걸 보고 싶다." 그러면 그건 마치…… 그게 돌봄이 시작되는 지점이죠. _밥, 41세 남성, 학교에서 문해욕구를 충족하지 못함.

일차적 또는 이차적으로 학습하는 이유를 옹호해주는 사람이 없어서, 직업훈련학교 학생의 대다수는 아이들의 문해학습 능력이나 그 필요성에 대한 믿음이 거의 없는 사람들에게 휘둘리고 있었다. 교사들은 직업이 지닌 역할에 아랑곳하지 않고, 이런 아이들은 굴종의 삶을 가장 갈망할 수도 있고 정말로 읽고 쓸 줄 알아야 할 필요도 없다는 문화적 인식에 동의하는 것 같았다. 타냐는 직업훈련학교에서 암암리에 벌어지는 상황을 명료하게 밝혔다.

결코 어떤 것도 이루지 못할 겁니다. 여기서 나갈 때 잘할 수 있는 일이라곤 집안일, 빨래, 뭐 그런 게 전부일 거예요. 암요, 어떻게든 다른 길을 찾을 수야 있겠죠. 그런데 아무도 그걸 원치 않았어요. 아무도 원치 않는데 어떻게 다른 두뇌를 가질 수 있겠어요? 그러니까 어떻게 똑똑할 수 있죠? _타냐, 52세 여성, 학교에서 문해 욕구를 충족함.

일차적 돌봄의 부재는 이 지점에서 이차적 학습돌봄의 보류를 변명하고 정당화하려고 악의적으로 이용된다. 인터뷰 자료가 일관되게 보여주는 바는, 배후에 일차적 돌봄 수행자가 있는 것이 직업훈련학교에서 받는 이차적 학습돌봄에 상당한 영향을 준다는 점이다. 이와 같은 점에서 보았을 때 긍정적인 학교교육 경험이 결핍되었기 때문에 결과적으로 성인기 학습이 더욱 벅차게 되었고, 학습돌봄의 유형들 간에는 역동적이고 상호 연결된 관계가 있음을 알 수 있었다.

## 3. 연대적 학습돌봄관계: 또래 간 학습

연구 참여자의 절반 이상이 성인기에 문해학습을 시작했다. 일차적·이차적 학습돌봄관계는 배움으로 되돌아가는 다리를 제공했으며, 그런 전환을 이루지 못한 사람들이 조기에 사망한다는 증거가 이야기 중에 많이 나온다. 성공적인 성인관계, 아이의 삶에 긍정적인 기여를 하겠다는 소망, 개인적 상담과정에서 힘입은 바 등이 성인 문해교육에 참가하려는 동기를 유발하는 가장 일반적인 요인이었다.

문해력을 증진시키는 과정에서 돌봄 문제를 의식한다는 것은 학습자와 지도교사 모두를 고려하는 것이었다. 한 남자는 "성인이 되어서도 교실 뒤쪽에 버려져 있다는 걸 간혹 느낄 수 있을 거예요"라고 말했다. 성인들이 공식 교육에 대한 두려움을 잊어버리는 것은 힘들다. 사람들은 거의 감지할 수 없지만 늘 하는 반응에서 자신의 오랜 기억을 내보인다. 그들은 갑작스러운 동작, 닫힌 문, 시끄러운 소음, 뒤에서 다가오는 누군가 등에 움찔하며 놀란다. 읽고 쓸 때 실수하면 자신을 책망한다. 문해학습은 물론이고 그들은 타인과 자기 과거와 새로운 관계 만들기에 관해서도 학습하며, 지도교사들은 이를 위한 여지를 만들어줄 필요가 있음을 발견했다. 지도교사들은 끊임없이 과거와 현재의 경계선을 순찰하며 부정적인 반향을 막고 누그러뜨리면서 과거의 경험을 긍정적인 학습경험으로 대체하고 있다.

> (관계 맺기가) 학습 대상이기도 한 거 같아요. 왜냐하면 그들은 말해야 하고 어떨 땐 우리가 그걸 넘어서면 안돼요. 저는 사람들이 특히 초기에 어떻게 말하는지, 그게 전에 배웠던 것과 어떻게 다른지 언제나 관심을 기울여요. 그들은 대등한 사람으로 또 성인으로 대우받고 있다는 걸 아마 잊지 못할 거예요. _문해 지도교사.

직업훈련학교의 공통된 유산은, 생존자들이 집단학습의 복잡한 동학을 불편해하고, 전진하는 데 필요한 자신감을 스스로 형성할 수 있는 일대일 학습방식을 선호한다는 것이다. 일대일 문해학습은 자원봉사자들이 제공하며, 대부분 여성이 수행한다는 점에서 다른 종류의 무급 돌봄노동의 현실을 반영하는데, 이들은 거의 또는 전혀 인정받지 못하면서도 엄청나게 귀중한 공헌을 하고 있다.

보호시설에서 생활할 때는 친교나 연대활동을 위한 시간과 공간이 거의 남아 있지 않았고 집단학습은 교수법에도 올라 있지 않았다. 직업훈련학교 학대의 생존자들이 공동체 연대의 혜택과 문해학습을 위한 두 번째 기회를 누리기 시작한 것은 만년晩年에 들어서였다. 성인기에 일차적 돌봄관계를 새롭게 맺으면서 사람들이 또다시 학습을 시작할 수 있게 되었으며, 공통된 학대와 방임 경험에서 형성된 유대감도 문해학습을 다시 하도록 끌어들이는 데서 획기적 역할을 했다.

> 어쩌면 깊은 외로움을 느껴온 사람들에겐 정말 다양한 위안처가 있는데, 그들은 한 장소를 떠올리고 사람들이 어떤 역사와 계속되는 어려움을 공유하며 이것들이 실제로 그들을 하나의 집단으로 단결시킨다는 걸 깨닫는다고 생각해요. 이 집단

의 특징 가운데 하나는 서로를, 특히 집단의 새 구성원을 찾으려고 무진 애쓴다는 거예요. 그들은 이들을 기꺼이 맞아들이려고 애쓰죠. 많은 지원이 사실상 또래 간 지원이에요. _등대센터 상근자.

질은 문해욕구를 부분적으로 충족하고 직업훈련학교를 마쳤는데, 그녀는 성인이 되어 다시 배우기 시작했으며 지금은 성인집단에서 IT를 가르친다. 동료 성인 학습자들의 배려와 돌봄이 향상을 추구하는 그녀의 동인動因을 유지하는 데 중요한 역할을 했다.

성인집단에서 받은 칭찬, 격려가 저를 기운 나게 해요. 그러니까 과제 하나를 내주면 호들갑을 떨어요. 분명히 그건 소극성을 넘어서는 적극성이죠. 그건 확실히 영향이 있어요. 저는 그 후 줄곧 성인교육에 종사했어요. _질, 46세 여성, 학교에서 문해욕구를 부분적으로 충족함.

## 4. 학습돌봄 보장에 있어서 국가의 역할

연구 참여자의 대다수(68%)는, 국가가 아동기에 그들에게 제공된 돌봄과 교육의 질을 감시하는 직접적 책임을 방기했다고 말했다. 응답자들은 직계가족에게서는 물론이고 대다수의 사람에게서까지 버림받았다는 느낌을 묘사했다. 그리고 그들은 돌봄을 제공하기에 부적합하다고 여겨진 가족에게서 그들을 빼앗고는, 대안으로 제공한 국가시설의 감독을 소홀히 했다는 사실에서 아이러니를 보았다.

고아원이 우리를 교육하고 사회의 병폐로부터 보호하도록 설계되었음에도, 우리는 거의 최소한의 교육만 받았고 대부분이 읽고 쓰지 못했다. 교육 결핍은 우리 삶의 모든 면에 깊이 영향을 주었으며, 보호시설 바깥 세계에 대해 준비되지 않은 채 두려워하는 상태로 있게 만들었다(Fahy, 1999: 54).

응답자들은 그들이 일차적 돌봄의 구심점을 상실한 것을 광범위한 구조적 불평등 탓으로 돌렸다. 실업, 빈곤, 나쁜 건강, 해외이주, 가정파탄, 도덕적 지탄, 문화적 무기력 때문에 아이들이 국가의 보호시설에 보내지고, 그 이후 그들의 문해학습 능력에 부정적인 영향을 미친 학대를 경험했다. 그래서 국가의 무관심이 아이들의 불리한 출발점에 그리고 뒤이은 직업훈련학교에서의 방임에 원인이 된 것이다.

가정이 의심할 여지없는 일차적인 돌봄 장소지만, 가족의 능력은 사회에서의 평등 창출과 관련된 국가의 성취에 의해 결정된다. 국가는 사회의 평등과 재화의 공정한 분배 여부를 좌우하는 조치와 제도가 시행될 수 있게 하기도 하고 이를 제한하기도 한다(Baker, 1987; Baker et al., 2004). 국가가 결정하는 입법과 정책이 실제로 학습돌봄 평등에 관한 선택지를 구성한다.

브리짓은 이상적이고 포용적이며 참여적인 국가관에 대해 찬성론을 펼쳤는데, 상호의존성을 인정하고 모두가 이에 의거해 행동하는 국가를 옹호했다. 우리가 배려해야 할 누군가의 둘레에 경계를 치는 것은 그녀와 다른 사람들을 돌봄의 가장자리로 밀어붙이는 것을 의미했다. 그녀는 우리의 상호의존이 우리가 서로에게 무슨 일이 왜 생기는지를 설명해야 할 책임을 동반한다고 제시했다.

단순하게 들릴 수도 있겠지만, 모든 아이가 교육받도록 보장하는 것은 모든 어른의 책임이라는 건 아시죠? 우리 모두 자기 아이만 돌본다면? 이게 우리의 행동양식이었죠. 우리를 돌보지 않았던 어른들 역시, 도와줄 수도 있었지만 대신에 할 수 있는 모든 방식으로 학대했던 모든 어른에 의해 똑같이 버려졌어요. _브리짓, 51세 여성, 학교에서 문해욕구를 충족함.

# 결론

이 장은 연구이유, 연구계획, 그리고 평등의 정동적 측면과 문해에 대한 경험적 연구를 위한 이론적 배경을 제시하면서 시작했다. 그다음 아일랜드 직업훈련학교의 학대에서 생존한 성인들을 대상으로 등대센터에서 3년간 수행한 문화기술지적이고, 치유적인 연구의 결과를 논의했다. 이 연구결과는 돌봄관계가 성공적인 문해학습에서 중추적인 역할을 하고 있음을 시사한다. 지난 세기 대부분의 기간에 국가의 돌봄에 맡겨진 사람들은 세 개의 맥락에서 정동적 학습의 불평등을 경험했다. 보호시설의 일차적 학습관계에서 그들은 방임되고 학대받고 모욕당했다. 학교의 이차적 학습관계에서 아무렇게나 대해졌고 가장 기본적인 문해 영역에서도 그들의 능력을 개발할 기회를 매몰차게 박탈당했다. 세 번째로 국가 역시 시설보호 아동들의 대리 후견인으로서 직업훈련학교 내에서 만족스러운 돌봄과 교육이 제공되도록 보장하는 데 실패했다. 동시에 교육시스템과 광범위한 사회구조의 불평등을 용인함으로써, 국가는 일부 시민들이 모든 층위에서 다른 사람보다 학습돌봄을 적게 받는 것을 당연하게 만들었다. 이러한 방임과 학대의 경험은 응답자들이 후일 등대센터라는 네 번째 맥락에서 경험한 연대와도 극명하게 대조되었다.

인터뷰 자료도 네 가지 맥락 모두에서 돌봄이 문해학습을 어떻게 촉진하는지를 보여준다. 직업훈련학교의 엄혹한 환경에서는 작은 정동적 차이도 알아볼 수 있었고, 생존자들은 이것들이 문해력을 일정하게 확보하는 데 더 좋은 조건을 만들어낸다는 것을 확인했다. 성인이 되어서 어린 시절 정동적으로나 교육적으로 불우했던 사람들의 삶에 획기적인 것으로 등장한 것이 바로 학습돌봄이었다.

정말 중요한 실례實例인 직업훈련학교에서 학대받고 생존한 사람들의 문해와 돌봄에 관한 이야기는, 국가의 보호 아래에서 사랑 없이 이루어지는 문해학습의 현실을 드러내고 있다. 그리고 그 이야기는 학습돌봄이 하나의 개념으로서, 현대의 문해 분야와 학습 일반에 타당성을 가지고 있음을 시사한다.

# 11

# 종합 논의

캐슬린 린치 · 존 베이커

 

우리가 광범위한 분야의 사회과학 연구와 페미니즘 연구에 의지해 저술한 『평등: 이론에서 행동으로』에서 경제체계, 정치체계, 문화체계, 정동체계라는 평등/불평등을 만들어내는 네 개의 주요 맥락을 구별한 바 있다. 위 저술에는 각 체계 내의 불평등에 관한 그리고 각 체계 간의 관계에 관한 일반 가설이 많이 담겨 있다. 물론 일반적으로 적용할 수 있고 각 시스템의 세부내용에 적용할 수도 있는 '조건의 평등'이라는 급진적인 규범적 개념의 윤곽도 담겨 있다. 위 저술의 핵심 주제 가운데 하나가 여러 불평등의 상호작용이다. 주요 체계들이 서로 상호작용해서 불평등을 조장하거나 완화시키는데, 이는 다섯 개 핵심적인 차원에서 작용한다. ① 존중과 인정, ② 자원, ③ 사랑, 돌봄 및 연대, ④ 권력, ⑤ 노동과 학습이다. 이 책의 연구는 정동체계 내의 불평등이 다차원적 특성을 갖고 있음을, 그리고 경제체계, 정치체계, 문화체계의 불평등이 정동영역에 영향을 미치는 방식을 명료하게 실증한다.

이 책은 주로 정동체계의 한 측면에서 평등에 대한 경험적 분석을 하는 데 관심을 두었다. 즉, 친밀한 타인의 돌봄을 지향하는 사회적 삶의 영역인, 타인 중심(일차적 돌봄) 관계에 주로 초점을 맞추었다(2장, 3장 참조). 30개 돌봄대화 및 2개 초점집단 연구(3~7장)와 3개의 개별 연구 — 교육에서 어머니의 감정노동,

남성성과 돌봄에 대한 남성의 인식, 아동기를 보호시설에서 지낸 사람들에게서 나타난 돌봄과 문해학습의 관계 — 등 일차적 돌봄관계에 대한 일련의 연구에 의해, 사랑과 돌봄노동의 배분에서의 불평등을, 그리고 정도는 덜하지만 사랑과 돌봄 수혜에서의 불평등을 검토했다. 또한 사랑노동과 관련한, 정동체계와 경제체계, 정치체계, 문화체계 사이의 상호관계와 이 관계가 정동체계 자체에서 불평등을 어떻게 발생시키고 강화하는지를 검토했다.

이번 마지막 장에서 우리는 이 책의 주요 연구결과를 요약하기 위해『평등: 이론에서 행동으로』의 틀을 활용한다. 또한 연구결과가 평등주의 관점에서 돌봄을 사회과학적으로 이해하는 데, 그리고 규범적 평등주의 이론을 개발하는 데 주는 함의를 정리한다. 제반 연구들이 사랑노동을 하고 받는 데서 감정 노동이 무엇보다 중요하다고 전제했으므로, 돌봄에서 감정의 중요성을 강조하는 것으로 시작하겠다.

## 감정, 돌봄 그리고 평등

우리의 감정은 개인의 의미와 정체성을 형성하는 데 필수적이다(Chodorow, 1999). 우리는 지적인 존재일 뿐 아니라 감정적 존재이기도 하고, 개인적 존재면서 사회적 존재이기도 하다. 개인적 수준에서 모든 사람은 친밀함, 애착 및 돌봄관계를 위한 능력을 가지고 있다. 우리는 소속감이나 타인에 대한 배려를 인식하고 느낄 수 있으며, 적어도 가끔씩은 돌봄을 받을 필요가 있다. 우리는 이와 같은 관계에서 비롯되는 다양한 사회적 참여를 가치 있게 여기며 그런 관점에서 자신을 규정한다. 친구 또는 친척과 맺는 유대는 삶을 의미 있고 따뜻하게 하며 기쁨을 가져다준다. 따라서 그와 같이 협조적인 정동적 관계를 만들어갈 능력을 빼앗기는 것은, 또는 능력이 있더라도 그러한 관계에 참여하는 경험을 갖지 못하는 것은 심각한 인간성 상실을 초래한다. 돌봄을 받는다는 정서적 경험 역시 인간발달 및 번성의 기본적인 전제조건이다. 심리학과 정신

분석의 연구는 타인을 돌보는 능력이 유아기부터 애착을 형성하고 감정을 개발한 경험에 굳게 자리하고 있음을 실증한다. 감정은 문화적 규범과 젠더 규범에 의해 형성되지만, 매우 개인적이고 독특한 것이기도 하다(Chodorow, 1978). 안락함과 감정적 따뜻함에 대한 유아의 욕구가 그 단계에서 일관되게 충족되지 않으면, 타인의 고통과 욕구 그리고 진정한 자신의 욕구를 느낄 수 있는 성숙한 인간으로 자라나는 능력이 심각하게 훼손된다. 그러므로 돌봄 받는 것은 육체적 생존을 위해서만 필요한 것이 아니고, 돌봄이 일생에 걸쳐 타인을 느끼고 돌볼 수 있도록 해주기 때문에 극히 중요하다.

감정으로 충전된 사랑, 연대, 돌봄의 관계는 중요성, 가치 및 소속에 대한 기본적 의식과 인정받고 필요하다고 인식되며 돌봄을 받는다는 느낌을 확고히 하는 데 도움이 된다. 그러한 의식과 느낌은 사람들이 성공적으로 인생을 살아갈 수 있게 해주는 데 필수적인 역할을 하며, 우리의 근본적인 상호의존을 표현한다(Held, 1995b; Nussbaum, 1995).

사랑, 돌봄, 연대의 관계가 우리 삶에서 다른 무엇보다 중요하다고 전제하면, 누가 그 관계에 접근하고 누가 그 관계로부터 거부당하는가라는 질문이 평등의, 더 나아가 정의의 중요한 이슈가 된다. 또한 이 관계가 상호적인지 비대칭적인지, 젠더, 계급, 인종, 장애 여부에 의해 구조화되는지, 그 권력이 균형적인지 불균형적인지, 사회 각계가 이 인간욕구를 만족시키는 데 도움이 되는 방식으로 움직이는지 좌절시키는 방식으로 움직이는지 등도 필수적인 질문이다. 이런 질문들에 답하기는 어렵지만, 이 책에서 우리는 이러한 난제를 다루기 시작했다.

## 평등주의와 정동적 불평등

1장에서 언급했듯이, 학계에서 정동체계와 그 구성요소인 불평등에 주목하게 된 것은 1980년대 들어 페미니즘 학자들이 그 주제를 연구하기 시작하면서

부터다. 20년이 훨씬 지난 오늘날에도 사랑, 돌봄, 연대 관계와 관련이 있는 이슈들과 이를 승인하기 시작한 연구는, 핵심적인 학문적 관심사로 인정되기보다 '페미니스트적' 또는 '급진적'이라는 꼬리표가 붙는 분과학문들에 국한되는 경향이 있다. 정동적 평등이라는 주제는 아직 주류 사회학, 교육학, 경제학, 법학 및 정치이론에 진정으로 통합되지 않고 있다.

관계적이고 의존과 관련된 불평등의 중요성을 부각시키기 위해, 그리고 이 불평등과 경제적·정치적 불평등 및 사회문화적 불평등을 구별하기 위해 우리는『평등: 이론에서 행동으로』에서 정동적 평등의 개념을 발전시켰다. 우리는 두 개의 주된 정동적 불평등을 확인해냈다.

ⓐ 사랑, 돌봄, 연대노동을 수행하는 데서의 불평등, ⓑ 사랑, 돌봄, 연대를 수혜받는 데서의 불평등. 그리고 이 두 형태의 정동적 불평등이 다른 차원의 불평등 때문에 악화된다는 사실을 인정했다. 돌봄 관련 노동에 대한 존중과 인정의 결여는 사랑, 돌봄, 연대의 무거운 짐을 불균등하게 책임지게 하는 불평등을 악화시킨다. 돌봄노동을 인정하지 않고 보상하지 않는 문화도 온갖 유형의 돌봄 수행자들이 자율권을 잃고 가난해지게 만든다. 낮은 소득과 한정된 자원밖에 없다는 것은, 돌봄 수행자인 것과 무관하든 아니면 그 때문이든, 돌봄노동을 더욱 힘겹게 한다. 그것은 돌봄 과제의 일부를 다른 사람에게 할당하는 선택권을 제한하며, 돌봄 수행자에게 휴식할 시간이나 사랑, 돌봄, 연대노동의 유쾌한 면을 즐길 에너지조차 거의 남겨두지 않을 수도 있다. 사랑과 돌봄노동의 책임을 맡은 사람은 대체로 그 일을 어떤 조건하에서 할 것인지 결정할 힘이 없는데, 특히 가족 영역에서 그렇다. 그들의 무력함은 돌봄의 숙명에 그들을 묶어두고 삶의 다른 영역에서 자율성을 발휘할 기회를 거부함으로써 그들 자신과 돌봄 수행자가 아닌 사람들 간의 불평등을 악화시킨다.

사랑, 돌봄, 연대노동을 하는 상황에서 나타나는 불평등은 정동적 불평등의 일면에 지나지 않는다. 인간은 관계적 존재고 인생의 특정 시기에 타인에게 전적으로 의존하며 실존하는 내내 상호의존적이기 때문에, 사랑, 돌봄, 연대에 접근을 거부당하는 것은 심각한 인간성의 훼손이고 그 자체가 불평등이다.

어떤 사람도 넘치는 사랑, 돌봄, 연대를 경험해본 적이 없다고 주장할 수는 있지만, 그럼에도 사람들이 생존하고 번성하기 위해 어떤 기본적인 형태의 사랑, 돌봄, 연대를 필요로 하는 것은 사실이다. 사적인 삶에서 사랑과 배려를 거부당한 사람, 또는 친구, 이웃, 친족, 동료, 중요한 서비스제공자(교사, 의료인 등)로부터 이차적 돌봄을 받지 못하는 사람, 그리고 부와 기타 특전의 분배 면에서 연대성이 거의 없는 사회에 사는 사람은 매우 중요한 사회적 가치에 접근하는 것이 거부된다. 개인들, 집단들, 사회들 간의 불평등은 각자에게 주어진 사랑, 돌봄, 연대의 정도 면에서 가늠해볼 수 있다.

다음 다섯 개 절에서, 이 책의 3장~10장에서 나온 정동적 불평등의 다양한 차원을 짚어본다. 그렇게 해서 우리는 정동적 불평등이 다른 사회적 체계들에서의 불평등에 의해 강화되는 방식과 성별화된 특성은 물론이고, 그 깊이, 복잡성 및 다차원성을 실증적으로 보여준다. 정동체계는 구조적으로 분리되어 작동하지 않는다. 사람들이 여타 분야에 참여할 수 있게 하거나 할 수 없게 하는 한에서는, 사랑, 돌봄, 연대 관점에서 여타 체계를 받쳐줌으로써 아니면 이에 실패함으로써, 정치체계, 경제체계, 문화체계의 작동에 영향을 준다. 정치체계, 경제체계, 문화체계는, 사람들이 사랑과 돌봄을 수행하고 연대감을 보여줄 수 있게 함으로써 아니면 자원, 권력, 존중 및 인정의 결핍으로 그렇게 할 수 없게 함으로써, 결국 정동체계에 상응하는 영향을 미친다.


## 사랑과 돌봄노동에서의 불평등: 성별화된 돌봄 질서

사랑과 돌봄을 수행하는 데 관해 가장 널리 인식되고 있는 사실은, 이 책에서 누차 언급했지만, 성별화된 분업과 그에 따른 노동과 학습 면에서 나타나는 여성과 남성 간 불평등이다. 유급 돌봄노동의 대부분은 물론이고 무급 돌봄 및 사랑노동의 대부분을 여성이 맡는다. 그 패턴은 아일랜드(Lynch and Lyons, 2008)도 다른 OECD 국가들(Bittman, 2004)과 다르지 않다. 이런 불평등을 지속시키는 데는 문화체계가 중요한 역할을 하는데, 가장 두드러지게는 성별 역할을 제시하고 강화하며 여성에게 돌봄에 대한 일차적 책임을 지우고 도덕적 의무감으로 이 역할을 강화한다. 우리가 연구한 결과에 따르면, 마땅한 여성이 없지 않는 한, 당연히 여성이 사랑하고 돌보는 역할을 맡는 사회적 공간으로서 무급 가족 돌봄이 존재한다는 페미니즘 학자들의 연구는 사실로 확인된다(Gerstel and Gallagher, 2001; Noonan et al., 2007). 부부가 평등하게 아이를 돌보려고 적극적으로 시도하는 경우에도(Geraldine and Donal, Clodagh and Séan, 5장 참조), 타인(가족, 친구, 어린이집 돌보미 등)에 대한 성별화된 태도가 사라지지 않아서 이를 실천에 옮기는 것은 사실상 불가능하다. 일차적 돌봄노동은 생존과 발달에 필수적이기 때문에 누군가는 그 일을 해야 한다. 그리고 여성은 그 일을 하는 것이 자신의 본성에 맞는다고 믿도록 사회화되었을 뿐 아니라 가족 사랑과 돌봄을 이행하는 데 실패하면 도덕적으로 제재를 받기 때문에(O'Brien, 2007, 8장 참조), 정동체계는 사회적 성별 불평등을 만들어내는 데 주요한 역할을 한다. 이 연구결과는 『평등: 이론에서 행동으로』의 가설, 즉 조건의 평등이 특히 여성과 남성 간에 이루어지지 않으면 정동체계가 심각하게 우려되는 사회적 관계의 현장임을 확인해준다.

왜 당연히 여성이 돌보고, 사랑하고, 사회적 연대 활동을 하는지 이해하려면, 그들의 관계적 타자인 남성, 특히 돌봄 수행에 대한 남성의 관계 설정을 이해해야 한다. 돌봄대화 연구와 핸런의 연구에서 확인된 바(9장)에 따르면, 돌봄 수행은 여성적인 것이라고 문화적으로 기호화된, 그래서 대부분의 남성이 적극적으로 회피하는 정체성이다(Russell, 2007). 아버지면서 배우자와 함께 사는 이성애자 남성들은 누구도(배우자 역시) 자신이 자녀를 일차적으로 돌보는 사람이라고 여기지 않았다. 부모를 일차적으로 돌보는 남성들은 혼인 및 가족상황(모두가 부모와 함께 사는 독신 아들이었음) 그리고 나름의 경제적 사정 때문에 그 책임을 떠맡았을 뿐이다. 그중 두 명은 농장을 물려받은 소농이어서 돌봄과 일종의 유급노동을 병행할 수 있었고, 다른 한 명은 일하지 않아도 되는 공적 신분(전 직장에서 얻은 장애)을 가지고 있었다. 핸런은 돌봄 수행에 대한 일부 해석(특히 생계비를 벌어다주는 것으로서의 돌봄)이 남성적인 활동으로 승인되는 것을 발견했는데, 이러한 돌봄 개념은 여성(그리고 아이들)이 남성에게 의존한다는 가정을 전제하므로 헤게모니적 남성성을 강화할 뿐이다. 여성이 돌봄, 사랑, 사회적 연대노동을 계속하는 주요한 이유 가운데 하나는, 남성이 그와 같은 일을 하면 여성적이라고 여겨져서 다른 남성보다 열등하게 규정된다는 것이다. 돌봄 수행에 대한 두려움은 여성성과 연관된다는 두려움에서 비롯된다(Bourdieu, 2001).

남성이라는 존재는 명령자이고 통제자이지 돌봄 수행자가 아니다. 일차적 돌봄 수행자의 지위는 비천해서 헤게모니적 남성성 규범에는 아예 빠져 있다 (Connell, 1995). 남성들이 돌봄 역할과 유기적으로 동질감을 갖는 경우는, 그들이 더 재미없고 힘겨운 돌봄 활동을 피할 수 있는 역할을 하는 돌봄 관리자일 때다(Russell, 2007). 돌봄을 포함해 여성이 지배적인 직업에 종사할 때조차, 그들은 상징적으로라도 여성화된 하위 활동과 거리를 둔다(Simpson, 2004).

남성이 돌봄 명령자라는 아이러니는 그들이 돌봄관계에서 많은 감정이 개입되는 측면과 형태에 참여할 가능성이 더 적다는 것이다. 그래서 자신을 생계부양 돌봄 수행자로 규정함으로써 지위, 권력, 소득 면에서 유리해지긴 하지만(9장), 자신은 돌봄이 필요 없다고 규정하기 때문에 돌봄을 덜 받을 수도 있다.

이 책의 연구들은 성별화된 돌봄 질서를 확인하면서도, 그 질서에 저항하는 수단을 일부 제공한다. 한편으로 여성과 남성 모두 성별 역할의 자연스러움을 때때로 수긍하긴 했지만, 여성 측에서는 돌봄노동의 불평등한 부담에 대한 불만과 저항을 표출하기도 했다(5장). 성별화된 질서가 의문 없이 받아들여진 것은 아니었다. 다른 한편으로는 돌봄을 진지하게 받아들이는 일부 남성의 진정성 있는 헌신을 볼 수 있었다(5장, 9장). 형편상 돌봄을 맡을 수밖에 없었던 사람들은, 감정적 애착과 도덕적 의무감 때문에 여성과 유사한 돌봄 성향을 보이고 돌봄 능력을 발휘했으며(3장, 5장, 6장), 인정 결여, 물질적 지원 부족, 시간 부족이라는 여성과 똑같은 장애를 경험했다(4장, 7장). 이러한 연구들은 성별화된 돌봄 질서가 불가피하지 않다는 주장을 뒷받침한다.


## 돌봄 수혜에서의 불평등: 정치체계의 역할

정동체계가 국가에 의해 법적으로 규제되는 만큼, 정치체계는 사랑과 돌봄의 사회적 조건을 결정하는 데 중추적 역할을 한다. 법은 특정한 유형의 성적 접촉을 금지하고 이상적인 가족 형태를 규정한다(Freeman, 1994; Nussbaum, 2000; O'Donovan, 1989). 법적 담론 역시 양육권 분쟁에서 '좋은 어머니'(Biggs, 1997) 또는 '좋은 아버지' 개념을 적용하고 가족재산 분쟁에서는 '받을 자격 있는 주부' 또는 전업주부 개념(Smart, 1989)을 적용함으로써, 성별 정체성을 구성하는 데 일조한다. 법은 사회적 관계를 반영하고 구성도 하며, 타자의 희생으로(예컨대, 어떤 유형의 '가족'이 인정받을 만한지 말함으로써) 특정한 이상을 고취한다. 그리고 한 개인이 받는 돌봄을 형성하고 규제하는 데서 막강한 역할을 한다.

돌봄대화에서 우리는 일차적 가족 돌봄 영역에서 사랑이 정서생활의 식탁에 놓인 음식으로 간주되는 것을 발견했다. 초점집단 연구를 한 10대 청소년들은 부모의 돌봄과 배려를 당연한 것으로 여겼다(6장). 그것은 전제된 것이지 논의나 논쟁의 주제는 아니었다. 부모의 돌봄과 배려는 자연스럽고 필연적인 것으로 여겨졌다. 하지만 필리가 보호시설에서 방임되고 학대받았던 성인들을 인터뷰한 바에 따르면, 사랑, 돌봄, 연대는 그 어느 것도 삶에서 당연히 주어지지 않는다(10장). 제도적 학대의 생존자들과 함께 한 연구에서 그녀는 일차적 돌봄은 물론이고 이차 및 삼차 수준에서도 후견인, 교사 및 국가의 방임 때문에 그들이 어떻게 돌봄의 불평등을 경험했는지 보여주었다. 국가는 아동기에 사람들이 가장 기본적인 보호만 필요로 한다고 규정했다(그리고 국가는 그 기본적인 보호에도 실패했다). 그들은 부모에게 덧씌워진 도덕적으로 수상쩍은 정체성을 물려받고 아울러 사랑, 돌봄, 연대의 극심한 결여도 이어받았다. 사랑과 돌봄에서 방임된 경험은 정서생활과 인간관계뿐 아니라 그들의 학습에도 막대한 영향을 끼쳤다. 그러한 일을 겪은 사람의 대부분은 정서적 방임, 즉 그들의 문해학습을 심각하게 저해한 방임에 한(恨)을 품고 보호시설에서 나왔다.

## 자원 불평등과 경제체계의 영향

자원의 불평등은 대부분 경제체계에서 비롯되는데, 경제체계는 돌봄 수행자가 무엇을 할 수 있고 돌봄 수혜자가 무엇을 받을 수 있는지에 심대한 영향을 준다. 이는 가족상황에 관한 문화적 규칙, 즉 자녀를 둔 가정은 부부가정이며 맞벌이 부부가 늘어나고 있다는 전제에 따라 더 심각해진다.

정동적 불평등을 구조화하는 데서는 사회계급이 특히 중요하다. 돌봄대화에서는 데브라와 알렉스, 누알라와 엘리자베스처럼 잘 교육받고 비교적 안정된 고소득을 올리는 사람에게는 자신의 돌봄 영역을 조직할 수 있는 선택지가 있다는 점(Folbre, 2006)이 분명하게 드러났다. 그들은 자녀를 위한 보완적 돌봄을 위해 돈을 쓸 수 있을 뿐 아니라, 필요하다면 가족에게 돌봄을 요청할 수도 있었다. 저소득 돌봄 수행자와 단신 돌봄 수행자는 자녀나 의존적인 성인을 돌보고 있음에도, 특히 제공되거나 이용할 수 있는 돌봄지원서비스가 부족해 돌봄에서 과중한 부담을 지고 있었다. 부부가정은 돌봄 책임을 분담할 수 있고 또 그렇게 하지만, 설사 그들의 돌봄 분담이 불평등하다고 하더라도 단신 돌봄 수행자에겐 그런 선택지조차 존재하지 않았다. 사샤와 리자이나처럼 아주 적은 경제적 자원을 가지고 자녀를 혼자 돌보는 사람들은 거의 자립 생활을 하지 못했다. 그들은 사회적 고립, 스트레스, 여가시간 부족, 총체적 탈진을 경험했다. 멜라니와 아니타를 포함해, 무급으로 성인 가족을 돌보는 사람들은 소득도 낮고 지원도 적었지만, 돌봄에서 유난히 무거운 짐을 지고 있었다(5장, 7장). 미래에 자립할 희망이 없어서, 그리고 생계의 도전이 언제 끝날지 몰라서 돌봄에 요구되는 일들이 더욱 힘겨워졌다.

오브라이언의 연구(8장)는 경제자본, 문화자본, 사회자본 등의 자원이 부족하면 선택지가 줄어들어 자녀와 성인을 돌보는 능력에 아주 부정적인 영향을 미친다는 점을 보여준다. 폴린은 경제자본이 부족해서 네 자녀가 다닌 학교에 관해 어떠한 선택도 할 수 없었고, 로라는 감당할 수 없는 뜻밖의 학교 교육비 때문에 걱정이 끊이지 않았다. 돌봄대화에서(5장), 톰 역시 아버지를 돌보는 데 들어가는 숨은 비용이 매우 부담스럽다고 말했으며, 멜라니는 아주 적은 예산만 가지고 다수의 돌봄 책임을 떠맡고는 육체적·정신적으로 탈진했다. 경제자본이 부족하면 직접적인 희생뿐 아니라 사랑노동에 소요되는 감정적 자원 면에서도 간접적인 희생을 치르게 된다. 오브라이언은 어머니의 감정자본이 경제자본 결핍을 간신히 헤치며 살아가는 사이에 고갈되는 것을 발견했다. 이런 상황에서는 마샤처럼 문화자본이 있는 사람들도 자녀를 위해 이를 동원할 수 없었는데, 사회자본이나 경제자본이 없기 때문이었다.

돌봄대화와 오브라이언의 연구는 한부모들의 돌봄 경험이 특히 도전적이라는 점(Oliker, 2000)을 보여준다. 자녀양육비용이 맞벌이 가정의 예산에서 충당된다고 가정될 뿐 아니라, 한부모들은 한부모 가정이기 때문에 겪는 정서적·사회적 고립을 헤쳐가야 했는데 이는 감정자본의 중요한 측면이다. 감정 에너지는 미혼 부모들이 종종 겪게 되는 낙인을 감당하는 데 소모되기도 했다. 경제적 자원의 부족은 한 사람이 신체적으로는 아닐지라도 정신적·감정적으로 줄곧 돌봄에 매여 있어야 함을 의미하므로, 가난하다는 것과 한부모라는 것이 한 사람의 상황을 더욱 당혹스럽게 했다. 우리가 인터뷰한, 어린 자녀를 둔 한부모 가정은 형편이 여의치 않아 유료보육시설을 활용하지 못했다.

어린 자녀를 둔 한부모들은 돌봄과 유급노동, 또는 돌봄과 복지, 또는 유급노동과 돌봄과 교육을 힘겹게 해내고 있었는데, 이를 아무리 고되더라도 명확하게 정해진 인생의 한 단계라고 보았다. 메리, 노라, 멜라니 등 의존적인 성인을 돌보는 사람들은 이와 견해를 달리 했다. 그들은 남을 돌보는 삶, 저소득층을 위한 지원과 서비스의 부족으로 심각하게 제약받는 삶이 언제 끝날지 모른다고 보았다. 적절한 휴식보호 및 돌봄지원 서비스 없이 의존적인 성인을 돌보는 일은 고되고 스트레스가 많았다. 돌봄 수행자들은 건강, 소득, 연금, 수면, 여가 및 삶의 질 전반에서 그들에게 부과된 제약들을 대략 설명했는데, 이는 유사한 다른 연구에서 나온 결과와도 일치한다(Bittman, 2004).

돌봄대화에서 아주 분명하게 드러난 또 하나의 자원 불평등은 시간의 불평등이었다(7장). 시간 스트레스는 모든 돌봄 수행자에게 영향을 주는 문제였다. 그들은 시간 때문에 압박을 받았는데, 늘 서두르고, 뛰어다니고, 시간에 쫓겼다. 이 때문에 자신을 위한 시간이 극심하게 부족했고, 몇몇 경우는 자신의 건강과 정서적 안녕을 해쳤다. 한편, 돌봄노동의 불평등을 구조화하는 젠더, 계급, 가족상황의 차이 그리고 경제적 자원과 가용한 감정자본 수준이 시간의 불평등을 구조화했다. 여성은 전일제 돌봄에 종사하든 유급노동과 돌봄을 병행하든, 시간이 모자랄 가능성이 많았다. 이는 양부모 가정과 대가족 네트워크에서 남성이 더 많은 자유 시간을 갖고 있다는 연구 결과와 대조된다. 재정적으로 넉넉한 가정에서는 가사서비스를 구입해 더 쉽게 시간을 관리했다. 두 명이 돌보는 가정보다 한 명이 돌보는 가정에서 시간 압박이 더 심했다는 것은 두말할 나위가 없다.

우리 문화가 구성한 친족관계에 내재된 도덕적인 돌봄 의무는 때때로 가족 성원에게, 특히 여성 그리고/또는 딸린 자식 없이 혼자 사는 사람에게 가혹한 희생을 강요한다. 우리가 이러한 가족의무 의식을 버려야 한다고 말하는 것은 아니다. 하지만 그것이 자원 불평등과 파괴적으로 상호작용하는 상황은, 사회가 전반적인 책임을 지고 취약한 사람을 더 많이 지원하는 문화로 변화한다면 상당히 완화될 수 있음을 지적하고 싶다. 1장에서 언급한 것처럼 돌봄을 공공선公共善으로 재구성할 필요가 있다. 돌봄노동이 빈곤과 사회적 배제로 이어지지 않도록 보장하는 책임을 사적 영역에서 빼내어 집합적 책임으로 재구성해야 한다. 이 재협상된 '사회계약'하에서 돌봄노동에 종사하는 개인들은 가족이 아니라 국가에서 충족해주는 다양한 사회경제적 권리를 가질 것이다(자세한 논의는 Fineman, 2004 참조).

## 상호의존성과 권력 불평등

문화적으로 남성은 돌봄 명령자로 여성은 돌봄 실행자로 규정되기 때문에, 남성은 일차적 돌봄에 수반되는 하루하루의 일에 관해 여성에게 무언의 권력을 행사한다(7장). 남성이 일차적 돌봄 수행자이길 기대하는 것은, 남성에게 지시된 일반적으로 인정되는 남성의 성별 규칙 바깥에서 움직이도록 요청하는 것이다(Connell, 1995). 즉, 많은 점에서 그에게 남성이기를 그만두라고 요청하는 것이다. 우리가 대화를 나눈 일부 남성은(손과 같은) 돌봄노동을 했음에도 돌봄이라는 주제를 생각하거나 그것에 대해 논의해본 적이 전혀 없었다. 알렉스는 분명히 일차적 돌봄 수행자이길 원치 않았고, 일차적 돌봄 수행자임은 자기 같은 남자에게 '용납되지 않는 일'이라고 간주했던 대표적인 남성이다(5장). 대부분의 남성과 여성이 일차적 돌봄을 본질적으로 여성의 일이라고 정의했으며, 오직 소수만이 이러한 이원론적 규칙에 이의를 제기했다(5장). 남성은 여성의 돌보고 사랑하는 능력과 이에 바쳐진 여성의 시간에 암묵적으로 권력을 행사했는데, 이는 개인적 명령이 아니라 여성이 일차적 돌봄 수행을 하라는 도덕적인 명령과 남성은 오직 마땅한 여성이 없을 때만 일차적 돌봄 수행을 하라는 보완적인 남성성의 명령을 통해서 이루어졌다.

돌봄대화는 주제가 돌봄 수행자와 수혜자 간의 권력관계에 이르자 예상 밖의 패턴을 보였다. 돌봄은 종종 돌봄 수행자와 수혜자 간의 비대칭적 관계로 간주되지만, 대개 상호의존, 상호성 및 신뢰의 관계이기도 하다(Hansen, 2004; Strazdins and Broom, 2004). 우리는 돌봄 수행자와 수혜자가 마치 양쪽 끝에서 사랑과 배려를 주고받는 것처럼 이분법적으로 말할 수 없다. 호혜성이 아무리 제한적일지라도, 취약한 돌봄 수혜자 쪽에서는 고개를 숙이거나 손을 내미는 정도로만 감사를 표현하더라도 또는 그조차 안 하더라도, 돌봄관계에는 호혜적인 차원이 있다. 돌봄이 가정이나 공동체 울타리 내에서 주어지는 경우, 돌봄관계는 장기간에 걸쳐 이어지며, 호혜성 역시 돌봄 수행자와 수혜자 당사자 사이에서 여러 세대에 걸쳐 나타난다. 하지만, 돌봄관계 내의 상호성 및 호혜성 관계가 항상 외부 관찰자에게 보이는 것은 아니다. 돌봄대화에서, 남편과 사별한 메리는 그녀가 일차적으로 돌보는 지적장애인 아들과 함께 있는 일의 가치를 정겹게 이야기했다. 한편, 리자이나는 13세 아들을 혼자 돌보는데 그와 함께 있는 것을 즐기고 있다고 말했다. 아니타(자폐증이 있음)는 어머니를 사랑한다고 이야기했고, 베스는 딸을 돌보는 일이 엄청 힘들기는 하지만 딸과 함께 있는 것이 얼마나 즐거운지 모른다고 말했다. 톰 역시 아버지와 함께하는 즐거움과 아버지를 잘 돌보면서 얻는 만족감에 대해 자세히 이야기했다(6장).

친밀한 관계의 상호의존성은 일차적 돌봄 영역에서 권력이 작용하는 방식에 영향을 미친다. 돌봄 수행자가 돌봄 수혜자에게 권력을 행사하긴 하지만, 이 점이 장애인 연구자가 불필요한 돌봄 의존을 줄이는 것이 장애인에게 중요하다고 강조하는 이유 가운데 하나인데, 문화적 관습과 관례에 의해, 의존자의 생존 욕구에 의해, 그리고 종종 개인의 정체성에 중심이 되는 신뢰성에 의해 순화된 권력을 행사한다. 돌봄은 언제나 돌봄 수행자 입장에서만 주어지는 것이 아닌데, 특정 돌봄은 거절할 수 있는 돌봄 수혜자의 권력 때문에 또한 돌봄에 관해 작동하는 문화적 규칙 때문에 주어진다. 질환과 병치레로 아주 취약해진 사람은 돌봄에 대해 감사를 표할 수 있고 또는 그렇게 하지 못할 수도 있다. 즉, 그들은 자신의 돌봄 기대를 강화하기 위해, 특히 여성과 관련해서 문화적으로 가용한 도덕적 명령을 호출할 수 있다(Bubeck, 1995; O'Brien, 2007). 이 점은 발레리와 매브의 사례에서, 두 사람의 어머니들 모두 요양원에 들어가고 싶지 않다고 자식에게 명확히 의사를 밝힌 데서 분명히 드러났다. 모니카는 70대고 약간의 돌봄지원을 필요로 했는데, 자신이 아플 때면 (특히) 딸에게 자기를 돌보라며 압력을 가했다고 말했다. 그녀는 그 점에 관해 죄책감을 느끼긴 했지만, 자기 집을 떠나서 요양원에 들어간다는 두려움이 너무 커서 그때는 압력을 가할 수밖에 없었다.

돌봄에 대한 도덕적 명령은 문화적으로 규정되며, 돌봄 수행자와 약자의 관계를 특징짓는 깊은 의존성에서 연유하기도 한다. 즉, 돌봄 명령은 기본적 욕구에 대비해야 하는 점에서도 비롯된다. 친밀한 타인의 심각한 취약성은 돌봄 수행자들이 요구되지 않을 수도 있는 수준의 배려를 하도록 만든다. 더욱이 취약한 의존자의 생존 욕구와 기초적인 돌봄 요구를 충족하는 데 실패하면 바로 눈에 띄는데, 이런 가시성도 돌봄 수행자에게 통제력을 행사한다. 그래서 취약성은 돌봄 수행자가 돌봄 수혜자에게 권력을 행사하도록 할 수 있고 실제로 그런 경우도 있지만, 한편으로는 돌봄 수혜자를 방임하거나 학대하면 금방 가시화될 수 있고 또 그렇기 때문에 돌봄 수혜자가 자신을 돌보는 사람에게 무언의 힘을 행사할 수 있게 해준다.

사랑노동을 하는 사람들은 신뢰할 만하고 장기간 헌신할 것이라고 기대된다. 그들은 유급 돌봄노동자처럼 고용-계약에 의거해 돌봄노동을 하지 않으며, 장기적 기대 때문에 그렇게 매여 있는 것이다. 반면, 돌봄 수혜자는 일차적 돌봄관계를 떠받치는 일종의 신뢰축적을 통해 돌봄 수행자에게 통제력을 행사한다. 이 신뢰축적은 죄책감을, 즉 돌봄 수행자 측에게는 충분히 돌보지 못한다는 죄책감과 돌봄 수혜자 측에게는 너무 많이 기대한다는 죄책감을 발생시킨다.


## 존중, 인정 그리고 사랑노동

문화적 가치관의 돌봄에 대한 영향은 젠더에 국한되지 않는다. 우리는 돌봄에 대한 두 개의 아주 다른 평가를 발견했는데, 하나는 공적 영역에서고 다른 하나는 개인 영역에서다. 정책입안, 직장 및 공식적인 정치에서, 돌봄 수행자와 수혜자는 미사여구로 포장된다는 것 외에는 높게 평가받지 않는다. 우리가 대화를 나눈 사람들 대부분은 정치인과 고용주가 돌봄 책임을 존중하지 않는다고 말했다(4장). 그들은 자신의 돌보는 삶을 국가와 대부분의 고용주가 부차적인 것으로 본다고 느꼈다. 또한 법적으로 요구되지 않는 한 돌봄에 결코 협조하지 않는다는 의미에서, 유급노동 세계에 돌봄이란 없다고 믿었다.

모든 유형의 돌봄 수행자가 다양한 형태의 돌봄노동에서 눈에 띄지도 않고 낮게 평가된다고 느꼈다. 즉, 돌봄이 공적 우선순위의 맨 마지막에 온다고 느꼈다. 또한 사랑은 물론이고 교육자와 국가가 제공할 것으로 생각했던 이차적 돌봄까지도 거부당했던 사람들은, 대부분의 다른 성인도 그들의 돌봄 요구를 저평가한다는 것을 알아차렸다(10장). 그들은 삶의 일부를 강탈당했으며 사랑과 돌봄을 상실해 정상적인 생활을 하지 못하게 되었다고 느꼈다.

그렇지만, 대인관계의 세계에서는 사랑, 돌봄, 연대노동이 높이 평가되고 보호받았으며, 종종 돌봄 수행자들이 개인적으로 큰 희생을 치렀다. 돌봄의 생활세계는 돌봄 수행자와 수혜자가 스스로 사랑과 돌봄의 가치를 말로 표현하는 공간이다. 더욱이 돌봄 수행자는 부정적인 낙인을 수동적으로 받기만 하지 않는다. 그들은 돌봄을 하찮게 보는 공적 평가에 강하게 저항한다. 그리고 사랑과 돌봄노동의 현존성과 중요성을 무시하면서도 그 존재를 당연하게 여기는 공적 영역의 가치체계에 이의를 제기한다(4장). 사람들이 경제적 합리성에 이의를 제기하고 돌봄 합리성이 다른 무엇보다 우위에 있음을 표명하지 못할 이유가 없고 또 할 수 있다.

인터뷰 자료는 인간이 정동적 관계라는 현실에서, 특히 자신의 일차적 돌봄 관계에서 살고 있음을 보여준다. 즉, 그들은 도덕적 행위자로서 행동하고 '자기 위주'보다 '타인 위주'로 행동하게끔 강제하는 감정적 의무감과 유대감을 갖고 있다(Tronto, 1991, 1993). 그들의 삶은 경제적·정치적으로 결정되는 생존의 욕구에 의해서는 물론이고 세속의 기준이 되는 규칙에 의해서도 지배된다(Sayer, 2005: 35~50).

## 연구결과의 사회과학적 함의

이 연구의 결과들은, 경제학, 정치학, 법학, 사회학, 사회정책 등 전 분야에 걸쳐 '돌봄 페미니스트'의 메시지를 강하게 확인해준다. 그 메시지는 사회과학에서의 개인에 대한 이해를 공적 영역에서의 공적인 페르소나persona와 경제적·정치적·문화적 행위자에 초점을 맞추는 것에서 사람들이 체질적으로 의존적이고 상호의존적임을 인정하는 것으로 재정의할 필요가 있다는 것이다.

연구결과는 개인의 행복한 삶 전반에, 특히 양성평등에 관심을 가진다면 우리는 더 이상 인간 경험이 가지는 정동적 차원의 중요성을 무시할 수 없다는 사실을 부각시켰다. 인간은 때때로 자율적이고 합리적이며 이기적인 행위자지만, 그 이상의 존재이기도 하다. 인간은 철저히 사회적인 피조물이며, 삶의 선택지를 제약하면서도 삶에 의미와 목적을 주는 사회적·감정적 관계라는 복잡한 모체matrix의 일부다.

## 관계적 정체성

일차적 돌봄 수행자는, 의존적인 성인을 돌보든 아이들을 돌보든, 돌봄 책임을 개인 정체성의 핵심 특징으로 규정한다는 것을 인터뷰 자료가 보여준다. 이는 아버지들과 달리 삶이 돌봄 책임을 중심으로 돌아가는 어머니들에게 특히 그렇다. 하지만 일차적 돌봄 수행자가 된 사람은 누구나가, 가끔 남성이기도 한데, 자신의 삶이 사랑과 돌봄 관련 과제에 상당히 집중됨을 알게 되었다. 이렇게 말한다고 해서 개인 정체성을 규정하는 데 유급고용이 중요함(또한 생계를 꾸려가기 위한 유급노동의 필요성)을 부정하는 것은 아니며, 단지 유급노동 정체성에 필적하는 타인중심 정체성의 중요성에 주목할 뿐이다. 4장에서 언급했듯이, 특히 여성에게 사랑노동과 직장생활 및 소득 사이에 중대한 갈등이 생기면 우선순위는 흔히 사랑노동에 주어졌다.

일차적 돌봄 수행자들의 이야기는 지역적, 전 지구적으로 공적 영역에 만연한 경쟁 담론에 명백히 대립되는 돌봄 담론으로 특징지어졌다(Boltanski and Chiapello, 2007; Coulter and Coleman, 2003). 자녀 돌봄에 관한 서사는 아이들이 현재 느끼는 행복과 미래의 개인안보에 초점을 맞추었다. 성인과 노인을 돌보는 사람은, 위안을 주고 곁에 있기 바라는 그들의 소망을 존중하는 데 초점을 두었다. 돌봄 수혜자들은 그들이 받은 돌봄의 질 관점에서 자신을 규정했다(이들 중 일부는 타인을 위해 돌봄노동을 했다). 10대 청소년들은 돌봄을 당연히 주어지는 것으로 여겼다. 한편 노인들은 돌봄이란 바람직하고 좋은 것이지만, 아동기에 돌봄을 거부당한 사람들처럼 자신들이 이용하지 못할 수도 있음을 알고 있었다. 돌봄 수행자나 돌봄 수혜자들은 시설보호에서는 좋은 돌봄에 필수적인 신뢰와 배려를 기대할 수 없다고 여겼다.

## 돌봄 합리성 대 경제적 합리성

이 책에 보고된 모든 연구에서 분명해진 것은, 돌봄 합리성이 경제적 합리성과 다르다는 점이다. 우리와 이야기를 나눈 사람들 거의 모두가, 사랑하는 사람을 돌보는 데 우선순위를 두기 위해 상당한, 몇몇은 커다란, 경제적 희생과 개인적 희생을 치렀다. 일차적 돌봄 수행자의 대부분이 여성이었으므로, 희생의 대부분도 여성이 치렀다(5장). 데브라는 두 아이와 더 많은 시간을 보내고 지적장애가 있는 아들을 돌보기 위해 일자리공유 제도를 이용했다. 제럴딘은 저녁 시간에 갓난아이인 딸과 함께 더 많이 지내려고 조간근무(오전 7시 출근)를 택했다. 매브는 어머니를 돌보기 위해 부업으로 하던 하숙생 두는 일을 포기했다. 캐시는 급료가 적은 일자리로 전직해서 남편과 함께 자녀들과 더 많은 시간을 보낼 수 있었다. 제인은 파트너인 질과 두 아이와 함께 시간을 보내려고 6주간의 무급 여름휴가를 받았다. 톰과 토니는 부모와 병든 삼촌(토니의 경우)을 돌보기 위해 그들의 생계와 사회생활을 희생하면서 엄청난 시간을 바쳤다. 발레리는 돌봄에 전념하기 위해 그녀의 유망했던 직장생활을 포기했다. 돌봄 수행자들 모두가 돌봄 책임을 다하기 위해 자유 시간을 희생했으며, 종종 자신의 건강과 복지도 희생했다.

사람들은 그들의 돌봄노동을 지칭하는 단어를 힘겹게 찾아냈는데, 까다로운, 기쁨 주는, 스트레스 받는, 많은 시간을 소요하는, 재미있는, 당연한, 진 빠지는, 성취감을 주는 등 다양한 묘사를 활용했다. 다양한 형태의 돌봄을 명명하는 언어가 부족한 현실은 그 자체로 연구과제가 될 수 있다(Uttal, 2002 참조). 거론된 돌봄의 이유는 제각기 달랐지만, 누구에게나 다양한 동기가 있었다. 때때로 의무감이 일차적 돌봄에 관한 이야기의 중심이 되었다. 다른 때는 욕구, 갈망, 열망이라는 단어가 더 많이 언급되었다. 죄책감, 희망, 애정, 책임, 선택의 여지없음 등의 단어도 인터뷰 내내 산발적으로 나타났다. 돌봄은 일단의 관계에 착근되어 있는데, 그 관계는 나름의 역사와 미래상을 가지고 있어서 사람들이 살면서 견지하는 목적의식, 가치관 및 정체성에 필수적이다. 돌봄에 대한 '책임'을 저버리는 것은(과제의 일부를 다른 사람에게 맡겼다 하더라도) 돌보고 있는 사람을 '원치 않는' 상황에 처하게 하며 자신을 '돌보지 않는' 사람으로 규정하게 한다. 이러한 돌봄 이유들은, 돌봄 수행자로서 그리고 돌봄 수혜자로서 자기가 누구인지에 관한 사람들의 이해에 깊이 뿌리내리고 있었다. 어머니를 돌보는 매브가 그 전형적인 예다. 그녀는 어머니가 매우 까다로워서 돌보는 일이 어렵다는 것을 알게 되었다고 말했지만, 자신이 돌보는 사람이라는 의식 때문에 그리고 어머니가 보호시설에 가게 되면 깊이 상처받을 것이기 때문에 돌봐야 한다는 의무감을 가졌다(이에 대한 자세한 논의는 5장 참조).

그래서 돌보는 일은 관련자들의 정체성과 기저에 있는 관계에서 완전히 떼어낼 수 있는 별개 과제들의 묶음으로 볼 수는 없다. 이 때문에 돌봄의 일정한 측면만이 돌봄 수행자와 수혜자 모두의 관계적 정체성을 훼손하지 않으면서 다른 사람에게 맡겨지거나 유급으로 대체될 수 있는 것이다. 돌봄은 수행해야 할 일단의 과제에 관한 실천적인 딜레마일 뿐 아니라, 관계상 그 사람이 누구인지 그리고 무엇이 최선의 돌봄인지에 관한 정서적·도덕적 딜레마이기도 하다. 던컨(Duncan, 2005)이 돌봄을 조직하는 딜레마에 대한 문화적이고 계급화된 반응을 제시한 바 있지만, 우리의 인터뷰 자료는 사람들이 돌봄에 양도 불가능한 측면, 즉 사랑노동을 알고 있음을 시사한다. 사회계급, 젠더 또는 기타 지위에 상관없이, 어떤 사람도 다른 누군가에게 보수를 지불하고서 자신이 친밀한 타인과 맺는 관계를 대신 구축하거나 유지하라고 할 수 없다.

## 노동으로서의 돌봄: 사랑노동을 중심으로

돌봄노동에 관한 연구문헌의 대부분은, 가족의 돌봄, 시설보호, 간병, 재가요양, 아동보육, 노인요양 등을 막론하고, 대체로 연관된 맥락 또는 사람과의 관계 속에서 돌봄을 분류하고 단일한 실체entity로 취급한다. 돌봄의 어떤 측면이 계약에 의거해 제공될 수 있으며 어떤 측면은 그럴 수 없는지 이해하는 사람은 거의 없다(Lewis and Giullari, 2005). 즉, 상품화될 수 있는 이차적 돌봄노동과 상품화될 수 없는 사랑노동 사이의 차이점에 대한 이해가 없다.

2장에서 돌봄의 여러 형태를 구별하는 분류법을 제시했다. 양도 가능한 것과 양도 불가능한 것이라는 대인관계에 관련된 돌봄 형태들을, 즉 이차적 돌봄노동과 사랑노동을 구별할 뿐 아니라, 대인관계와 관련된 돌봄 형태와 보호시설들 및 집단 관련 돌봄 형태를, 즉 사랑과 이차적 돌봄을 한편으로 하고 사회적 연대를 다른 한편으로 해서 구별하는 분류법이 그것이다. 우리가 2장에서 돌봄의 세 형태를 구별하는 지적 근거를 제시했지만, 이 책의 대부분은 그 중 한 형태인 사랑노동의 본질을 분석하는 데, 그리고 사랑노동이란 다른 것으로 본질이 바뀌지 않고서는 상품화될 수 없다는 사실에서 생겨나는 평등 문제를 탐구하는 데 할애되었다.

일차적 돌봄에 대한 경험적 연구의 주된 연구결과는, 돌봄 수행자와 돌봄 수혜자 모두가, 특히 사랑노동이 관련된 친밀한 관계의 본질을 바꾸지 않고서는 타인에게 맡겨질 수 없다는 점을 인정한다는 것이다. 돌봄 관점에서 양도할 수 있는 것과 없는 것, 남에게 보수를 지불하고 우리 대신에 하게 할 수 있는 것과 없는 것을 분석적으로 구별하는 작업의 중요성을 저평가해서는 안 된다. 일차적 돌봄 수행자(들)에게 타인을 돌보며 장기적이고 개인적인 헌신을 전유하는 돌봄 형태가 있다는 뜻이다. 돌봄대화는 유급 돌봄 수행자가 사랑노동을 지탱하는 데 없어서는 안 되지만, 그들이 사랑노동을 대체하지는 못함을 보여준다. 계속적인 관계의 구성요소인 감정과 헌신은 고용될 수 없다. 유료 돌봄 서비스는 사랑노동을 지탱하는 데 불가결한 요소로 간주되었지만(그런데 돈과 자원이 몹시 부족하다), 사랑노동의 대체재라기보다는 보완재로 여겨졌다. 부모들은 다른 사람에게 보수를 지불하고 자녀를 돌보게 할 수 있었고 또 그렇게 했다. 유급 돌봄 수행자도 아이들과 자신만의 관계를 쌓을 수 있지만 부모-자식 관계는 대체하지 못한다고 인식했다(Himmelweit, 2005). 사랑노동의 양도불가능성을 전제하면, 일차적 돌봄관계가 돌봄 수행자를 위해서는 물론이고, 10장에서 보았듯이 양육과정 내내 사랑을 받지 못한 사람들을 위해서도 감정적으로 깊이 관여하는 것은 불가피했다.

그런데도 사랑노동을 수행한 사람들 모두가 사랑노동을 노동이라고 규정했다. 그것은 '자연히' 또는 힘들이지 않고서는 수행되지 않으며, 엄청난 시간, 에너지, 노력을 필요로 한다. 그리고 사랑노동은 물질적인 생산노동(사랑노동에 의존하며 사랑노동을 가능하게 함)이라기보다는 타인중심적인 노동이지만, 그럼에도 노동은 노동이다.

## 규범적 평등이론에 대한 함의

『평등: 이론에서 행동으로』에서 우리는 기본적 평등, 자유주의적 평등주의, 조건의 평등을 구별하고 각각에 대해 앞서 논의한 다섯 개 차원(320쪽 참조 — 옮긴이)에서 정의했다. 더 구체적으로 말하면, 기본적 평등은 노골적인 폭력 등 비인간적이고 모멸적인 대우로부터 기본적으로 보호받는 것과 관련된다고 정의했다. 자유주의적 평등주의는 널리 보급된 두 개의 생각에 따라 불평등을 공정하게 규제하는 것이라고 묘사되었는데, 하나는 극빈층 보호 기준의 강화고, 다른 하나는 성공할 수 있는 기회의 평등을 보장하는 것이다. 그리고 조건의 평등은 삶의 조건에서의 종합적인 평등을 추구하는 급진적 평등주의의 목표라고 정의했다. 자유주의적 평등주의와 대조해 '결과의 평등' 원칙이라고 부를 수도 있지만, 사람들이 자기 삶을 영위하는 데서, 종합적으로 대략 평등한 기회와 능력을 가져야 한다는 원칙이라고 하는 편이 더 정확할 것이다.

이 책에서 논의한 연구는 몇 가지 중요한 점에서 이러한 평등 개념들에 대한 이해를 명확히 하고 확장하는 데 도움이 된다. 첫째, 정동영역의 불평등 자체가 다차원적임을 보여주어 평등에 대한 다차원적 이해라는 발상을 뒷받침한다. 그러므로 우리가 정동영역에서 평등을 증진하기를 원한다면 다섯 개 차원 모두에 유의할 필요가 있다.

둘째, 한 차원에서의 평등과 다른 차원들에서의 평등 사이의 상호관계 일부를 실증해준다. 예를 들어, 4장에서 힘주어 다룬 주제는 돌봄 수행자에 대한 물질적 지원이 부족해서 돌봄에 대한 인정이 부족한 것으로 여겨졌다는 내용이었다. 우리가 자원의 평등을 이루지 못하고서는 인정의 평등도 이룰 수 없다는 것은 분명하다. 비슷하게, 인정과 자원에서의 불평등이 해소되어야 노동과 학습에 속하는 돌봄노동의 성별 분업이 이루어질 수 있다는 것을 이 책 전반에서 분명히 알 수 있다. 인정과 자원에서 돌봄 수행자들이 더 평등해지면 당장은 돌봄노동의 성별 분업 때문에 남성보다는 여성에게 먼저 혜택이 돌아가겠지만, 이러한 평등은 남성이 돌봄노동을 더 매력적으로 느끼는 효과를 낼 수 있다. 역으로 남성에게 마땅한 자기 몫의 돌봄노동을 떠맡으라고 장려하는 것 자체가 돌봄 수행자에 대한 인정과 자원의 평등을 더 크게 하는 데 도움이 되리라고 희망해볼 수 있다.

셋째, 특히 10장에서 논의된 연구는 사랑, 돌봄, 연대의 차원에 대한 재개념화를 촉발시켰다. 『평등: 이론에서 행동으로』에서 이 차원은 대체로 사랑, 돌봄, 연대라는 긍정적 관계를 제공하고 지원하는 데 관련된다고 해석되었다. 그리고 불평등은 이 긍정적 관계에 들어갈 수 있는 사람과 그렇지 않은 사람 간의 차이라는 관점에서 해석되었다. 이러한 관계에 대응되는 부정적 관계라 할 수 있는 것, 즉 증오, 학대, 사회적 반목 등의 관계에는 명시적으로 거의 주목하지 않았다. 하지만 돌봄을 받는 사람과 받지 않는 사람 사이에 돌봄의 불평등이 있다면, 돌봄을 받는 사람과 학대받는 사람 사이에는 분명히 같은 차원에서 훨씬 큰 불평등이 있을 것이다. 그러므로 우리는 사랑, 돌봄, 연대의 차원을 한 방향이 아닌 두 방향으로 확장되는 범위로 생각해야 한다.

넷째, 이 책의 연구는 자유주의적 평등주의에 일부 심각한 의문을 제기한다. 자유주의적 평등주의의 일반적인 특징은 어떤 형태로든 기회의 평등을 보장한다. 이 입장의 한 측면은, 개인들이 접근 가능한 혜택을 자유롭게 수락 또는 거절할 수 있어야 하기 때문에 사회정의란 사람들에게 재화 자체를 주기보다는 가격이 매겨진 재화를 획득할 수 있는 기회를 주는 것에 관심을 두어야 한다는 입장이다. 돌봄 사례에서 이러한 구별은 많은 경우에 아무런 의미도 없어 보인다. 아이들, 환자, 노약자는 돌봄 자체를 필요로 하는데, 이들에게 기회의 평등이라는 생각은 군더더기 개념이다. 이 책 곳곳에서 등장한 돌봄 수행자들은 돌봄 수혜자에게 사랑과 돌봄을 획득하는 기회를 주는 데 관심을 둔 것이 아니라 사랑과 돌봄 자체를 주는 일에 관심을 두었다.

평등한 기회를 강조하는 자유주의적 평등주의의 또 다른 측면은 '개인 책임' 이라는, 즉 사람들은 자신이 한 자유로운 선택에 책임져야 한다는 관점이다. 이 입장에 대해 정동영역은 심각한 이슈를 제기한다. 돌봄을 제공하는 '선택' 이 과연 돌봄 수행자가 책임져야 하는 자유로운 선택인가? 이 선택은 앞서 살펴보았듯이 돌봄을 제공하라는 도덕적 명령을 가족 성원에게, 특히 여성에게 부과하는 사회적 시스템 내에서 일어난다. 여성들이 그 때문에 타인에게 '책임'을 느낀다는 것은 단지 말장난이 아니라, 책임 개념 자체가 자유주의적 평등주의가 그려내는 것보다 더 복잡함을 보여준다. 더욱이, 돌봄에 대한 도덕적 명령과 그에 따라 타인을 돌보는 우리의 책임은 어느 정도 돌봄에 대한 사람들의 요구에 따라 구성된다. 응답자가 비용을 떠안아야 하는 자유로운 선택은 사회적으로 매개된 요구에 대한 반응인가? 이는 수사적인 질문인데, 어쨌든 사회가 기능하려면 누군가는 이 요구들을 충족해야 하고 그래서 돌봄이 단순히 가족 성원의 책임이 아니라 사회 전체의 책임이라는 것은 두말할 나위가 없어 보이기 때문이다. 그러나 이러한 사회적 책임을 인식하면, 자유주의적 평등주의가 강조하는 개인의 선택과 잔인한 운luck을 구별하는 것이 심각한 문제가 된다.

다섯째 문제는, 이 책의 연구에서 규범적 평등주의 이론을 위해 제기한 것인데, 사랑 및 돌봄에 대한 요구를 실제적으로 충족시킬 수 있도록 사회규범과 제도를 어떻게 개발할 것인가라는 문제다. 그 요구들이 무엇인지는 이 책에 풍부하게 제시되어 있다. 평등주의 이론가들은 경제, 정치체계, 학교, 가족을 어떻게 평등주의적으로 설계할 것인지에 집중해왔다. 하지만 이러한 활동들은 거의 언제나 평등의 다른 차원들에 관심을 두었다. 핵심적인 질문은 사회제도가 소득, 부, 문화자본의 분배에 어떻게 영향을 미치는지, 다른 집단의 문화적 차이를 얼마나 잘 수용할 수 있는지, 그리고 권력의 불평등을 어느 정도로 감소시킬 수 있는지에 관련된 것이었다. 사랑, 돌봄, 연대가 중요하다면, 여러 가지 제도가 이 핵심적 차원에서 얼마나 잘 평등을 증진시킬 수 있는지 평가하는 관점으로서 제도 측면의 모든 질문을 다시 논의해야 한다.

여기서 제시된 연구의 핵심적인 주장은, 우리가 사랑노동이라 부르는 어떤 종류의 돌봄은 양도불가능하고 상품화할 수 없다는 것이다. 사람들이 필요로 하는 사랑을 주는 것이 언제나 가능하지는 않겠지만, 사랑을 주는 것이 손실과 다름없게 되지는 않는다. 그래서 사랑, 돌봄, 연대의 이슈를 다루는 규범과 제도를 개발하면서, 이 일 전부를 공공서비스에 떼어줄 수 있다고 또는 시장 기반 공급자의 이익을 위해 상품화할 수 있다고 가정하다보면 전적으로 잘못된 길로 빠질 수 있다. 우리는 타인을 돌보기로 계약한 사람도 장기적으로는 사랑하는 관계를 확립할 수 있음을 부정하지는 않지만, 한 사람이 계약으로 다른 사람을 사랑하겠다고 확약할 수는 없으며, 더군다나 평생 그렇게 하겠다고 할 수는 없다. 그렇다면 평등주의자들은 사회규범과 제도에 관해 생각할 때, 타인의 사랑 및 돌봄 요구를 충족하는 일과 양립할 수 없는 수준의 유급노동 책무로부터 여성과 남성 모두를 자유롭게 하는 목표를 진지하게 고민해야 한다. 이 목표에는 경제체계에 대한 폭넓은 함의가 담겨 있다.

이러한 주장들은 평등주의 이론가의 여섯째 문제, 즉 교정矯正의 문제와 관련된다. 안카 게아스Anca Gheaus가 주장하듯이(근간), 사랑과 돌봄의 실패는 현대사회에서 너무나 자주 일어나며 최선의 제도 설계조차 완벽하지 않다. 이러한 실패는 사람들을 정서적으로 해칠 뿐 아니라, 특히 10장에 기술했듯이 그들 삶의 다른 측면들에 엄청나게 영향을 준다. 우리는 사랑과 돌봄의 요구가 좌절된 사람들에게 보상하는 것을 목표로 해야만 하나? 어떻게? 평등주의 이론은 물질적 자원 부족, 기회 부족, 신체장애를 보상하는 데 상당한 주의를 기울였지만, 게아스의 연구 외에는, 사랑과 돌봄의 결핍에 대한 보상은 거의 주목하지 않았다.

마지막으로, 이 책의 연구는 조건의 평등이 정동영역에서 어떻게 정의되어야 하는지를 이해하는 데 도움을 준다. 존중과 인정 차원에서 가장 중요한 교훈은, 인정이 평등의 다른 차원들과 긴밀히 연관될 수 있다는 것이다. 4장에서 돌봄 수행자들이 누누이 언급했던 바는, 훌륭한 일을 하고 있다는 등 정치인들의 공개적인 치하와 상관없이 그들에게 주어지는 물질적 지원이 부족한 현실이야말로 다른 사람들이 그들의 역할을 존중하지 않는다는 사실을 보여주는 진정한 척도라는 것이다. 추가 조사를 하면 아마도 돌봄을 인정하는 다른 식의 더 상징적인 표현이 드러나겠지만, 이들 돌봄 수행자의 관점에서는 인정을 물질적으로 표현하는 것이 핵심이었다. 돌봄대화에서 돌봄 수행자들이 그들의 일에 대한 인정 부족을 예민하게 느끼는 것이지 자원 부족만을 불평하는 것이 아니라고 분명히 했다고 해서, 돌봄에 대한 존중과 인정 차원이 자원 차원과 구별되는 것이 아님을 뜻하는 것은 결코 아니다.

자원 자체의 차원에서는, 여기서 논의된 연구들이 정동영역에서 조건의 평등을 증진하는 데 고려해야 할 자원의 범위를 깊이 이해하게 해주었다. 물질자원의 불평등이 돌봄을 제공하는 사람들의 능력에 매우 강하게 영향을 미친다는 증거가 수두룩하지만, 그 밖에 중요한 비중을 차지하는 자원들도 밝혀냈다. 특히 8장에서는 자녀가 중등학교로 진학하는 시기에 필요로 하는 돌봄을 제공하는 어머니들의 능력이 서로 매우 밀접하게 관련된 사회자본, 문화자본, 감정자본에 강한 영향을 받는다는 것을 보여주었다.

사랑, 돌봄, 연대의 차원과 관련해 이 연구는 다수의 통찰을 담고 있다. 무엇보다 먼저 이 차원이 많은 사람에게 평등의 매우 중요한 차원임을 확인해준다. 특히, 많은 사람이 사랑과 돌봄의 관계를 평등의 다른 차원들보다 우선시하며, 그렇기 때문에 돌봄관계를 유지하려고 낮은 사회적 존중, 빈곤, 시간 스트레스, 무력감, 승진 가능성의 상실을 기꺼이 감수한다는 점이 돌봄대화에서 분명해졌다. 앞서 언급했듯이, 사랑과 돌봄관계를 가질 수 있는 기회, 접근, 능력 면에서 평등이라는 목표를 특징짓는 것이 많은 사례에서 무의미해 보이는데, 사람들이 필요로 하는 것은 사랑과 돌봄 자체이지 그저 거기에 접근하는 것은 아니기 때문이다.

이 책의 자료들은, 2장에서 제시한 일차적·이차적·삼차적 관계를 구별하는 모형이 비록 의도적으로 도식화되었고 경계선상의 사례도 있긴 하지만, 전반적으로 타당함을 확인해준다. 이 책의 경험적 연구 대부분이 일차적 돌봄관계에 관한 것이며, 이차적 관계에 대해서는 일부 논의했지만, 삼차적 관계는 거의 다루지 않다시피 했다. 3~10장에서 논의한 사례들이 2장의 **표 2.1**에 제시한 일차적 관계와 이차적 관계의 특징을 큰 틀에서 확인해주며, 그리하여 '조건의 평등' 증진이 **표 2.1**에 제시된 종류의 책무를 수반한다는 생각을 뒷받침해준다. 2장에서 제시한 모형에 대한 가장 큰 도전은 아마도, 타인을 돌보는 '남성의' 방식이 **표 2.1**에 제시된, 감정적 몰입이 강하고 시간상 장기적이며 고도로 배려하는 활동에 있지 않고 가정의 생계부양자임에 있다는 9장에서 논의한 주장일 것이다. 돌봄에 대한 생계부양자 관점의 문제점은 사람들이 필요로 하는 일차적 돌봄을 대체하지 못한다는 것이다. 이에 따라 생계부양자가 스스로 일차적 돌봄 수행자로서 '두 번째 출근second shift'을 하거나, 아니면 돌봄 수행자를 피부양자로 규정하고 성별 불평등을 지속시키는 데 중심적 역할을 해온 가내 분업에 의지하고 이를 영구화하고자 할 것이다. 유급노동을 하는 사람이 수입 일부를 피부양자를 돌보는 데 쓴다는 것은 물론 환영할 만한 일이지만, 그것이 돌봄 요구에 대한 충분한 응답은 아니다.

1장에서 우리는, 모든 사람이 자기가 필요로 하는 사랑 및 돌봄에 접근할 수 있도록 보장하는 데 관심을 두는 것과는 별개로, 사랑 및 돌봄관계에서의 평등이 바람직한지에 대해 의문을 제기했다. 돌봄대화에서 돌봄 수행자들은, 그들이 돌보는 사람이 어린아이든 다른 가족이든, 그리고 돌봄 수혜자가 불구폐질인 상황에서조차, 이들과의 관계가 본질적으로 호혜적이라고 여러 차례 분명히 언급했다. 이러한 발언들이 호혜성을 평등의 중요한 원칙으로 자리매김하게 만드는 충분한 사례는 아니지만, 사람들이 호혜적인 사랑과 돌봄에 가치를 둔다는 것은 확실히 보여준다.

이 책의 자료들은 권력 차원에서 '조건의 평등'이라는 개념을 명확하게 보여준다. 거시적인 맥락에서, 근본적인 권력의 평등은 민주적 정치구조 관점에서 가장 직접적으로 개념화된다. 이 책에서 주로 초점을 맞춘 정동적 맥락, 즉 가족 및 기타 식솔들 사이에서는, 권력관계가 쉽게 감지되지 않는다. 일부 사례에서 돌봄 수행자가 분명하게 돌봄 수혜자에 대해 상당한 권력을 갖고 있었는데, 이들 중 다수가, 어린 자녀와 불구폐질 성인을 돌보는 사례와 같이, 권력관계에서 불평등할 수밖에 없는 상황이었다. 원론적으로는 대등한 권력이 가능한 경우에도, 아이들의 경우는 아주 어릴 때, 명확한 이유가 있어서 불평등한 권력이 발생할 수 있다. 다소 불명확한 것은, 고도의 의존성, 일차적 돌봄 수행자가 느끼는 도덕적 의무감, 성별 분업에 관한 전반적인 사회규범에 의해 유지되는, 돌봄 수혜자가 일차적 돌봄 수행자에게 행사하는 권력의 경우다. 이 지점에서 대등한 권력이 언제나 실현가능한 대안은 아니라는 것은 다시금 명확해졌다. 예를 들어 돌봄 수혜자가 정말로 자신의 요구를 줄일 수 없는 경우가 그러한데, 그 경우에도 불평등한 권력을 이유 있는 불평등이라기보다는 피할 수 없는 잘못이라고 보는 편이 차라리 편하다. 돌봄을 지배하는 사회적·도덕적 규범도 비개인적이고 탈중심적인 권력이 정동영역에서 작동하는 좋은 예다. 이런 면에서 평등주의의 대등한 권력이라는 이상은, 그런 규범들을 해체하고 가능한 한 평등하게 자율권을 부여하는 규범으로 대체하는 것을 필요로 한다. 그렇다고 타인을 돌보는 도덕적 의무감을 느끼면 안 된다고 말하는 것은 아니다. 오히려 정반대다. 돌봄을 진지하게 받아들이고 돌봄의 부담을 평등하게 공유하는 사회에서는 그런 의무감이 억압적이지 않을 것이라고 말하는 것이다.

끝으로 이 책의 자료들은 노동과 학습 차원에서 평등 개념을 명확히 하는 데 도움을 준다. 사랑과 돌봄이 노동을 수반한다는 증거는 충분하다. 일부 응답자들이 그런 꼬리표에 강하게 반대했지만, 사랑과 돌봄이 힘들다는 것을 부인하지 않았으며, 사랑과 돌봄을 어떻게 하게 되었느냐가 돌봄 활동이 주는 만족감과 성취감 또는 스트레스와 지겨움의 정도에 중대한 영향을 미친다는 것도 부인하지 않았다. 또한 여기 제시된 증거는, 대부분의 여성이 불만을 갖는 사랑과 돌봄노동의 성별 분업이 온존하고 있다는 것을 보여준다. 그리고 조건의 평등은 성별 분업과 상반되는 평등한 취업기회와 더불어, 유급이든 무급이든, 만족감과 성취감을 주는 일을 할 수 있는 기회를 필요로 한다는 일반적인 생각을 뒷받침해준다. 더 문제가 되는 것은, 돌봄 수행자들이 돌보는 수밖에 달리 도리가 없는 것은 물론이고 도덕적 의무도 주어진다는 의식을 자주 표현한다는 것이다. 노동과 학습 차원의 진정한 평등은, 모든 의무감이 직업 선택의 자유를 침해하므로 모든 사람이 마음 가는 대로 사랑과 돌봄노동을 떠맡거나 떠맡지 않을 수 있는 자유를 필요로 한다고 말해야 하나? 이는, 그와 같은 노동이 인간 생존에 결정적이고 피할 수 없는 조건이며 그래서 우리는 반드시 그것을 완수되도록 해야 하는 집합적 의무를 갖는다고 전제하면, 타당한 입장은 아니다. 그렇게 보면, 모든 사람은 하다못해 사랑과 돌봄노동을 지원하는 데 공헌할 의무를 가진다. 최소한 그러한 노동에 참여해야 할 자명한 의무가 모든 사람에게 있다는 강력한 주장을, 그와 같은 보편적 의무가 돌봄노동의 성별 분업을 서서히 무너뜨리는 데 기여할 것이라는 기대를 틀림없이 담고 있을 것이다. 하지만 그런 주장을 하려면 논의를 더 다듬을 필요가 있다.

종합컨대 이 책의 경험적 연구는 규범적 평등이론에 중요한 이슈를 제기하고 있다. 어떤 경우에는 시사점을 아주 직설적으로 제시하고, 다른 경우에는 평등주의 이론가들이 다루어야 하는 문제를 부각시킨다.


## 맺음말

이 책은 평등주의 관점에서 돌봄의 동학에 초점을 맞추고 정동적 평등이라는 주제를 연구하기 위해 나섰다. 돌봄의 특정한 차원, 즉 사랑노동을 면밀하게 검토했는데, 네 개의 상호 관련된 연구에서 나온 자료를 이용해 다양한 돌봄 수행자와 수혜자들이 찾아낸 평등 이슈를 분석했다. 가족 내 사랑노동과 관련된 돌봄노동을 돌봄 수행자와 수혜자, 여성과 남성, 어머니와 아버지, 노동계급과 중간계급, 어린이와 노인 등 다양한 관점에서 검토했다. 연구결과는 정동적 불평등의 성별화된 특성뿐 아니라, 그 깊이와 복잡성, 다차원성도 부각시켰다. 그리고 사랑노동이 개인의 정체성에 중심적인 역할을 하면서도, 물질적 지원 부족, 시간 부족, 공적 영역에서의 존중 결여 같은 이유로 쉽게 축소되는 것을 실례를 들어가며 보여준다.

연구는 또한 정동체계가 구조적으로 고립되어 작동하는 것이 아님을 보여준다. 그것은 사람들이 여타 분야에 참여할 수 있게 하거나 할 수 없게 하는 한에서는, 사랑, 돌봄, 연대 관점에서 여타 체계를 받쳐줌으로써, 아니면 이에 실패함으로써 정치체계, 경제체계, 문화체계를 작동하는 데 영향을 준다. 정치체계, 경제체계, 문화체계는 사람들이 사랑하고 돌봄을 수행하며 연대할 수 있게 함으로써, 아니면 자원, 권력, 존중 및 인정의 결핍으로 그렇게 할 수 없게 함으로써 결국 정동체계에 대응하는 데 영향을 미친다. 그러므로 우리가 정동영역에서 평등을 증진시키길 원한다면, 다른 모든 사회적 체계들의 불평등에, 즉 경제적·정치적·사회문화적 불평등에 도전할 필요가 있다. 이렇게 도전하지 않으면, 사랑노동을 힘들게 만드는 것으로 확인된 자원의 불평등, 존중 및 인정의 불평등은 온전히 남게 될 것이다.

# 부록: 돌봄대화 연구방법론 개요

## '돌봄대화' 연구의 배경

'돌봄대화' 연구는 'EU 평화와 화해 프로그램'에서 기금을 지원받았으며, 더블린대학교와 벨파스트의 퀸스대학교가 참여한 '평등과 사회적 포용social inclusion'에 관한 대규모 연구의 일부였다. 연구는 2005년 2월에서 2006년 11월까지 20개월 남짓 수행되었다.

## 방법론적 접근

우리는 돌봄 수행자 및 돌봄 수혜자와 가능한 한 자발적이고 비공식적으로 만나기를 원해서 '돌봄대화'라는 용어를 선택해 연구 접근법을 정의했다. 이 방법론적 접근법은 패튼(Patton, 1990)이 '비공식적인 대화식 인터뷰'라고 부른 것과 거의 동일하다. 하지만 이런 상황에서도 모든 참여자는 대화내용 녹취가 연구 프로젝트의 일부임을 알고 있었다. 여기서 중요한 자세는 '흐름을 따라가는 것'이며, 참여자의 성격과 우선순위에 대해 가급적 열려 있고 융통성을 견지하기 위해 예단豫斷하는 질문을 피해야 한다. 이러한 접근법에서 대화는 고도로 개인화되었고 개인에게 유의미했으며, 사전에 예상할 수 없었던 정보를 얻게 해준다. 이 접근법의 주된 이점은 연구자와 참여자 사이에 신뢰감rapport을 형성하기 용이했다는 것이다. 그럼으로써 참여자들은 솔직하고 공감하며 존중하는 분위기에서 자신의 경험과 믿음을 말할 수 있었다(Holloway and Jefferson, 2000: 100~103).

돌봄, 특히 사랑노동(이 용어의 분석은 2장 참조)에 관한 대화에서, 정동적 불평등이, 즉 사랑, 돌봄, 연대를 하고 받는 데서의 불평등이 다양한 사회적 상황에 놓인 사람들에게 어떻게 영향을 미치는지, 그리고 특히 젠더, 사회계급, 혼인 및 가족상황, 연령, 기타 지위들이 돌봄 수행자와 수혜자에게 어떤 영향을 미치는지 연구하고자 했다.

우리는 사람들의 삶에서, 그들이 돌봄 수행자든 수혜자든 또는 둘 다든, 사랑과 돌봄이 가지는 의미를 검토하고자 했다. 그들이 사랑과 돌봄을 어떻게 정의하는지, 그들이 수행했던 사랑과 돌봄노동을 어떻게 보며 또 받았던 돌봄은 어떻게 보는지, 사랑하기와 돌봄이 제기하는 갈등과 요구를 특히 유급노동과 관련해 어떻게 보는지 등을 알아보고자 했다.

특별히 이런 부분에 초점을 맞추니 각 돌봄 상황마다 가급적 많은 사람과 대화하는 사례연구 접근방식(Travers, 2001)이 적절해보였다. 대부분의 사례에 직계가족의 성원들이 포함되었다. 다양한 관점을 담아내는 사례연구방법이 본 연구에 적절한 분석적 접근으로 여겨진 이유는 두 가지다(Ribbens McCarthy et al., 2003). 첫째, 사랑노동이 개인적 관계의 그물망 속에서 일어나기 때문에, 그리고 돌봄관계가 성원들 간의 협상을 통해 구성되고 재구성되기 때문에 가능한 한 많은 행위자를 포함하는 것이 중요해보였다. 둘째, 흔히 돌봄이 돌봄 수행자와 돌봄 수혜자 간의 이분법에 따라 소개되므로 양측의 이야기를 모두 검토해야만 돌봄관계에서 의존과 상호성의 본질이 이해될 수 있다는 점을 고려했다. 각기 다른 돌봄 수행자와 돌봄 수혜자의 관점에서 사랑노동이 이루어지는 방식에 관해 상세한 지식을 얻는다는 것은, 가족 내에서 사랑과 돌봄관계가 작동하는 방식에 대해 다양한 자료 출처에 귀 기울이고 그것을 기록해야 함을 의미했다. 이렇게 하기 위해서는 시간이 걸렸으며, 공식 인터뷰보다는 편안한 환경에서 상대를 믿고 장시간 진행되는 대화가 필요했다. 우리의 의도는 일차적 돌봄관계에 있는 각 가정의 성원들을 가급적 많이 참여시키는 것이었다.[1] 사례연구는 사랑노동 실천과 이에 대해 돌봄을 주는 사람과 받는 사람이 부여하는 주관적 의미를 심층적으로 연구할 수 있게 해주었다.


## 접근 기회 및 동의 획득하기

잠재적 참여자들에게 접근하는 일은, 우선 먼저 돌봄 수행자와 직접적이고 밀접하게 연관되어 함께 일하는 두 곳의 전국단위 단체와, 한부모와 일하는 한 곳의 지역사회개발 단체가 도와줘서 그리 어렵지 않았다. 전국단위 단체는 '아일랜드돌봄지원기구'(http://www.caringforcarers.org/ 참조)와 '돌봄수행자협회'(http://www.carersireland.com/ 참조)인데, 이들을 통해 10개의 사례연구가 확정되었다. 세 번째 단체는 더블린에서 한부모와 그 자녀를 지원하고 봉사하는 일을 하는데, 두 개의 사례연구가 이 단체를 통해서 추가되었다(작은 단체여서 참여자를 보호하기 위해 단체명을 밝히지 않는다).

이에 더해, 사적인 가정의 친밀한 돌봄 상황에 있으나 돌봄 수행자 단체 어디에도 소속되지 않은 잠재적 참여자를 찾아내기 위해, 우리는 다수의 고용주와 사회적 관계망(National Women's Council of Ireland, http://www.nwci.ie 포함)을 이용했다. 이렇게 해서 우리는 돌봄을 주고받는 관점에서 자신을 강하게 규정하지는 않지만 실제로는 자신의 삶에서 두 역할 가운데 하나 또는 둘을 다 하고 있는 사람들을 포함시킬 수 있었다. 나머지 아홉 개 사례연구는 이런 식으로 확정되었다. 총 21개의 사례연구는 아일랜드의 아홉 개 카운티(전부

---

1  돌봄대화를 기획하고 있을 때 당초 우리 목적은 아이들을 포함한 가정 내의 돌봄 수혜자와 대화를 시도하는 것이었다. 하지만 연구에 가용한 자원과 시간이, 특히 아이들과 같이한다는 이 목적에 충분치 않았다. 더욱이, 미성년자(16세 이하)와 대화하려면 반드시 다루어야 할 윤리적·법적 접근 기회 문제가 상당히 많았다. 이 때문에 부족해진 아이들과의 대화를 보충하기 위해, 부모와 함께 살면서 학교 다니는 16세 이상(대부분 16~18세)의 초점집단 두 개를 조직했다. 우리는 두 개의 대조적인 청소년 집단을 초점집단으로 선택했는데, 하나는 중간계급 집단이고 다른 하나는 노동계급 집단이다.

네 개 주)에서 수행되었으며 도시, 읍, 시골의 돌봄 수행자들을 포괄했다.

끝으로, 두 개 초점집단의 잠재적 참여자를 청소년봉사기관 두 곳을 통해 확정했는데, 하나는 대부분 중간계급 청소년들로 구성했고 다른 하나는 노동계급 거주 지역에서 구성했다. 두 초점집단은 모두 더블린에 있었다.

대부분의 연구기간은 응답자들은 물론이고 연구협력단체 및 관계망의 핵심 인사들과 관계를 형성하는 데 사용되었다. 연구 프로젝트와 참여대상 돌봄 수행자, 돌봄 수혜자의 유형을 설명하는 전단지leaflet를 특수용어 없이 사용하기 쉽게 만들고 다양한 단체와 집단에 맞게 조정했다. 이 전단지에는 연구책임자 (캐슬린 린치) 및 연구자/면담자(모린 라이언스)의 이름과 연락처를 적어두었으며, 이 둘이 연구에 관해 어떤 질문에도 답해줄 것이며 '돌봄대화'를 하면서 참여자들이 부딪히는 이슈를 처리해줄 것이라고 언급했다. 연구협력단체의 직원이 전단지를 회원에게 배포했으며 참여하는 데 관심을 보이는 회원에게 연구에 관해 말해주기도 했다. 예컨대, 돌봄 관련 단체의 한 직원은 연구에 관해 설명하고 연구 참여에 관심을 보인 회원에게 등록할 기회를 주기 위해 주말을 반납하기도 했다. 이는 연구 프로젝트에 관한 초기 정보가 전단지를 통해 전달되고 아울러 다양한 단체의 관리자들을 통해서 걸러졌음을 의미한다.

잠재적 참여자는 일차적으로 돌봄 관련 단체의 관리자들이 연구에 관한 인쇄물을 배포한 후 선정되었다. 그들은 연구에 관심을 보였던 사람들에게 연구자가 전화로 연락할 수 있도록 주선했다. 다른 단체와 사회적 관계망을 통해 찾아낸 잠재적 참여자에게도 똑같은 방법을 사용했다. 전화로 대화를 나눈 후, 모든 잠재적 참여자가 만남과 '돌봄대화' 참여에 동의했다. 적절한 경우에, 다른 돌봄 수행자와 수혜자를 포함해 돌봄 상황에 관련된 사람들을 전부 참여시킬 수 있는지에 관해 연구자가 각 개인과 논의했다. 모든 사례에서, 참여자들은 관련된 개인의 동의를 얻어야 하며 '돌봄대화'를 하는 날에 대해 면담자에게 알려주어야 한다는 점을 수긍했다.

돌봄대화의 대다수(21개 사례연구 중 14개)가 참여자 집에서 진행되었다. 그밖의 6개 사례연구는 참여자 직장(3개), 면담자 직장(2개), 중립적 장소인 호텔

(1개)에서 진행되었으며, 나머지 1개 사례연구를 위한 돌봄대화는 한부모를 위한 봉사단체에서 이루어졌다.

**돌봄 상황의 유형**

우리 연구에는 두 개의 주된 돌봄 유형이 포함되어 있다. 첫 번째는 부모 (들)가 자녀(미성년이든 성년이든)를 돌보는 유형이고, 두 번째는 가족 성원이 성인(배우자 또는 부모)을 돌보는 유형이다.

① **자녀 돌봄**

전체 21개의 사례연구 가운데 15개가 부모(들)가 아들/딸을 돌보는 경우다. 이들은 다시 아래의 세 범주로 나누어질 수 있다.

- 미성년 자녀만 돌보는 9개의 사례(즉, 모든 아이가 18세 미만).
- 성인 자녀만 돌보는 5개의 사례(즉, 모든 아이가 18세 이상). 이 사례는 모두 신체장애, 감각장애, 지적장애 등의 이유로 자녀가 부모에게 의존하는 경우다.
- 미성년 자녀와 성인 자녀를 모두 돌보는 1개 사례.

미성년 자녀만 돌보는 경우: 21개 중 9개 사례이며, 돌봄 수행자로는 싱글맘 (수전, 사샤, 리자이나)과 이성부부(캐시, 제럴딘/도널, 데브라/알렉스, 클로다/숀), 레즈비언 부부(엘리자베스/누알라, 제인/질)가 있다.

부부 돌봄 수행자에 대한 연구에서는 부부 모두를 돌봄대화에 참여시키기 위해 갖은 노력을 기울였고, 6쌍 중 5쌍(캐시 제외)이 응해주었다. 9개 사례 중 2개 사례(데브라/알렉스, 사샤)는 적어도 한 아이가 신체장애, 감각장애 또는 지적장애를 갖고 있었다. 접근 기회, 자원과 시간상의 이유로 연구 초기에는 돌봄을 수행하는 성인만을 포함시키기로 결정했으며, 그래서 미성년 자녀의 관점을 끌어내지 못했다(성인 관점을 보완하기 위해 2그룹의 10대 청소년으로 2개의 초점집단을 조직했다).

성인 자녀만 돌보는 경우: 21개 중 5개 사례이며, 이 중 3개 사례가 신체장애나 지적장애를 가진 성인 자녀를 돌보는 싱글맘이고[메리(남편과 사별)와 디클랜, 아니타(별거)와 베스, 노라(별거)와 로리], 2개 사례는 배우자가 있다(세라, 멜라니). 세라와 멜라니는 결혼은 했지만 자녀를 일차적으로 돌보았는데, 각각의 경우 배우자가 신체장애가 생겨서 돌보는 일에 도움이 되지 않았다(때로는 재활을 필요로 했다).

이 범주의 5개 사례 중 2개 사례에서만, (아니타와 노라를 포함해) 돌봄을 받는 성인 자녀가 연구에 참여했다. 지적장애를 가지고 있는 아니타의 딸 베스와 진행성 면역질환을 앓고 있는 노라의 아들 로리가 '돌봄대화'에 참여하기로 결심했다.

미성년 자녀와 성인 자녀를 모두 돌보는 경우: 마지막으로, 한 사례(폴러)가 미성년 자녀와 성인 자녀를 함께 돌보았다. 폴러에게는 네 자녀가 있는데, 이들 가운데 세 명이 아직도 그녀와 함께 살고 있으며 오직 한 명만이 18세 미만이다. 폴러는 당초 아들 중에서 한 명이 연구 참여에 관심을 보일 것으로 생각했다. 거듭 노력했지만, 세 명의 성인 자녀는 우리와 돌봄대화를 나누고 싶어 하지 않았다.

### ② 자녀 외 가족 돌봄

이 범주의 모든 사례가 노쇠하고 때로는 아프거나 장애를 가진 고령의 부모가 관련되어 있다. 6개 사례연구 중 3개 사례가 독신(배우자가 없고 미혼인) 남성 돌봄 수행자(톰, 피어스, 토니)이고, 1개 사례는 독신 여성 돌봄 수행자(발레리)이며, 또 1개 사례는 기혼 여성 돌봄 수행자(매브)다. 이 그룹에서 돌봄 수행자와 수혜자 모두가 대화하는 데 동의한 가정은 토니 사례뿐이다. 그의 돌봄을 도와주던 누이 메리언과 어머니인 메리 케이트는 모두 우리와 대화하는 데 동의했다. 다른 두 사례에서(매브, 톰), 돌봄 수행자들은 그들이 돌보는 부모가 돌봄에 관한 대화에 참여하기에는 너무 노쇠하다고 여겼다. 피어스의 사례에서, 우리는 그의 어머니와 불완전하게나마 대화를 나눌 수 있었지만, 그녀가 청력을 심하게 상실해서 의미 있는 대화를 할 수는 없었다. 그녀는 인터뷰 내내 피어스와 함께했는데 피어스나 모린(대화 진행자)이 정말 큰 소리로 말해야 겨우 알아들었다.

나머지 1개 사례에서는 주된 참여자가 돌봄 수혜자인데, 동거하는 독신 딸의 돌봄을 받고 있던 어머니(남편과 사별, 모니카)다. 모니카는 우리가 그녀의 딸과 대화하는 것을 원하지 않았는데, 그녀의 딸이 일과 다른 활동 때문에 너무 바빠서 이 연구에 참여할 수 없다고 말했다고 전했다.

### 접근 불가능: 접근통제 또는 접근하기 어려움

돌봄 수행자 측과 돌봄 수혜자 측에서 수행하는 일정한 '접근통제'가 이 연구의 이슈였다는 점이 이제는 분명해졌을 것이다. 그중 일부는 너무 아파서 참여하기 어렵다는 것이 명백했지만, 다른 사례에서는 돌봄 수혜자가 참여할 능력이 없는 것인지 의지가 없는 것인지, 또는 그것이 돌봄 수행자의 견해에 지나지 않는 것인지가 분명하지 않았다. 우리는 대화를 나눌 능력/의지가 없다는 돌봄 수행자의 말을, 모니카의 경우는 돌봄 수혜자의 말을 믿어야 했다.

### 전사, 코딩 및 분석

모든 대화가 핵심적인 주제/이슈를 확실히 다룰 수 있게 해주는 비망기록 aide-memoire으로 비교적 구조화되지 않은 일정표를 이용했다. 이에 더해, 각 일정은 개별 돌봄 상황에 맞게 계획했다. 이렇게 해서 각각의 독특한 돌봄 상황에 대한 추가적인 정보를 제공해주는 특정 주제/이슈를 추가할 수 있었다. 동시에 돌봄 수혜자 개개인과 대화하고 초점집단을 연구하기 위해 구체적 일정계획을 마련했으며, 여기에다 일련의 핵심적 주제/이슈와 부가적 주제/이슈를 모두 포함시켰다.

녹취한 대화는 빠짐없이 전사했으며, '컴퓨터지원 질적자료분석 소프트웨어'인 'MAXqda'를 이용해 코딩하고 분석했다.

| 코딩 번호 | 돌봄 수행자 (가명) | 돌봄 수혜자 (가명) | 돌봄 수행자 연령 | 가족 지위 | 가구 형태 | 혼인 관계 | 사회경제적 상태 | 돌봄 상황 | 돌봄매개 참여자 |
|---|---|---|---|---|---|---|---|---|---|
| 6 | 일렉스: 데브라 참조 아니타 | 베스, 20대 성인 딸이며 지적 장애를 가지고 있음 | 50대 | 별거한 부모 | 베스와 동거 | 별거 | 베스가 주간보호센터에 가있는 시간을 빼고, 종일 돌봄 | 아니타는 베스를 위해 더 나은 돌봄 방식을 찾으려고 애쓰며, 지금 베스에게 적합한 입주보호시설을 물색하고 있는 중임. 그녀는 다른 두 아들이 아버지와도 한데, 한 명은 해외에서 살고 있고, 다른 한 명은 자기 부인과 어린아이와 함께 가까이에 살고 있지만 자신의 돌봄 책임 때문에 아니타에게 실질적인 도움을 주지 못함. | 아니타와 베스 |
| 18 | 캐시 | 어밀리아와 티라, 둘다 취학 전 딸 | 40대 | 결혼한 부모 | 배우자, 이름 마이클, 돌봄 수혜자와 동거 | 혼인 | 전일제 취업 | 캐시는 전일제로 취업해 있으면서, 두 명의 초등학생 자녀를 일차적으로 돌보고 있음. 그녀는 돌보는 양쪽의 돌봄 방식을 찾아내는 것이 어렵고, 그런 만큼 돌봄 책임을 하는 나하면서 균형을 잡는 것이 중요하다고 분명히 이야기함. | 캐시; 그녀의 남편은 이 참여에 관심을 보이고 싶은다고 했으나, 나중에 참여하지 않겠다고 결정함. |

| 코딩 번호 | 돌봄 수행자 (가명) | 돌봄 수혜자 (가명) | 돌봄 수행자 연령 | 가족 지위 | 거주 형태 | 혼인 관계 | 사회경제적 상태 | 돌봄 상황 | 돌봄대화 참여자 |
|---|---|---|---|---|---|---|---|---|---|
| 20 | 클로다: 순 참조 비브라 | 초등학생 딸 캐시, 지적장애를 가진 취학 전 아들 노엘 | 40대 | 결혼한 부모 | 배우자, 돌봄 수혜자와 동거 | 혼인 | 시간제 취업 | 일베스와 비브라는 결혼한 부모로 두 자녀가 있으며, 한 명이 지적장애를 가지고 있음. 직장생활이 더 성공적이었음에 일베스도 비브라가 시간제 일자리를 택했으며 일베스가 전일제 생계부양자로 남았는데, 이는 뿌리 깊게 박혀있는 성별화된 태도와 관행을 보여주는 좋은 예임. 그리고 지적 장애를 가진 아이를 돌보는 데 부가되는 어려움을 잘 보여줌. | 일베스와 비브라; 아이들은 연령 때문에 대화할 수 없었음. |
| | 일베스 | | 40대 | | | | 전일제 취업 | | |
| 13 | 도닌: 제럴딘 참조 엘리자베스 누얼라 | 취학 전 아들 오언, 취학 전 딸 케이트 | 30대 | 레즈비언 커플 부모 | 파트너, 돌봄 수혜자와 동거 | 동거 | 자영업 | 엘리자베스와 누얼라는 같이 살고 있는 레즈비언 커플인데, 돌봄 책임을 균등하게 조직했음. 한 사람이 전일제로 돌봄을 할 수 있었고 다른 사람은 생계부양자 역할을 생각함. | 엘리자베스와 누얼라; 아이들은 연령 때문에 대화할 수 없었음. |
| | | | 30대 | | | | 전일제 취업 | | |

| 코딩 번호 | 돌봄 수행자 (가명) | 돌봄 수혜자 (가명) | 돌봄 수행자 연령 | 가족 지위 | 거주 형태 | 배우자 관계 | 사회경제적 상태 | 돌봄 상황 | 돌봄 비화 참여자 |
|---|---|---|---|---|---|---|---|---|---|
| 19 | 제럴딘 도널 | 규하(전 발트 리사 | 30대 30대 | 결혼한 부모 | 배우자, 돌봄 수혜자와 동거 | 혼인 | 전일제 취업 전일제 취업 | 제럴딘과 도널은 결혼 한부모로 갓난아이 한 명을 두고 있으며, 돌 다 전일제로 취업해 있지 만 가능한 한 평등하게 육아를 분담하려고 시 도함. 그리고 육아에 관 해서 사회가 본질적으 로 성별화되어 있다고 분명하게 말함. | 제럴딘과 도널; 아이 들은 연령 때문에 내 화할 수 없 었음. |
| 11 | 제인 질 | 리처드와 카 일, 돌 다 초등 학생 아들 | 40대 40대 | 레즈비언 커 플 부모 | 파트너, 돌 봄 수혜자와 동거 | 동거 | 전일제 취업 자영업 | 제인과 질은 레즈비언 커플로 동거하고 있으 며 아이들 키우고 있 음. 그들은 각자의 일과 일상생활을 아이들과 돌봄 책임을 중심으로 꾸려왔음. | 질과 제인; 아이들은 연령 때문 에 대화할 수 없었음. |
| 5 | 매브 | 브리지트, 고 령으로 노쇠 해진 친정어 머니 | 50대 | 결혼한 부모 | 남편과 동 거. 일주일 에 며칠씩 친정에서 어 머니와 같이 지내고 나머 지 날에 어 머니는 다른 형제자매들 과 지냄. | 혼인 | 시간제로 돌봄 과 상담일을 함. | 매브는 정제적 형편이 좋으며, 남편 프랭크는 은퇴해서 그녀에게 실 질적으로 정서적으로 카다란 도움을 주고 있 음. 매브와 프랭크의 성 인 아들은 더 이상 집에 서 살지 않음. | 매브; 매브 는 친정어 머니를 연 구에 참여 시키는 것 을 꺼려했 음. |

| 코딩 번호 | 돌봄 수행자 (가명) | 돌봄 수혜자 (가명) | 돌봄 수행자 연령 | 가족 지위 | 거주 형태 | 배우자 관계 | 사회경제적 상태 | 돌봄 상황 | 돌봄 대화 참여자 |
|---|---|---|---|---|---|---|---|---|---|
| 16 | 메리 | 디를렌, 신체와 지적 장애가 있는 성인 아들 | 50대 | 한부모 | 돌봄 수혜자와 동거 | 남편과 사별 | 종일 돌봄 | 메리는 작년에 남편과 사별했으며, 수년 동안 남편을 돌봐왔음. 그리고 그녀의 아들을 때어나서부터 지금(30대)까지 돌보고 있는데, 그는 신체장애와 지적장애를 모두 가지고 있음. | 메리; 디를렌은 장애가 있어서 대화할 수 없었음. |
| 2 | 델라니 | 쌍둥이 성인 딸인 수전과 모데트리사, 또 다른 성인 딸 메이드브레이, 모두 지적장애와 신체장애를 가졌으며, 남편 파비에게도 신체장애가 생겼음. | 40대 | 결혼한 부모 | 그녀가 돌보는 세 딸 그리고 남편 파비와 동거 | 혼인 | 종일 돌봄 | 델라니는 확대가족의 지원을 전혀 받지 못하며, 국가로부터 매우 적은 보조를 받고 있음. 그녀는 어린 시절에 돌봄을 받아본 경험이 아주 많지 않은 건강인 아빠 고생하고 있음. 델라니는 따로 사는 대학 다니는 어머니 기도함. | 델라니; 그녀의 남편은 참여하려 했으나 신체장애 또 생긴 이 아이의 때문에, 성인 자녀들도 장애 때문에 참여할 수 없었음. |
| 14 | 데니스, 돌봄 수혜자의 30대 딸 | 모니카, 70대, 남편과 사별 | 30대 | 독신 딸 | 어머니와 동거 | 미혼 | 데니스는 전일제 취업, 모니카는 국가연금 수령 | 모니카는 독신의 성인 딸 데니스와 함께 살고 있는 돌봄 수혜자이며, 정기적으로 손주들을 데리고 자녀의 방문하는 다른 자녀들에게서도 양질의 | 모니카; 모니카는 딸을 연구에 참여시키기를 원하고 있는 것을 가 있었음 |

| 코딩 번호 | 돌봄 수행자 | 돌봄 수혜자 (가명) | 돌봄 수행자 연령 | 가족 지위 | 거주 형태 | 배우자 관계 | 사회경제적 상태 | 돌봄 상황 | 돌봄 비화 참여자 |
|---|---|---|---|---|---|---|---|---|---|
| 17 | 노라 | 로라, 성인 아들(30대)도 신체장애를 가졌음. 마리타와 케이트리오나는 성인 딸인데, 경미한 신체장애가 있고 정신건강이 좋지 않아서 그 돌봄을 받고 있음. | 70대 | 별거한 부모 | 로라와 동거 | 별거 | 연금수급자이며, 종일 돌봄. 로라는 신체장애에 따라서 일할 수 없음 | 노라가 아들을 돌보지만, 이 돌봄 관계에는 상호성이 아주 큰데, 둘다 근처에 사는 로라의 두 여자형제를 돌보고 있음. 노라는 어렸을 때와 남편과의 결혼생활에서 돌봄을 그다지 받지 못했음에도 돌봄을 수행해왔음. | 노라와 로라. |
| 12 | 누일라: 엘리자베스 참조 폴라 | 성인 아들 세 명 토마스, 스티븐, 폴. 및 제 아들인 중등학생 아들 앤드류. | 40대 | 한부모 | 네 명의 돌봄 수혜자 가운데 세 명과 동거 | 이혼 | 전일제 취업 | 폴라는 아직 학교 다니는 막내를 포함한 세 명의 아들과 함께 살고, 다른 한 아들과는 따로 사는데 갓난아이를 돌본다. 폴라는 네 아들과 아이들과 하리가 될 돌봄느라 일과 가정의 균형을 맞추는 것이 어렵다는 것을 깨달음. | 폴라; 폴라는 이들을 이들을이 참여하기 바랐지만, 그들과 모두히 접촉했을 음에 성사되도지 않았음. |

| 코딩 번호 | 돌봄 수행자 (가명) | 돌봄 수혜자 | 돌봄 수행자 연령 | 가족 지위 | 가구 형태 | 배우자 관계 | 사회경제적 상태 | 돌봄 상황 | 돌봄 비화 참여자 |
|---|---|---|---|---|---|---|---|---|---|
| 8 | 피어스 | 80대 어머니 | 50대 | 독신 | 어머니와 동거 | 미혼 | 소규모 농장에서 전일제 일동 | 피어스는 소농(小農)이며, 경제적으로 아주 가난하게 살고 있음. 여자 형제 두 명이 같은 가운데에 살고 있지만 그녀들은 어머니를 돌보는 데 관여하지 않음. | 피어스: 어머니도 참여하려 했으나 청각 장애로 그 장애로 참여할 수 없었음. |
| 4 | 리자이나 | 중등학교 1학년인 에미트 | 30대 | 한부모 | 돌봄 수혜자와 동거 | 이혼 | 전일제 학생 | 리자이나는 동유럽 출신이며, 어린 아들과 함께 아일랜드로 망명했었기 때문에 몸이 좋지 않아 고통 받고, 전일제 학생이어서 재정적으로도 힘겹게 지내고 있음. | 리자이나: 에미트는 연령 때에 대화할 수 없었음. |
| 10 | 세라 | 지적 장애가 있는 딸 피비, 최근 뇌졸중으로 쓰러진 남편 준 | 50대 | 결혼한 부모 | 남편과 동거하며, 주말에는 피비와 같이 지냄. | 혼인 | 전일제 취업 | 전일제로 취업해 있으며, 뇌졸중으로 쓰러진 남편(주간에는 혼자 지냄)과 딸(월요일에서 금요일까지 주거치료센터에 있음)을 돌보고 있음. | 세라: 남편은 세라가 참여하고 싶어 하고 있지 않고, 피비는 지적장애로 참여할 수 없었음. |

| 코딩 번호 | 돌봄 수행자 | 돌봄 수혜자 (가명) | 돌봄 수행자 연령 | 가족 지위 | 거주 형태 | 배우자 관계 | 사회경제적 상태 | 돌봄 상황 | 돌봄 비참여자 |
|---|---|---|---|---|---|---|---|---|---|
| 15 | 사샤 | 초등학생 인 니일과 도닐, 이 둘은 감각 장애가 있음. 셋째 아들 손 은 취학 전임. | 30대 | 한부모 | 돌봄 수행자 와 동거 | 미혼 | 종일 돌봄 | 사샤는 어린 세 아들을 둔 한부모임. 첫째와 둘 째 아들을 감각장애 때 문에 특수등학교에 다 니며, 아이들 관계와 다 는 관계가 곯어져 거의 접촉하지 않음. 셋째 아 들은 취학 전이어서 그 들을 위한 전이어서 그 내가 종일 돌보며, 그의 아버지와도 접촉이 거의 없음. 그러는 사회복지 만으로 살아내기가 몹시 어렵다는 것을 알게 되 어서 일자리를 찾고 싶 어 함. 한부모 가족 지원 은 좋은 편임. | 사샤: 아이 들은 연령 때문에 내 화할 수 없 었음. |
| 21 | 손 클로다 | 초등학생 딸 인 엘리사, 시 에타, 이퍼 | 40대 40대 | 결혼한 부모 | 남편, 돌봄 수혜자와 동 거 | 혼인 | 전일제 취업 전일제 취업 | 손과 클로다는 결혼한 부모이며 세 딸이 조등학 교에 다니고 있음. 이들 의 돌봄 실천은 돌봄 노 동을 평등하게 분담하 는 것인데, 취업과 돌봄 을 병행하는 데서, 특히 은행 부문에서 하는 아 리움의 좋은 예를 보여 줌. | 클로다와 손, 아이들 은 연령 때 문에 참여 할 수 없었 음. |

| 코딩 번호 | 돌봄 수행자 | 돌봄 수혜자 (가명) | 돌봄 수행자 연령 | 가족 지위 | 거주 형태 | 배우자 관계 | 사회경제적 상태 | 돌봄 상황 | 돌봄 내화 참여자 |
|---|---|---|---|---|---|---|---|---|---|
| 1 | 수전 | 중등학교 2학년인 아들 샘 | 30대 | 한부모 | 샘과 동거 | 미혼 | 전일제 취업 | 수전은 중등학교 졸업반 때 임신했으며 그니의 직계가족이 주된 버팀목임. 샘의 아버지는 아들의 삶에 관여하지 않았고 지금은 해외에 살고 있음. 수전은 최근에 자기 집을 구입했음. | 수전; 샘은 연령 때문에 참여할 수 없었음. |
| 7 | 톰 | 80대의 노쇠한 아버지 | 50대 | 독신 | 아버지와 동거 | 미혼 | 장기간의 질병과 신체장애로 노동력 상실 | 톰은 제대로 더 이상 일할 수 없게 되었으며, 그의 아버지를 종일 돌보고 있음. 형제자매들이 때때로 아버지 돌보는 일을 거들어줌. | 톰; 톰은 아버지를 연구에 참여시키는 것을 꺼렸음. |
| 9 | 토니 | 아머니 메리 케이트, 인근 농장에 사는 삼촌 | 40대 | 독신 | 아머니와 동거하며, 삼촌이 근처에 살고 있음. | 미혼 | 전일제 영농 | 토니는 중농中農이며, 아머니를 돌보면서 인근 농장에 사는 삼촌도 돌보고 있음 토니가 돌봄을 위해 치르는 희생은, 아주 젊은 기간 혼자 제외하고는 아머니를 혼자 남겨둘 수 없다는 사실에 기인한 사회적 고립과 외로움. | 토니, 아머니 메리 케이트, 누이 메리언 |

| 코딩 번호 | 돌봄 수행자 (가명) | 돌봄 수혜자 (가명) | 돌봄 수행자 연령 | 가족 지위 | 거주 형태 | 배우자 관계 | 사회경제적 상태 | 돌봄 상황 | 돌봄 대상 참여자 |
|---|---|---|---|---|---|---|---|---|---|
|  |  |  |  |  |  |  |  | 그의 누이 메리언은 약 10마일 떨어진 곳에 사는데, 전일제 어머니이면서 전업 주부/농부이다. 그녀가 주 1회 방문해 돌봄의 실질적인 측면을 거들어줌. |  |
| 3 | 발레리 | 연로하고 쇠한 양친 부모 | 40대 | 독신 | 양친 부모와 동거 | 미혼 | 종일 돌봄 | 메리 캐이트는 이제 거동하기 어려울 정도로 연로해졌으며, 그녀는 아들, 딸과의 관계가 좋고 아주 가끔 방문하는 아들도 또 있음 발레리는 해외에서 일했으며, 좋은 직장생활을 포기하고 집으로 돌아와서 양친 부모를 돌보고 있음. 그녀의 형제 자매는 모두 해외에 살고 있어 그녀에게 실질적인 도움이 되지 않음. | 발레리: 발레리는 양친 부모를 돌보는 부모에 관한 연구에 참여시키는 것을 꺼렸음. |
| FG 1 |  | 조점 집단 1: 청소년 포로젝트 참여자 (중간계급) | 십대청소년, 14~17세 |  |  |  | 중등학교에 다님 | 주로 더블린시티와 더블카운티에 사는 중간계급 집단 | 총 7명; 남자 4명, 여자 3명 |

| 코딩 번호 | 돌봄 수행자 (가명) | 돌봄 수혜자 (가명) | 돌봄 수행자 연령 | 돌봄 수혜자 연령 | 가족 지위 | 거주 형태 | 배우자 관계 | 사회경제적 상태 | 돌봄 상황 | 돌봄 대화 참여자 |
|---|---|---|---|---|---|---|---|---|---|---|
| FG 2 | | 초점집단 2 : 지역사회개발 프로젝트(노게 금) | 십대청소년, 13~17세 | | | | | 중등학교에 다님 | 더블린시티 사는 노동계급 집단 | 경북지역에 노동계급 집단 | 총 7명; 남자 5명, 여자 2명 |

# 참고문헌

Abel, Emily K. 1991. *Who Cares for the Elderly? Public Policy and the Experience of Adult Daughters*. Philadelphia: Temple University Press.

Adam, Barbara. 1995. *Timewatch: The Social Analysis of Time*. Cambridge: Polity Press.

_____. 2000. "The Temporal Gaze: The Challenge for Social Theory in the Context of GM Food." *British Journal of Sociology*, 51(1), pp. 125~142.

Allatt, Patricia. 1993. "Becoming Privileged: The Role of Family Processes." in Inga Bates and George Riseborough(eds.). *Youth and Inequality*. Buckingham: Open University Press.

Allen, Kieran. 2007. *The Corporate Takeover of Ireland*. Dublin: Irish Academic Press.

Apple, Michael. 2001. *Educating the 'Right' Way: Markets, Standards, God, and Inequality*. New York: Routledge/Falmer Press.

Arber, Sara and N. Gilbert. 1989. "Men the Forgotten Carers." *Sociology* 23(1), pp. 111~118.

Arber Sara and J. Ginn. 1990. "The Meaning of Informal Care: Gender and the Contribution of Older People." *Ageing and Society 10*, pp. 429~454.

Archard, David. 1993. *Children: Rights and Childhood*. London: Routledge.

Arendell, Terry. 1997. "Reflections on the Researcher-Researched Relationship: A Woman Interviewing Men." *Qualitative Sociology* 20(3), pp. 341~368.

Arendt, Hannah. 1958. *The Human Condition*. Chicago: University of Chicago Press.

Arensberg, Conrad M. and Solon T. Kimball. 2001. *Family and Community in Ireland*, 3rd edition. Ennis Co. Clare: CLASP Press.

Aronowitz, Stanley and Henry Giroux. 1993. *Education Still Under Siege*. US: Bergin and Garvey.

Badgett, M. V. Lee and Nancy Folbre. 1999. "Assigning Care: Gender Norms and Economic Outcomes." *International Labour Review* 138(3), pp. 311~326.

Baker, John. 1987. *Arguing for Equality*. London: Verso.

Baker, John, Kathleen Lynch, Sara Cantillon and Judy Walsh. 2004. *Equality: From Theory to Action*. Basingstoke: Palgrave Macmillan.

Ball, Stephen. 2003. "The Teacher's Soul and the Terrors of Performativity." *Journal of Education Policy* 18(2), pp. 215~228.

Ball, Stephen, Carol Vincent, Sophie Kemp and Soile Pietikaien. 2004. "Middle Class Fractions, Childcare and the 'Relational' and 'Normative' Aspects of Class Practices." *The Sociological Review* 52(4), pp. 478~502.

Ball, Stephen and Carol Vincent. 2005. "The 'Child Care Champion'? New Labour, Social Justice and the Childcare Market." *British Educational Research Journal* 31(5), pp.

557~570.

Barbalet, Jack(ed.). 2002. *Emotions and Sociology.* Oxford: Blackwell.

Barker, Drucilla. 1998. "Dualisms, Discourse and Development." *Feminist Economics* 13(3), pp. 83~94.

Barnes, Marian. 2006. *Caring and Social Justice.* Basingstoke: Palgrave Macmillan.

Barr, Jean. 1999. *Liberating Knowledge: Research, Feminism and Adult Education.* UK: NIACE.

Barry, Jackie. 1995. "Care-need and care-receivers: Views from the Margins." *Women's Studies International Forum* 18, pp. 361~374.

Barton, David and Mary Hamilton. 1998. *Local Literacies: Reading and Writing in One Community.* London: Routledge.

Barton, David, Mary Hamilton and Roz Ivanic(eds.). 2000. *Situated titeracies.* London: Routledge.

Beasley, Chris. 2005. *Gender and Sexuality; Critical Theories, Critical Thinkers.* London: Sage.

Beck, Ulrich. 2000. *Brave New World of Work.* Cambridge: Polity Press.

Beck, Ulrich and Elizabeth Beck-Gernsheim. 2001. *Individualisation.* London: Sage.

Becker, Gary S. 1981. *A Treatise on the Family.* Cambridge, MA: Harvard University Press.

Beechey, Veronica. 1987. *Questions for Feminism Unequal Work.* London: Verso.

Benhabib, Seyla. 1992. *Situating the Self: Gender, Community, and Postmodernism in Contem porary Ethics.* New York: Routledge.

Bergmann, Barbara R. 1995. "Becker's Theory of the Family, Preposterous Conclusions." *Feminist Economics* 1(1), pp. 141~150.

Bettio, Francesca and Janneke Platenga. 2004. "Comparing Gender Regimes in Europe." *Feminist Economics* 10(1), pp. 85~113.

Bettio, Francesca, Annamaria Simonazzi and Paola Villa. 2006. "'Change in Care Regimes and Female Migration'; the 'Care Drain' in the Mediterranean." *Journal of European Social Policy* 16(3), pp. 271~285.

Bianchi, Suzanne, Mellissa Milkie, Liana Sayer and John Robinson. 2000. "Is Anyone Doing the Household Work? Trends in the Gender Division of Household Labour." *Social Forces* 79(1), pp. 191~228.

Biggs, Hazel. 1997. "Madonna Minus Child, or Wanted Dead or Alive! The Right to Have a Dead Partner's Child." *Feminist Legal Studies* 5(2), pp. 225~234.

Bittman, Michael. 2004. "Parenting and Employment: What Time-Use Surveys Show" in N. Folbre and M. Bittman(eds.). *Family Time: The Social Organisation of Care.* London: Routledge.

Bjornberg, Ulla. 2002. "Ideology and Choice between Work and Care: Swedish Family Policy for Working Parents." *Critical Social Policy* 22(1), pp. 33~52.

Bloom, Benjamin S.(ed.). 1956. *Taxonomy of Educational Objectives, the Classification of Educational Goals - Handbook I: Cognitive Domain.* New York: McKay.

Boland, Eavan. 1995. *Object Lessons: The Life of the Woman and the Poet in Our Time.* Manchester: Carcenet Press.

Bolton, Sharon and Maeve Houlihan(eds.). 2007. *Searching for the Human in Human Resource Management: Theory, Practice and Workplace Contexts.* London: Palgrave Macmillan.

Boltanski, Luc and Eve Chiapello. 2007. *The New Spirit of Capitalism.* New York: Verso.

Borg, Carmel and Peter Mayo(eds.). 2007. *Public Intellectuals, Radical Democracy and Social Movements.* New York: Peter Lang.

Bourdieu, Pierre. 1984. *Distinctions: A Social Critique of the Judgement of Taste*, tr. Richard Nice. London: Routledge and Kegan Paul.

_____. 1986. "The Forms of Capital" in J. G. Richardson(ed.). *Handbook of Theory and Research for the Sociology of Education.* Westport, CT: Greenwood Press.

_____. 1993. *The Field Of Cultural Production.* New York: Columbia University Press.

_____. 1996. *The State Nobility: Elite Schools in the Field of Power.* tr. L. C. Clough. Cambridge: Polity Press.

_____. 2001. *Masculine Domination.* Cambridge: Polity Press.

Bourdieu, Pierre and Jean-Claude Passeron. 1977. *Reproduction in Education, Society and Culture*, tr. Richard Nice. London: Sage Publications.

Boyd, Susan. 1999. "Family, Law and Sexuality: Feminist Engagements." *Social & Legal Studies* 8(3), pp. 369~390.

Bradley, Harriett. 1996. *Fractured Identities: Changing Patterns of Inequality.* Cambridge: Polity Press.

Brandth, Berit and Elin Kvande. 1998. "Masculinity and Child Care: The Reconstruction of Fathering." *Sociological Review* 46(2), pp. 293~313.

Braun, Virginia and Victoria Clarke. 2006. "Using Thematic Analysis in Psychology." *Qualitative Research in Psychology* 3(1), pp. 77~101.

Brid, Sharon S. 1996. "Welcome To The Men's Club: Homosociality and the Maintenance of Hegemonic Masculinity." *Gender and Society* 10, pp. 120~132.

Brittan, Arthur. 1989. *Masculinity and Power.* Oxford: Basil Blackwell.

Brody, Elaine M. and Avalie R. Saperstein. 2004. *Women in the Middle: Their Parent Care Years*, 2nd edition. New York: Springer).

Brophy, Julia and Carol Smart. (eds.). 1985. Women~in~Law: Explorations of Law, Family and Sexuality. London: Routledge.

Browning, Martin, Francois J. Bourguignon, Pierre Chiappori and Verie Lechene. 1994. "Income and Outcomes: A Structural Model of Intra-Household Allocation." *Journal of Political Economy* 102(6), pp. 1067~1096.

Bubeck, Diemut. 1995. *Care, Justice and Gender.* Oxford: Oxford University Press.

_____. 2001. "Justice and the Labour of Care." in Kittay, E. and Feder, E.(eds.). *The Subject of Care: Feminist Perspectives on Dependency.* New York: Rowman and Littlefield.

Butler, Judith. 1993. *Bodies That Matter.* New York: Routledge.

_____. 1999. *Gender Trouble: Feminism and the Subversion of Identity.* New York: Routledge.

Callan, Eamonn. 1997. *Creating Citizens: Political Education and Liberal Democracy.* Oxford: Oxford University Press.

_____. 2004. *Creating Citizens: Political Education and Liberal Democracy.* Oxford: Oxford University Press.

Campbell, Elaine. 2003. "Interviewing Men in Uniform: A Feminist Approach?" *International Journal of Social Research Methodology*, 6(4), pp. 285~304.

Cannuscio, Carolyn C., Graham A. Colditz, Eric B. Rimm, Lisa F. Berkman, Camara P. Jones and Kawachi I. 2004. "Employment Status, Social Ties, and Caregivers' Mental Health." *Social Science and Medicine* 58(7), pp. 1247~1256.

Cantillon, Sara and Brian Nolan. 1998. "Are Married Women More Deprived than their Husbands?" *Journal of Social Policy* 27(2), pp. 151~171.

Cantillon, Sara, Brenda Gannon and Brian Nolan. 2004. *Sharp Household Resources: Learning from Non-Monetary Indicators*. Dublin: Institute for Public Administration.

Carrigan, Tim, Bob Connell and John Lee. 1987. "The 'Sex-Role' Framework and the Sociology of Masculinity." in Gaby Weiner and Madeleine Arnot(eds.). *Gender Under Scrutiny: New Enquiries in Education*. London: Open University.

Carspecken, Phil Francis and Michael Apple. 1992. "Critical Qualitative Research: Theory, Methodology and Practice." in M. LeCompte, W. I. Millroy and J. Preissle(eds.). *The Handbook of Qualitative Research in Education*. San Diego: Academic Press Ltd., pp. 507~553.

Commission of the European Communities(CEC). 2001. *Making a European Area of Lifelong Learning a Reality*. Brussels: European Commission.

Chapman, Tony. 2003. *Gender and Domestic Life: Changing Practices in Families and Households*. Basingstoke: Palgrave Macmillan.

Cheal, David. 2002. *Sociology of Family Life*. Basingstoke, Hampshire: Palgrave Macmillan.

Cherniss, Cary, Melissa Extein, Daniel Goleman and Roger P. Weissberg. 2006. "Emotional Intelligence: What Does the Research Really Indicate?" *Educational Psychologist* 41(4), pp. 239~245.

Chesler, Mark A. and Carla Parry. 2001. "Gender Roles and/or Styles in Crisis: An Integrative Analysis of the Experiences of Fathers of Children with Cancer." *Qualitative Health Research* 11(3), pp. 363~384.

Chodorow, Nancy. 1978. *The Reproduction of Mothering. Psychoanalysis and the Sociology of Gender*. Berkeley: University of California Press.

_____. 1999. *The Power of Feelings*. New Haven: Yale University Press.

Choi, Heejeong and Nadine F. Marks. 2006. "Transition to Caregiving, Marital Disagreement, and Psychological Well~Being." *Journal of Family Issues* 27(12), pp. 1701~1722.

Clanchy, Michael T. 1979. *From Memory to Written Record: England 1066~1307*. London: Arnold.

Clancy, Patrick. 1988. *Who Goes to College? A Second National Survey of Participation in Higher Education*. Dublin: Higher Education Authority.

Clancy, Patrick and Joy Wall. 2000. *Social Background of Higher Education Entrants*. Dublin: Higher Education Authority.

Clare, Anthony. 2000. *On Men: Masculinity in Crisis*. UK: Chatto and Windus.

Clarke, Juanne N. 2005. "Fathers' Home Health Care Work When a Child Has Cancer: I'm Her Dad, I Have to Do It." *Men and Masculinities* 7(4), pp. 385~404.

Cleary, Anne. 2005. "Death Rather Than Disclosure: Struggling to be a Real Man." *Irish Journal of Sociology* 14(2), pp. 155~176.

Cohen, Jonathan. 2006. "Social, Emotional, Ethical and Academic Education: Creating a Climate for Learning, Participation in Democracy and Well-being." *Harvard Educational Review* 76(2), pp. 201~237.

Cohen, Louis, Lawrence Manion and Keith Morrison. 2000. *Research Methods in Education*. UK: Routledge.

Coltrane, Scott and Justin Gait. 2000. "The History of Men's Caring" in Madonna Harrington

Meyer(ed.). *Care Work: Gender, Class and the Welfare State.* New York: Routledge.

Connell, Robert W. 1987. *Gender and Power: Society, the Person and Sexual Politics.* Sydney, Allen & Unwin: Cambridge, Polity Press; Stanford: Stanford University Press.

_____. 1995. *Masculinities.* Cambridge: Polity Press.

_____. 2002. *Gender.* Cambridge: Polity Press.

Connolly, Paul and Julie Neill. 2001. "Constructions of Locality and Gender and their Impact on the Educational Aspirations of Working-Class Children." Conference Paper presented at Addressing Issues of Social Class and Education June 2001. London: Institute for Policy Studies in Education.

Cook, Deborah. 2001. "Critical Perspectives on Solidarity." *Rethinking Marxism* 13(2), pp. 92~108.

Corcoran, Mary P. 2005. "Portrait of the 'Absent' Father: The Impact of NonResidency on Developing and Maintaining a Fathering Role." *Irish Journal of Sociology* 14(2), pp. 134~154.

Cossman, Brenda and Judy Fudge(eds.). 2002. *Privatisation, Law, and the Challenge to Feminism.* Toronto: University of Toronto Press.

Coulter, Colin and Steve Coleman(eds.). 2003. *The End of Irish History? Critical Reflections on the Celtic Tiger.* Manchester: Manchester University Press.

Coyle, Angela. 2005. "Changing Times: Flexibilisation and the Re-organization of Work in Feminised Labour Markets" in L. Pettinger et al.(eds.). *A New Sociology of Work.* Oxford: Blackwell.

Creighton, Colin. 1999. "The Rise and Decline of the 'Male Breadwinner Model' in Britain." *Cambridge Journal of Economics* 23, pp. 519~541.

Crowther, Jim, Mary Hamilton and Lynn Tett(eds.). 2001. *Powerful Literacies.* UK: NIACE.

Central Statistics Office(CSO). 2003. *Census 2002: Volume 6 Occupations.* Dublin: Government Publications Office.

_____. 2007a. *Measuring Ireland's Progress.* Dublin: Government Publications Office.

_____. 2007b. *Women and Men in Ireland.* Dublin: Government Publications Office.

Cullen, Kevin, Sarah Delaney and Petrina Duff. 2004. "Caring, Working and Public Life" in *Equality Research Series.* Dublin: The Equality Authority.

Daly, Mary. 2001. *Carework: The Quest for Security.* Geneva: International Labour Office.

_____. 2002. "Care as a Good for Social Policy." *Journal of Social Policy* 31(2), pp. 251~270.

_____. 2005. "Changing Family Life in Europe: Significance for State and Society." *European Societies* 7(3), pp. 379~398.

Daly, Mary and Jane Lewis. 2000. "The Concept of Social Care and the Analysis of Contemporary Welfare States." *The British Journal of Sociology* 51(2), pp. 281~298.

Daly, Mary and Madeleine Leonard. 2002. *Against All Odds: Family Life on a Low Income in Ireland.* Dublin: Combat Poverty Agency.

Damasio, Antonio. 1994. *Descartes Error: Emotion, Reason and the Human Brain.* New York: Putnam.

_____. 2004. *Looking for Spinoza.* London: Vintage.

David, Miriam, Anne West and Jane Ribbens. 1994. *Mothers' Intuition? Choosing Secondary Schools.* London: The Falmer Press.

De Kanter, Ruth. 1993. "Becoming a Situated Daughter: Later when I am big I will be daddy, so then we will also have a father in our house — Hannah four years old" in J. Van Mens-Verhulst, K. Schreurs and L. Woertman(eds.). *Daughtering and Mothering: Female Subjectivity Revisited.* London: Routledge.

Delphy, Christine and Diana Leonard. 1992. *Familiar Exploitation: A New Analysis of Marriage and Family Life.* Cambridge, MA: Polity Press.

Denzin, Norman K. 1997. "Triangulation in Educational Research" in J. P. Keeves(ed.). *Educational Research, Methodology and Measurement: An International Handbook.* Oxford: Elsevier Science, pp. 318~322.

Department of Education and Science(DES). 2000. Learning for Life: White Paper on Adult Education. Dublin: Government Publications.

_____. 2002. "Towards Redress and Recovery, Report by the Compensatory Advisory Committee, January 2002." Dublin: Government Publications.

_____. 2006. Joint Committee on Education and Science: Adult Literacy in Ireland. Dublin: Government Publications.

Dewey, John. 1916. *Democracy and Education.* New York: Macmillan.

Doyle, Paddy. 1988. *The God Squad.* Dublin: Raven's Art Press.

Doyle, Oran. 2004. *Constitutional Equality Law.* Dublin: Thomson Round Hall.

Drew, Eileen, Ruth Emerck and Evelyn Mahon. 1998. *Women, Work and the Family in Europe.* London: Routledge.

Duncan, Simon and Rosalind Edwards. 1997. "Lone Mothers and Paid Work — Rational Economic Man or Gendered Moral Rationalities?" *Feminist Economics* 3(2), pp. 29~61.

Duncan, Simon, Rosalind Edwards, Tracey Reynolds and Pam Alldred. 2003. "Motherhood, Paid Work and Partnering: Values and Theories." *Work, Employment and Society* 17(2), pp. 309~330.

Duncan, Simon, Rosalind Edwards, Tracey Reynolds and Pam Alldred. 2004. "Mothers and Child Care: Policies, Values and Theories." *Children & Society* 18(4), pp. 254~265.

Duncan, Simon. 2005. "Mothering, Class and Rationality." *Sociological Review* 53(2), pp. 50~76.

Duncombe, Jean and Dennis Marsden. 1996. "Extending the Social." *Sociology* 30(1), pp. 156~158.

Duncombe, Jean and Dennis Marsden. 1998. "'Stepford Wives and Hollow Men?' Doing Emotion Work, Doing Gender and 'Authenticity' in Intimate Heterosexual Relationships" in S. J. Williams and G. Bendelow(eds.). *Emotions in the Social Life: Critical Themes and Contemporary Issues.* London: Routledge.

Dworkin, Ronald. 1977. *Taking Rights Seriously.* Cambridge, MA: Harvard University Press.

Edley, Nigel and Margaret Wetherell. 1997. "Jockeying for Positions: The Construction of Masculine Identities." *Discourse and Society* 8(2), pp. 203~217.

Edmondson, Ricca. 2000. "Writing between Worlds" in Anne Byrne and Ronit Lentin(eds.). *(Re)searching Women: Feminist Research Methodologies in the Social Sciences in Ireland.* Dublin: IPA.

Education Finance Board. 2008. "Education Finance Board — Home." Available at www.educationfinanceboard.com. Accessed 12 May 2008.

Ehrenreich, Barbara and Arlie Russell Hochschild(eds.). 2003. *Global Women: Nannies, Maids and Sex Workers in the New Economy.* London: Granta.

Eisner, Robert. 1989. *The Total Incomes System of Accounts.* Chicago: University of Chicago Press.

England, Paula and Nancy Folbre. 1999. "The Cost of Caring." *Annals American Academy of Political and Social Science* 561, pp. 39~51.

Engster, Daniel. 2005. "Rethinking Care Theory: The Practice of Caring and the Obligation to Care." *Hypatia* 20(3), pp. 50~74.

European Commission. 2004. *Rationale of Motherhood Choices: Influence of Employment Conditions and Public Policies.* Brussels: European Commission.

Evandrou, Maria and Karen Glaser. 2003. "Combining Work and Family Life: The Pension Penalty of Caring." *Ageing and Society* 23(5), pp. 583~601.

Ewick, Patricia and Susan S. Silbey. 1998. *The Common Place of Law: Stories From Everyday Life.* Chicago: University of Chicago Press.

Fahy, Bernadette. 1999. *Freedom of Angels: Surviving Goldenbridge Orphanage.* Dublin: O'Brien Press.

Fahey, Tony and Eithne McLaughlin. 1999. "Family and State" in Anthony F. Heath, Richard Breen and Christopher T. Whelan(eds.). *Ireland North and South: Perspectives from Social Science.* Oxford: Oxford University Press.

Feeley, Maggie. 2007. "Adult Literacy and Affective Equality: Recognising the Pivotal Role of Care in the Learning Relationship." PhD thesis(Equality Studies). Dublin: University College Dublin.

Feldberg, Roslyn L. and Glenn, Evelyn Nakano. 1979. "Male and Female: Job versus Gender Models in the Sociology of Work." *Social Problems* 26(5), pp. 524~538.

Ferguson, Harry. 2002. "Men and Masculinities in Late~Modern Ireland" in Pease, B. and Pringle, B.(eds.). *A Man's World: Changing Men's Practices in a Globalised World.* London: Zed Books.

Ferguson, Harry and Fergus Hogan. 2004. *Strengthening Families through Fathers: Developing Policy and Practice in Relation to Vulnerable Fathers and their Families.* Waterford Institute of Technology, Ireland: Centre for Social and Family Research.

Finch, Janet. 1989. *Family Obligations and Social Change.* London: Polity Press.

Finch, Janet and Dulcie Groves. 1983. *A Labour of Love: Women, Work and Caring.* UK: Routledge & Kegan Paul.

Fineman, Martha. 1995. *The Neutered Mother, The Sexual Family and Other Twentieth Century Tragedies.* New York: Routledge.

_____. 2004. *The Autonomy Myth: A Theory of Dependency.* New York: New Press.

Finkelstein, Vic. 1991. "Disability: An Administrative Challenge? The Health and Welfare Heritage" in M. Oliver(ed.). *Social Work: Disabled People and Disabling Environments.* London: Jessica Kingsley Publishers.

Flynn, Leo. 1995. "Missing Mary McGee: The Narration of Women in Constitutional Adjudication" in Gerard Quinn et al.(eds.). *Justice and Legal Theory in Ireland.* Dublin: Oak Tree Press, pp. 91~106.

Flynn, Mannix. 2003a. *James X.* Dublin: Lilliput Press.

_____. 2003b. *Nothing to Say.* Dublin: Lilliput Press.

Folbre, Nancy. 1994. *Who Pays for the Kids? Gender and the Structures of Constraint.* London: Routledge.

_____. 1995. "'Holding Hands at Midnight' The Paradox of Caring Labour." *Feminist Economics* 1(1), pp. 73~92.

Folbre, Nancy and Michael Bittman. 2004. *Family Time: The Social Organization of Care.* London: Routledge.

Folbre, Nancy. 2006. "Measuring Care: Gender, Empowerment and the Care Economy." *Journal of Human Development* 7(2).

Folbre, Nancy and Heidi Hartmann. 1988. "The Rhetoric of Self Interest: Ideology and Gender in Economic Theory" in Klamer, A., Mc Closkey, D. and Solow, R.(eds.). *The Consequences of Economic Rhetoric.* Cambridge: Cambridge University Press.

Folbre, Nancy and Thomas Weisskopf. 1998. "Did Father Know Best? Families, Markets and the Supply of Caring Labour" in Benner, A. and Putterman, L.(eds.). *Economics Values and Organisation.* New York: Cambridge University Press.

Foucault, Michel. 1973. *The Birth of the Clinic: An Archaeology of Medical Perception.* London: Routledge.

_____. 1977. *Discipline and Punish. The Birth of the Prison.* London: Penguin Books.

_____. 1978. *The History of Sexuality.* Volume 1. An Introduction. London: Penguin Books.

Fowler, Ellayne and Jane Mace. 2005. *Outside the Classroom: Researching Literacy with Adult Learners.* Leicester: NIACE.

Fraser, Nancy. 1997. "Social Justice in the Age of Identity Politics" in G. B. Peterson(ed.). *The Tanner Lectures on Human Values 19.* Salt Lake City: University of Utah Press, pp. 1~67.

Fraser, Nancy and Linda Gordon. 1997. "A Genealogy of 'Dependency'" in Nancy Fraser. *Justice Interrupts: Critical Reflections on the 'Postsocialist' Condition.* New York: Routledge.

Freeman, Michael. 1994. "The Austin Lecture: The Private and the Public" in Derek Morgan and Gillian Douglas(eds.). Constituting Families: A Study in Governance. Stuttgart: Franz Steiner Verlag, pp. 22~39.

Freire, Paulo. 1972. *Pedagogy of the Oppressed.* London: Penguin.

_____. 1985. *The Politics of Liberation: Culture, Power and Liberation.* USA: Bergin and Garvey.

Freire, Paulo and Donaldo Macedo. 1987. *Reading the Word and the World.* London: Routledge.

Gamoran, Adam. 2001. "American Schooling and Educational Inequality: A Forecast for the 21st century." *Sociology of Education* 74(Special Issue), pp. 135~153.

Gardner, Howard. 1983. *Frames of Mind: The Theory of Multiple Intelligimces.* New York: Basic Books.

Gardner, Howard. 1993. *Multiple Intelligences: The Theory in Practice.* New York: Basic Books).

Gardner, Howard. 1999. *Intelligence Reframed: Multiple Intelligences for the 21st Century.* New York: Basic Books.

Gardiner, Jean. 1997. *Gender, Care and Economics.* London: Macmillan.

Gee, James P. 1990. *Social Linguistics and Literacies: Ideology in Discourses.* London: Falmer Press.

Gee, James P. 1999. "The New Literacy Studies: From 'Socially Situated' to the Work of the

Social." in Barton, D., Hamilton, M. and Ivanic, R., *Situated Literacies*. London: Routledge.

Gershuny, Jonathan. 2000. *Changing Times: Work and Leisure in Postindustrial Society*. Oxford and New York: Oxford University Press.

Gerstel, Naomi and Sally Gallagher. 2001. "Men's Caring: Gender and the Contingent Character of Care." *Gender and Society* 15(2), pp. 197~217.

Gewirtz, S., S. Billl and R. Bowe. 1994. "Parents, Privilege and the Education Market Place." *Research Papers in Education* 9(1), pp. 3~29.

Gheaus, Anca(forthcoming) "How Much of What Matters Can We Redistribute? Love, Justice and Luck." *Hypatia* 24(4).

Giddens, Anthony. 1992. *The Transformation of Intimacy: Sexuality, Love and Eroticism in Modern Societies*. Cambridge: Polity Press.

Gilligan, Carol. 1982. *In a Different Voice*. Cambridge: Harvard University Press.

_____. 1995. "Hearing the Difference: Theorizing Connection." *Hypatia* 10(2), pp. 120~127.

Giroux, Henry. 1983. "Theory and Resistance: A Pedagogy for Opposition. US: Bergin.

Glendinning, Caroline and Jane Millar(eds.). 1992. *Women and Poverty in Britain in the 1990s*. UK: Harvester Wheatsheaf.

Glendon, Mary Ann. 1991. Rights Talk: The Impoverishment of Political Discourse. New York: Free Press.

Glenn, Evelyn Nakano. 2000. "Creating a Caring Society." *Contemporary Sociology* 29(1), pp. 84~94.

Glucksmann, Miriam. 1995. "Why 'Work'? Gender and the 'Total Social Organization of Labour'." *Gender, Work and Organization* 2(2), pp. 63~75.

Glyn, Andrew. 2006. *Capitalism Unleashed: Finance, Globalization and Welfare*. Oxford: Oxford University Press.

Goffman, Erving. 1981. *Stigma: Notes on the Management of Spoiled Identity*. UK: Penguin.

Goldstein, Nathan E., John Concato, Terri R. Fried, Stanislav V. Kasl, Rosemary Johnson-Hurzeler and Elizabeth H. Bradley. 2004. "Factors Associated With Caregiver Burden Among Caregivers of Terminally III Patients with Cancer." *Journal of Palliative Care* 20(1), pp. 38~43.

Goleman, Daniel. 1995. *Emotional Intelligence*. London: Bloomsbury.

_____. 1998. *Working with Emotional Intelligence*. New York: Bantam Books.

Goode, Jackie, Claire Callender and Ruth Lister. 1998. *Purse or Wallet: Gender Inequalities and Income Distribution within Families on Benefit*. Tyne and Wear: Policy Studies Institute/Athenaeum Press.

Goodwin, John. 2002. "Irish Men and Work in North-County Dublin." *Journal of Gender Studies* 11(2), pp. 151~166.

Gordon, Robert W. 1984. "Critical Legal Histories." *Stanford Law Review* 36, 57~125.

Gotell, Lise. 2002. "Queering Law: Not By Vriend." *Canadian Journal of Law & Society* 17(1), pp. 89~113.

Gouldner, Alvin W. 1970. *The Coming Crisis of Western Sociology*. London H.E.B. Heinmann.

Government of Ireland. 1970. *Reformatory and Industrial Schools in Ireland*(Pr1.1342, Kennedy Report). Dublin: Government Publication.

Government of Ireland. 1998. "Employment Equality Act." Irish Statute Book Database.

_____. 2000. "Equal Status Act." Irish Statute Book Database.

Grabb, Edward. 2004. "Conceptual Issues in the Study of Social Inequality" in James E. Curtis et al.(eds.). *Social Inequality in Canada: Patterns, Problems, Policies* 4th edn. Scarbo rough: Pearson Education Canada. pp. 1~16.

Graff, Harvey J. 1981. *Literacy and Social Development in the West.* USA: Cambridge University Press.

Graham, Hilary. 1983. "Caring: A Labour of Love" in Janet Finch and Dulcie Groves(eds.). *A Labour of Love: Women, Work and Caring.* London: Routledge and Kegan Paul.

Gramsci, Antonio. 1971. *Selections from the Prison Notebooks.* Quentin Hoare and Geoffry Nowell-Smith(ed. and tr.). London: Lawrence and Wishart.

_____. 1995. *Further Selections from the Prison Notebooks.* Derek Boothman(ed. and tr.). London: Lawrence and Wishart.

Green, Francis. 2001. "It's Been a Hard Day's Night: The Concentration and Intensification of Work in Late Twentieth Century Britain." *British Journal of Industrial Relations* 39(1), pp. 53~80.

_____. 2006. *Demanding Work: The Paradox of Job Quality in the Affluent Economy.* Princeion NJ: Princeton University Press.

Grewal, Daisy and Peter Salovey. 2005. "Feeling Smart: The Science of Emotional Intelligence." *American Scientist* 93(4), pp. 330~339.

Griffith, Alison and Dorothy Smith. 2005. *Mothering for Schooling.* New York: Routledge Falmer.

Grigolo, Michele. 2003. "Sexualities and the ECHR: Introducing the Universal Sexual Legal Subject." *European Journal of International Law* 14(5), pp. 1023~1044.

Gtirtler, Sabine. 2005. "The Ethical Dimension of Work: A Feminist Perspective." *Hypatia* 20(2), 119~136.

Halford, Susan and Pauline Leonard. 2001. *Gender, Power and Organisations.* Basingstoke: Palgrave Macmillan.

Halsey, Albert, Anthony Heath and John Ridge. 1980. *Origins and Destinations.* Oxford: Clarendon Press.

Hanlon, Niall. 2009. *Masculinities and Affective Equality: The Role of Love and Caring in Men's Lives.* Unpublished PhD thesis submitted to University College Dublin.

Hannan, Damien F. and Louise F. Katsiaouni. 1977. *Traditional Families?: From Culturally Prescribed to Negotiated Roles in Farm Families.* Dublin: ESRI.

Hansen, Karen. 2004. "The Asking Rules of Reciprocity in Networks of Care for Children." *Qualitative Sociology* 27(4), pp. 419~435.

Hantover, P. Jeffrey. 1998. "The Boy Scouts and the Validation of Masculinity" in Kimmel, Michael S. and Messner, Michael A. (eds.). *Men's Lives.* USA: Allyn and Bacon.

Hargreaves, Andy. 2000. "Mixed Emotions: Teachers' Perceptions of their Interactions with Students." *Teaching and Teacher Education* 16(8), pp. 811~826.

_____. 2001. "Emotional Geographies of Teaching." *Teachers College Record* 103(6), pp. 1056~1080.

Harrington Meyer, Madonna. 2000. "Introduction: The Right to- or Not to- Care." in Madonna Harrington Meyer(ed.). *Care Work: Gender.* Class and the Welfare State. New York,

London: Routledge.

Harvey, David. 2005. *A Brief History of Neoliberalism.* Oxford: Oxford University Press.

Hays, Sharon. 1996. *The Cultural Contradictions of Motherhood.* New Haven: Yale University Press.

Hayward, Chris, and Máirtin Mac án Ghaill. 2003. *Men and Masculinities.* Buckingham: Open University Press.

Health Board Executive. 2002. "The National Counselling Service First Report." Ireland: HBE.

Hearn, Jeff and Keith Pringle(eds.). 2006. *European Perspective on Men and Masculinities: National and Transnational Approaches.* Hampshire, UK: Palgrave Macmillan.

Heckman, James and D. Masterov. 2004. "The Productivity Argument for Investing in Young Children." *Working Paper* No 5. Washington DC: Committee on Economic Development.

Held, Virginia. 1995a. "The Meshing of Care and Justice." *Hypatia* 10(2) Spring, pp. 128~132.

_____(ed.). 1995b. *Justice and Care: Essential Readings in Feminist Ethics.* Boulder, CO: Westview Press.

Hilliard, Betty and Máire Nic Ghiolla Phadraig(eds.). 2007. *Changing Ireland in International Comparison.* Dublin: The Liffey Press.

Hillyard, Paddy, Christina Pantazia, Steve Tombs and David Gordon. 2004. *Beyond Crimino logy: Taking Harm Seriously.* London: Pluto Press.

Himmelweit, Susan. 2002. "Making Visible the Hidden Economy: The Case for Gender-Impact Analysis of Economic Policy." *Feminist Economics* 8(1), pp. 49~70.

_____. 2005. *Can We Afford (not) To Care: Prospects and Policy.* New Working Paper Series Issue 15, July 2005 London School of Economics, Gender Institute.

Hirst, Michael. 2003. "Caring-Related Inequalities in Psychological Distress in Britain During the 1990s." *Journal of Public Health Medicine* 25(4), pp. 336~343.

Hobson, Barbara. 2000. "Economic Citizenship: Reflections through the European Policy Mirror" in B. Hobson(ed.). *Gender and Citizenship in Transition.* London: Macmillan, pp. 84~117.

_____(ed.). 2000. *Gender and Citizenship in Transition.* London: Macmilla.

Hochschild, Arlie Russell. 1983. *The Managed Heart: Commercialization of Human Feeling.* Berkeley: University of California Press.

_____. 1989. *The Second Shift: Working Parents and the Revolution at Home.* New York: Viking.

_____. 1997. *The Time Bind.* New York: Henry Holt.

_____. 2001. *The Time Bind: When Work becomes Home and Home becomes Work.* 2nd edition. New York: Owl Books.

Hogarth, Terence, Chris Hasluck and Gaelle Pierre. 2000. *Work-Life Balance 2000: Baseline Study of Work-Life Balance Practices in Great Britain.* London: Department for Education and Employment.

Holloway, Wendy and Tony Jefferson. 2000. *Doing Qualitative Research Differently: Free Association, Narrative and the Interview Method.* London: Sage.

Holter, Oystein Gullvag. 2007. "Men's Work and Family Reconciliation in Europe." *Men and Masculinities* 9(4), pp. 425~456.

hooks, bell. 1994. *Teaching to Transgress: Education as the Practice of Freedom.* New York: Routledge.

_____. 2000. *All About Love*. New York: William Morrow & Co.

_____. 2004. *The Will to Change: Men, Masculinity and Love*. New York: Washington Square Press.

Hughes, Bill, Linda McKie, Debra Hopkins and Nick Watson. 2005. "Love's Labour Lost? Feminism, the Disabled People's Movement and an Ethic of Care." *Sociology* 39(2), pp. 259~275.

Hunt, Alan. 1993. *Explorations in Law and Society: Toward a Constitutive Theory of Law*. New York: Routledge.

Institute of Public Health. 2006. *All Ireland Men's Health Directory*. Belfast: Men's Health Forum in Ireland.

Irigaray, Luce. 1977. "Women's Exile." Couze Venn(Trans.). *Ideology and Consciousness* 1, pp. 62~76.

_____. 1991. "The Sex Which is Not One" in Warhol, R. R. and Herndl, D. P.(eds.). *Feminisms: An Anthology of Literary Theory and Criticism*. New Brunswick, NJ: Rutgers University Press. pp. 350~356.

Ironmonger, Duncan. 1996. "Counting Outputs, Capital Inputs, and Caring Labour." *Feminist Economics* 2(3), pp. 37~64.

Ivanic, Roz. 1996. "Linguistics and the Logic of Non-Standard Punctuation" in Nigel Hall and Anne Robinson(eds.). *Learning about Punctuation*. Clevedon: Multilingual Matters.

Jackson, Stevi. 1999. "Feminist Sociology and Sociological Feminism: Recovering the Social in Feminist Thought." *Sociological Research Online* 12(http://www.socresonline.org.uk/4/3/jackson.html).

Jackman, Martha and Bruce Porter. 1999. "Women's Substantive Equality and the Protection of Social and Economic Rights Under the Canadian Human Rights Act" in Status of Women Canada, Women and the Canadian Human Rights Act: A Collection of Policy Research Reports(Ottawa: Status of Women Canada), pp. 43~112.

Jaggar, Alison. 1995. "Caring as a Feminist Practice of Moral Reason" in Virginia Held(ed.). *Justice and Care: Essential Reading in Feminist Ethics*. Boulder: Westview Press.

James, Veronica C. and Jonathan Gabe(eds.). 1996. *Health and the Sociology of Emotions*. Oxford: Blackwell Publishing.

Jones, Philip W. 1997. "The World Bank and the Literacy Question: Orthodoxy, Heresy and Ideology." *International Review of Education* 43(4), pp. 367~375.

Kaufman, Michael(ed.). 1994. *Men, Feminism, and Men's Contradictory Experience of Power*. London: Sage Publications.

Kee, John, and Kaye Ronayne. 2002. "Partnership Rights of Same Sex Couples"(Dublin: The Equality Authority).

Kemper, T. D. 1990. "Social Relations and Emotions: A Structural Approach" in T. D. Kemper(ed.). *Research Agendas in the Sociology of Emotions*. Albany, New York: State University of New York Press, pp. 207~237.

Kennedy, Finola. 2001. *Cottage to Creche: Family Change in Ireland*. Dublin: Institute of Public Administration.

Khadiagala, Lynn. 2002. "Negotiating Law and Custom: Judicial Doctrine and Women's Property Rights in Uganda." *Journal of African Law* 46(1), pp. 1~13.

Kimmel, Michael S. 2000. *The Gendered Society*. New York: Oxford University Press.

Kimmel, Michael S. 2005. *The Gender of Desire: Essays on Male Sexuality*. Albany, New York: State University of New York Press.

Kimmel, Michael S. and Tom Mosmiller(eds.). 1992. *Against the Tide: Pro-Feminist Men in America, 1776~1990*. Boston: Beacon Press.

Kimmel Michael S. and Michael A. Messner(eds.). 1995. *Men's Lives*. Needham Heights. MA: Allyn and Bacon.

Kittay, Eva Feder. 1999. Love's Labour. New York: Routledge.

Kirby, Peadar. 2002. *The Celtic Tiger in Distress: Growth with Inequality in Ireland*. Basing stoke: Palgrave Macmillan.

Klare, Karl E. 1992. "The Public/Private Distinction in Labour Law." *University of Pennsylvania Law Rev* 130, pp. 1358~1361.

Kramer, Betty, J. and Edward H. Thompson, Jr.(eds.). 2005. *Men as Caregivers. New York: Prometheus Books*.

Krathwohl, David R., Benjamin S. Bloom and Bertram B. Masia. 1964. *Taxonomy of Educational Objectives: The Classification of Educational Goals: Handbook ii: Affective Domain*. New York: David McKay Company..

Kress, Gunter. 2003. *Literacy in the New Media Age*. London: Routledge.

Kymlicka, Will. 2002. *Contemporary Political Philosophy: An Introduction*, 2nd edition. Oxford: Oxford University Press.

Lacey, Nicola. 2004. "Feminist Legal Theories and the Rights of Women" in Gender and Human Rights, Knop Karen(ed.). Oxford: Oxford University Press, pp. 13~56.

La Valle, Ivana, Sue Arthur, Christine Millward and James Scott. 2002. *Happy Families*. York: Policy Press, Joseph Rowntree Foundation.

Lankshear, Colin and Michele Knobel. 2003. *New Literacies: Changing Knowledge and Classroom Learning*. Buckingham: Open University Press.

Lanoix, Monique. 2007. "The Citizen in Question." *Hypatia* 22(4), pp. 113~129.

Lareau, Annette. 1989. *Home Advantage*. Lewes, Sussex: The Falmer Press.

Layte, Richard, Bertrand Maitre, Brian Nolan, Dorothy Watson, Christopher T. Whelan, James Williams and Barra Casey. 2001. *Monitoring Poverty Trends and Exploring Poverty Dynamics in Ireland*. Dublin: Economic and Social Research Unit.

Leane, Maire and Elizabeth Kiely. 1997. "Single Lone Motherhood: Reality Versus Rhetoric" in Anne Byrne and Madeleine Leonard(eds.). *Women and Irish Society*. Belfast: Beyond the Pale Publications.

Leira, Arnlaug. 1992. *Welfare States and Working Mothers: The Scandinavian Experience*. Cambridge: Cambridge University Press.

Leonard, Madeleine. 2004. "Bonding and Bridging Social Capital: Reflections from Belfast." *Sociology* 38(5), pp. 927~944.

Lewis, Charles. 2000. *A Man's Place in the Home: Fathers and Families in the UK*. York: Joseph Rowntree Foundation.

Lewis, Jane and Barbara Meredith. 1988. *Daughters Who Care: Daughters Caring for Mothers at Home*. London: Routledge and Kegan Paul.

_____. 1998. *Gender, Social Care and Welfare State Restructuring in Europe*. Aldershot: Ashgate.

_____. 2001. "The Decline of the Male Breadwinner Model: Implications for Work and Care."

*Social Politics* 8(2), pp. 152~169.

Lewis, Jane. 2003. "Economic Citizenship: A Comment." *Social Politics* 10(2), pp. 176~195.

Lewis, Jane and Susanna Giullari. 2005. "The Adult Worker Model Family, Gender Equality and Care: The Search for New Policy Principles and the Possibilities and Problems of a Capabilities Approach." *Economy and Society* 34(1), pp. 76~104.

Lingard, Bob and Peter Douglas. 1999. *Men Engaging Feminisms: Profeminism, Backlashes and Schooling.* Buckingham: Open University Press.

Lister, Ruth. 1997. *Citizenship: Feminist Perspectives.* Basingstoke: Macmillan.

_____. 2001. "Towards a Citizens' Welfare State: the 3 + 2 'R's of Welfare Reform." *Theory, Culture and Society* 18(2~3), pp. 91~111.

Lopes, Paula N., Daisy Grewal, Jessica Kadis, Michelle Gall and Peter Salovey. 2006. "Evidence that Emotional Intelligence is Related to Job Performance and Affect and Attitudes at Work." *Psicothema* 18, pp. 132~138.

Lundberg Shelly, Robert Pollak and Terry Wales. 1997. "Do Husbands and Wives Pool Their Resources? Evidence from the UK Child Benefit." *Journal of Human Resources* 32(3), pp. 463~480.

Lynch, Kathleen. 1989. "Solidary Labour: Its Nature and Marginalisation." *Sociological Review* 37(1), pp. 1~14.

Lynch, Kathleen. 2006. "Neo-Liberalism and Marketisation: The Implications for Higher Education." *European Educational Research Journal* 5(1), pp. 1~17.

_____. 2007. "Love Labour as a Distinct and Non-Commodlfiable Form of Care Labour." *Sociological Review* 54(3), pp. 550~570.

Lynch, Kathleen and Anne Lodge. 2002. *Equality and Power in Schools: Redistribution, Recognition and Representation.* London: Routledge/Falmer.

Lynch, Kathleen, Maureen Lyons and Sara Cantillon. 2007. "Breaking silence: Educating Citizens for Love, Care and Solidarity." *International Studies In Sociology of Education* 55(3), pp. 550~570.

Lynch, Kathleen and Eithne McLaughlin. 1995. "Caring Labour and Love Labour" in Clancy, Patrick, Sheila Drudy, Kathleen Lynch and Liam O'Dowd(eds.). *Irish Society: Sociological Perspectives.* Dublin: IPA, pp. 250~292.

Lynch, Kathleen and Marie Moran. 2006. "Markets, Schools and the Convertibllity of Economic Capital: The Complex Dynamics of Class Choice." *British Journal of Sociology of Education* 27(2), pp. 221~235. .

Lynch, Kathleen and Maureen Lyons. 2008. "The Gendered Order of Caring". in *Where are We Now? New Feminist Perspectives on Women In Contemporary Ireland.* Dublin: New Ireland Press, pp. 163~184.

Lynch, Kathleen and Claire O'Riordan. 1998. "Inequality in Higher Education: A Study of Class Barriers." *British Journal of Sociology of Education* 19(4), pp. 445~478.

Lyons, Maureen, Kathleen Lynch, Sean Close, Emer Sheerin and Philip Boland. 2003. *Inside Classrooms: The Teaching and Learning of Mathematics In Social Context.* Dublin: Institute of Public Administration.

Lyons, Maureen, Kathleen Lynch and Maggie Feeley. 2006. "Rationalities on Care." Paper presented at Equality and Social Inclusion Conference(Queen s University Belfast). 1~4th February.

Mac An Ghaill, Máirtin. 1994. *The Making of Men: Masculinities, Sexualities and Schooling*. Buckingham: Open University Press.

MacDonald Martha Shelley Phipps and Lynn Lethbridge. 2005. "Taking Its Toll: The Influence of Paid and Unpaid Work on Women's Well~Being." *Feminist Economics* 11(1), pp. 63~94.

MacKinnon, Catherine A. 1987. *Feminism Unmodified: Discourses on Life and Law*. Cambridge MA: Harvard University Press.

McCann, Michael W. 1994. *Rights at Work: Pay Equity Reform and the Politics of Legal Mobilization*. Chicago: Chicago University.

McClave, Henry. 2005. "Education for Citizenship: A Capabilities Approach." PhD thesis(Equality Studies). Dublin: University College Dublin.

McDermott, Esther. 2005. "Time and Labour: Fathers' Perceptions of Employment and Childcare" in Lynn Pettinger, Jane Parry, Rebecca Taylor and Miriam Glucksmann(eds.). *A New Sociology of Work?* Oxford: Blackwell.

McDonnell, Patrick. 2007. Disability and Society: Ideological and Historical Dimensions. Dublin: Blackhall Publishing.

McGinnity, Frances, Helen Russell, James Williams and Sylvia Blackwell. 2005. "Time Use in Ireland: Survey Report." Dublin Economic and Social Research Institute.

McKie, Linda, Susan Gregory and Sophia Bowlby. 2002. "Shadow Times: The Temporal and Spatial Frameworks and Experiences of Caring and Working." *Sociology* 36(4), pp. 897~924.

McLaren, Peter and Peter Leonard. 1993. *Paulo Freire: A Critical Encounter*. New York: Routledge.

McMahon, Anthony. 1999. *Taking Care of Men: Sexual Politics in the Public Mind*. Cambridge, UK: Cambridge University Press.

McMinn, Joanna. 2000. *The Changers and the Changed*. Unpublished PhD Thesis Equality Studies Centre. Dublin: University College Dublin.

_____. 2007. "Imbalance in the Sharing of Care and Household Responsibilities." *Equality News* 23. Dublin: The Equality Authority.

Mace, Jane. 2001. "Signatures and the Lettered World" in Crowther, Hamilton and Tett(eds.). *Powerful Literacies*. UK: National Institute of Adult and Continuing Education(NJACE).

Manji, Ambreena. 2003. "Remortgaging Women's Lives. The World Bank's Land Agenda in Africa." *Feminist Legal Studies* 11, pp. 139~162.

_____. 2005. "'The Beautiful Ones' of Law and Development" in Doris Buss and Ambreena Manji(eds.). *International Law: Modern Feminist Approaches*. Oxford; Portland: Hart, pp. 159~171.

Masschelein, Jan and Martin Simons. 2002. "An Adequate Education in a Globalised World?" *Journal of Philosophy of Education* 36(4), pp. 589~608.

Meagher, Gabrielle. 2002. "Is it Wrong to Pay for Housework." *Hypatia* 17(2), pp. 52~66.

Melucci, Alberto. 1996. *The Playing Self: Person and Meaning in the Planetary Society*. Cambridge: Cambridge University Press.

Meyer, Traute. 1998. "Retrenchment, Reproduction, Modernisation: Pension Politics and the Decline of the Breadwinner Model." *Journal of European Social Policy* 8(3), pp. 195~211.

Millett, Kate. 1969. *Sexual Politics*. London: Granada Press.

Minow, Martha. 1987. "Interpreting Rights: An Essay for Robert Cover." *Yale Law Journal* 96, pp. 1860~1915.

_____. 1990. *Making All the Difference: Inclusion, Exclusion, and American Law*. Ithaca, NY: Cornell University Press.

Minow, Martha and Mary Lyndon Shanley. 1996. "Relational Rights and Responsibilities: Revisioning the Family in Liberal Political Theory and Law." *Hypatia* 11(1), pp. 4~29.

Moran, Marie. 2006. "Social Inclusion and the Limits of Pragmatic Liberalism: The Irish Case." *Irish Political Studies* 20(2), pp. 181~201.

More, Gillian. 1996. "Equality of Treatment in the European Community Law: The Limits of Market Equality" in Anne Bottomley(ed.) *Feminist Perspective on the Foundational Subjects of Law*. London: Cavendish, pp. 261~278.

Morgan, David. 1981. "Men, Masculinity and the Process of Sociological Enquiry" in Roberts, H.(ed.). *Doing Feminist Research*. London: RKP.

Morris, Jenny. 1991. *Pride Against Prejudice*. London: Women's Press.

_____. 1993. *Independent Lives?: Community Care and Disabled People*. Basingstoke: Macmillan.

Moser, Claus. 1999. *A Fresh Start: Improving Literacy and Numeracy*. London: Department for Education and Employment.

Murphy-Lawless, Jo. 2000. "Reinstating Women's Time in Childbirth." *AIMS Journal*, Spring 2000, 12(1).

Naffine, Ngaire. 1990. *Law and the Sexes: Explorations in Feminist Jurisprudence*. Sydney: Allen & Unwin.

Nedelsky, Jennifer. 1993. "Reconceiving Rights as Relationship." *Review of Constitutional Studies* 1(1), pp. 1~26.

Nelson, Julie. 1994. "I, Thou and Them: Capabilities, Altruism, and Norms in the Economics of Marriage." *American Economic Review* 84(2), pp. 126~131.

_____. 1996. *Feminism, Objectivity, and Economics*. London: Routledge.

Nelson, Julia and Paula England. 2002. "Feminist Philosophies of Love and Work." *Hypatia* 17(2), pp. 1~19.

Ni Laoire, Caitriona. 2002. "Young Farmers Masculinities and Change in Rural Ireland." *Irish Geography* 35(1), pp. 16~27.

_____. 2005. "'You're Not a Man at All!' Masculinity, Responsibility and Staying on the Land in Contemporary Ireland." *Irish Journal of Sociology* 14(2), pp. 94~114.

Noddings, Nel. 1984. *Caring: A Feminine Approach to Ethics and Moral Education*. Berkeley, CA: University of California Press.

_____. 1992. *The Challenge to Care in Schools: An Alternative Approach to Education*. New York: Teachers College Press.

_____. 2006. "Educating Whole People: A Response to Jonathan Cohen." *Harvard Educational Review* 76(2), pp. 238~242.

_____. 2007. *Philosophy of Education*, Second Edition. Boulder, Colorado: Westview Press.

Noonan, Mary, C., Sarah Beth Estes and Jennifer Glass, L. 2007. "Do Workplace Flexibility Policies Influence Time Spend in Domestic Labour?" *Journal of Family Issues* 28(2), pp. 263~288.

Nowotny, Helga. 1981. "Women in Public Life in Austria" in C. F. Epstein and R. L. Coser(eds.). *Access to Power: Cross National Studies of Women and Elites*. London: George Allen and Unwin.

Nussbaum, Martha C. and Amartya Sen(eds.). 1993. *The Quality of Life*. Oxford: Oxford University Press.

Nussbaum, Martha C. and Jonathan Glover(eds.). 1995. *Women, Culture and Development: A Study of Human Capabilities*. Oxford: Oxford University Press.

Nussbaum, Martha C. 2000. *Women and Human Development: The Capabilities Approach*. Cambridge: Cambridge University Press.

Nussbaum, Martha. 2001. *Upheavals of Thought: The Intelligence of Emotions*. Cambridge: Cambridge University Press.

O'Brien, Maeve. 1987. *Home Study Relations in Inner-City Dublin: A Case Study*, Unpublished M. Ed. Thesis. Dublin: University College Dublin.

_____. 2004. *Making the Move: Students', Teachers' and Parents" Perspectives of Transfer from First to Second-Level Schooling*. Dublin: Marino.

_____. 2005. "Mothers as Educational Workers: Mothers' Emotional Work at their Children's Transfer to Second-Level Education." *Irish Educational Studies* 24(2~3), pp. 223~242.

_____. 2007. "'Mothers' Emotional Care Work in Education and its Moral Imperative." *Gender and Education* 19(2), pp. 159~177.

_____. 2008. "Gendered Capital: Emotional Capital and Mothers' Care Work in Education." *British Journal of Sociology of Education* 29(2), pp. 137~148.

O'Connor, J. s., A. S. Orloff and S. Shaver. 1999. *States, Markets, Families: Gender, Liberalism and Social Policy in Australia, Canada, Great Britain and the United States*. Cambridge: Cambridge University Press.

O'Connor, P. 1998. "Women's Friendships in a Post-Modern World" in R. G. Adams and G. Allan(eds.). Placing Friendship in Context. Cambridge: Cambridge University Press.

O'Donovan, Katherine. 1989. "Engendering Justice: Women's Perspectives and the Rule of Law." *University of Toronto Law Journal* 39, pp. 127~148.

O'Mahony, Paul. 1997. "Mount joy Prisoners: A Sociological and Criminological Profile." Dublin: Stationery Office, Government Publications.

O'Neill, C. 1992. *Telling It Like It Is*. Dublin: Combat Poverty Agency.

O'Sullivan, Eoin. 1998. "Juvenile Justice and the Regulation of the Poor: Restored to Virtue, to Society and to God." in Ivana Bacik and Michael O'Connell(eds.). *Crime and Poverty in Ireland*. Dublin: Round Hall Sweet & Maxwell, pp. 68~91.

O'Sullivan, Sara. 2007. "Gender and the Workforce" in O'Sullivan, S.(ed.). *Contemporary Ireland A Sociological Map*. Dublin: University College Dublin Press.

Oakley, Ann. 1976. *Housewife*. Harmondsworth: Penguin.

_____. 1989. "Women's Studies in British Sociology: To End at Our Beginning?" *The British Journal of Sociology* 40(3), pp. 442~470.

Organisation for Economic Cooperation and Development(OECD). 1992. *Education at a Glance: OECD Indicators*. Paris: OECD.

_____. 1995. *Literacy, Economy and Society: Results of the First International Adult Literacy Survey*. Paris: OECD.

_____. 1997. *Literacy Skills for the Knowledge Society*. Paris: OECD.

_____. 2011. *The Wellbeing of Nations: The Role of Human and Social Capital*. Paris: OECD.

Okin, Susan Moller. 1989. *Justice, Gender, and the Family*. New York: Basic Books.

Olick, Jeffrey K. and Joyce Robbins. 1998. "Social Memory Studies: From 'CollectiveMemory' to the Historical Sociology of Mnemonic Practices." *Annual Review of Sociology* 24, pp. 105~140.

Oliker, Stacey J. 2000. "Examining Care at Welfare's End" in Madonna Harrington Meyer(ed.). *Care Work: Gender, Class and the Welfare State*. New York, London: Routledge.

Oliver, Michael. 1990. *The Politics of Disablement*. Basingstoke: Macmillan.

_____. 1993. "Re-Defining Disability: A Challenge to Research" in Swain, J., Finkelstein, V., French, S. and Oliver, M.(eds.). Disabling Barriers-Enabling Environments. London: Sage.

Oliver, Mike and Colin Barnes. 1991. "Discrimination, Disability and Welfare: From Needs to Rights" in Bynoe, I., Oliver, M. and Barnes, C. *Equal Rights For Disabled People*. London: Institute for Public Policy Research.

Olsen, Frances. 1983. "The Family and the Market: A Study of Ideology and Legal Reform." *Harvard Law Review* 96(7), pp. 1497~1578.

Pahl, Raymond(ed.). 1988. *On Work: Historical, Comparative and Theoretical Approaches*. Oxford: Basil Blackwell.

Pardoe, Simon. 2000. "Respect and the Pursuit of 'Symmetry' in Researching Literacy and Student Writing" in David Barton, Mary Hamilton and Roz Ivanic(eds.). *Situated Literacies*. London: Routledge, pp. 149~166.

Parkin, Frank. 1971. *Class Inequality and Political Order*. London: McGibbon and Kee.

Parsons, Samantha and John Bynner. 1997. "Numeracy and Employment." *Education and Training* 39(2&3), pp. 43~51.

_____. 1998. "Influences on Adult Basic Skills." *Factors Affecting the Development of Literacy and Numeracy from Birth to 37*. London: Basic Skills Agency.

Parsons, Talcott and Robert F. Bales. 1956. *Family: Socialization and Interaction Process*. London: Routledge & Kegan Paul.

Pateman, Carole and Charles Mills. 2007. *Contract and Subordination*. Cambridge: Polity Press.

Patton, Michael Q. 1980. *Qualitative Evaluation Methods*. US: Sage.

_____. 1990. *Qualitative Evaluation and Research Methods*, 2nd edition. Newbury Park, CA: Sage.

Pease, Bob. 2000. "Researching Pro-feminist Men's Narratives: Participatory Methodologies in a Postmodern Frame" in Barbara Fawcett, Brid Featherstone, Jan Fook and Amy Rossiter(eds.). *Researching and Practicing in Social Work: Postmodern Feminist Perspectives*. London: Routledge.

_____. 2002. "(Re)Constructing Men's Interests." *Men and Masculinities* 5(2), pp. 165~177.

Pettinger, Lynne, Jane Parry, Rebecca Taylor and Miriam Glucksmann(eds.). 2005. *A New Sociology of Work?* Oxford: Basil Blackwell.

Phipps, Shelley, Peter Burton and Lars Osberg. 2001. "Time as a Source of Inequality Within Marriage: Are Husbands More Satisfied with Time for Themselves than Wives?" *Feminist Economics* 7(2), pp. 1~21.

Pickard, Susan and Glendinning, Caroline. 2002. "Comparing and Contrasting the Role of

Family, Carers and Nurses in the Domestic Health Care of Frail Older People." *Health and Social Care in the Community* 10(3), pp. 144~150.

Pieterse, Marius. 2004. "Coming to Terms with Judicial Enforcement of Socio-Economic Rights." *South African Journal on Human Rights* 20(3), pp. 383~417.

Pigou, Arthur. 1932. *The Economics of Welfare.* London: Macmillan.

Pildes, Richard. 1998. "Why Rights are not Trumps: Social Meanings, Expressive Harms and Constitutionalism." *Journal of Legal Studies* 27(2), pp. 725~763.

Pillinger, Jane. 2000. "Redefining Work and Welfare in Europe: New Perspectives on Work, Welfare and Time" in Gail Lewis, Sharon Gewirtz and John Clarke(eds.). *Rethinking Social Policy.* London: Sage.

Pringle, Keith. 1995. *Men, Masculinities and Social Welfare.* London: UCL Press.

Putnam, Robert. 1995. "Bowling Alone: America's Declining Social Capital." *Journal of Democracy* 6(1), pp. 65~78.

Qureshi, Hazel. 1990. "A Research Note on the Hierarchy of Obligations Among Informal Caregivers — A Response to Finch and Mason." *Ageing and Society* 10(2), pp. 455~458.

Qureshi, Hazel and Eiinor Nicholas. 2001. "A New Conception of Social Care Outcomes and its Practical Use in Assessment with Older People." *Research, Policy and Planning* 19(2), pp. 11~26.

Raftery, Mary and Eoin O'Sullivan. 1999. Suffer Little Children: The Inside Story of Ireland's Industrial Schools. Dublin: New Island.

Ranson, Gillian. 2001. "Men and Work; Change- or No Change?- in the Era of the 'New Father'." *Men and Masculinities* 4(1), pp. 3~26.

Rawls, John. 1993. *Political Liberalism.* New York: Columbia University Press.

_____. 1999. *A Theory of Justice.* Revised Edition. Oxford: Oxford University Press.

_____. 2001. *Justice as Fairness: A Restatement.* Cambridge, MA: Harvard University Press.

Reay, Diane. 2000. "A Useful Extension of Bourdieu's Conceptual Framework?: Emotional Capital as a Way of Understanding Mothers' Involvement in their Children's Education." *Sociological Review* 48(4), pp. 568~585.

Reay, Diane. 2004. "It's All Becoming a Habitus: Beyond the Habitual Use of Habitus in Educational Research." *British Journal of Sociology of Education* 25(4), pp. 415~431.

_____. 2005. "Doing the Dirty Work of Social Class? Mothers' Work in Support of their Children's Schooling." *The Sociological Review* 53(2), pp. 104~115.

Reay, Diane and Ball, Stephen. 1998. "'Making Their Minds Up': Family Dynamics and School Choice." *British Educational Research Journal* 24(4), pp. 431~448.

Reay, Diane, Sarah Bignold, Stephen J. Ball, and Alan Cribb. 1998. "'He Just Had a Different Way of Showing It' Gender Dynamics in Families Coping with Childhood Cancer." *Journal of Gender Studies* 7(1), pp. 39~52.

Reay, Diane and Lucey, Helen. 2000. "Children, School Choice and Social Differences." *Educational Studies* 26(1), pp. 83~100.

Remy, John. 1990. "Patriarchy and Fratriarchy as Forms of Androcracy" in Jeff Hearn and David Morgan(eds.). *Men, Masculinities and Social Theory.* London: Unwin Hyman.

Ribbens McCarthy, Jane, Janet Holland and Val Gillies. 2003. "Multiple Perspectives on the 'Family' Lives of Young People: Methodological and Theoretical Issues in Case Study Research." *International Journal of Social Research Methodology* 6(1), pp. 1~23.

Roberts, Dorothy E. 1997. "Spiritual and Menial Housework." *Yale Journal of Law & Feminism* 9(1), pp. 51~80.

Romero, Mary and Eric Margolis(eds.). 2005. *The Blackwell Companion to Social Inequalities.* Oxford: Blackwell.

Roseneil, Sasha. 2004. Why Should We Care about Friends: An Argument for Queering the Care Imagery in Social Policy, *Social Policy and Society* 3, pp. 409~419.

Rousseau, Jean-Jacques. 1762. *Emile.* London: Dent(1911 edn).

Rudd, Joy. 1972. *Report on National School Terminal Leavers.* Dublin: Germaine Publications.

Rush, Michael, and Valerie Richardson. 2007. "Welfare Regimes and Changing Family Attitudes" in Betty Hilliard and MMre Nic Ghiolia Phiidraig(eds.). *Changing Ireland in International Comparison.* Dublin: The Liffey Press.

Russeli, Richard. 2007. "The Work of Elderly Men Caregivers: From Public Careers to. an Unseen World." *Men and Masculinities* 9(3), pp. 298~314.

Sahlins, Marshall D. 1972. *Stone Age Economics.* New York: Aldine de Gruyter.

Sayer, Andrew. 2005. *The Moral Significance of Class.* Cambridge: Cambridge University Press.

Sayer, Andrew. 2007. "Moral Economy and Employment" in Sharon Bolton and Maeve Houlihan(eds.). *Searching for the Human in Human Resource Management.* London: Palgrave.

Scales, Ann C. 1986. "The Emergence of Feminist Jurisprudence: An Essay." *Yale Law Journal* 95(7), pp. 1373~1402.

Scheingold, Stuart. 1974. *The Politics of Rights.* New Haven: Yale University Press.

Seery, Brenda L. and M. Sue Crowley. 2000. "Women's Emotion Work in the Family: Relationship Management and the Process of Building Father Child Relationships." *Journal of Family Issues* 21(1), pp. 100~127.

Segal, Lynne. 1997. *Slow Motion: Changing Masculinities, Changing Men.* London: Virago.

Seglow, Jonathan. 2005. "The Ethics of Immigration." *Political Studies Review* 3(3), pp. 317~334.

Seidler, Victor. 2006. *Transforming Masculinities: Men, Cultures, Bodies, Power, Sex and Love.* London and New York: Routledge.

_____. 2007. "Masculinities, Bodies, and Emotional Life." *Men and Masculinities* 10(1), pp. 9~21.

Sen, Amartya K. 1990. "Gender and Co-operative Conflicts" in I. Tinker(ed.). *Persistent Inequalities: Women and World Development.* New York: Oxford University Press.

Sennett, Richard and Cobb, Jonathan. 1977. *The Hidden Injuries of Class.* Cambridge: Cambridge University Press.

Sevenhuijsen, Selma. 1998. *Citizenship and the Ethics of Care: Feminist Considerations on Justice, Morality and Justice.* London: Routledge.

_____. 2000. "Caring in the Third Way: The Relation Between Obligation, Responsibility and Care in the Third Way Discourse." *Critical Social Policy* 20(1), pp. 5~37.

Seward, Rudy R., Daele E. Yeatts, Iftekhar Amin and Amy Dewill. 2006. "Employment Leave and Fathers' Involvement with Children, According to Mothers and Fathers." *Men and Masculinities* 8(4), pp. 405~427.

Shachar, Ayelet. 2003. "Children of a Lesser State: Sustaining Global Inequality Through

Citizenship Laws." Jean Monnet Working Paper 2/03.

Shakespeare, Tom. 2006. *Disability Rights and Wrongs*. London: Routledge.

Shildrick, Margret. 1997. *Leaky Bodies and Boundaries: Feminism, Postmodernism, (Bio)ethics*. London: Routledge.

Siegel, Reva B. 1994. "Home as Work: The First Woman's Rights Claims Concerning Wives. Household Labour, 1850~1880." *Yale Law Journal* 103(5), pp. 1073~1217.

Silbaugh, Katharine. 1996. "Turning Labour into Love: Housework and the Law." *Northwestern University Law Review* 91, pp. 1~86.

Skeggs, Beverly. 1997. *Formations of Class and Gender*. London: Sage.

_____. 2004. *Class, Self, Culture*. London: Routledge.

Smart, Carol. 1989. Feminism and the Power of the Law. London: Routledge.

_____. 1989. "Power and the Politics of Child Custody" in Carol Smart and S. Sevenhuijsen (eds.). *Child Custody and the Politics of Gender*. London: Routledge.

Smith, Dorothy E. 1987. *The Everyday World as Problematic: A Feminist Sociology*. Boston: North-eastern University Press.

Standing, Guy. 2001. "Care Work: Overcoming Insecurity and Neglect" in Mary Daly(ed.). *Care Work: The Quest for Security*. Geneva: ILO.

Standing, K. 1999. "Negotiating the Home and School: Low Income, Lone Mothering and Unpaid Schoolwork." in L. McKie, S. Bowlby and S. Gregory(eds.). Gender, Power and the Household. Basingstoke: Macmillan Press.

Sternberg, Robert J. and Richard K. Wagner(eds.). 1986. *Practical Intelligence: Nature and Origins of Competence in the Everyday World*. Cambridge: Cambridge University Press.

_____. 2002. *The Evolution of Intelligence*. London: L. Erlbaum Associates.

Strassman, Diana. 1993. "Not a Free Market: The Rhetoric of Disciplinary Authority in Economics." from M. Ferber and J Nelson(eds.). *Beyond Economic Man, Feminist Theory and Economics*. Chicago: The University of Chicago Press.

Strazdins, Lyndall and Dorothy H. Broom. 2004. "Acts of Love (and Work): Gender Imbalances in Emotional Work and Women's Psychological Distress." *Journal of Family Issues* 25(3), pp. 356~378.

Street, Brian. 1984. *Literacy in Theory and Practice*. Cambridge: CUP.

_____. 1995. *Social Literacies: Critical Approaches to Literacy in Development, Ethnography and Education*. London: Longman.

_____. 1999. "New Literacies in Theory and Practice: What are the Implications for Language in Education?" *Linguistics in Education*, 10(1), pp. 1~24.

Stychin, Carl F. 1995. *Law's Desire: Sexuality and the Limits of Justice*. New York: Routledge.

Swain, Scott Orin. 1985. "Male Intimacy in Same-Sex Friendships." United States California: University of California, Irvine.

Taub, Nadine and Elizabeth Schneider. 1998. "Perspectives on Women's Subordination and the Role of Law" in David Kairys(ed.). *The Politics of the Law: A Progressive Critique*, 3rd edition. New York: Basic Books, pp. 328~355.

Taylor, Rebecca F. 2004. "Extending Conceptual Boundaries: Work, Voluntary Work and employment." *Work, Employment and Society* 18(1), pp. 29~49.

TenHouten, Warren D. 2006. *Time and Society*. New York: State University of New York Press.

Tett, Lyon, Mary Hamilton and Yvonne Hillier. 2006. *Adult Literacy, Numeracy and Language: Policy, Practice and Research*. UK: OUP.

The Men's Project Directory. 2007. http://www.mensproject.org/mendir/index.html.

Thompson, Jane. 1997. *Words in Edgeways: Radical Learning for Social Change*. Leicester: NIACE.

Toyobee, Polly. 2007. "Re-thinking Humanity in Care Work" in S. Bolton and M. Houlihan(eds.). *Searching for the Human in Human Resource Management*. Basingstoke: Palgrave Macmillan. pp. 219~243.

Travers, Max. 2001. *Qualitative Research Through Case Studies*. London: Sage Publications.

Tronto, Joan C. 1991. "Reflections on Gender, Morality and Power: Caring and Moral Problems of Otherness" in S. Sevenhuijsen(ed.). *Gender, Care and Justice in Feminist Political Theory*. Utrecht: University of Utrecht.

_____. 1993. *Moral Boundaries: A Political Argument for an Ethic of Care*. New York: Routledge.

_____. 2001. "Who Cares? Public and Private Caring and the Rethinking of Citizenship" in Nancy J. Hirschmann and Ulrike Liebert(eds.). Women and Welfare: Theory and Practice in the United States and Europe(New BrunSwick, NJ: Rutgers University Press).

_____. 2002 "The 'Nanny' Question in Feminism." *Hypatia* 17(2), pp. 34~51.

_____. 2003. "Time's Place." *Feminist Theory* 4(2), pp. 119~138.

Turner, Jonathan and Jan Stets. 2005. *The Sociology of the Emotions*. USA: Cambridge University Press.

Twigg, Julia and Karl Atkin. 1994. *Carers Perceived: Policy and Practice in Informal Care*. Buckingham: Open University Press.

Tyrell, Peter. 2006. *Founded on Fear*. Dublin: Irish Academic Press.

U.S. Department of Labour, Bureau of Labour Statistics. 2007. "Occupational Employment Statistics." http://www.bls.gov/oes/current/oes_stru.htm#35~0000(Date accessed 13th June 2008).

Ungerson, Clare. 1990. "Why do Women Care?" in J. Finch and Groves, D.(eds.). *A Labour of Love: Women, Work and Caring*. London: Routledge and Kegan Paul.

_____. 1993. "Commodified Care Work in European Labour Markets." *European Societies* 5(4), pp. 377~396.

_____. 1995. "Gender, Cash and Informal Care: European Perspectives and Dilemmas." *Journal of Social Policy* 24(1), pp. 31~52.

_____. 1997. "Social Politics and the Commodification of Care." *Social Politics* 4 Fall(3), pp. 362~381.

_____. 2000. "Thinking about the Production and Consumption of LongTerm Care in Britain: Does Gender Still Matter?" *Journal of Social Policy* 29(4), pp. 623~643.

Uttal, Lynet. 2002. *Marking Care Work; Employed Mothers in the New Childcare Market*. New Brunswick, NJ: Rutgers University Press.

Vandervoort, D. J. 2006. "The Importance of Emotional Intelligence in Higher Education." *Current Psychology* 25(1), pp. 4~7.

Vincent, Carol and Stephen Ball. 2001. "A Market in Love? Choosing Preschool Child Care." *British Educational Research Journal* 27(5), pp. 633~651.

Vogel, Ursula. 1988. "Under Permanent Guardianship: Women's Condition under Modern Civil

Law" in Kathleen B. Jones and Anna G. Jónasdóttir(eds.). *The Political Interests of Gender: Developing Theory and Research with a Feminist Face.* London: Sage, pp. 135~159.

Vogler, Carolyn. 1994. "Money in the Household" in M. Anderson, F. Bechhofer and J. Gershuny(eds.). *The Social and Political Economy of the Household.* Oxford: Oxford University Press.

Waerness, Kari. 1984. "The Rationality of Caring." Economic and Industrial Democracy 5(2), pp. 185~211.

Waerness, Kari. 1987. "The Rationality of Caring." in Anne Showstack Sas soon(ed.). *Women and the State: The Shifting Boundaries of Public and Private.* London: Hutchinson.

Waerness, Kari. 1990. "Informal and Formal Care in Old Age: What is Wrong with the New Ideology in Scandinavia Today?" in Clare Ungerson(ed.). *Gender and Caring: Work and Welfare in Britain and Scandinavia.* London: Harvester: Wheatsheaf.

Wagner, Daniel and Richard Venezky. 1999. "Adult Literacy: The Next Generation." *Educational Researcher* 28(1), pp. 21~29.

Waldron, Jeremy. 1993. "When Justice Replaces Affection: The Need for Rights" in *Liberal Rights: Collected Papers 1981~1991.* Cambridge: Cambridge University Press, pp. 374~391.

Waldron, Jeremy. 2000. "The Role of Rights in Practical Reasoning: 'Rights' Versus 'Needs'." *Journal of Ethics* 4(1~2), pp. 115~135.

Walker, Steven and Len Barton(eds.). 1983. *Gender, Class and Education.* Lewes, Sussex: Falmer Press.

Walkerdine, Valerie and Helen Lucey. 1989. *Democracy in the Kitchen: Regulating Mothers and Socialising Daughters.* London: Virago.

Waring, Marilyn. 1988. *As If Women Counted: A New Feminist Economics.* San Francisco: Harper & Row.

Weiler, Kathleen. 1988. *Women Teaching for Change: Gender, Class and Power.* US: Bergin and Garvey.

_____. 1991. "Freire and a Feminist Pedagogy of Difference." *Harvard Educational Review* 61(4), pp. 449~474.

West, Robin. 2003. "The Right to Care" in Eva Feder Kittay and Ellen K. Feder The Subject of Care: Feminist Perspectives on Dependency(Rowman and Littlefield), pp. 88~114.

_____. 2004. *Re-imagining Justice: Progressive Interpretations of Formal Equality, Rights, and the Rule of Law.* Aldershot: Ashgate.

White, Julie A. and Joan C. Tronto. 2004. "Political Practices of Care: Needs and Rights." *Ratio Juris* 17(4), pp. 425~453.

Wihstutz, Anne. 2007. "When Children Take on Responsibility: House and Care Work by Children in Family and Community." *SWS-Rundschau* 47(1), pp. 100~123.

Wilkinson, Richard G. 2005. *The Impact of Inequality: How to Make Sick Societies Healthier.* Abingdon: Routledge.

Williams, Joan. 2001. *Unbending Gender: Why Family and Work Conflict and . What To Do About It.* New York: Oxford Press.

_____. 2001b. "From Difference to Dominance to Domesticity: Care as Work, Gender as Tradition." *Chicago-Kent Law Review* 76, pp. 1441~1493.

Williams, Fiona. 2004. *Rethinking Families*. London: Central Books, Calouste Gulbenkian Foundation.

Witz, Anne. 1992. *Professions and Patriarchy*. London: Routledge.

Wong, Simone. 1999. "When Trust(s) is Not Enough: An Argument for the Use of Unjust Enrichment for Home-Sharers." *Feminist Legal Studies* 7, pp. 47~62.

Wood, Richard. 1991. "Care of Disabled People" in Gillian Dalley(ed.). *Disability and Social Policy*. London: Policy Studies Institute.

Woodward, Kath. 1997. "Motherhood, Identities, Meanings and Myths" in Kath Woodward (ed.). *Identity and Difference*. London: Sage Publications.

Woolley, Frances and Judith Marshall. 1994. "Measuring Inequality Within the Household." *Review of Income and Wealth* 40(4), pp. 415~431.

Yeates, Nicola. 1999. "Gender, Familism and Housing: Matrimonial Property Rights in Ireland." *Women's Studies International Forum* 22(6), pp. 607~618.

Young, Iris Marion. 1990. *Justice and the Politics of Difference*. Princeton: Princeton University Press.

Yuval-Davis, Nira. 1997 "Women, Citizenship and Difference." *Feminist Review* 57(Autumn), pp. 4~27.

## 지은이

### 대표 저자

#### 캐슬린 린치Kathleen Lynch

캐슬린 린치는 더블린대학교 평등학 교수이며 아일랜드 학술원 중견회원이다. 이론가이자 실천가로서 린치 교수는 학술연구의 목적은 단순히 세상을 이해하는 데 그치는 것이 아니라 인류의 공공선을 위해 세상을 변화시키는 것이라는 신념을 가지고 있다. 이를 위해 1990년 더블린대학교에 평등연구센터를 설립하는 데 주도적인 역할을 했고, 2005년에는 사회정의학부를 만들었다. 또한 돌봄, 젠더, 정의 간의 관계와 같은 평등과 사회정의 이슈에 관해 광범위한 저술, 강연 및 캠페인 활동을 전개했다. 많은 저서를 출간했는데, 2015년에 버니 그룸멜(Bernie Grummell), 딤프나 더바인(Dympna Devine)과 공동으로 펴낸『교육과 신관리주의: 상업화, 돌봄부재, 젠더(New Managerialism in Education: Commercialisation, Carelessness and Gender)』는 고등교육의 문제를 사회정의의 관점에서 비판한 저서로 주목받고 있다.

## 옮긴이

### 강순원

한신대학교 심리아동학부 교수이며, 한신어린이센터 소장을 맡고 있다. 한국국제이해교육학회 회장(2011~2015)을 지냈고, 교육사회학, 평화교육, 인권교육, 국제이해교육, 세계시민교육 등에 관한 글을 쓰고 관련 활동을 하고 있다.『한국교육의 정치경제학』(1990),『평화·인권·교육』(2000),『평화교육을 여는 또래중재』(2007),『강순원의 대안학교기행』(2013) 등의 책을 썼고,『우리 시대를 위한 교육사회학 다시 읽기』(2011),『극단주의에 맞서는 평화교육』(2014) 등의 책을 번역했다.

한울아카데미 1922

/

**정동적 평등**
누가 돌봄을 수행하는가
/


| | |
|---|---|
| **지은이** | 캐슬린 린치 외 |
| **옮긴이** | 강순원 |
| **펴낸이** | 김종수 |
| **펴낸곳** | 한울엠플러스(주) |
| **편집책임** | 김경희 |
| **편집** | 하명성 |


| | |
|---|---|
| **초판 1쇄 인쇄** | 2016년 9월 22일 |
| **초판 1쇄 발행** | 2016년 10월 4일 |


| | |
|---|---|
| **주소** | 10881 경기도 파주시 광인사길 153 한울시소빌딩 3층 |
| **전화** | 031-955-0655 |
| **팩스** | 031-955-0656 |
| **홈페이지** | www.hanulmplus.kr |
| **등록번호** | 제406-2015-000143호 |

Printed in Korea.
ISBN  978-89-460-5922-1  93330(양장)
      978-89-460-6227-6  93330(반양장)

※ 책값은 겉표지에 표시되어 있습니다.